FORTSCHRITT DEUTSCH

FORTSCHRITT DEUTSCH

Herbert Lederer
UNIVERSITY OF CONNECTICUT

Gustave Bording Mathieu
CALIFORNIA STATE UNIVERSITY, FULLERTON

Werner Haas
THE OHIO STATE UNIVERSITY

Harold von Hofe
UNIVERSITY OF SOUTHERN CALIFORNIA

HOLT, RINEHART AND WINSTON
New York   San Francisco   Toronto   London

ILLUSTRATION CREDITS

Georgia Engelhard, Monkmeyer Press Photo Service, New York: p. 1
Courtesy German Information Center, New York: pp. 20, 86 bottom left, 160 top right and bottom, 173 bottom right, 284
Collection, The Museum of Modern Art, New York: p. 39
Archiv Gerstenberg, Frankfurt am Main: pp. 51, 146 top, 240
Fackelträger-Verlag, Hannover: pp. 52, 256
Aus der schweizerischen satirischen Zeitschrift *Nebelspalter*, Rorschach: pp. 70, 115, 131, 160 top left, 208
Ruth Block, Monkmeyer: p. 86 top and bottom right
Wilhelm Busch: pp. 100, 301
Courtesy Austrian Information Service, New York: p. 146 bottom
Courtesy Austrian National Tourist Office, New York: pp. 173 top and bottom left, 189, 207
The Bettman Archive, New York: p. 223
Maurice Frink, Monkmeyer: p. 268

Permission is gratefully acknowledged from Atrium Verlag to reprint and include the copyrighted poem *Die andere Möglichkeit* by Erich Kästner.

LIBRARY OF CONGRESS CATALOGING IN PUBLICATION DATA

Main entry under title:

Fortschritt deutsch.

   Includes index.
   1. German language—Grammar—1950-
I. Lederer, Herbert, 1921-
PF3111.F682   438'.2'421   75-26754
ISBN 0-03-014936-3

COPYRIGHT © 1976 BY HOLT, RINEHART AND WINSTON

All Rights Reserved

Printed in the United States of America

6 7 8 9 0   032   9 8 7 6 5 4 3 2 1

INHALTSVERZEICHNIS

Vorwort **xii**

Aussprache und Interpunktion **xvi**

KAPITEL 1: THE SUBJECT; NOMINATIVE CASE **1**

Unfall oder...? **2**
Grammatik: Gender **5**; Definite Article **6**; Personal Pronouns **7**; *Der*-Words **9**; Indefinite Article **9**; *Ein*-Words **10**; Nominative Case **11**; Word Order: Position of Subject **12**; Finding the Subject (1. Position; 2. Case Ending; 3. Agreement; 4. Context) **16**
Anwendung **17**

KAPITEL 2: PRESENT TENSE; THE IMPERATIVE; NEGATION **20**

Herrn Hubers schwarzer Tag (oder: Der gekränkte Kenner) **21**
Grammatik: The Verb **24**; Verb Forms (1. Person; 2. Number; 3. Tense; 4. Infinitive; 5. Stem) **24**; Present Tense Endings **25**; Common Vowel Patterns (1. $a \rightarrow ä$ or $au \rightarrow äu$; 2. $e \rightarrow i$; 3. $e \rightarrow ie$) **27**; Auxiliary Verbs (1. *Haben, sein,* and *werden*; 2. The Modals and *wissen*) **28**; Imperative **30**; Negation **31**; Two-Prong Predicate **32**
Anwendung **35**

KAPITEL 3: ACCUSATIVE CASE **39**

... und unser Kaiser **40**
Grammatik: Accusative Forms (1. Personal Pronouns; 2. Noun Modifiers) **43**; Verbs with Accusative Objects (1. Transitive Verbs; 2. Reflexive Verbs; 3. Verbs with Double Accusative) **45**; Prepositions Governing the Accusative **46**; Accusative of Measure **47**; Idiomatic Uses **47**
Anwendung **48**

KAPITEL 4: DATIVE CASE; CONTRACTIONS; DA- AND WO-COMPOUNDS 52

Die „Berliner Schnauze" 53
Grammatik: Dative Forms (1. Personal Pronouns; 2. Noun Modifiers; 3. Nouns) 56; Position of Indirect Object 57; Verbs with Dative Objects (1. Intransitive Verbs; 2. Impersonal Verbs; 3. Reflexive Verbs) 58; Prepositions Governing the Dative 61; Adjectives Governing the Dative 63; Idiomatic Uses (1. Impersonal Dative; 2. Dative of Possession; 3. Dative of Reference) 64; Contractions 64; *Da-* and *Wo-*Compounds 65
Anwendung 66

KAPITEL 5: NOUN PLURALS 70

Alles hat zwei Seiten ... auch die Schweiz 71
Grammatik: Classes of Nouns (1. No Ending; 2. Ending *-e*; 3. Ending *-er*; 4. Ending *-(e)n*—no umlaut; 5. Ending *-s*—no umlaut) 74; Compound Nouns 80; Dual Forms (1. Same Gender; 2. Different Genders) 80; Nouns Used Only in Singular (1. Collective Nouns; 2. Units of Measurement) 81; Nouns Used Only in Plural 82; Dative Plural 82
Anwendung 82

KAPITEL 6: PAST TENSE 86

Bessi 87
Grammatik: Type I Verbs 90; Type II Verbs 92; Common Vowel Patterns (1. *a* or *au* → *ie* or *u*; 2. *e* → *a*; 3. *ei* → *ie*; 4. *ie* → *o*; 5. *i* → *a*) 93; Auxiliary Verbs 94; Mixed Verbs 94; Problem Verbs (1. *brechen, bringen, brauchen*; 2. *bekommen, werden*; 3. *lesen, lassen*; 4. *können, kennen*; 5. *wissen, kennen*; 6. *heißen, nennen, rufen*) 95
Anwendung 96

KAPITEL 7: VERB PREFIXES; REFLEXIVES 100

Andere Länder, andere Sitten **101**
Grammatik: Inseparable Prefixes **104**; Separable Prefixes **107**; Reflexive Verbs and Pronouns **108**; Reflexive Usage **109**; *Sich* and *selbst* **111**
Anwendung **111**

KAPITEL 8: PERFECT TENSES 115

Umweltverschmutzung: oft diskutiert, oft ignoriert **116**
Grammatik: Past Participle Formation (1. Type I Verbs; 2. Type II Verbs; 3. Mixed Verbs) **120**; Principal Parts **121**; Common Vowel Patterns (1. $a \to ie \to a$ or $a \to u \to a$; 2. $e \to a \to e$ or e to $a \to o$; 3. $ei \to ie \to ie$ or $ei \to i \to i$; 4. $ie \to o \to o$; 5. $i \to a \to u$ or $i \to a \to o$) **121**; Irregular Verbs **123**; Verbs with Dual Forms (1. No Change in Meaning Between the Two Forms; 2. A Similar Meaning for Both Forms; 3. A Different Meaning for Each Form) **124**; Compound Verbs (1. Inseparable Prefixes; 2. Separable Prefixes; 3. Two-Way Prefixes; 4. Double Prefixes; 5. *Her* and *hin*) **125**
Anwendung **127**

KAPITEL 9: AUXILIARIES: HABEN VS. SEIN; MODALS 131

Oh, diese jungen Leute! **132**
Grammatik: Perfect Tenses with *sein* (1. Verbs of Motion; 2. Verbs Showing Change of Condition; 3. Other Intransitive Verbs; 4. Compound Verbs) **134**; Modal Auxiliaries (1. Principal Parts; 2. Use of Past Participle; 3. Double Infinitive; 4. Verb Sequence) **136**; Use and Meaning of Modals (1. Objective Use of Modals; 2. Subjective Use of Modals) **139**
Anwendung **142**

KAPITEL 10: GENITIVE CASE; SPECIAL NOUNS; CASE SUMMARY 146

Was wissen Sie über Deutschlands Geschichte? **147**
Grammatik: Genitive Usage **150**; Genitive Forms (1. Noun Modifiers; 2. Common Nouns; 3. Proper Names) **151**; Verbs with Genitive Objects **152**; Prepositions Governing the Genitive **152**; Adjectives Governing the Genitive **153**; Idiomatic Uses **153**; Special Masculine Nouns **153**; Summary of Case Endings **154**
Anwendung **156**

KAPITEL 11: PRIMARY ADJECTIVE ENDINGS 160

Kinder-Küche-Kirche? Vom Status deutscher Frauen **161**
Grammatik: Descriptive vs. Limiting Adjectives **165**; Limiting Adjectives and Primary Endings **165**; Descriptive Adjectives Without Endings (1. Predicate Adjectives; 2. Adjectives Following Noun; 3. Adjectives of Foreign Origin) **166**; Descriptive Adjectives with Primary Endings **167**; Adjectives Used as Adverbs **169**
Anwendung **170**

KAPITEL 12: SECONDARY ADJECTIVE ENDINGS 173

Alphabet des alpinen Schilaufs (wie es nicht im Duden steht) **174**
Grammatik: Descriptive Adjectives with Secondary Endings **178**; Primary or Secondary? **179**; Adjectives in Series **180**; Indefinite Adjectives **181**; Participles Used as Adjectives (1. Past Participles; 2. Present Participles) **182**; Adjectives Used as Nouns **184**; Participles Used as Nouns **184**
Anwendung **185**

KAPITEL 13: COMPARISON OF ADJECTIVES AND ADVERBS; NUMBERS 189

Wie gut sind Sie informiert? **190**
Grammatik: The Positive **193**; The Comparative (1. Comparison on Two Levels; 2. Double Comparative; 3. Relationship Between

Comparatives; 4. Absolute Comparative) **193**; The Superlative (1. Attributive Adjectives; 2. Predicate Adjectives and Adverbs; 3. Absolute Superlative) **195**; Inflectional Endings in Comparisons **197**; Irregular Comparisons **198**; Numbers (1. Cardinal Numbers; 2. Ordinal Numbers; 3. Fractions) **199**; Telling Time **202**
Anwendung **203**

KAPITEL 14: FUTURE; TIME AND TENSE; USE OF INFINITIVE **208**

Zwei Standpunkte — Gespräch zwischen Ost und West **209**
Grammatik: Future Tense **213**; Future Perfect Tense **214**; Use of Tenses **215**; Uses of the Infinitive (1. Other Verbs Used with Simple Infinitive; 2. *Sich lassen*; 3. *Zu* Plus Infinitive; 4. Complement of *sein*; 5. Complement of *haben*; 6. Infinitive Clauses [6.1 Anticipatory *es*, 6.2 Anticipatory *da*-Construction]; 7. Infinitives as Nouns) **216**
Anwendung **219**

KAPITEL 15: MAIN CLAUSES; EXTENDED ATTRIBUTE CONSTRUCTIONS **223**

Episoden um Einstein **224**
Grammatik: Types of Clauses and Conjunctions **226**; Coordinating Conjunctions **227**; Two-Part Conjunctions (1. *Entweder ... oder*; 2. *Weder ... noch*; 3. *Nicht nur ... sondern auch*; 4. *Sowohl ... als auch*) **228**; Omission of Subject and Verb **229**; Word Order in Main Clauses (1. Front Field; 2. Two-Prong Predicate; 3. End Field; 4. Sequence of Objects; 5. Sequence of Adverbial Modifiers; 6. Position of *nicht*; 7. Sentence Diagram) **230**; Extended Noun Attributes **234**
Anwendung **236**

KAPITEL 16: DEPENDENT CLAUSES 240

Wie deutsch sind die Österreicher? **241**
Grammatik: Subordinating Conjunctions **245**; Interrogatives as Subordinating Conjunctions **248**; Word Order in Dependent Clauses (1. Separable Prefixes; 2. Position of Clauses) **249**; Special Problems in Dependent Clauses (1. Omission of *daß*; 2. Omission of *wenn*; 3. Omission of *ob*; 4. Double Infinitive) **251**
Anwendung **252**

KAPITEL 17: RELATIVE CLAUSES 256

Deutsche Eigenheiten **257**
Grammatik: Relative Pronouns (1. Forms of Relative Pronouns; 2. Use of Relative Pronouns; 3. Special Forms) **259**; *Wer* and *was* **262**; Demonstrative Pronouns **263**; Possessive Pronouns **264**
Anwendung **265**

KAPITEL 18: PASSIVE VOICE; INDEFINITE PRONOUNS; SUMMARY OF WERDEN 268

Die Macht der Gewohnheit **269**
Grammatik: Active vs. Passive **272**; Formation of the Passive (1. Elements of the Sentence; 2. Construction of the Sentence; 3. Tenses in the Passive) **273**; Use of *durch* and *mit* **274**; Modals in the Passive **275**; Passive Sentences with No Subject **276**; "Apparent Passive" **276**; Substitutes for the Passive **277**; Indefinite Pronouns **278**; Summary of Uses of *werden* **279**
Anwendung **280**

KAPITEL 19: GENERAL SUBJUNCTIVE 284

Ernstes und Heiteres im Konjunktiv **285**
Grammatik: Indicative vs. Subjunctive (1. General Subjunctive; 2. Tense and Time) **288**; Formation of the Subjunctive (1. Present Conditions [1.1 Type I Verbs; 1.2 Type II Verbs and Mixed

Verbs]; 2. *Würde* Plus Infinitive; 3. Past Conditions) **290**; Omission of *wenn* **294**; Hypothesis or Consequence Alone **294**; Subjunctive of Politeness **294**
Anwendung **295**

KAPITEL 20: INDIRECT DISCOURSE; SPECIAL SUBJUNCTIVE; INTENSIFIERS **299**

Warum so indirekt? **300**
Grammatik: Indirect Discourse **303**; Tense Forms (1. Present; 2. Past; 3. Future) **304**; Indirect Questions and Commands (1. Questions; 2. Commands) **306**; Use of *als ob* **306**; Special Subjunctive (1. Usage; 2. Forms; 3. *Sei*; 4. Idiomatic Uses) **306**; Intensifiers **309**
Anwendung **309**

Anhang: The German Alphabet **315**; Type II Verbs **316**; German-English Relationships **319**

Lösungen **323**

Wörterverzeichnis **325**

Sachregister **357**

VORWORT

Fortschritt Deutsch is a concise yet comprehensive and well-integrated review grammar designed to help intermediate students refresh and expand their German-language proficiency.

Current, idiomatic usage is emphasized throughout. Parallel usages between German and English are noted, but special attention is paid to those aspects of structure where the two languages differ, such as the variety of inflectional endings in German and German word order, which often pose special problems for English-speaking students of German. Consequently, considerable stress has been placed on clarifying the syntactical structure of the German sentence and the position of both subject and verb. This approach achieves a noticeable simplification of otherwise thorny features of German structure and grammar.

The methodology and terminology are based on modern descriptive linguistics, but the general approach is simple and functional so that the students do not need to learn a vocabulary of specialized linguistic terms.

ORGANIZATION

The twenty chapters of the book can easily be covered in one academic year—ten chapters per semester or six to seven chapters per trimester. Generous time is available for supplementary reading, if desired.

Each chapter of the book contains the following sections:

1. A *reading selection*, which provides functional illustrations of contemporary language and sheds light on the culture of the German-speaking countries (Federal Republic of Germany, German Democratic Republic, Austria, and Switzerland) as it introduces new grammatical structures. Each reading is preceded by a list of everyday phrases (**Redewendungen**) that occur in it and is followed by a set of ten questions (**Fragen**) to test comprehension of the content.
2. *Grammar explanations* (**Grammatik**), concise yet thorough, illustrated with abundant examples at every step and detailed with charts and tables.

3. *Exercises* for application (**Anwendung**) of student competence, aiming toward full comprehension and active use of both oral and written German. Types of exercises include translation, substitution, and sentence expansion drills; a Free Response exercise concludes each chapter.

Both the grammar explanations and the exercises systematically recycle the vocabulary of the readings, and later chapters incorporate vocabulary from earlier ones. The reading selections vary widely in format (dialogue; essay; anecdotes, for example) and content (everyday occurrences; amusing information; historical data; topics of concern, such as pollution, for example) to motivate and sustain interest.

The book begins with a complete review of the subject and the present tense and continues through the subjunctive, with topics graded in difficulty. Parts of speech are not dealt with in toto since there are varying levels of difficulty within each section. We believe this approach is most suited to individual and classroom use, but the following chapter presentation is also practicable:

Nouns and Pronouns
1. The Subject; Nominative Case
5. Noun Plurals
3. Accusative Case
4. Dative Case; Contractions; **Da-** and **wo**-Compounds
10. Genitive Case; Special Nouns; Case Summary
17. Relative Clauses

Verbs
2. Present Tense; The Imperative; Negation
14. Future; Time and Tense; Use of Infinitives
6. Past Tense
8. Perfect Tenses
9. Auxiliaries: **haben** vs. **sein**; Modals
7. Verb Prefixes; Reflexives
18. Passive Voice; Indefinite Pronouns; Summary of **werden**
19. General Subjunctive
20. Indirect Discourse; Special Subjunctive; Intensifiers

Adjectives and Adverbs
11. Primary Adjective Endings
12. Secondary Adjective Endings
13. Comparisons of Adjectives and Adverbs; Numbers

Word Order
15. Main Clauses; Extended Attribute Constructions
16. Dependent Clauses

SPECIAL FEATURES

An *introduction to pronunciation, syllabication, and punctuation* (**Aussprache und Interpunktion**) precedes the chapters and may be presented at any time in the course. The chapters on pronunciation in the tape program, which constitute a unique set of minimal pair contrastive sound exercises, are keyed to this introduction.

The *appendices* (**Anhang**) include the German alphabet, in type, script, and Fraktur; a list of Type II verbs; a summary of German-English language relationships; and an answer key to selected readings.

The *end vocabulary* (**Wörterverzeichnis**) includes all words used in the reading selections and the exercises except obvious cognates, numbers, and personal and possessive pronouns. The examples in the grammar explanations, which are provided with their English equivalents, and certain vocabulary from the Free Response sections have not been included. It is advisable for serious students of the language to have their own comprehensive German-English dictionary to explore further ramifications of meaning. Accents have been used in the end vocabulary to indicate stress wherever it differs from the usual patterns.

A complete *index* of grammatical structures (**Sachregister**) concludes the book.

AIDS FOR INDEPENDENT STUDY

An accompanying manual, ARBEITSHEFT ZU FORTSCHRITT DEUTSCH, provides students with a chapter-by-chapter aid toward self-study and checking comprehension. The questions and exercises are directly related to and integrated with the vocabulary and grammar in the textbook, and high-frequency vocabulary and grammar structures, not unusual or rarely used forms, are emphasized. The manual is designed to encourage progress through self-learning and self-testing; answers are provided in the right-hand column for immediate reinforcement.

The *tape program* highlights the grammatical points introduced in each chapter of the text by providing additional and new exercise material. Pronunciation drills occur as the first item in each chapter in the tapes. Each tape program is no longer than fifteen minutes. The tapescript is available for teachers.

H.L.
G.B.M.
W.H.
H.v.H.

AUSSPRACHE UND INTERPUNKTION

THE GERMAN SOUND SYSTEM

The German alphabet is essentially the same as the English alphabet. German has only four letters that do not exist in English: the vowel symbols **ä**, **ö**, and **ü** (known as "umlauts"), and the consonant symbol **ß**.[1]

By and large, the relationship between a sound and the written symbol used to represent it tends to be more consistent in German than in English. For example, in English the letters "ough" stand for very different sounds: rough, cough, thorough, through, plough, although, and even hiccough. Conversely, the vowel sound in the English word "see" can also be represented by other letters or combinations of letters: sea, he, gypsy, receive, believe, machine. Such divergences do not occur in German. With very few exceptions, a given letter or combination of letters corresponds to a given sound or combination of sounds.

VOWELS

1. Simple Vowels German vowels may be either "long" or "short." Their duration can usually be determined from the context in which they appear. Generally speaking, vowels in the stem of a word are long if they are double (**leer**) or if they are followed by a silent **h** (**Stuhl**), a single consonant (**rot**), or no consonant (**da**). They are usually short if they are followed by a double consonant (**Bonn**) or multiple consonants (**hart**). It should be kept in mind that this rule applies to the stem of a word; therefore, **leben**, for example, which has a long stem vowel (it is followed by a single consonant), maintains

---

[1] The rules governing the use of this symbol are as follows: **ß** (es-tset) replaces a double **s** at the end of a word or syllable and before a **t**; it is also used within a word following a long vowel: **müssen, ich muß, du mußt; der Fluß, die Flüsse; der Fuß, die Füße**. In typing and in handwriting, **ß** is often replaced by **ss**.

the long vowel in inflected forms (**er lebt, du lebst**) even though they may contain multiple consonants.

Vowels in unstressed prefixes and suffixes are short: **bezahlen**. Unlike in English, an **-e** at the end of a word must be pronounced: **Note**.

The consonant clusters **ck**, **ng**, and **sch** make a preceding vowel short, even though they represent a single consonant sound: **Sack, lang, Busch**. The consonant cluster **ch** and the symbol **ß**, on the other hand, may be preceded by either a short or a long vowel: **Bach, Buch; Faß, Fuß**. Some common monosyllabic words contain a short vowel, even though it is followed by a single consonant: **an, es, in, ob, um**.

Aside from differences in length, the quality of a German vowel sound remains constant. German vowels are said to be "steady state" vowels: they are pure monophthongs and are pronounced with no diphthongal slide or slur. Each vowel symbol represents a single sound. This is not the case in English. The long *a* in "gate," for instance, ends in an *ee* sound; the long *o* in "go" ends in an *oo* sound.

VOWEL	ENGLISH EQUIVALENT	EXAMPLES
long a	*ah* as in "father"	Rat, Paar, nahm
short a	between *o* in "hot" and *u* in "hut"	Ball, fand, Sofa
long e	long *eh* as in the first part of the diphthong in "obey" but without any slide into an *ee* sound	dem, leer, geht
short e	*eh* as in "get"	Bett, Geld, ernst
unstressed e	short *e* as in "begin" or "pocket"	bekam, Straße, laufen
unstressed er	short *a* as in "soda"	Vater, hundert, erzählt
long i (also spelled **ie**)	*i* as in "machine"	mir, ihn, vier
short i	*i* as in "it"	bitte, Hilfe, singt
long o	similar to *o* in "obey" but longer and without any slide into an *oo* sound	rot, Boot, Sohn
short o	*o* as in "gonna"	offen, Post, Radio
long u	*oo* as in "fool"	gut, Schuh, zu
short u	*u* as in "full"	Mutter, und, Kunst

2. Diphthongs A diphthong is a combination of two vowel sounds. In English, it may be represented by a single letter, such as *y* in "my" (pronounced *ah-ee*), or by two letters (two vowels or a vowel and a consonant), such as *ow* in "how" or *ou* in "house" (pronounced *ah-oo*). In German, every diphthong is represented by two letters, and they always represent the same sound. Note that the diphthong is not necessarily identical with the combined sounds of the two simple vowels; the diphthong **ei** in **mein**, for example, is pronounced as if it were written **ai** (**ah-ee**).

DIPHTHONG	ENGLISH EQUIVALENT	EXAMPLES
au	*ow* as in "how"	Haus, blau, Frau
ei (also **ai, ey, ay**)	*ei* as in "height"	eins, zwei, drei, Meier, Maier, Meyer, Mayer
eu (**äu**)	*oy* as in "boy"	deutsch, neu, läuft
ie (usually not a diphthong)	*ee* as in "field" (Exception: some words of foreign origin, where final **ie** is pronounced *-yeh*)	viel, hier, liest Familie

3. Umlaut Three German vowels—**a**, **o**, and **u**—have variants denoted by two dots (or short vertical lines) above the letter: **ä**, **ö**, and **ü**.[2] The same rules of vowel length that apply to other vowels apply to these umlaut sounds.

The long **ä** is approximately equivalent to the vowel sound of the English word "bear." Although it is a more open sound than the German **e** (official German stage pronunciation requires that a distinction be made between the two), many German speakers do not differentiate between them in colloquial conversation. The short **ä** is identical with the short **e** and corresponds to the vowel sound in the English word "get."

The **ö** and **ü** sounds have no English equivalents. The **ö** sounds like the French *eu*; the closest English approximation of the **ö** sound is the vowel sound in the words "bird, herd, heard, curd," or "word." It is formed by rounding the lips, as in German **o** (**oh**), and placing the tongue in the position for pronouncing German **e** (**eh**).

The **ü** sound corresponds to the French *u* and has no English approximation. It is formed in a manner similar to that of the **ö** sound: by

---

[2] In older texts, in some proper names, and occasionally in typing, these are sometimes spelled **ae**, **oe**, and **ue**: **Goethe**. The pronunciation remains the same.

UMLAUT	EXAMPLES
long ä	Bär, fährt
short ä	Männer, älter
long ö	schön, Goethe
short ö	Götter, öfter
long ü	Tür, Süden
short ü	Hütte, fünf

rounding the lips as in German **u** (**ooh**), and placing the tongue in the position for pronouncing German **i** (**ee**).

The vowel symbol **y**, which rarely occurs in German, is not a consonant but a vowel sound identical with a long or short **ü**: **Lyrik**, **Physiker**, **Idyll**.

4. Vowel Separation German words or syllables that begin with a vowel must be clearly separated from any preceding consonant by a short pause. This vowel separation is known as a glottal stop. It is produced by closing the glottis (a small opening in the upper part of the larynx) and reopening it suddenly. In the examples below, a slash is used to indicate the glottal stop before the initial vowel.

mein / alter / Onkel
mit / offenen / Augen
die ver/einigten Staaten von / Amerika

The linking of sounds from the end of one word to the beginning of another, which is common in French and not uncommon in English, does not occur in German.[3]

CONSONANTS

Five English consonant sounds do not exist in German: the two sounds represented by the letters *th* ("thin," "then"), the sounds represented by the letters *w* and *wh* ("wail," "whale"), and the sound cluster represented either by the letter *j* or by the letters *dg* ("judge"). Only one

---

[3] To see the contrast between such a separation on the one hand and the running together of words on the other hand, note the English phrases "a nice man" and "an ice man" or "I saw them eat" and "I saw the meat."

German consonant sound has no English equivalent; it is represented by the letters **ch**.[4]

Two other German consonants differ sufficiently from their English counterparts as to cause difficulty: **l** and **r**. The German **l** is pronounced with the tip of the tongue against the teeth or the upper gum ridge, and the front part of the tongue flat against the hard palate; in English, the tongue is further back, against the roof of the mouth.

The German **r** is a trilled or rolled sound, produced either by vibrating the front of the tongue against the palate (called the front **r**, or tongue **r**) or by raising the back of the tongue toward the uvula, the short appendage that hangs down into the throat from the roof of the mouth (called the back **r**, or uvular **r**). This sound, the one most Germans use, is similar to a gargling sound and can be mastered only through practice.

Finally, the German consonants **b**, **d**, **g**, and **s** are "voiced" before a vowel (corresponding to English *b, d, g* as in "go" and *z* as in "zeal") but are "unvoiced" or "voiceless" at the end of a word or before **s** and **t** (corresponding to English *p, t, k,* and *s* as in "seal").

VOICED		VOICELESS
ich gebe	*but*	ich gab, du gibst, er gibt
ich lade	*but*	ich lud, du lädst, er lädt
ich trage	*but*	ich trug, du trägst, er trägt
ich lese	*but*	ich las, du liest, er liest

Examples of the pronunciation of all German consonants and consonant clusters are as follow.

---

[4] This sound is similar to the Scottish pronunciation of "loch"; it is pronounced like an **h** with the throat muscles restricted as tightly as possible so that there is a maximum of friction. (Say the English words "Hugo" or "humor" with a very strong *h*, and then isolate this sound from the rest of the word.)

Technically, the place of articulation of German **ch** varies with the preceding vowel. It is pronounced further back in the throat after a back vowel like **u** (**Buch**) than after a front vowel like **i** (**mich**). This differentiation is automatic in German and need not be made consciously. It is important, however, to distinguish the **ch** sound from German **k** on the one hand (**Nacht, nackt**) and from German **sch** on the other (**Kirche, Kirsche**).

GERMAN SYMBOL	OCCURRENCE/PRONUNCIATION	EXAMPLES
b	At the beginning or in the middle of a word, as in English.	Bär, aber, bin
	At the end of a word or syllable and before t, like English p.	gelb, gibt, abfahren
c	In only a few foreign words; original pronunciation usually preserved.	Café, Cello, Clown
	Before ä, e, and i, like English ts.	Celsius, circa, Cäsar
ch	No exact English equivalent, similar to strong h.	acht, echt, ich, noch, Buch
	In a few foreign words; original pronunciation preserved.	Chaos, Chor, Christ Chance, Chauffeur, Chef
ck	As in English.	dick, Ecke, nackt
d	At the beginning or in the middle of a word, as in English.	drei, denn, oder
	At the end of a word or syllable and before t, like English t.	Mädchen, Hand, Stadt
f	As in English.	fallen, fünf, offen
g	At the beginning or in the middle of a word, as in English "go."	gut, General, geben
	In a few words of foreign origin, as in French "rouge."	rouge, Genie, Garage
	At the end of a word or syllable and before t, like English k.	Tag, sagt, weggehen
	In the final syllable -ig, like German ich.	wenig, König, ewig
gn	Both pronounced.	Gnade, Gnu, Gnom
h	At the beginning of a word, as in English.	hat, Herr, hier
	After a vowel, silent.	geht, Sohn, sehen
j	Like English y in "year."	ja, jetzt, Jahr
k	As in English.	kommt, klein, kein
kn	Both pronounced.	Knie, Knabe, Knopf
l	Similar to English, but with tongue close to teeth.	lang, all, Wilhelm Tell
m	As in English.	mit, kommt, immer
n	As in English.	nein, ohne, denn
ng	As in English "singer," never as in English "finger" or "hunger."	lang, Hunger, Finger
p	As in English.	Paar, Kappe, Paul
pf	Both pronounced.	Pfarrer, Pferd, Apfel
ph	As in English.	Philosophie, Photograph
ps	Both pronounced.	Psalm, pseudo, Psychoanalyse
q	Always in combination with u; pronounced like English kv.	quer, Quelle, Quote

(Continued)

GERMAN SYMBOL	OCCURRENCE/PRONUNCIATION	EXAMPLES
r	A trilled or rolled sound, especially when double.	rot, Herr, Arbeit
	In unstressed final syllable, like *-uh* sound in British "rather" (rath-uh), "here" (hee-uh), or "there" (thay-uh).	aber, Vater, Mutter
s	At the end of a word or syllable or before a consonant, as in English.	Glas, Wasser, beste
	Before a vowel, like English *z*.	sie, sehen, Nase
sch	Like English *sh*.	schon, Schule, Fisch
sh	Does not exist as a single sound. Sometimes occurs at the juncture of two words or syllables, s and h are pronounced separately.	Glashaus, bisher, deshalb
sp	At the beginning of a word, like English *shp*.	spät, spielen, spitz
	Otherwise, as in English.	Wespe, Aspirin, Knospe
st	At the beginning of a word, like English *sht*.	Straße, stehen, Stein
	Otherwise, as in English.	ist, erst, Nest
ß	Like English *ss*.	Straße, daß, Fuß
t	As in English.	Tür, mit, rot
th	Like English *t*.	Theater, Theodor, Goethe
-tion	Like English *tsee-own*.	Nation, Station, Ration
tt	Like British *t*, never soft like *d*.	bitter, Latte, spotten
tz	Like English *ts*.	Netz, jetzt, sitzen
v	Like English *f*.	vier, Vater, viel
	In a few words of foreign origin, as in English.	November, Provinz, Riviera
w	Like English *v*.	wieder, will, zwei
x	Like English *ks*.	Axt, Hexe, Xylophon
z	Like English *ts*.	zehn, zu, zwölf

STRESS

Most German words are stressed on the first syllable of the stem. Prefixes receive the main stress if they have an independent meaning but are unstressed if they have no meaning of their own. In the following examples, the accent indicates the syllable with main stress: **kómmen, ánkommen, bekómmen.** Both **ankommen** and **bekommen** are compounds of the verb **kommen.** The prefix **an** is a preposition meaning "at" or "to"; it is, therefore, stressed. The syllable **be-**, on the other hand, has no independent meaning; it is, therefore, not stressed.[5]

Words of foreign origin are usually stressed on the last syllable of the stem: **Universität, Musík, Konzért, Parìs, Studént, (Studéntin, Studénten, Studéntinnen)**. A few such words, however, retain the stress of the language from which they were borrowed: **Dóktor, Professor** (but **Doktóren, Professóren**).

A small number of German words are not stressed on the first syllable, among them **alléin, lebéndig, warúm**. Words ending in **-ei** and **-ieren** (or **-ierer**) carry the main stress on the first syllable of the ending: **Bäckeréi, studíeren, Hausíerer**.

German does not use accent marks to indicate stress, except in foreign words like **Café**. Accent marks are used here and in the end vocabulary strictly as a pedagogical tool.

SYLLABICATION

A German word has as many syllables as it has vowels or vowel combinations. When a word is divided into syllables, each syllable begins with a single consonant whenever possible; double consonants or consonant clusters are split: **U-ni-ver-si-tät, be-kom-men, an-de-re**. The consonant clusters **ch**, **sch**, and **st**, however, are not divided: **la-chen, Ma-schi-ne, ge-stern**. The cluster **ck** is divided as **k-k**: **Rücken — Rük-ken**; **ß** is divided as **s-s**: **fleißig — fleis-sig**.

The above rules of syllabication do not apply to compound words, where each constituent part remains a separate syllable: **be-ob-ach-ten, ent-er-ben, Wand-schrank**.

CAPITALIZATION

German, like English, capitalizes the first word of each sentence and all proper names. In contrast to English, however, German capitalizes all

---

[5] A few prefixes, such as **unter-** and **miß-**, may be stressed or unstressed: **unterbre′chen**, but **Un′terricht; mißbrau′chen**, but **miß′verstehen**.

common nouns and all other parts of speech used as nouns: **das Haus** (the house), **ein Kranker** (a sick man), **das Rauchen** (smoking), **der Reisende** (the traveler), **die Angestellten** (the employees). All forms of the pronoun **Sie** (you) are also capitalized: **Ihr, Ihnen**.[1] The pronoun **ich** (I), on the other hand, is not capitalized; nor are adjectives denoting nationality: **ein deutsches Buch** (a German book).

PUNCTUATION

By and large, the rules of punctuation are the same for German and English. A few differences exist, however, primarily in the use of the comma: In German, all dependent clauses (including relative clauses and infinitive phrases) are set off by commas.

    Das Buch, das ich lese, ist interessant.   (The book I'm reading is interesting.)
    Ich weiß, daß er hier ist.   (I know that he's here.)
    Es ist schwer, ihn zu verstehen.   (It's difficult to understand him.)

On the other hand, a comma is not used to set off certain German phrases whose English equivalents would require a comma: **inzwischen** (in the meantime), **vor einigen Tagen** (a few days ago), **nichtsdestoweniger** (nevertheless), or **anderseits** (on the other hand). Nor is a comma used before the word **und** in a series: **Hans, Karl und ich** (Hans, Karl, and I). Many German writers use a comma where a semicolon or a period would be required in English. Such "comma splices" are not considered incorrect usage.

Quotation marks look a little different in German. They are double, inverted quotation marks (placed at the bottom to introduce a quote, at the top to complete it), or guillemets (placed in front and at the end). Commas and periods are usually placed outside the quotation marks.

    Er sagte: „Es ist spät".   (He said, "It's late.")
    «Es ist spät», sagte er.   ("It's late," he said.)

The exclamation point is used a little more frequently in German than in English, especially after imperatives.

---

[1] Forms of *du* and **ihr** are capitalized in letters only: „Wenn *Du* nächstes Mal kommst, bringe bitte auch *Deinen* Bruder mit. Ich freue mich schon auf *Euren* Besuch" (Next time you come, please bring your brother along too. I'm already looking forward to your visit).

FORTSCHRITT DEUTSCH

KAPITEL 1
THE SUBJECT; NOMINATIVE CASE

REDEWENDUNGEN

Was gibt's?	What's new?
Ich bin gerade dabei.	I'm just doing it.
Es steht in der Zeitung.	It's in the newspaper.
Nicht wahr?	Isn't it?
Sie haben recht.	You're right.
um Gottes willen	for heaven's sake
auf eine Idee kommen	to get an idea

UNFALL ODER...?

HERR ZECHNER   Ingrid, wo ist die heutige Zeitung? Ist sie in der Küche? Oder ist sie oben im Schlafzimmer?

FRAU ZECHNER   Ich weiß nicht, aber ich habe sie nicht. Vielleicht hat Klaus sie in seinem Zimmer.

HERR ZECHNER   (*ruft laut*) Klaus, hast du die heutige Zeitung?

KLAUS   Nein, sie liegt auf dem Tisch im Wohnzimmer.

HERR ZECHNER   Wo? Hier ist keine Zeitung. Ich sehe sie nirgends. (*findet sie*) Entschuldige, da ist sie ja. Ich habe sie schon. (*beginnt zu lesen; es läutet und er öffnet die Tür*) Ach, Sie sind es, Herr Wölfle. Guten Morgen, was gibt's?

HERR WÖLFLE   Herr Zechner, haben Sie die heutige Zeitung schon gelesen?

HERR ZECHNER   Noch nicht, aber ich bin gerade dabei. Ist etwas passiert?

HERR WÖLFLE   Da, auf Seite drei, lesen Sie.

HERR ZECHNER   (*liest halblaut aus dem Text*) Unglück in den Alpen. Dr. Gerhard Klettner, Kanzleipartner des bekannten Hamburger Rechtsanwaltes Heinrich Frühwirth, tödlich verunglückt ... Absturz aus 300 Meter Höhe ... Dr. Frühwirth, der einzige Augenzeuge ...

FRAU ZECHNER	Dr. Frühwirth, ist das nicht der Anwalt in der Mönkeberg Straße?
HERR ZECHNER	Freilich, du kennst ihn doch.
FRAU ZECHNER	Nicht persönlich, aber ich weiß, wer er ist. Er steht ja oft in der Zeitung.
HERR ZECHNER	Kennen Sie ihn näher, Herr Wölfle?
HERR WÖLFLE	Natürlich, er ist unser Anwalt. Aber Sie haben auch öfters mit Dr. Frühwirth zu tun, nicht wahr?
HERR ZECHNER	Ja, Herr Frühwirth und Dr. Klettner sind oft in unserem Reisebüro. Sie buchen fast jeden Flug bei uns; auch diesen letzten Flug nach Zürich. Sie wollten gemeinsam eine Bergtour machen und Dr. Frühwirth bestellte die Flugkarten. Ich muß sagen, Dr. Frühwirth ist manchmal etwas seltsam.
FRAU ZECHNER	Was meinst du damit?
HERR ZECHNER	Na, weißt du, er möchte immer möglichst billig reisen. Und dabei hat der Mann so viel Geld!
HERR WÖLFLE	Kein Wunder, daß der Mann reich ist. Man zahlt, zahlt und zahlt bei ihm. Aber er ist ein guter Anwalt. Freilich, jeder Brief, jede Frage, jede Antwort — alles kostet etwas. Nichts ist umsonst.
HERR ZECHNER	Ja, Sie haben recht. Er ist ein guter Anwalt, aber ein schwieriger Kunde. Er hat immer tausend Fragen: Was kostet dies, was kostet das? Wieviel spare ich hier, wieviel spare ich dort usw.?
HERR WÖLFLE	Aber sehen Sie, Herr Zechner, so wird man reich.
HERR ZECHNER	Vor dieser letzten Reise erkundigte er sich auch ganz genau über alle Preise: Hotels, Mahlzeiten, Preis der Flugkarte für hin und zurück. Sogar den Preis einer Flugkarte ohne Rückflug wollte er wissen. Ich kann euch sagen: Dieser Mann ist nicht nur ein guter Anwalt, sondern auch ein Sparexperte. Es scheint mir, bei dieser Reise wollte er besonders sparen.
FRAU ZECHNER	Und dabei war es für Dr. Klettner die letzte Reise. Tragisch! So ein junger Mann! So ein schrecklicher Tod.
HERR ZECHNER	War er verheiratet?
FRAU ZECHNER	Oh ja, sie haben drei Kinder. Das jüngste ist erst ein Jahr alt; und jetzt hat es keinen Vater mehr. Ein schrecklicher Unfall!

HERR ZECHNER	(*nachdenklich*) Unfall? Weißt du, nicht jeder Unfall ist wirklich ein Unfall. Vielleicht war es gar kein Unfall.
HERR WÖLFLE	Wie meinen Sie das? Sind Sie anderer Ansicht?
HERR ZECHNER	Vielleicht war dieser Absturz kein Unfall, sondern ... Mord.
FRAU ZECHNER	Um Gottes willen, wie kommst du auf diese Idee?
HERR ZECHNER	Vielleicht habe ich einen Grund dafür. Es hat mit meinem Beruf zu tun und mit dem sparsamen Herrn Dr. Frühwirth.
FRAU ZECHNER	Mit deinem Beruf? Was hat er damit zu tun?
HERR ZECHNER	Na, was ist mein Beruf? Was tue ich im Reisebüro?
FRAU ZECHNER	Du gibst Auskunft, du berätst deine Kunden, du verkaufst Fahrkarten, du ...
HERR ZECHNER	Ja, das ist alles richtig. Und was macht ein sparsamer Mann?
FRAU ZECHNER	Er spart gerne.
HERR ZECHNER	Richtig, aber manche Leute sparen auf seltsame Weise. Ich glaube, auch Herr Dr. Frühwirth. Hast du jetzt die Antwort? Haben Sie sie, Herr Wölfle?

* * *

War es ein Unfall oder ein Mord? Wie kommt Herr Zechner auf seine Idee? Lesen Sie dieses Gespräch noch einmal genau. Wissen Sie die Lösung? Die Lösung dieser Frage finden Sie auf Seite 323.

FRAGEN

1. Was sucht Herr Zechner? **2.** Wo findet er die Zeitung? **3.** Wie gut kennt Frau Zechner diesen Anwalt? **4.** Warum kommt Herr Frühwirth oft ins Reisebüro? **5.** Warum hat Dr. Frühwirth soviel Geld? **6.** Worüber erkundigte sich der Anwalt vor der letzten Reise? **7.** Wie alt ist das jüngste Kind der Familie Klettner? **8.** Was für einen Beruf hat Herr Zechner? **9.** Auf welche Weise spart Dr. Frühwirth? **10.** Welche Frage hat Herr Zechner?

GRAMMATIK

GENDER

All German nouns and pronouns have a grammatical gender—*masculine*, *feminine*, or *neuter*. Ordinarily the form of a noun does not indicate its gender; this information should be sought instead in the endings of the modifiers used with it. Typical modifiers are the articles ("the," "a"), the possessives ("my," "his," etc.), the demonstratives ("this," "that," etc.), and most adjectives. The definite article (corresponding to English "the") in the nominative singular always shows the gender of the noun it modifies.

Masculine	der Mann	(the man)
Feminine	die Frau	(the woman)
Neuter	das Kind	(the child)

1. The gender of nouns used to designate people does not necessarily coincide with natural sex. Several neuter nouns designate female persons: **das Mädchen** (the girl), **das Fräulein** (the young lady, Miss), **das Weib** (*old-fashioned*, the woman). A few feminine nouns designate males: **die Wache** (the sentry, guard). Similarly, nouns designating inanimate objects or concepts are not necessarily neuter—just as often they are masculine or feminine: **der Unfall** (the accident), **die Zeitung** (the newspaper), **das Geld** (the money).

2. Although the form of most nouns does not indicate gender, there are some exceptions.

2.1 Nouns ending in the diminutives **-chen** and, less frequently, **-lein** are always neuter.

    das Städtchen (the small town)   das Brüderlein (the little brother)

2.2 Nouns ending in **-in** indicate the female counterpart of a male person or animal and are always feminine.

    der Lehrer (the male teacher)   die Lehrerin (the female teacher)
    der Löwe (the lion)   die Löwin (the lioness)

2.3 Abstract nouns ending in **-heit**, **-keit**, **-schaft**, or **-ung** are also feminine.

    die Krank**heit** (sickness)   die Gesell**schaft** (society)
    die Freundlich**keit** (friendliness)   die Hoff**nung** (hope)

2.4 Nouns with the ending **-er** are masculine when they denote the person who performs a certain action or the instrument used, called *agent nouns*.

    der Mal**er** (the painter)   der Weck**er** (the alarm clock; *literally*, "the awakener")

On the whole, however, gender is not assigned on any logical basis. It is therefore essential to learn the gender of each German noun by memorizing the definite article that goes with it.

3. Gender is by and large an arbitrary and artificial grammatical category. In this book all forms will be listed in the sequence masculine—neuter—feminine. This arrangement highlights similarities between masculine and neuter forms on the one hand, and between feminine and plural forms on the other.

DEFINITE ARTICLE

1. In the nominative singular [*see* Nominative Case, p. 11], the definite article is **der**, **das**, or **die**, depending on the gender of the noun it modifies. In the nominative plural, the definite article is always **die**, regardless of the gender of the noun it modifies. Plural forms are discussed more fully in Chapter 5.

2. In general, the definite article in German functions like its counterpart in English: it indicates a specific item, a precisely defined member of a group. Thus, **das Buch** (the book) makes reference to one special book within the overall category of books. German and English usage does differ, however, in some minor respects.

2.1 German tends to use the definite article with abstract concepts.

    Das Leben ist schön.   (Life is beautiful.)
    Ich liebe **die** Natur.   (I love nature.)

2.2 Prepositions in German are usually followed by the definite article.[1]

    vor **der** Arbeit   (before work)
    nach **der** Schule   (after school)

2.3 Proper names preceded by an adjective always require the definite article.[2]

    der junge Schiller   (young Schiller)
    das moderne Deutschland   (modern Germany)

2.4 With units of measurement, German uses the definite article where English uses the indefinite article.

    Das kostet zehn Mark **das** Stück.   (That costs ten marks *a* piece.)
    Er kommt zweimal **die** Woche.   (He comes twice *a* week.)

2.5 German uses the definite article instead of the possessive adjective for parts of the body or where ownership is self-evident.

    Er hat **die** Pfeife **im** Mund.   (He has *his* pipe in *his* mouth.)
    Ich hatte **die** Hände in **den** Taschen. (I had *my* hands in *my* pockets.)

PERSONAL PRONOUNS

1. Personal pronouns are used as substitutes for nouns. They refer to living beings, places, things, or concepts.

	SINGULAR	PLURAL
1st person	**ich** I	**wir** we
2nd person familiar	**du** you	**ihr** you
2nd person formal	**Sie** you	
3rd person	**er** he / **es** it / **sie** she	**sie** they

---

[1] The preposition **ohne** (without) often occurs without an article: **ohne** Mantel (without a coat).
[2] In colloquial usage, the definite article may also occur with a proper name, even when no adjective precedes it: Wo ist **die** Irma? (Where's Irma?).

GRAMMATIK

1.1 In the first person [*see* Chapter 2], German and English correspond in form and use.

1.2 In the second person, German makes a distinction between familiar and formal usage. **Sie** is used as the conventional form of address in formal situations where one would normally use a person's last name or in addressing strangers. It is always capitalized. **Du** and **ihr** are used in informal situations within one's family or in speaking to friends, children, or animals, where one would normally use the first name. **Du** is also used in prayer and frequently occurs in proverbs and sayings. Forms of **du** and **ihr** are capitalized in letters only.

1.3 In the third-person singular, German, like English, has three personal pronouns: **er** for masculine, **es** for neuter, and **sie** for feminine. When a pronoun is used in place of a noun, the pronoun must have the same gender as the noun it replaces. The German pronouns **er** and **sie** are translated "he" and "she," respectively, if they refer to human beings.

Wo ist **der Mann**? **Er** ist hier.	(Where is *the man*? *He* is here.)
Wo ist **die Frau**? **Sie** ist hier.	(Where is *the woman*? *She* is here.)

When **es** refers to a human being, its English translation depends on the context.[3]

Wo ist **das Mädchen**? **Es** ist hier.   (Where is *the girl*? *She* is here.)

When referring to an inanimate object, all three German pronouns usually are translated "it."

Der Roman ist interessant.	(*The novel* is interesting.
Er ist interessant.	*It* is interesting.)
Das Buch ist interessant.	(*The book* is interesting.
Es ist interessant.	*It* is interesting.)
Die Novelle ist interessant.	(*The short story* is interesting.
Sie ist interessant.	*It* is interesting.)

2. The definite article and the personal pronouns have characteristic gender endings: **r** for masculine, **s** for neuter, **e** for feminine.

der — er	das — es	die — sie

---

[3] When **das Fräulein** is replaced by a pronoun, German usually prefers the biological gender (**sie**) to the grammatical gender (**es**): **Wo ist** *das Fräulein*? *Sie* **ist hier.** (Where is *the young lady*? *She* is here.)

3. The plural pronoun for all three genders (English "they") is **sie**, the same form as that used for the feminine singular. The definite article **die** also serves for both the plural and the feminine singular. **Sie** and **die** both have the characteristic **-e** ending.

DER-WORDS

A small group of noun modifiers exhibit the same characteristic key endings as the definite article and the personal pronouns and hence are often called **der**-words. The most important are the following.

dieser	this	**mancher**	many a, some
jener	that	**solcher**	such a
jeder	each, every	**welcher?**	which?

der Mann	(the man)	dieser Mann	(this man)
das Kind	(the child)	jenes Kind	(that child)
die Frau	(the woman)	jede Frau	(every woman)
der Freund	(the friend)	mancher Freund	(many a friend)
das Wetter	(the weather)	solches Wetter	(such weather)
die Stadt	(the city)	welche Stadt	(which city)

INDEFINITE ARTICLE

The German indefinite article (corresponding to English "a" and "an") has just two forms in the nominative singular: **ein** (masculine and neuter; no ending), and **eine** (feminine; note the characteristic **-e** ending).

DEFINITE		INDEFINITE	
der Mann	(the man)	ein Mann	(a man)
das Kind	(the child)	ein Kind	(a child)
die Frau	(the woman)	eine Frau	(a woman)
der Brief	(the letter)	ein Brief	(a letter)
das Zimmer	(the room)	ein Zimmer	(a room)
die Antwort	(the answer)	eine Antwort	(an answer)

1. The German indefinite article also exists in a negative form: **kein** (not a, no, not any). As with **ein**, the stem, with no ending, is used for both masculine and neuter: **kein**. The feminine adds the ending **-e**: **keine**.

 War das **ein** Mord oder **ein** Unfall? (Was that *a* murder or *an* accident?)
 Nein, das war **kein** Mord und **kein** Unfall. (No, that was *not a* murder and *not an* accident.)
 Hast du **eine** Frage? (Do you have *a* question?)
 Nein, ich habe **keine** Frage. (No, I have *no* question [I have*n't any* question].)

Note the difference between **kein** and **nein**. **Kein** is an adjective; it precedes the noun to which it refers. **Nein** is used only in response to a question for which it serves as a brief answer. It is the opposite of **ja**.

The combination **nicht ein** is not normally used in German and should be avoided. Express English "not a" as German **kein**.

2. The indefinite article **ein** has no plural. Its negation, **kein**, however, has the plural form **keine** in all three genders. (Note once again the characteristic **-e** ending and the identity of the plural and feminine singular forms.)

 Er hat Freunde. (He has friends.)
 Er hat **keine** Freunde. (He has *no* friends.)

3. The indefinite article is used in German, much as "a" or "an" is used in English, to mention a single object or person without implying that the speaker has a particular, definite one in mind. Differences in usage do occur, however. In German, for instance, the indefinite article is omitted before an unmodified predicate noun indicating occupation or nationality.[4]

 Er wurde Arzt. (He became *a* doctor.)
 Sie ist Amerikanerin. (She is *an* American.)

EIN-WORDS

The possessive adjectives **mein, dein, sein, ihr, unser, euer, ihr, Ihr** (my, your, his *or* its, her, our, your, their, your) have the same ending pattern as **ein** and **kein**, and hence are often called *ein-words*.

---

[4] The indefinite article must be used when the noun is modified by an adjective: **Er wurde** *ein* **berühmter Arzt** (He became *a* famous doctor).

ein Löffel	(a spoon)	ein Messer	(a knife)
mein Löffel	(my spoon)	mein Messer	(my knife)
dein Löffel	(your spoon)	dein Messer	(your knife)
sein Löffel	(his spoon)	sein Messer	(his knife)
unser Löffel	(our spoon)	unser Messer	(our knife)
		eine Gabel	(a fork)
		meine Gabel	(my fork)
		deine Gabel	(your fork)
		seine Gabel	(his fork)
		unsere Gabel	(our fork)

1. Note that an **ein**-word's *ending* depends on the gender of the noun it modifies. The *choice* of the appropriate **ein**-word (for example, **sein** or **ihr**), on the other hand, depends on the grammatical, though not necessarily the biological, gender of its antecedent.

der Mann und sein Sohn	(the man and his son)
der Mann und seine Tochter	(the man and his daughter)
die Frau und ihr Sohn	(the woman and her son)
die Frau und ihre Tochter	(the woman and her daughter)
das Mädchen und seine Mutter	(the girl and her mother)
der Tisch und seine Farbe	(the table and its color)
das Haus und seine Farbe	(the house and its color)
die Lampe und ihre Farbe	(the lamp and its color)

2. **Ein**-words, as well as **der**-words, are called limiting adjectives. This concept will be explained more fully in Chapter 11.

NOMINATIVE CASE

Nouns and pronouns change their form depending on the way they are used in a sentence. The form listed in dictionaries and vocabularies is called the nominative case; the other cases will be discussed in Chapters 3 (accusative), 4 (dative), and 10 (genitive). The most frequent use of the nominative is as the subject of a sentence or clause. It answers the question **wer?** (who?) or **was?** (what?).

Der Mann geht in das Haus.	(*The man* goes into the house.)
Er ist alt.	(*He* is old.)
Das Buch liegt auf dem Tisch.	(*The book* lies on the table.)
Deutsch ist nicht schwer.	(*German* is not difficult.)

1. The nominative is also used for nouns or pronouns that complete the verbs **sein** (to be), **werden** (to become), and **bleiben** (to remain). This usage is called the predicate nominative.

Das ist **ein interessantes Buch**. (That is *an interesting book*.)
Er wurde **ein berühmter Arzt**. (He became *a famous doctor*.)
Ich bleibe **dein guter Freund**. (I remain *your good friend*.)
Wer hat das gesagt? Das war **ich**. (Who said that? That was *I*.)

2. In addition, the nominative may occur in comparisons after **als** or **wie**.

Sie ist jünger **als ich**. (She is younger *than I*.)
Er spricht **wie ein alter Mann**. (He talks *like an old man*.)

WORD ORDER: POSITION OF SUBJECT

German word order differs in important respects from English word order. The terminology used to analyze German sentences is also different.

FRONT FIELD	VERB	SENTENCE FIELD	
Hugo	ist	ein begabter Redner	(Hugo is a gifted orator.)

In this sentence, **ist** is the conjugated verb form (the part of the verb that changes to show person, number, and tense [*see* Chapter 2]). The position in front of the verb is called the *front field*. The position following the verb is called the *sentence field*. The verb is the pivot of the German sentence. The placement of the subject is flexible—it may introduce the sentence, or it may come later; it may precede the verb, or it may follow it.[5]

1. When the subject, including its modifiers, occupies the front field, the verb immediately follows. This type of sentence structure resembles that of the normal English sentence.

FRONT FIELD (Subject)	VERB	SENTENCE FIELD	
Dr. Frühwirth	ist	Anwalt.	(Dr. Frühwirth is a lawyer.)
Ich	gehe	nach Hause.	(I'm going home.)
Mein guter Freund	hilft	mir bei meiner Arbeit.	(My good friend helps me with my work.)
Die Studenten in dieser Klasse	lernen	Deutsch.	(The students in this class are learning German.)

---

[5] The position of the subject following the verb is sometimes called "inverted word order." Since the verb–subject sequence occurs so frequently in German, however, it might well be considered "normal" word order.

12 KAPITEL 1

2. The front field may contain only a single element, though this element may sometimes consist of several words. Unlike English, however, German cannot have two *different* elements preceding the verb.

FRONT FIELD (Subject)	VERB	SENTENCE FIELD	
Meine Freunde	besuchen	mich oft.	(My friends often visit me.)
Wir	spielen	immer zusammen.	(We always play together.)
Das	geschieht	fast nie.	(This hardly ever [almost never] happens.)

3. Some German sentences have no front field at all, but begin with the verb. The three major types of verb-first sentences all put the subject immediately after the verb.

3.1 Yes-no Questions All questions requiring a yes or no answer.

VERB	SUBJECT	SENTENCE FIELD	
Hast	du	die heutige Zeitung?	(Do you have today's newspaper?)
Ist	Karl	hier?	(Is Karl here?)
Sprechen	Sie	Deutsch?	(Do you speak German?)
Gehen	die Kinder	in die Schule?	(Are the children going to school?)

3.2 Sentences Giving Commands German has verb command forms corresponding to the **du**, **ihr**, **Sie**, and **wir** modes of address [*see* Chapter 2]. When the familiar forms are used, the subject pronoun is omitted.

VERB	SUBJECT	SENTENCE FIELD	
Bring	—	mir das Buch!	(Bring me the book.)
Zeigt	—	ihm die Aufgaben!	(Show him the homework.)
Kommen	Sie	her!	(Come here.)
Gehen	wir	ins Kino!	(Let's go to the movies.)

3.3 Implied Conditions Some sentences contain implied conditions in one clause and a consequence in another clause and are usually introduced by the words **so** or **dann**. The verb announcing the condition may be in the subjunctive [*see* Chapter 19].

VERB	SUBJECT	SENTENCE FIELD	
Regnet	es,	so schließe ich die Fenster.	(If it rains, I'll close the windows.)
Wäre	er	hier, so würde ich mit ihm sprechen.	(If he were here [Were he here], I would speak to him.)

GRAMMATIK

4. Any element other than the subject may occupy the front field. Such an element may be a single word, a phrase consisting of a noun and its modifiers, or a dependent clause. The element in the front field may be a direct or indirect object; an indicator of time, place, or manner; some other adverb; an interrogative; or a prepositional phrase. However, only *one* such element may occupy the front-field position. When the front field is occupied by an element other than the subject, the subject follows the verb.[6] The following sentences illustrate front-field variations.

	FRONT FIELD	VERB	SUBJECT	SENTENCE FIELD
Direct Object	Dieses Buch (I found *this book* very interesting.)	fand	ich	sehr interessant.
Indirect Object	Mir (He didn't give *me* anything.)	hat	er	nichts gegeben.
Time Indicator	Vor zwei Wochen (I visited her *two weeks ago*.)	habe	ich	sie besucht.
Adverb of Manner	Gern (I'll *gladly* help you.)	will	ich	dir helfen.
Place Indicator	In diesem Abteil (One isn't allowed to smoke *in this compartment*.)	darf	man	nicht rauchen.
Adverb	Vielleicht (*Perhaps* he can save money.)	kann	er	Geld sparen.
Interrogative Adverb	Wie (*How* do you get this idea?)	kommst	du	auf diese Idee?
Interrogative Phrase	Mit wem (*With whom* did you come?)	sind	Sie	gekommen?
Noun Phrase	Über unsere Reise (We had many questions *about our trip*.)	hatten	wir	viele Fragen.
Dependent Clause	Als ich nach Hause kam, (*When I got home* it was already late.)	war	es	schon spät.

---

[6] The verb itself may consist of two or more parts. See Chapter 2 for the concept of the two-prong predicate.

5. We can see from the preceding sentences that main clauses in German exhibit the following basic structural pattern.

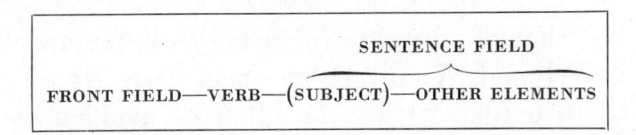

>   SENTENCE FIELD
> FRONT FIELD—VERB—(SUBJECT)—OTHER ELEMENTS

If the front field is unoccupied, the sentence begins with the verb.

FRONT FIELD	VERB	SENTENCE FIELD
—	Kam	das Flugzeug gestern wegen Nebel mit einer Stunde Verspätung in München an?

(Did the airplane arrive in Munich an hour late yesterday because of fog?)

When the subject or any other element moves into the front-field position, the sequence of the other sentence elements remains unchanged. Notice the possible variations within the basic structural pattern of the above question.

FRONT FIELD	VERB	SENTENCE FIELD
Das Flugzeug	kam	gestern wegen Nebel mit einer Stunde Verspätung in München an.
Gestern	kam	das Flugzeug wegen Nebel mit einer Stunde Verspätung in München an.
Wegen Nebel	kam	das Flugzeug gestern mit einer Stunde Verspätung in München an.
In München	kam	das Flugzeug gestern wegen Nebel mit einer Stunde Verspätung an.

Similarly, if any sentence element (for example, **wegen Nebel**) is replaced by an interrogative (for example, **warum?**) in the front field, the sequence of the remaining elements stays the same.

FRONT FIELD	VERB	SENTENCE FIELD
Warum	kam	das Flugzeug gestern mit einer Stunde Verspätung in München an?

6. Sentences with a delayed subject are a variation from the basic structural pattern. In them a pronoun object or an adverb immediately follows the verb, thereby preceding the noun subject.

Zum Geburtstag gab mir **mein Vater** ein neues Fahrrad.
(For my birthday *my father* gave me a new bicycle.)

Leider mußte ihn **der Arzt** ins Krankenhaus schicken.
(Unfortunately, *the doctor* had to send him to the hospital.)

GRAMMATIK   15

Im Konzertsaal spielt heute **das Amadeus Quartett**. (*The Amadeus Quartet* plays today in the concert hall.)
Wo ist hier **das beste Hotel**? (Where is *the best hotel* here?)

Such sentences, though encountered in both written and spoken German, are relatively infrequent. Using them correctly is a matter of style acquired with time; errors can often be avoided by reordering the elements of the sentence.

7. The following expressions are not considered constituent parts of the sentence and therefore are not counted as elements in the front field.

7.1 The coordinating conjunctions **und, oder, aber, sondern, denn** (and, or, but, but instead, for).

Ich ging weg, **aber er blieb** noch eine Weile. (I left, but he stayed for a while.)
Wir liefen nach Hause, **denn es war** spät. (We ran home, for it was late.)

7.2 Isolated words such as **ja**, **nein**, **bitte**, or **danke**.

Nein, ich habe leider keine Zeit. (No, unfortunately I have no time.)
Danke, das war sehr nett von Ihnen. (Thanks, that was very nice of you.)

7.3 Appellations, such as **Herr Meyer, Hans,** or **Mutter.**

Fritz, **du mußt** dir das anschauen. (Fritz, you have to look at that.)
Lieber Freund, **wir sind** jetzt schon seit drei Wochen in Berlin. (Dear friend, we've been in Berlin for three weeks now.)

7.4 Exclamations, such as **ach, oh,** or **au.**

Ach, **er konnte** mir nicht helfen! (Alas, he couldn't help me.)

FINDING THE SUBJECT

Four basic features of a German sentence provide clues for identifying the subject: position, case ending, agreement, and context.

1. Position Normally, the subject will be either in the front-field position or immediately following the verb.

Mein Freund ist heute nicht hier. (My friend isn't here today.)
Heute ist **mein Freund** nicht hier. (Today my friend isn't here.)

2. Case Ending The subject must be in the nominative case. If only one noun or pronoun in a clause is clearly nominative, it must be the subject. To tell whether a noun is nominative, inspect the ending on any word modifying it (article, demonstrative, possessive, or descriptive adjective).

    Welche Frau hat **der Mann** geliebt?   (Which woman did the man love?)

The **-r** ending preceding **Mann** can only be nominative. The **-e** ending before **Frau**, on the other hand, may be either nominative or accusative [*see* Chapter 3].

3. Agreement Subject and verb must both be in the same person (first, second, or third) and number (singular or plural). Consequently, the verb ending may help to identify the subject.

    Das kann**st du** nicht mit mir machen.   (You can't do that with me.)
    Seinen Namen hatte**n sie** vergessen.   (They had forgotten his name.)

For a discussion of present-tense endings, *see* Chapter 2.

4. Context In some sentences, neither position, nor case ending, nor agreement with the verb helps identify the subject. The context then becomes the decisive factor.

    Diese Bücher müssen **die Studenten**   (The students have to read these books
    diese Woche lesen.   this week.)

Obviously, it is the students who read the books, not the other way around. In the sentence **Die Maus hat eine Katze gefangen** (A cat has caught the mouse) it is safe to assume that the cat is the subject and the mouse the object.

ANWENDUNG

A. *Give the English equivalent of the word in italics and tell if it is a definite or indefinite article, personal pronoun,* **der**-*word, or* **ein**-*word.*

    1. Wo ist *die* Zeitung? Ich sehe *sie* nirgends. **2.** Wo ist *der* kleine Tisch? *Er* steht im Wohnzimmer. **3.** Wo ist *dein* Zimmer? *Es* ist oben. **4.** *Er* bucht *jeden* Flug bei uns. 5. *Dieser* Mann ist so reich. 6. *Manches* Unglück ist *kein* Unglück, sondern *ein* Mord. 7. *Solches* Wetter haben *wir* oft. 8. Ist *es kein* Unfall, dann ist *es ein* Mord.

B. *Supply the German expression for the English equivalent in parentheses.*

1. Die Zeitung berichtet von dem Unfall. _____ Zeitung berichtet von dem Unfall. (*every*)
2. Dieses Buch gibt gute Auskunft. _____ Buch gibt gute Auskunft? (*which*)
3. Dieser Augenzeuge kann Auskunft geben. _____ Augenzeuge kann Auskunft geben. (*many a*)
4. Dieses Hotel ist zu teuer. _____ Hotel ist zu teuer. (*every*)
5. Dieser Flug ist nicht teuer. _____ Flug ist nicht teuer? (*which*)

C. *Change the* **der**-*word in italics to the correct form of the* **ein**-*word in parentheses.*

1. *Jede* Zeitung berichtet von dem Unfall. (kein)
2. Er bucht *jeden* Flug bei uns. (ein)
3. Die Zeitung liegt auf *dem* Tisch. (mein)
4. *Dieser* Flug startet um neun Uhr. (unser)
5. Ich verstehe *manche* Frage nicht. (Ihr)

D. *Supply the correct German form of the possessive adjective.*

1. Herr Frühwirth und _____ Frau sind verunglückt. (*his*)
2. Sie ist noch am Leben, aber _____ Mann hat den Tod gefunden. (*her*)
3. _____ Sohn und _____ Tochter haben erst von dem Unglück in der Zeitung gelesen. (*their, their*)
4. Herr Frühwirth war Anwalt. _____ Sekretärin sagt, daß _____ Büro jetzt nicht geöffnet ist. (*his, his*)
5. Frau Klettner ist sehr unglücklich, aber _____ Kinder wissen noch nichts von dem Unfall. (*her*)

E. *Restate each sentence starting with some other element.*

MODEL   Herr Frühwirth war der einzige Augenzeuge.
         Der einzige Augenzeuge war Herr Frühwirth.

1. Ich weiß die Antwort nicht. 2. Es steht heute in der Zeitung. 3. Herr Frühwirth hat viel Geld. 4. Die Zeitung liegt auf dem Tisch. 5. Er ist ein sparsamer Mann.

F. *Select the word that best completes the sentence.*

1. Ist die Zeitung in der Küche, _____ ist _____ im Schlafzimmer?
    denn   es
    oder   sie
    warum   er
2. Es ist _____ Wunder, daß es _____ Unfall ist.
    nicht   kein
    jedes   nichts
    kein   erst
3. Er spart gerne. _____ manche Leute sparen auf _____ Weise.
    Aber   arme
    Sondern   seltsame
    Oder   reiche

G. *Make a complete sentence in German using the English cue phrase. Say that . . .*

1. you know Mr. Frühwirth and his daughter.   2. you are an American.   3. you don't have a room.   4. your sister is a teacher.   5. your father has no time.

H. *Complete each sentence with the correct phrase based on the reading selection.*

1. Herr Frühwirth ist (*a*) tödlich verunglückt (*b*) der einzige Augenzeuge.
2. Herr Frühwirth erkundigte sich immer ganz genau (*a*) über die Preise (*b*) über seine Frau.
3. Herr Zechner kommt auf die Idee, daß es ein Mord war, (*a*) denn er hat einen Grund dafür (*b*) denn er hat kein Geld gespart.
4. Um die Lösung zu finden, muß man (*a*) das Gespräch noch einmal genau lesen (*b*) Auskunft über die Reise geben.

I. FREE RESPONSE: *Answer one of the questions by expressing your opinion in German.*

1. Haben Sie Kriminalgeschichten gerne? Warum ja, oder warum nicht? 2. Wer ist Ihr Lieblingsdetektiv im Film oder am Fernsehen? Warum? 3. In den Vereinigten Staaten und in Deutschland gibt es viele „Krimis", das heißt, Kriminalgeschichten, im Fernsehen. Ist das gut oder ist das schlecht? Was denken Sie?

ANWENDUNG

KAPITEL 2

PRESENT TENSE; THE IMPERATIVE; NEGATION

REDEWENDUNGEN

mehr . . . als	more . . . than
Er weiß Bescheid.	He's (well) informed.
weder . . . noch	neither . . . nor
Die Sache steht anders.	The matter is different.
etwas übel nehmen	to hold against
Das stimmt gar nicht.	That's not correct.
von oben bis unten	from top to bottom
Es bleibt ihm keine Zeit.	He has no time left.

HERRN HUBERS SCHWARZER TAG
(oder: Der gekränkte Kenner)

„Was, es ist schon wieder Samstag? Wie die Zeit vergeht", meint der Wärter im Raubtierhaus des Städtischen Zoos, als er Herrn Huber kommen sieht. Es gibt keinen Zweifel: Wenn Herr Huber den Zoo besucht, dann muß es Samstag sein. Seit Jahren verbringt der kleine dicke Mann mit dem großen Hut jeden Samstag in diesem Tiergarten. Verläßlich wie die Schweizer Bundesbahn betritt er um 14 Uhr 30 den Zoo durch den Südeingang. Wie immer beginnt Herr Huber seinen Rundgang beim Vogelhaus. Dann geht er — wie vorauszusehen — zu den Affen und anschließend ins Aquarium. Sein Besuch verläuft mit der Präzision eines Uhrwerkes. Nichts ist dem Zufall überlassen, kein Schritt ungeplant. Andere Leute gehen zum Vergnügen in den Zoo; Hubers Besuche gleichen mehr einer Inspektion als einem gemütlichen Spaziergang durch dieses Museum der lebenden Zoologie.

Kritisch betrachtet er jedes einzelne „seiner" Tiere. Er weiß genau Bescheid über sie. Er kennt ihre Namen, ihre Herkunft, ihr Alter, ja sogar ihr Gewicht. Für Huber sind die meisten dieser Tiere alte Bekannte. Und vielleicht kennen ihn die Tiere hier auch schon besser als manche Leute bei der Firma Ahlenfeld & Furtner, wo Herr Huber täglich von 9 bis 17 Uhr arbeitet (am Samstag nachmittag hat er frei).

Bei Ahlenfeld & Furtner gehört er zu jener Gruppe von kleinen Angestellten, von denen weder der Chef noch die Kunden besondere Notiz nehmen. Dort ist er ein kleiner Verkäufer; notwendig, aber nicht wichtig. Schuhe und Lederwaren können auch andere verkaufen, nicht nur Herr Huber. Er gehört übrigens zu jener Kategorie von Verkäufern, die der Personalchef als „entbehrlich" bezeichnet.

Hier im Städtischen Zoo steht die Sache anders. Hier ist er jemand. Hier zählt er zu den Experten. Jedenfalls glaubt Herr Huber mit Überzeugung an seine Kenntnisse. Wollen Sie etwas über den neuen Löwen wissen, der kürzlich aus Kenia hierher kam? Oder über den Eisbären mit den schwarzen Flecken auf der linken Tatze? Fragen Sie nur Herrn Huber; er weiß Bescheid. Huber zögert auch nicht, den Wärtern Ratschläge, ja fast Befehle zu geben. „Vicki braucht eine neue Schaukel" (Vicki ist die schlanke Schimpansin) oder „Hugo braucht frisches Wasser" (Hugo ist der vierfarbige Papagei) oder „Warum habt ihr Putzi so wenig Futter in die Schale gelegt?" (Putzi ist der dicke Waschbär). An solche Ratschläge haben sich die Wärter längst gewöhnt. Niemand nimmt sie Huber übel. Man weiß hier, daß es Herr Huber nur sehr gut meint. Man hat es auch aufgegeben, dem kleinen energischen Herrn zu widersprechen. Er regt sich zu sehr auf. Wenn es sich um „seine" Tiere handelt, duldet Huber keinen Widerspruch.

Genau um 16 Uhr 20 steht Huber vor dem großen Wasserbecken der Seehunde. Sie sind seine besonderen Lieblinge. Lange beobachtet er das fröhliche Spiel dieser drolligen Tiere. Heute sind mehr Leute als gewöhnlich bei diesem Becken. Vor ihm steht eine ältere Dame mit einem kleinen Jungen. Sie verfolgen Kaspar, einen der lustigsten der Seehunde, wie er unentwegt in eleganten Bögen an der Südseite des Beckens entlang schwimmt.

„Siehst du, Willi, das ist ein Haifisch", hörte Huber zu seinem Entsetzen die Dame sagen. Er ist fassungslos über solches Unwissen; das darf nicht ohne Widerspruch bleiben.

„Entschuldigen Sie, aber das stimmt doch nicht", sagt Huber in ziemlich gereiztem Ton. „Das ist doch kein Haifisch, sondern ein Seehund." Die ältere Dame mustert Huber von oben bis unten, dann wiederholt sie mit klarer und scharfer Stimme. „Willi, das ist ein Haifisch."

Hubers Gesicht wird rot. Sein Expertenstolz ist tief verletzt. Er überlegt, mit welchen Argumenten er die Unkenntnisse dieser Dame am besten entwaffnen soll. Da bekommt er das beste Argument, das er sich wünschen kann. Kaspar, der Seehund, unterbricht sein Schwimmen und klettert auf den kleinen Felsen in der Mitte des Beckens. Huber empfindet unendliche Befriedigung.

„Na, sehen Sie, meine Dame. Kaspar ist ein Seehund, kein Haifisch. Ans Ufer klettern — das kann ein Haifisch wirklich nicht." Mit der Miene des Siegers tritt er einen Schritt zurück, um aus Distanz ihren Rückzug aus dem Reich zoologischer Ignoranz zu genießen.

Die ältere Dame blickt ihn noch kritischer an als zuvor. Dann antwortet sie kurz, aber triumphierend. „Wie Sie sehen, mein Herr, dieser Haifisch kann es."

Huber sieht die Dame fassungslos, ja leidend an. Er sucht nach Worten, aber er findet sie nicht. Es bleibt ihm auch keine Zeit, etwas zu erwidern, denn die Dame ist mit dem Jungen bereits weitergegangen. Wie Hammerschläge auf den Kopf empfindet er die Worte, die er bei ihrem Weggehen noch hört. „Na, manche Leute verstehen wirklich gar nichts von Tieren."

An diesem Tag beendet Huber seinen Rundgang durch den Zoo nicht. Langsam geht er mit gesenktem Haupt zum Ausgang. Für ihn ist es bereits dunkel geworden, obwohl die Sonne noch golden über das Zoogelände schien.

FRAGEN

1. An welchem Tag geht Huber in den Zoo? 2. Um wieviel Uhr betritt er den Tiergarten? 3. Wie lange arbeitet er täglich? 4. Was hat Huber bei der Firma Ahlenfeld & Furtner zu tun? 5. Warum soll man Herrn Huber fragen, wenn man etwas über die Tiere in diesem Zoo wissen will? 6. Welche Ratschläge gibt Herr Huber den Wärtern? 7. Was nimmt man Herrn Huber nicht übel? 8. Wann wird Hubers Gesicht rot? 9. Mit welchem Argument hat Huber die Unkenntnis der älteren Dame entwaffnet? 10. Warum sieht Huber die Dame fassungslos an?

GRAMMATIK

THE VERB

The verb performs two important functions in a German sentence. First, it helps define the *meaning* of a statement: the verb, with its complements, constitutes the predicate and provides information about the subject's condition or actions; it reports actions, processes, events, or states of being. Second, as shown in Chapter 1, the verb plays a pivotal role in defining the *structure* of the sentence: since it occupies a fixed position within the clause, all other elements (subject, object, and adverbial modifiers) are situated in relation to it.

VERB FORMS

Conjugated—or inflected—verb forms consist of a stem plus endings. Both stems and endings of conjugated forms occasionally vary to express person, number, tense, and other kinds of information, such as mood or the distinction between active and passive voice.

1. Person German, like English, employs three grammatical persons. The first person (**ich, wir**) stands for the speaker or the group to which the speaker belongs, the second person (**du, ihr; Sie**) for the person or persons addressed, and the third person (**er, sie, es; sie**) for the person or persons spoken of. In both German and English the form of the verb may change according to the person of the subject.

ich bin	I am	**ich tue**	I do	**ich komme**	I come
du bist	you are	**du tust**	you do	**ihr kommt**	you come
er ist	he is	**sie tut**	she does	**sie kommen**	they come

2. Number German and English also distinguish between singular (one) and plural (more than one). Just as the form of a verb may change according to the person of the subject, so it may vary according to the number of the subject.

    ich bin, wir sind   (I am, we are)
    du bist, ihr seid   (you are, you [*pl.*] are)

Verb forms that correspond to the number and person of the subject are said to "agree" with the subject.

3. Tense Both German and English have a variety of tenses to indicate whether an action has already taken place, is presently occurring, or will happen at some later time. Two types of tense forms exist: simple and compound. Simple tenses—**ich gehe, ich ging** (I go, I went)—use only one verb form. Compound tenses—**er ist gegangen, er wird gehen** (he has gone, he will go)—require an auxiliary verb. In simple tenses, the form of the main verb changes; in compound tenses, only the form of the auxiliary varies.

4. Infinitive The basic form of the verb (the form listed in dictionaries) is the infinitive. German infinitives are not usually listed with any preposition corresponding to the English "to": **sehen** (to see). Most German infinitives end in **-en**: **haben, leben, schreiben** (to have, to live, to write). A small number end in **-n**: **sein, lächeln, tun** (to be, to smile, to do).

5. Stem The verb stem or root is obtained by deleting the **-en** (or **-n**) ending from the infinitive: **schreiben** → **schreib-**; **tun** → **tu-**.

PRESENT TENSE ENDINGS

German has only one present-tense form, the simple present: **er spielt** (he plays). The English progressive present ("he is playing") and the emphatic present ("he does play") do not exist in German.

Most German verbs use a standard set of endings in the present tense to indicate person and number.

	SINGULAR			PLURAL	
1st person	ich	-e		wir	-en
2nd person	du	-st	Sie -en	ihr	-t
3rd person	er, es, sie	-t		sie	-en

GRAMMATIK   25

Note that the pronoun **sie** has three possible interpretations. If the verb of which **sie** is the subject is singular, **sie** must be third-person singular feminine. If the verb is plural and **sie** begins with a lower-case letter, **sie** must be third-person plural. If the verb is plural and **Sie** is capitalized (not merely because it begins the sentence), **Sie** is the formal second person, either singular or plural.

1. Since verbs have the same singular ending whether the subject pronoun is **er, es,** or **sie** and the same plural ending whether the subject pronoun is **Sie** or **sie**, verb tables in this book will be simplified as follows:

ich	-e	wir	-en
du	-st	ihr	-t
er	-t	sie	-en

2. A few examples of regular present-tense verbs include the following:[1]

lernen (to learn)

ich lerne	wir lernen
du lernst	ihr lernt
er lernt	sie lernen

beginnen (to begin)

ich beginne	wir beginnen
du beginnst	ihr beginnt
er beginnt	sie beginnen

gehen (to go)

ich gehe	wir gehen
du gehst	ihr geht
er geht	sie gehen

3. Verbs in which the infinitive ends in **-n** take the usual present tense endings, except in the first- and third-person plural, where they drop the **-e** of the ending.[2]

tun (to do)

ich tue	wir tun
du tust	ihr tut
er tut	sie tun

ändern (to change)

ich ändere	wir ändern
du änderst	ihr ändert
er ändert	sie ändern

4. If the stem of the verb ends in **-d** or **-t**, a linking **-e-** is inserted before the ending of the second-person singular and plural and the third-person singular.[3]

---

[1] Note that verbs with irregular past-tense forms are often regular in the present tense: **er geht, er ging.**

[2] Verbs ending in **-eln** drop the **-e-** of the stem in the first-person singular. The other forms remain regular: **lächeln** (to smile)—**ich lächle, du lächelst, wir lächeln.**

[3] For exceptions, see 4, p. 28, this chapter.

finden (to find)

ich finde	wir finden
du findest	ihr findet
er findet	sie finden

antworten (to answer)

ich antworte	wir antworten
du antwortest	ihr antwortet
er antwortet	sie antworten

For ease of pronunciation, an **-e-** is inserted in a few other verbs that end in a consonant cluster.

öffnen (to open)

ich öffne	wir öffnen
du öffnest	ihr öffnet
er öffnet	sie öffnen

atmen (to breathe)

ich atme	wir atmen
du atmest	ihr atmet
er atmet	sie atmen

5. If the verb stem ends in **-s**, **-ß**, or **-z**, the second-person singular merely adds a **-t** ending. As a result, the second- and third-person singular forms are identical.[4]

reisen (to travel)

ich reise	wir reisen
du reist	ihr reist
er reist	sie reisen

grüßen (to greet)

ich grüße	wir grüßen
du grüßt	ihr grüßt
er grüßt	sie grüßen

sitzen (to sit)

ich sitze	wir sitzen
du sitzt	ihr sitzt
er sitzt	sie sitzen

COMMON VOWEL PATTERNS

The stem vowel of many German verbs changes from **a** to **ä** and from **e** to **i** or **ie** in the second- and third-person singular of the present tense. All other forms remain regular.[5]

Present Tense: Vowel Variation

INFINITIVE STEM	VOWEL CHANGE	EXAMPLE
a	ä	fahren, du fährst
au	äu	laufen, du läufst
e	i	geben, du gibst
e	ie	sehen, du siehst

---

[4] If the stem ends in **-ss**, the spelling changes to **-ß** in the second- and third-person singular and the second-person plural: **hassen** (to hate)—**ich hasse, du haßt, er haßt, wir hassen, ihr haßt, sie hassen.**

[5] The verb **stoßen** (to push, shove) changes from **o** to **ö** in the second- and third-person singular: **ich stoße, du stößt, er stößt, wir stoßen, ihr stoßt, sie stoßen.**

GRAMMATIK

1. **a → ä** *or* **au → äu**

   fahren (to drive)   **laufen** (to run)

   ich fahre   wir fahren   ich laufe   wir laufen
   du fährst   ihr fahrt   du läufst   ihr lauft
   er fährt   sie fahren   er läuft   sie laufen

2. **e → i**

   geben (to give)   **nehmen** (to take)

   ich gebe   wir geben   ich nehme   wir nehmen
   du gibst   ihr gebt   du nimmst   ihr nehmt
   er gibt   sie geben   er nimmt   sie nehmen

   Note the **-mm-** forms in the second- and third-person singular of the verb **nehmen**.

3. **e → ie**

   sehen (to see)   **lesen** (to read)

   ich sehe   wir sehen   ich lese   wir lesen
   du siehst   ihr seht   du liest   ihr lest
   er sieht   sie sehen   er liest   sie lesen

4. If verbs of this type have a stem ending in **-d** or **-t**, no linking **-e-** is used in the singular.

   laden (to load)   **halten** (to hold)

   ich lade   wir laden   ich halte   wir halten
   du lädst   ihr ladet   du hältst   ihr haltet
   er lädt   sie laden   er hält   sie halten

AUXILIARY VERBS

1. *Haben, sein,* **and** *werden*   The three most frequently used verbs in German are **haben, sein,** and **werden**. They may occur either alone or in combination with one or more other verbs to form compound tenses. All three are irregular in the present tense; their forms must be memorized.

   1.1   The verb **haben** (to have) is used as an independent verb to show possession: **Ich habe einen Bruder** (I have a brother). It is also often used in the formation of perfect tenses: **Ich habe schon gegessen** (I have already eaten) [*see* Chapter 8].

ich habe	wir haben
du hast	ihr habt
er hat	sie haben

1.2 As an independent verb, **sein** (to be) indicates existence: **Wir sind hier** (We are here). It is also used as an auxiliary in the formation of some perfect tenses: **Sie ist eben weggegangen** (She has just left) [*see* Chapter 9].

ich bin	wir sind
du bist	ihr seid
er ist	sie sind

Note the unusual **-d** ending in **ihr seid**.

1.3 When the verb **werden** occurs by itself, it corresponds to the English "to become" or "to get": **Es wird spät** (It's getting late). When it is used with the infinitive of another verb, it denotes the future: **Er wird kommen** (He will come). When combined with a past participle, it indicates a passive statement: **Das Auto wird repariert** (The car is being repaired) [*see* Chapter 18].

ich werde	wir werden
du wirst	ihr werdet
er wird	sie werden

Note the unusual **-d** ending in **er wird**.

2. The Modals and *wissen* In only seven other German verbs are both the endings and the stem vowels irregular in the present tense singular. The plural of all these verbs is regular.

2.1 Six of these verbs (listed below) are the modal auxiliaries. They usually occur in combination with the infinitive of another verb. They will be discussed in greater detail in Chapter 9.

The Modal Auxiliaries

dürfen (to be allowed to)		**können** (to be able to)		**mögen** (to like to)[6]	
ich darf	wir dürfen	ich kann	wir können	ich mag	wir mögen
du darfst	ihr dürft	du kannst	ihr könnt	du magst	ihr mögt
er darf	sie dürfen	er kann	sie können	er mag	sie mögen
müssen (to have to)		**sollen** (to be supposed to)		**wollen** (to intend to)	
ich muß	wir müssen	ich soll	wir sollen	ich will	wir wollen
du mußt	ihr müßt	du sollst	ihr sollt	du willst	ihr wollt
er muß	sie müssen	er soll	sie sollen	er will	sie wollen

2.2 The only other verb with the same ending pattern as the modals is the verb **wissen** (to know).

ich weiß	wir wissen
du weißt	ihr wißt
er weiß	sie wissen

Note that, with the exception of the verb **sein**, irregularities occur in the singular only. All other German verbs have regular forms in the present tense plural.

IMPERATIVE

The imperative is a verb form used for giving commands and making requests. In German, it exists in the familiar second-person singular and plural, the formal second-person singular and plural, and the first-person plural.

1. In the familiar second person (**du, ihr**), the imperative omits the pronoun indicating the person to whom the command is addressed ("you"); as in English, the pronoun is merely implied, not stated. An **-e** ending is added to the stem in the singular, a **-t** (or **-et**) ending in the plural.

Lerne Deutsch!   Lernt Deutsch!   (Learn German.)
Antworte mir!   Antwortet mir!   (Answer me.)

---

[6] This verb frequently occurs in its subjunctive form: **er möchte** (he would like to); for details, see Chapter 19.

The **-e** ending is often omitted, especially for monosyllabic verb stems

    Komm her!   Kommt her!   (Come here.)

2. Verbs that change their stem vowel from **e** to **i** or **ie** use the changed form in the singular and always omit the **-e** ending. The plural remains regular. Verbs with **a** or **au** in the stem do not change.

    Gib mir die Bücher!   Gebt mir die Bücher!   (Give me the books.)
    Lies die Übungen!   Lest die Übungen!   (Read the exercises.)
    Fahr mit uns!   Fahrt mit uns!   (Ride with us.)
    Lauf schnell!   Lauft schnell!   (Run quickly.)

3. A formal request or command is made by placing the pronoun **Sie** after the infinitive.

    Sprechen Sie Deutsch!   (Speak German.)
    Kommen Sie her, bitte!   (Come here, please.)

4. A command is also possible in the first person plural. It is formed by placing the subject **wir** after the verb. This corresponds to the use of "let us" in English.

    Sprechen wir Deutsch!   (Let's speak German.)
    Gehen wir!   (Let's go.)

5. The imperative forms of **sein** are **sei, seid, seien Sie,** and **seien wir**.

    Sei freundlich! Seid freundlich!   (Be friendly.)
    Seien Sie nicht so hochmütig!   (Don't be so arrogant.)
    Seien wir ruhig!   (Let's be quiet.)

NEGATION

German does not use the helping verb "to do" in order to negate a verb. It negates a sentence by placing the adverb **nicht** after the verb, as in English "I am *not*," "he has *not*," they will *not*."

    Ich gehe in die Schule.   (I go to school.)
    Ich gehe **nicht** in die Schule.   (I do not go to school.)

1. Direct and indirect objects usually precede **nicht**.

    Er liest das Buch.   (He reads the book.)
    Er liest das Buch **nicht**.   (He does not read the book.)

Sie antwortet mir.   (She answers me.)
Sie antwortet mir **nicht**.   (She does not answer me.)

2. Expressions of time also usually come before **nicht**.

Ist er heute hier?   (Is he here today?)
Ist er heute **nicht** hier?   (Isn't he here today?)

The position of **nicht** will be discussed in greater detail in Chapter 16.

TWO-PRONG PREDICATE

One of the most important aspects of German word order is the two-prong (or split) predicate. If the action is expressed by more than one verbal unit, the second unit is placed toward the end of the main clause. We will designate the two units, or prongs, of the predicate P_1 and P_2.

The German sentence operates on a kind of suspense principle. Important information, especially the completion of the verbal idea, is often withheld until the end of the clause. The main body of the sentence is thus suspended between the two prongs of the predicate. This contrasts with the structure of English sentences, in which the entire predicate usually forms an inseparable unit.

$\qquad P_1 \qquad\qquad\qquad\qquad\qquad\qquad\qquad P_2$
Er **macht** die Fenster in seinem Zimmer jeden Morgen **auf**.
(Every morning, he *opens up* the windows in his room).

Sentences with a two-prong predicate may be analyzed as follows.

FRONT FIELD	SENTENCE FIELD		END FIELD
	P_1	P_2	
Heute	**geht** Herr Huber viel früher	**weg**	als gewöhnlich.

(Today Mr. Huber *leaves* much earlier than usual.)

Some information, usually a link with the previous statement, is provided in the front field, before the P_1 position. Further information, usually of a supplementary nature, may occupy the end-field position, after P_2. The core of the sentence, the sentence field (or inner field), is contained between the two prongs of the predicate.

P_1, the first prong of the predicate, is the finite or conjugated verb (the verb form that changes to show person, number, and tense). P_2, the second prong of the predicate, is always an uninflected form.[7]

Two-prong predicates occur in the following constructions.

1. When there is a modal auxiliary in P_1 and an infinitive in P_2.

$\quad\quad P_1 \quad\quad\quad\quad P_2$
Wir **können** gut Deutsch **sprechen**.　　　(We *can speak* German well.)
$\quad P_1 \quad\quad\quad\quad\quad P_2$
Ich **muß** um 6 Uhr zu Hause **sein**.　　　(I *must be* home by 6 o'clock.)
$\quad P_1 \quad\quad\quad\quad\quad\quad\quad P_2$
Wollen Sie etwas über diese Tiere **wissen**?　　　(Do you *want to know* something about these animals?)

2. In the future tense [see Chapter 14], when P_1 is occupied by the present tense of **werden** and P_2 by an infinitive.

$\quad P_1 \quad\quad\quad\quad\quad\quad P_2$
Werden Sie uns nächste Woche **besuchen**?　　　(*Will* you *visit* us next week?)
$\quad\quad P_1 \quad\quad\quad\quad\quad\quad\quad P_2$
Das **wird** wahrscheinlich nicht möglich **sein**.　　　(That *will* probably not *be* possible.)

3. In the perfect tenses [see Chapters 8 and 9], when P_1 consists of a form of **haben** or **sein** and P_2 of a past participle.

$\quad\quad P_1 \quad\quad\quad\quad P_2$
Leider **hat** sie mich nicht **gesehen**.　　　(Unfortunately she *did* not *see* me.)
$\quad P_1 \quad\quad\quad\quad\quad P_2$
Haben Sie die Vorlesung **verstanden**?　　　(*Did* you *understand* the lecture?)
$\quad P_1 \quad\quad\quad\quad\quad\quad\quad P_2$
Wir **sind** gestern abend ins Kino **gegangen**.　　　(We *went* to the movies last night.)

4. In the passive voice [see Chapter 18], when a form of **werden** occupies P_1 and a past participle P_2.

$\quad\quad P_1$
Sie **wurde** von ihren Freunden herzlich　　　(She *was* cordially *greeted* by her friends.)
$\quad P_2$
begrüßt.

---

[7] In English, the entire predicate (the action concept, the verbal idea) usually forms an inseparable unit. In German, any multi-part predicate is split into two prongs, with one of them appearing at the beginning of the sentence field and the other at the end.

GRAMMATIK

$\quad\quad\quad$ P₁
Oft **werden** Hesses Werke $\quad\quad\quad$ (Hesse's works *are* also often *read* in English.)
$\quad\quad\quad\quad\quad$ P₂
$\quad$ auch auf englisch **gelesen**.

5. When verbs with separable prefixes are in the present or past tense, then the prefix moves to the P₂ position and the conjugated stem is in P₁.

$\quad\quad\quad$ P₁ $\quad\quad\quad\quad$ P₂
Wir **stehen** jeden Tag um 7 Uhr **auf**. $\quad$ (We *get up* at 7 o'clock every day.)
$\quad$ P₁
Kam das Flugzeug aus Hamburg $\quad\quad$ (Did the plane from Hamburg *arrive* on
$\quad\quad\quad$ P₂ $\quad\quad\quad\quad\quad\quad\quad\quad\quad\quad$ time?)
$\quad$ pünktlich **an**?

6. When the verbs **sein**, **bleiben**, or **werden** (P₁) occur with a predicate nominative (P₂).

$\quad\quad\quad\quad$ P₁ $\quad\quad\quad$ P₂
Mein Freund **war** letzte Woche **krank**. $\quad$ (My friend *was sick* last week.)
$\quad$ P₁
Er **wurde** im Alter von 46 Jahren $\quad\quad$ (He *became president* at the age of 46.)
$\quad\quad\quad$ P₂
Präsident.
$\quad$ P₁ $\quad\quad\quad\quad$ P₂
Sie **bleibt** doch immer **dieselbe**. $\quad\quad$ (She always *stays the same*.)

7. With predicate expressions consisting of a verb form (P₁) and a nonverbal element (P₂).

$\quad\quad\quad\quad$ *Action concept:* Deutsch sprechen (to speak German)
$\quad$ P₁ $\quad\quad\quad\quad$ P₂
Er **spricht** noch nicht sehr gut **Deutsch**. $\quad$ (He doesn't *speak German* very well as
$\quad\quad\quad\quad\quad\quad\quad\quad\quad\quad\quad\quad\quad\quad$ yet.)

$\quad\quad\quad\quad$ *Action concept:* Klavier spielen (to play the piano)
$\quad\quad$ P₁
Sie **spielt** jeden Tag ein bis zwei $\quad\quad$ (She *plays the piano* every day for an hour or
$\quad\quad\quad$ P₂ $\quad\quad\quad\quad\quad\quad\quad\quad\quad\quad\quad$ two.)
Stunden **Klavier**.

$\quad\quad\quad\quad$ *Action concept:* radfahren (to go bicycle riding)
$\quad$ P₁ $\quad\quad\quad$ P₂
Ich **fahre** im Sommer gerne **rad**. $\quad\quad$ (I like to go *bicycle riding* in the summer.)

ANWENDUNG

A. *Supply the missing forms of each verb.*

    Infinitive **Du-**form   **Er-**form   Stem   *English equivalent*

MODEL
    sehen   **siehst**   **sieht**   **seh-**   to see

1. gehen   _____   _____   _____   _____
2. _____   beginnst   _____   _____   _____
3. _____   _____   _____   _____   to be
4. _____   _____   gibt   _____   _____
5. _____   _____   _____   mein-   _____
6. müssen   _____   _____   _____   _____
7. _____   betrittst   _____   _____   _____

B. *Supply the proper verb form.*

MODEL   Wir betrachten die Tiere. Du **betrachtest** die Tiere.

1. Wir sehen die Dame an. Er _____ die Dame an. **2.** Wir nehmen davon keine Notiz. Sie (*she*) _____ davon keine Notiz. **3.** Wir kennen Herrn Huber. Du _____ Herrn Huber. **4.** Wir antworten auf die Frage. Sie (*she*) _____ auf die Frage. **5.** Wir verkaufen Lederwaren. Er _____ Lederwaren. **6.** Wir verstehen kein Deutsch. Du _____ kein Deutsch. **7.** Wir klettern auf den Felsen. Ich _____ auf den Felsen. **8.** Wir geben dem Papagei Futter. Er _____ dem Papagei Futter.

C. *Supply the English equivalent and explain how* **werden** *is being used.*

1. Die Zeit wird schnell vergehen. **2.** Es wird um 5 Uhr dunkel. **3.** Die Dame wird von Herrn Huber von oben bis unten gemustert. **4.** Der Seehund wird nie ein Haifisch. **5.** Er wird Experte durch seine Besuche im Zoo. **6.** Der Zoo wird von vielen Leuten besucht.

D. *Supply the appropriate form of the German modal auxiliary.*

MODEL   Es _____ heute Samstag sein.   (*must*)
            Es **muß** heute Samstag sein.

1. Man _____ die Tiere nicht füttern.   (*may*)
2. Hugo _____ heute frisches Wasser bekommen.   (*should*)

3. Wir _____ heute den Zoo besuchen. (*would like to*)
4. Ich _____ der Dame den Seehund zeigen. (*want to*)
5. Manche Leute _____ nie etwas lernen. (*can*)

E. *Supply the correct form of the imperative.*

   MODEL   Herr Huber, _____ es mir, bitte! (sagen)
                Herr Huber, **Sagen Sie** es mir, bitte!

1. Herr Huber, _____ den Wärter, bitte! (fragen)
2. Kinder, _____ die alte Dame dort! (fragen)
3. Fritz, _____ Herrn Huber! (fragen)
4. Fräulein Müller, _____ bitte näher! (treten)
5. Willi, _____ einen Schritt zurück! (treten)
6. Willi und Karl, _____ bitte ein! (treten)

F. *Change from the formal imperative to the informal singular imperative or vice-versa.*

   MODEL   Entschuldigen Sie mich, bitte!
                Entschuldige mich, bitte!

1. Seien Sie der Dame nicht böse! **2.** Nehmen Sie es der Dame nicht übel! **3.** Sieh den Haifisch an! **4.** Gib dem Papagei Wasser! **5.** Nehmen Sie den Hund mit! **6.** Gehen Sie sofort in den Zoo! **7.** Lauf schnell zum Wärter!

G. *Expand the sentence with the indicated modal auxiliary and place the modal and the infinitive in the proper prong.*

   MODEL   Ich bleibe nicht länger. (dürfen)
                Ich **darf** nicht länger **bleiben**.

1. Du antwortest der Dame. (sollen)
2. Ich überlege mir die Frage. (wollen)
3. Viele Leute verstehen nichts von Zoologie. (wollen)
4. Der Seehund klettert ans Ufer. (können)
5. Ich gebe den Tieren Futter. (müssen)

H. *Expand the sentence by inserting the cue words.*

   MODEL   Herr Huber wird arbeiten. (jeden Tag)
                Herr Huber wird jeden Tag arbeiten.

1. Er hat gearbeitet. (letzten Samstag nicht)
2. Er möchte gehen. (mit seinem Freund in den Zoo)

3. Werden Sie kommen? (bald zu uns zu Besuch)
4. Er kann kommen. (leider nicht vor nächster Woche)
5. Er wird betrachtet. (von der Dame von oben bis unten)

I. *Write a complete sentence and place the cue words in the appropriate prong.*

MODEL   hat gegeben/Herr Huber/dem Seehund/zu fressen
Herr Huber hat dem Seehund zu fressen gegeben.

1. möchte geben/Willi/jetzt/dem Seehund/sein Futter
2. tritt zurück/Herr Huber/mit der Miene eines Siegers/einen Schritt
3. wollen wissen/Meine Dame,/Sie/etwas über den Haifisch?
4. ist hungrig/Der Schimpanse/morgens/immer
5. wird gelegt/Jeden Tag/dem Papagei/frisches Futter/in die Schale

J. *Indicate all the expressions that could correctly be used to complete the sentence.*

1. Manche Leute gehen _____ in den Zoo.
   — heute   — gestern
   — zum Vergnügen   — nichts
2. Das _____ nicht ohne Widerspruch bleiben.
   — wird   — soll
   — darf   — spricht
3. Herr Huber sieht die Dame fassungslos _____.
   — zu   — werden
   — an   — über
4. Manche Leute verstehen _____ von Tieren.
   — viel   — nichts
   — nicht   — oft
5. Wollen Sie _____ über den neuen Löwen wissen?
   — alles   — nichts
   — etwas   — ohne

K. *Match the German expression with the English.*

a. der Zweifel   1. doubt
b. gehören   2. usual(ly)
c. gewöhnlich   3. to think over
d. wie immer   4. as always
e. der Befehl   5. really
f. überlegen   6. order
g. wissen   7. face
h. wiederholen   8. to belong

ANWENDUNG   37

i. wirklich
j. widersprechen
k. das Gesicht
l. fröhlich

9. happy
10. to repeat
11. to contradict
12. to know

L. FREE RESPONSE: *Retell the gist of the story using some of the words below.*

in den Zoo	Haifisch	erwidern
gehen	entschuldigen	nichts
kennen	das Gesicht	verstehen
Tiere	klettern	Ausgang
Experte	das Ufer	nach Hause
Seehund	können	

KAPITEL 3
ACCUSATIVE CASE

GROSZ, George, *Fit for Active Service.* (1916–17).
Pen and brush and India ink. Sh: 20 x 14⅜.
Collection, The Museum of Modern Art, New York
A. Conger Goodyear Fund

REDEWENDUNGEN

Wie heißen Sie?	What's your name?
Alles andere kümmert mich nicht.	I don't worry about anything else.
Freigestellt habe ich davon keinen.	I haven't excused any of them.
ab und zu	now and then
Das ist doch alles Quatsch!	That's all nonsense!
Die gehen mich nichts an.	I don't concern myself with them.
Sie machen sich keine Vorstellung.	You have no idea.

... UND UNSER KAISER

Ort der Handlung: Eine Kaserne der deutschen Armee
Zeit: Während des Ersten Weltkrieges
Handlung: Ärztliche Untersuchung bei der Musterung für den Wehrdienst

FELDWEBEL MÜLLER Herr Oberstabsarzt, soll ich die nächsten vier Männer hereinschicken? Sie sind für die Untersuchung bereit. Sie warten schon eine halbe Stunde.

OBERSTABSARZT FRIEDRICH Haben Sie gesagt „Männer"? Sie meinen wohl Drückeberger. Sie wissen doch, was wir hier jeden Tag erleben. Jeder hat ein anderes Leiden, jeder hat eine andere Ausrede. Müller, wie sollen wir den Krieg gewinnen? Aber glauben Sie mir: wir werden ihn gewinnen. Es muß nur jeder seine Pflicht erfüllen. Drückeberger dulden wir hier nicht. So, nun schicken Sie sie herein.

(Vier junge Männer treten ins Zimmer; der Oberstabsarzt zeigt auf den ersten.)

OBERSTABSARZT FRIEDRICH Sie, mit der Brille, treten Sie vor. Wie heißen Sie?

ERSTER GEMUSTERTER Ich heiße Meyer.

OBERSTABSARZT FRIEDRICH	Ich hoffe, Sie sind gesund, um für unseren Kaiser und das Vaterland zu kämpfen. Alles andere kümmert mich nicht.
ERSTER GEMUSTERTER	Nicht ganz, Herr Oberstabsarzt. Wie Sie sehen, bin ich sehr kurzsichtig (*nimmt die Brille ab*). Jetzt kann ich Sie fast nicht mehr sehen. Und den Herrn Feldwebel auch nicht.
OBERSTABSARZT FRIEDRICH	Auch wenn Sie ihn und mich nicht sehen können, Kurzsichtigkeit ist kein Grund für eine Freistellung. Diesen Monat habe ich schon 400 junge Leute untersucht; jeden Tag gab's dabei einige, die kurzsichtig waren. Freigestellt habe ich davon keinen.
ERSTER GEMUSTERTER	Aber ich bin ja fast blind. Ohne Brille schlage ich mir jedesmal den Kopf an. Ich finde nicht einmal den Weg um diesen Tisch.
OBERSTABSARZT FRIEDRICH	Gegen solche Schwächen muß man ankämpfen, junger Mann. Kurzsichtig sind wir fast alle. Und außerdem: Ich bin auch kurzsichtig, viele unserer Offiziere sind auch kurzsichtig — und unser guter Kaiser ist auch kurzsichtig. Und trotzdem erfüllen wir alle unsere Pflicht. — Tauglich. — Abtreten. (*läßt den nächsten vortreten*) Haben Sie auch eine Ausrede?
ZWEITER GEMUSTERTER	Herr Oberstabsarzt, ich habe nichts gegen das Militär. Ich weiß, wir brauchen es und der Kaiser braucht es auch. Aber ich habe immer Kopfschmerzen. Nicht nur ab und zu, sondern jeden Tag, fast jede Stunde. Ich kenne das Leben ohne Kopfschmerzen gar nicht mehr.
OBERSTABSARZT FRIEDRICH	Ach, das ist doch alles Quatsch. Denken Sie nicht soviel daran. Denken Sie lieber mehr ans Vaterland und an Seine Majestät (*zeigt auf ein Bild des Kaisers*), dann werden Sie gleich gesund sein. Und außerdem: Ich habe auch Kopfschmerzen, viele unserer Offiziere haben auch Kopfschmerzen — und unser guter Kaiser hat auch Kopfschmerzen. Und trotzdem erfüllen wir alle unsere Pflicht. — Tauglich. — Abtreten.

DRITTER GEMUSTERTER	(*tritt vor*) Mein Name ist Fröhlich. Ich liebe unser Vaterland und unseren Kaiser, aber ...
OBERSTABSARZT FRIEDRICH	Schon gut, schon gut, Ihre Lobreden können Sie sich sparen. Die gehen mich nichts an. Sie haben also auch eine Ausrede.
DRITTER GEMUSTERTER	Herr Oberstabsarzt, Sie machen sich keine Vorstellungen, wie sehr ich an Magenschmerzen leide. Jedes Mal, wenn ich esse, habe ich sie.
OBERSTABSARZT FRIEDRICH	Seien Sie nicht so empfindlich, ein bißchen Bauchzwicken hat noch niemanden umgebracht. Ohne Schmerzen geht niemand durchs Leben. Und außerdem: Ich habe auch oft Magenschmerzen, viele unserer Offiziere haben auch Magenschmerzen — und unser guter Kaiser hat auch Magenschmerzen. Und trotzdem erfüllen wir alle unsere Pflicht. — Tauglich. — Abtreten.
VIERTER GEMUSTERTER	(*tritt vor, grinst*) Herr Oberstabsarzt, geben Sie sich keine Mühe. Ich bin nicht kurzsichtig, ich habe keine Kopfschmerzen und auch keine Magenschmerzen. Aber ich bin dumm, sehr dumm.

FRAGEN

1. Wen soll Feldwebel Müller hereinschicken? **2.** Wie lange warten die Männer schon? **3.** Was denkt der Oberstabsarzt über den Krieg? **4.** Worum kümmert sich der Oberstabsarzt nur? **5.** Was sollen alle „Drückeberger" tun? **6.** Wie beschreibt der Kurzsichtige sein Leiden? **7.** Warum will der zweite Gemusterte freigestellt werden? **8.** Woran leidet der dritte Gemusterte? **9.** Was sagt der Arzt über Schmerzen? **10.** Ihrer Meinung nach, was sagt der Oberstabsarzt dem Letzten?

GRAMMATIK

German has three cases in addition to the nominative: the accusative, the dative, and the genitive. Case is used to indicate the function of a noun or pronoun in a sentence (for example, subject or object), the relationship between two nouns or pronouns (for example, possession), and the effect of certain verbs, adjectives, prepositions, or idiomatic constructions on nouns or pronouns.

Case distinctions in English are made mainly with pronouns: he—*him*, we—*us*; the only case ending on English nouns is the *'s* in the possessive: "Henry*'s* book," "the car*'s* engine." In German, case is indicated mainly by the form of pronouns and by endings on noun modifiers (articles, demonstratives, possessives, descriptive adjectives). Case endings on nouns are discussed in Chapter 10.[1]

Next to the nominative, the accusative is the most common case in German. It designates the direct object of the sentence, that is, the person, thing, or concept that is the immediate recipient of the action. The direct object answers the question **wen?** (who? *or* whom?) or **was?** (what?).

> **Wen** sehen Sie? Ich sehe **den Mann.** (*Whom* do you see? I see *the man.*)
> **Was** liest du? Ich lese **ein Buch.** (*What* are you reading? I'm reading *a book.*)

Many verbs can take direct objects. Many prepositions also govern the accusative—some no matter how they are used, others when they are used in particular ways. Finally, certain expressions of measurement and idiomatic constructions involve the accusative.

ACCUSATIVE FORMS

The forms of the accusative case for German pronouns and noun modifiers are listed below.

1. Personal Pronouns

Person	SINGULAR					PLURAL			SINGULAR/ PLURAL
	1st	2nd	3rd			1st	2nd	3rd	Formal 2nd
			Masc.	Neut.	Fem.				
Nominative	ich	du	er	es	sie	wir	ihr	sie	Sie
Accusative	mich	dich	ihn	es	sie	uns	euch	sie	Sie

---

[1] Noun endings are limited primarily to the genitive singular and the dative plural.

GRAMMATIK

NOMINATIVE	ACCUSATIVE
Ich bin hier.	Sie sieht **mich**.
Du bist hier.	Sie sieht **dich**.
Wir sind hier.	Sie sieht **uns**.
Ihr seid hier.	Sie sieht **euch**.

Note that in the third-person singular neuter and feminine, as well as in the third-person plural and the formal second person, the accusative and the nominative forms are the same.

NOMINATIVE	ACCUSATIVE
Es ist hier.	Ich sehe **es**.
Sie ist hier.	Ich sehe **sie**.
Sind **sie** hier?	Ich sehe **sie**.
Sind **Sie** hier?	Ich sehe **Sie**.

2. Noun Modifiers **Der**-words and **ein**-words have the same form in the nominative and the accusative for neuter, feminine, and plural nouns.

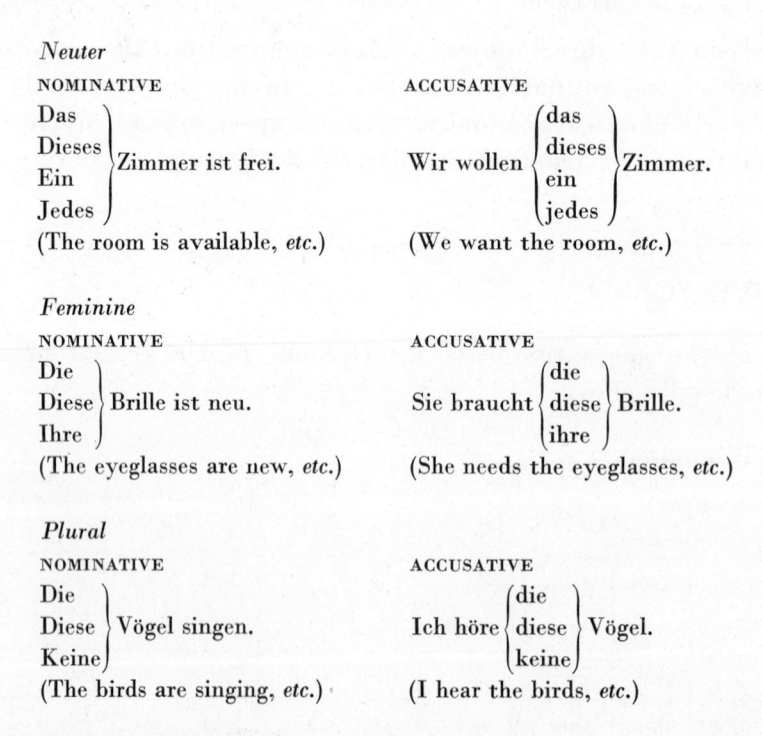

Neuter

NOMINATIVE

Das / Dieses / Ein / Jedes } Zimmer ist frei.

(The room is available, *etc.*)

ACCUSATIVE

Wir wollen { das / dieses / ein / jedes } Zimmer.

(We want the room, *etc.*)

Feminine

NOMINATIVE

Die / Diese / Ihre } Brille ist neu.

(The eyeglasses are new, *etc.*)

ACCUSATIVE

Sie braucht { die / diese / ihre } Brille.

(She needs the eyeglasses, *etc.*)

Plural

NOMINATIVE

Die / Diese / Keine } Vögel singen.

(The birds are singing, *etc.*)

ACCUSATIVE

Ich höre { die / diese / keine } Vögel.

(I hear the birds, *etc.*)

The only exception is the masculine singular. The characteristic ending of the modifier is **-n** or **-en**.

Masculine

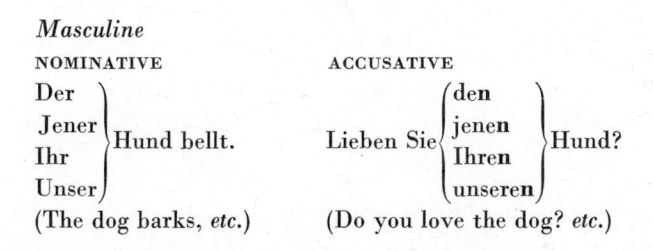

NOMINATIVE	ACCUSATIVE
Der ⎫ Jener ⎬ Hund bellt. Ihr ⎬ Unser ⎭	Lieben Sie ⎧ den ⎫ Hund? ⎨ jenen ⎬ ⎨ Ihren ⎬ ⎩ unseren ⎭
(The dog barks, *etc.*)	(Do you love the dog? *etc.*)

VERBS WITH ACCUSATIVE OBJECTS

1. Transitive Verbs Verbs that take an accusative object are called "transitive." When there is no object at all or when there is only an indirect object, verbs are said to be intransitive [*see* Chapter 4].

TRANSITIVE
| lesen (to read) | Ich **lese den Brief.** | (I read the letter.) |
| sehen (to see) | **Siehst** du **ihn?** | (Do you see him?) |

INTRANSITIVE
| gehen (to go) | Er **geht** nach Hause. | (He goes home.) |
| helfen (to help) | Sie **hilft** mir. | (She helps me.) |

2. Reflexive Verbs Reflexive verbs [*see* Chapter 7] usually require an accusative pronoun object.

| sich setzen (to sit down) | **Setz dich** bitte! | (Sit down, please.) |
| sich anziehen (to get dressed) | Ich **ziehe mich** schnell **an.** | (I get dressed quickly.) |

For reflexive verbs that take a dative object, see Chapter 4.

3. Verbs with Double Accusative

3.1 Most clauses contain only one direct object. The verbs **kosten** and **lehren**, however, can take two accusative objects, the first indicating a person and the second a thing or concept.

| Das wird **dich viel Geld** kosten. | (That will cost you a lot of money.) |
| Sie lehrte **die Kinder den neuesten Tanz.** | (She taught the children the latest dance.) |

3.2 The verbs **angehen, bitten,** and **fragen** may also take two accusative objects, the first indicating a person, the second being a neuter or indefinite pronoun.

Das geht **mich nichts** an.	(That doesn't concern me.)
Er fragte **seinen Vater dies und das.**	(He asked his father this and that.)
Ich bitte **dich** nur **eines.**	(I only ask you for one thing.)

GRAMMATIK

3.3 The verb **nennen** may take two personal objects in the accusative.

Er nannte **mich** **seinen Freund**.   (He called me his friend.)

PREPOSITIONS GOVERNING THE ACCUSATIVE

1. The following prepositions always govern the accusative.

bis	until	**ohne**	without
durch	through	**um**	around, about
für	for	**wider**	against (*rare*)
gegen	against		

bis nächsten Monat	(until next month)
durch diesen Wald	(through this forest)
für mich	(for me)
gegen meinen Wunsch	(against my wish)
ohne den Lehrer	(without the teacher)
um den Tisch	(around the table)
wider seinen Willen	(against his will)

2. Another group of prepositions govern the accusative when they indicate a change of position or motion in a certain direction, answering the question **wohin?** (where to?).

an	to (*not* " on ")	**über**	above, over
auf	on	**unter**	below, under
hinter	behind	**vor**	before (*not* " for ")
in	into	**zwischen**	between
neben	next to		

Der Lehrer geht **an die Tafel**.	(The teacher goes to the blackboard.)
Wir steigen **auf das Dach**.	(We climb onto the roof.)
Die Kinder laufen **hinter das Haus**.	(The children run behind the house.)
Er kam **in das Zimmer**.	(He came into the room.)

These prepositions sometimes form part of idiomatic expressions that always take the accusative case [*see* page 48]. However, when these prepositions denote a specific location, answering the question **wo?** (where?), they are followed by the dative case [*see* Chapter 4].

3. The words **entlang** (along) and **hindurch** (through), which follow the noun or pronoun to which they refer, also govern the accusative. They are sometimes called "postpositions" (as opposed to *pre*positions).

Er ging **den Fluß entlang**.	(He went along the river.)
Wir arbeiten **den ganzen Tag hindurch**.	(We work all day through.)

ACCUSATIVE OF MEASURE

The accusative is used to designate definite time, duration, amount, dimension, and other exact measurements.

Kannst du **nächsten Sonntag** kommen?	(Can you come next Sunday?)
Berlin, **den 12. August**	(Berlin, August 12)
Wir waren nur **einen Tag** in Hamburg.	(We were in Hamburg for only one day.)
Das Restaurant ist **jeden Montag** geschlossen.	(The restaurant is closed every Monday.)
Die Kohle wiegt **einen Zentner**.	(The coal weighs a ton.)
Das ist **keinen Pfennig** wert.	(That isn't worth a penny.)
Dieses Stück Holz ist **einen Meter** lang.	(This piece of wood is one meter long.)

IDIOMATIC USES

The accusative is used in many idiomatic expressions.

1. It occurs in greetings and in a few other constructions.

Guten Tag!	(Good day)
Alles Gute!	(Best wishes)
Er kümmerte sich **den** Teufel um meine Warnung.	(He didn't give a damn about my warning.)
Er kam ins Zimmer, **den** Hut in der Hand.	(He came into the room, hat in hand.)

2. The expression **es gibt** (there is *or* there are) affirms the general existence of something, usually indefinite in number or in an unspecified place. It is always followed by the accusative.

Es gibt nur einen Ausweg.	(There is only one solution.)
Es gab viele Schwierigkeiten.	(There were many difficulties.)

GRAMMATIK

Do not confuse **es gibt** with **es ist** or **es sind**, which are followed by a predicate nominative and usually refer to specific things in a specific place.

> Es ist ein Mann hier, der Sie sprechen möchte. (There is a man here who would like to speak to you.)
> Es sind zwanzig Studenten in diesem Klassenzimmer. (There are twenty students in this classroom.)

The sentence **Es ist kein Mechaniker hier** means that at a particular moment there is no mechanic available in a particular garage. The implied suggestion is to come back a little later. On the other hand, **Es gibt keinen Mechaniker hier** would mean that there is no mechanic in the place at all. The only solution would be to look somewhere else.

3. Many idiomatic expressions involving a verb and a preposition require the accusative.

> Ich denke oft **an ihn**. (I often think of him.)
> Ich erinnere mich **an meinen Großvater**. (I remember my grandfather.)
> Warte **auf mich**! (Wait for me.)
> Sie antwortete **auf den Brief**. (She answered the letter.)
> Sie verliebte sich **in ihn**. (She fell in love with him.)
> Was denkst du **über diesen Roman**? (What do you think of this novel?)

ANWENDUNG

A. *Substitute the personal pronoun for the noun in italics.*

> MODEL Soll ich *die Männer* hereinschicken?
> Soll ich sie hereinschicken?

1. Wie sollen wir *den Krieg* gewinnen? **2.** Der Arzt zeigt auf *den Soldaten*. **3.** Er nimmt *die Brille* ab. **4.** Wir schreiben *einen Brief*. **5.** Ich kann *den Herrn Feldwebel* nicht sehen. **6.** Er kann *den Weg* nicht finden. **7.** Er liebt *dieses Bild*. **8.** Sie liest *die Zeitung*. **9.** Putzi braucht *Wasser*. **10.** Verkaufen Sie *diese Schuhe*?

B. *Supply the correct form of the pronoun suggested by the English equivalent.*

1. Hier ist die Zeitung; sie ist für _____, Herr Oberstabsarzt! (*you*)
2. Ich bin kurzsichtig; Sie müssen den Krieg ohne _____ gewinnen. (*me*)

3. Fritz! Sprich lauter! Der Herr Feldwebel kann _____ nicht (*you*) verstehen!
4. Ihr Drückeberger! Der Kaiser braucht _____ für den Krieg! (*you*)
5. Wir sind keine Drückeberger. Was haben Sie denn gegen _____, Herr Oberstabsarzt? (*us*)
6. Ihre Lobreden können Sie sich sparen. Die gehen _____ nichts an. (*me*)
7. Ich liebe _____ Kaiser, und will für _____ kämpfen, Herr Offizier! (*my, him*)
8. Ich liebe meine Frau, Herr Offizier, und will _____ nicht zur Witwe machen. (*her*)
9. Das Bild ist sehr schön, aber ich will _____ trotzdem nicht kaufen. (*it*)
10. Wo ist mein Bleistift? Ich kann _____ nicht finden. (*it*)

C. *Supply the accusative form of the noun phrase in parentheses.*

1. Er will alles über _____ wissen. (der Seehund)
2. Die Zeitung berichtet über _____ in den Alpen. (das Unglück)
3. Der Oberarzt spricht immer über _____. (der Krieg)
4. Ich mache _____ durch _____. (ein Spaziergang/der Garten)
5. Herr Huber geht durch _____ in _____. (der Eingang/der Zoo)
6. Der Oberstabsarzt geht _____ in _____. (jeder Tag/die Kaserne)
7. Herr Feldwebel, die Gemusterten sind für _____ bereit! (der Wehrdienst)
8. Ich war schon immer für _____ aber immer gegen _____. (unser Kaiser/ein Krieg)
9. Haben Sie etwas gegen _____ und gegen _____ hier in meinen Bauch? (meine Kopfschmerzen/dieser Schmerz)
10. Der Haifisch schwimmt _____ um _____ herum. (jeder Tag/das Becken)
11. Herr Klettner ist durch _____ ums Leben gekommen, sondern durch _____. (kein Unfall/ein Mord)

D. *Complete the sentence using the correct form of the noun phrase in parentheses.*

1. Es gibt nur _____. (ein Ausweg)
2. Es gibt nur _____ für den Soldaten. (eine Pflicht)
3. Es gibt _____ für Ihre Freistellung. (kein Grund)
4. Heute gibt es in Deutschland _____ mehr. (kein Kaiser)
5. Der Seehund wiegt fast _____. (ein Zentner)
6. Wir waren nur _____ in Deutschland. (ein Monat)
7. Das Leben in der Armee ist _____ wert. (kein Pfennig)
8. Die Musterung ist _____. (nächster Montag)

E. *Answer each question using the phrase provided.*

MODEL (ein Wärter im Zoo) Wen kennen Sie?
    Ich kenne einen Wärter im Zoo.

1. (ein Artikel für die Zeitung) Was schreiben Sie?
2. (mein Rückflug von Berlin) Was buchen Sie?

3. (kein Kaffee)   Was trinken Sie?
4. (ihr Rechtsanwalt)   Wen sieht Frau Wölfle oft?
5. (kein Drückeberger)   Wen befreit die Armee vom Wehrdienst?
6. (der Käfig)   Wohin hängt der Wärter die Futterschale für den Papagei?
7. (die Schaukel)   Wohin setzen sich die Affen im Zoo?
8. (der Stuhl)   Wohin setzt sich der Arzt?
9. (die Tür)   Wohin legt er die Zeitung?
10. (der Tiger)   Wohin legt er das Futter?

F. *Supply the question for which the response is given.*

   MODEL   Ich habe Frau Frühwirth gesehen.
           Wen haben Sie gesehen?

   1. Ich habe heute Herrn Huber gesehen.   **2.** Ich habe einen Unfall gesehen.   **3.** Ich bin heute in den Zoo gegangen.

G. *Supply all the correct completions of each statement on the basis of the selections read so far.*

   1. Herr Huber ist (*a*) ein guter Kunde im Zoo (*b*) Chef in einem Reisebüro (*c*) ein kleiner Angestellter.
   2. Oberstabsarzt Friedrich weiß (*a*) was Magenschmerzen sind (*b*) wen er untersuchen muß (*c*) was eine gute Ausrede ist.
   3. Herr Frühwirth (*a*) bucht nur einen Hin- und Rückflug (*b*) gibt gern Auskunft über Fahrkarten (*c*) spart Geld auf eine seltsame Weise.

H. *Select the best expressions to complete the sentence.*

   1. Sein _____ verläuft mit der Präzision eines _____.
        Befehl   Uhrwerkes
        Besuch   Wärters
        Becken   Experten
   2. Sie machen sich keine _____, wie sehr ich an Magenschmerzen _____.
            Pflicht   zeige
            Vorstellung   leide
            Stunde   untersuche
   3. Kein _____, daß der Mann _____ ist!
        Augenzeuge   reich
        Wunder   passiert
        Unfall   billig
   4. Wie _____ wir den _____ gewinnen?
        dürfen   Quatsch
        sollen   Krieg
        müssen   Weg

50   KAPITEL 3

5. Wie _____ auf diese Idee?
   gehst du
   kommst du
   willst du

I. FREE RESPONSE: *Answer each question by expressing your opinion in German.*

1. Wen finden Sie am sympathischsten? Oberstabsarzt Friedrich, Herrn Huber oder Herrn Frühwirth? Warum? **2.** Glauben Sie, daß man immer das Recht hat, ein Drückeberger zu sein? Gibt es Situationen, wo man sich nicht vom Wehrdienst drücken soll? **3.** Welche von den drei Geschichten gefällt Ihnen am besten und welche am wenigsten? Warum?

Kaiser Wilhelm II

KAPITEL 4

DATIVE CASE;
CONTRACTIONS;
DA- AND WO-COMPOUNDS

Lehrer: „Hör einmal, Oskar; wenn du drei Pfennig in der Tasche hast, und du verlierst einen nach dem anderen, was bleibt dir dann noch in der Tasche?"
Der kleine Oskar: „Det Loch!"

REDEWENDUNGEN

Schau', daß du verschwindest!	See that you get lost.
Wie kommen Sie denn auf …?	What makes you think of … ?
Bekanntschaft machen	to become acquainted with
sich in Verlegenheit bringen lassen	to become embarrassed
Beweis liefern	to furnish proof
Es ist mir zu dumm.	I'm fed up.
Das ist mir gleich.	It's all the same to me.
Er macht sich nichts aus …	He doesn't care for … .
außer sich sein	to be beside oneself
Hauen Sie mir eine herunter!	Hit me [*lit.*, put one down on me].
Schule schwänzen	to play hooky
sich am Telefon melden	to answer the telephone

DIE „BERLINER SCHNAUZE"

„Weißt du denn nicht, daß Fischen hier verboten ist? Mach, daß du sofort von hier verschwindest", schimpft der Parkwächter einen Berliner Jungen, den er beim Angeln erwischt. „Aber, Herr Parkwächter", erwidert der Junge sofort, „wie kommen Sie denn auf Fischen. Ich will doch nur meinem Wurm das Schwimmen beibringen."

In dieser Antwort zeigen sich zwei typische Eigenschaften des Berliners: sein aggressiver Humor und seine Schlagfertigkeit. Beide gehören zur „Berliner Schnauze", wie man im Volksmund diese Mischung von Schlagfertigkeit und humorvoller Phantasie nennt. Sie gehört zum Berliner wie das Bier zum Münchner. Wer mit dieser „Schnauze" Bekanntschaft gemacht hat, weiß sie zu schätzen — oder zu fürchten.

Der Berliner handelt gern nach dem Motto: Angriff ist die beste Verteidigung. Er läßt sich nicht leicht in Verlegenheit bringen. Dieser Charakterzug zeigt sich schon bei der Jugend dieser Stadt an der Spree. Einige Episoden aus dem Berliner Schulleben liefern uns den Beweis dafür.

* * *

Der Lehrer gibt seiner Klasse die letzte Schularbeit zurück. Als er zu der kleinen Maria kommt, zeigt er ihr das Heft und sagt: „Maria, ich sehe gerade, daß du 15 Fehler in dieser Arbeit hast. Seltsam, bei deinem Nachbarn finde ich auch 15 Fehler, und zwar genau dieselben Fehler wie bei dir. Es scheint mir, daß dies kein Zufall ist. Kannst du mir das erklären?"

Maria zögert keinen Augenblick und antwortet mit einem Lächeln: „Oh, das ist mir ganz klar. Wir sitzen bei demselben Lehrer in der Klasse."

* * *

Der kleine Udo ist wieder einmal ungezogen in der Schule. Fräulein Wanke, seine Lehrerin — eine junge Dame mit langem blonden Haar — ärgert sich gewaltig über ihn. „Jetzt habe ich genug von dir", sagt sie gereizt. „Es ist mir zu dumm, dich noch einmal zu ermahnen. Heute wirst du nachsitzen. Du bleibst nach Schulschluß noch eine Stunde hier bei mir in diesem Klassenzimmer."

Udo schaut seiner Lehrerin frech ins Gesicht und antwortet: „Na, mir kann es ja gleich sein; aber was werden die Leute von uns denken?"

Fräulein Wanke ist einen Augenblick außer sich, dann macht sie eine unmißverständliche Bewegung mit ihrer Hand und sagt wütend: „Ich möchte für eine Woche deine Mutter sein." Schlagfertig entgegnet ihr Udo: „Fräulein Wanke, ich glaube, das wird Ihnen nicht gelingen. Mein Vater macht sich nichts aus Blondinen."

* * *

Den Lehrern in Berlin ist es nicht gestattet, ihre Schüler zu schlagen. Ein Vergehen gegen diese Verordnung kann zu einer Disziplinarstrafe und sogar zu einer Geldstrafe führen. Auch den Schülern ist diese Verordnung bekannt.

Hugo erlaubt sich eine freche Bemerkung. Sein Lehrer, Herr Tiedke, verliert die Beherrschung und holt zu einer Ohrfeige aus. „An Ihrer Stelle würde ich das nicht tun, Herr Tiedke", sagt Hugo und hält dabei seine rechte Hand schützend vors Gesicht. „Das kann Sie 50 Mark kosten."

„Und wenn es mich 100 Mark kostet, das ist mir gleich, du Lümmel", antwortet ihm wütend der Lehrer.

Da meldet sich der kleine Friedrich in der dritten Bank: „Herr Tiedke, hauen Sie doch mir eine herunter. Bei mir ist es billiger; ich mache es für 30 Mark."

* * *

Der kleine Otto schwänzt Schule. Mit verstellter Stimme ruft er seine Schule an. Dort meldet sich der Direktor am Telefon.

„Mein Sohn Otto ist heute krank und kann nicht in die Schule kommen", sagt Otto mit tiefer Stimme.

„Mit wem spreche ich denn?" will der Direktor wissen.

„Dumme Frage", ruft Otto ins Telefon, „natürlich mit meinem Vater."

60

FRAGEN

1. Was macht der Berliner Junge? 2. Warum schimpft der Parkwächter über den Jungen? 3. Welche Eigenschaften sind für den Berliner typisch? 4. Nach welchem Motto handelt der Berliner? 5. Was findet der Lehrer in Marias Schularbeit seltsam? 6. Wie erklärt sie dieses Problem? 7. Was soll Udo nach Schulschluß tun? 8. Was ist den Lehrern in Berlin nicht gestattet? 9. Warum holt Herr Tiedke zu einer Ohrfeige aus? 10. Was macht der kleine Otto?

GRAMMATIK

The dative and the accusative are object cases in German. A basic use of the dative is to identify the indirect object, that is, the person (or, less frequently, the thing or concept) the action is directed toward. Such indirect objects generally answer the question **wem?** (to whom?).

>**Wem** gibt er das Buch? (*To whom* does he give the book?)
>Er gibt **mir** das Buch. (He gives *me* the book *or* He gives the book *to me*.)

English makes no formal distinction between dative and accusative: He sees **me** (*accusative*); he gives **me** (*dative*) the book. In English, the indirect object may also be expressed by a prepositional phrase: He gives the book *to me*. In German, however, the indirect object is always expressed by the dative: **Ich brachte *dir* Blumen** (I brought *you* flowers *or* I brought flowers *for you*).

The dative has other uses in German. Some verbs always take a dative object. Certain prepositions also govern the dative—some at all times, others when they are used in particular ways. Some adjective phrases, too, require the dative for their completion. Finally, the dative is used in many idiomatic expressions.

DATIVE FORMS

The forms of the dative case are the following.

1. Personal Pronouns

Person	SINGULAR					PLURAL			SINGULAR/PLURAL
	1st	2nd	3rd			1st	2nd	3rd	Formal 2nd
			Masc.	Neut.	Fem.				
Nominative	ich	du	er	es	sie	wir	ihr	sie	Sie
Dative	mir	dir	ihm	ihm	ihr	uns	euch	ihnen	Ihnen

Note that personal pronouns in the third-person singular are identical for masculine and neuter: both have the characteristic **-m** ending. The characteristic dative ending for the feminine singular is **-r**; for the plural and formal second person it is **-en**.

NOMINATIVE		DATIVE	
Ich bin hier.		mir	
Du bist hier.		dir	
Er ist hier.		ihm	
Es [das Kind] ist hier.		ihm	
Sie ist hier	Er gibt	ihr	ein Buch.
Wir sind hier		uns	
Ihr seid hier.		euch	
Sie [they] sind hier.		ihnen	
Sie [you] sind hier.		Ihnen	

In the first- and second-person familiar plural, the dative is identical with the accusative.

NOMINATIVE	ACCUSATIVE	DATIVE
Wir haben Durst.	Er sieht **uns**.	Er gibt **uns** ein Glas Wasser.
Ihr seid hier.	Er sieht **euch**.	Er gibt **euch** ein Buch.

2. Noun Modifiers **Der-** and **ein**-words have the same characteristic dative endings in the third person as the personal pronouns.

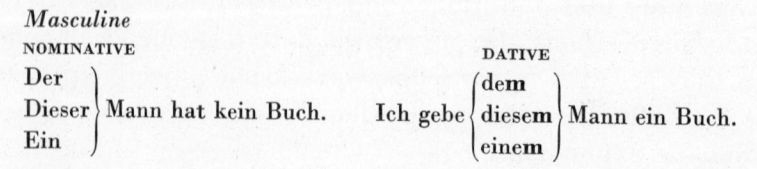

Masculine

NOMINATIVE		DATIVE	
Der		dem	
Dieser	Mann hat kein Buch.	Ich gebe diesem	Mann ein Buch.
Ein		einem	

Neuter

NOMINATIVE	DATIVE
Das Jedes } Kind hat kein Buch. Sein	Ich gebe { dem jedem seinem } Kind ein Buch.

Feminine

NOMINATIVE	DATIVE
Die Frau hat kein Buch. Welche Frau hat kein Buch?	Der Frau gebe ich ein Buch. Welcher Frau gebe ich ein Buch?

Plural

NOMINATIVE	DATIVE
Die Meine } Freunde haben kein Buch.	Ich gebe { den meinen } Freunden ein Buch.

3. Nouns Monosyllabic masculine and neuter nouns may have an optional **-e** ending in the dative singular.

    an diesem Tag(e)   (on this day)   **in einem Jahr(e)**   (in one year)

Today this ending, which was once required, occurs rarely in colloquial usage, except in certain fixed idiomatic expressions, for example **nach Hause** and **zu Hause**.

Feminine nouns never add an ending in the dative singular.

All German nouns end in **-n** in the dative plural, except those that form their plural by adding an **-s** [*see* Chapter 5]. The **-n** ending must be added if it is not already there in the nominative plural.

NOMINATIVE SINGULAR	NOMINATIVE PLURAL	DATIVE PLURAL
der Lehrer	die Lehrer	den Lehrern
das Buch	die Bücher	den Büchern
die Stadt	die Städte	den Städten

But:

die Tür	die Türen	den Türen
das Hotel	die Hotels	den Hotels

POSITION OF INDIRECT OBJECT

The indirect object usually precedes the direct object.

	INDIRECT	DIRECT		INDIRECT	DIRECT
Ich zeigte	{ meinem Freund ihm	*mein* Buch. *mein* Buch.	(I showed	{ my friend him	my book.) my book.)

GRAMMATIK   57

If the direct object is a personal pronoun, however, it comes first.

	DIRECT	INDIRECT		DIRECT	INDIRECT
Ich zeigte	*es*	**meinem** Freund.	(I showed	it	to my friend.)
	es	**ihm**.		it	to him.)

If the direct object is an indefinite pronoun, it occupies the normal position.

	INDIRECT	DIRECT		INDIRECT	DIRECT
Ich zeigte	**ihm**	*nichts*.	(I showed	him	nothing.)

If a sentence contains both a direct and an indirect object, the direct object is usually a thing and the indirect object a person. Although it is unusual, both the direct and indirect objects may refer to persons.

	INDIRECT	DIRECT			DIRECT	INDIRECT
Er stellte	**mir**	*seinen* Sohn vor.	(He introduced		his son	to me.)

It is rare for both the direct and indirect objects to refer to concepts.

	INDIRECT	DIRECT		DIRECT	INDIRECT
Wir machten	**dem** Spiel	*ein* Ende.	(We put	an end	to the game.)

VERBS WITH DATIVE OBJECTS

1. Intransitive Verbs Some verbs always take a dative object in German, although in English they may take a direct object. The most common ones include the following.

antworten (to answer)	Er **antwortet mir**.	(He answers me.)
befehlen (to command)	Er **befahl mir** zu kommen.	(He ordered me to come.)
begegnen (to encounter, meet)	Wir **begegneten unserem** Freund.	(We met our friend.)
danken (to thank)	Ich **danke Ihnen**!	(I thank you.)
dienen (to serve)	Er **diente ihnen** treu.	(He served them faithfully.)
drohen (to threaten)	Willst du **mir drohen**?	(Do you want to threaten me?)
folgen (to follow)	Der Hund **folgte seinem** Herrn.	(The dog followed its master.)
gehorchen (to obey)	Das Kind **gehorchte ihr** nicht.	(The child did not obey her.)
gehören (to belong)	**Wem gehört** dieses Buch?	(To whom does this book belong?)

glauben (to believe)	Ich **glaube ihm** nicht.	(I don't believe him.)
gratulieren (to congratulate)	Wir **gratulieren Ihnen** zum Geburtstag!	(We congratulate you on your birthday.)
helfen (to help)	Ich wollte **dem** Mann **helfen**.	(I wanted to help the man.)
passen (to fit)	Das Kleid **paßt ihr** gut.	(The dress fits her well.)
raten (to advise)	Würdest du **mir raten**, das zu tun?	(Would you advise me to do that?)
schaden (to damage)	Das kann **ihm** nicht **schaden**.	(That can't hurt him.)
schmeicheln (to flatter)	Er wollte **ihr schmeicheln**.	(He wanted to flatter her.)
[ver]trauen (to trust)	**Wem** kann ich **[ver-]trauen**?	(Whom can I trust?)
trotzen (to defy)	Warum **trotzt** du **mir** so?	(Why do you defy me like this?)
vergeben *or* verzeihen (to forgive)	Ich habe **dir** längst **vergeben [verziehen]**.	(I forgave you long ago.)
widersprechen (to contradict)	**Widersprich ihm** nicht!	(Don't contradict him.)
winken (to wave)	Sie **winkte ihnen**.	(She waved at them.)

2. Impersonal Verbs Many intransitive verbs that take the dative are impersonal; that is, their subject is always a thing, a concept, or an indefinite pronoun. The subject is usually **es**, and the person to whom the sentence refers is shown in the dative case.

einfallen (to occur)	**Ihm fiel** nichts **ein**.	(Nothing occurred to him.)
fehlen (to lack)	Was **fehlt Ihnen**?	(What do you lack [What ails you]?)
gefallen (to like, please)	Wie hat **dir** der Film **gefallen**?	(How did you like the film?)
gelingen *or* glücken (to succeed in)	Es **gelang [glückte] ihr**, Karten zu bekommen.	(She succeeded in getting tickets.)
genügen (to be enough, suffice)	**Genügt dir** das?	(Is that enough for you?)
geschehen (to happen)	Ist **dir** etwas **geschehen**?	(Did something happen to you?)
leid tun (to be sorry)	Das **tut mir** wirklich **leid**.	(I'm really sorry.)
nützen (to be of use)	Es wird **dir** nichts **nützen**.	(It will do you no good.)

GRAMMATIK

scheinen (to seem)	Es **schien ihr** nicht richtig.	(It didn't seem right to her.)
schmecken (to taste)	Die Suppe **schmeckt mir** gut.	(The soup tastes good to me.)
vorkommen (to seem)	Das **kommt mir** komisch **vor**.	(That seems funny to me.)
weh tun (to hurt)	Wird **mir** das **weh tun**?	(Will that hurt me?)

With **gefallen** (to like, please, appeal), **geschehen**[1] (to happen), and **leid tun** (to be sorry) the impersonal subject **es**[2] is often used.

Es gefällt mir *or* Dieses Bild gefällt mir.	(I like it; it pleases me; it appeals to me *or* I like this picture; this picture pleases me; this picture appeals to me.)
Plötzlich geschah es *or* Was ist geschehen?	(Suddenly it happened *or* What has happened?)
Tut es Ihnen leid?	(Are you sorry?)

The subject of **gelingen** (to succeed in) could be an idea, a plan, a project, or, most often, the pronoun **es**.

Das Experiment gelang nicht.	(The experiment didn't succeed.)
Es gelang ihm zu fliehen.	(He succeeded in fleeing.)
Es ist mir gelungen, Karten für das Konzert zu bekommen.	(I succeeded in getting tickets for the concert.)

Note that the completion of a verbal idea with **gelingen** is expressed by an infinitive with **zu** (**zu fliehen**, **zu bekommen**), whereas English uses a present participle (*escaping, getting*).

An impersonal construction with **es** is also used with many verbs that deal with the weather, even when there is no dative object.

blitzen (to lightning)	Es blitzte und donnerte.	(It was lightning and thundering.)
donnern (to thunder)		
kalt sein (to be cold)	Es war kalt.	(It was cold.)
regnen (to rain)	Es regnet.	(It's raining.)
schneien (to snow)	Es schneit.	(It's snowing.)

When such concepts refer to human beings, the subject is the pronoun **es**, and the person to whom the statement refers is in the dative.

---

[1] Unlike in English, **geschehen** can never be used personally. "I happened to be there" would have to be expressed in German as **Ich war zufällig dort** (I was there by chance).
[2] See Chapter 18, p. 276 for further examples of sentences with **es**.

Es ist mir kalt. (I'm cold.)
Es war ihr heiß [warm]. (She was hot [warm].)

If some other element occupies the front field, **es** disappears altogether: **Mir ist kalt.**

3. Reflexive Verbs Reflexive verbs (verbs whose subject and object are the same [*see* Chapter 7]) sometimes require a dative object, either alone or together with an indefinite accusative pronoun object. Among these verbs are **sich denken** (to imagine), **sich helfen** (to help oneself), **sich etwas überlegen** (to think something over), and **sich etwas vorstellen** (to imagine something).

Kannst du **dir** das **denken** (**vorstellen**)? (Can you imagine that?)
Ich konnte **mir** nicht **helfen**. (I couldn't help myself.)
Überleg **dir** das noch einmal![3] (Think that over again!)

PREPOSITIONS GOVERNING THE DATIVE

1. The following prepositions always govern the dative.

aus	out of, from	**mit**	with
außer	beside, except for, outside of	**nach**	after, toward, according to
bei	near, at, together with	**seit**	since, for (*referring to time*)
entgegen	against, toward	**von**	from, of, by (*in passive voice*)
gegenüber	opposite, across from	**zu**	to

aus der Stadt (from the city)
außer mir (except for me)
bei meinem Onkel (at my uncle's place)

---

[3] A distinction is made between dative and accusative reflexive pronouns only in the first- and second-person singular. In the third person, the formal second person, and all forms of the plural, the reflexive pronoun is the same for both dative and accusative.

Accusative Er verteidigt **sich**. (He defends himself.)
Dative Er kauft **sich** Zigaretten. (He buys himself cigarettes.)
Accusative Wir schämen **uns** deiner. (We're ashamed of you.)
Dative Wir können **uns** das nicht vorstellen. (We can't imagine that.)

For a full discussion of reflexive verbs, see Chapter 7.

meinen Wünschen entgegen	(against my wishes)
mir gegenüber	(across from me)
mit meinem Vater	(with my father)
nach der Arbeit	(after work)
seit dieser Zeit	(since that time)
von ihr	(from her)
zu unserem Haus	(to our house)

Nach is used in the sense of "to" or "toward" only in idioms or when referring to a geographic destination.

Ich gehe **nach Hause.**	(I'm going home.)
Wir fahren **nach Deutschland.**	(We're going to Germany.)

Seit, meaning "for," when referring to an action begun in the past and still going on, is used with a verb in the present tense. English uses the present perfect tense in such cases.

Ich *bin* seit einer Woche *hier.*   (I've *been here* for a week.)

Bei expresses the idea "at the place of" or "in conjunction with," not "by," which usually corresponds to German **von**.

Ich wohne **bei meinen Eltern.**	(I live with my parents.)
Er war **bei der Prüfung** sehr aufgeregt.	(He was very excited during the examination.)

2. Some prepositions that govern the dative usually follow the noun or pronoun object. The most common of these postpositions are **entgegen** (against, toward) and **gegenüber** (across, opposite).

Er kam **mir entgegen.**	(He came *toward me.*)
Ich saß **ihr gegenüber.**	(I sat *opposite her.*)

When **nach** follows its object, it means "according to."

meiner Meinung **nach**	([according to] *in* my opinion)
den Zeitungsberichten **nach**	(*according to* the newspaper reports)

3. The following prepositions sometimes govern the dative, sometimes the accusative [see Chapter 3, page 46]: **an, auf, hinter, in, neben, über, vor,** and **zwischen**. When they indicate location, answering the question **wo?** (where?), they require the dative.

Der Lehrer steht **an der** Tafel.	(The teacher stands at the blackboard.)
Wir saßen **auf dem** Gipfel des Berges.	(We sat on top of the mountain.)

Die Kinder spielen **hinter dem** Haus. (The children are playing behind the house.)
Er ist **in seinem** Zimmer. (He's in his room.)

When they indicate a change of position or motion in a certain direction, answering the question **wohin?** (where to?), they require the accusative.

When **an**, **in**, and **vor** refer to time, they always take the dative.

am Sonntag (on Sunday)
in einer Stunde (in one hour)
vor zwei Jahren (two years ago)[4]

ADJECTIVES GOVERNING THE DATIVE

Many German adjectives are used in phrases that require a dative object. They usually follow the object. The following (as well as their antonyms and many of their synonyms) are the most common.

ähnlich	similar	**lieb**	dear
bekannt	known	**möglich**	possible
böse	angry	**nützlich**	useful
dankbar	grateful	**recht**	right
fremd	strange	**schwer**	difficult
freundlich	friendly	**teuer**	expensive
gehorsam	obedient	**treu**	faithful
gleich	alike, all the same	**unbegreiflich**	incomprehensible
		wert	worth
leicht	easy	**willkommen**	welcome

Er ist **mir** gut **bekannt**. (He's well known to me.)
Ich bin **Ihnen** sehr **dankbar**. (I'm very grateful to you.)
Das ist **ihm gleich**. (That's all the same to him.)
Ist **Ihnen** das **recht**? (Is that all right with you?)
Der Mantel war **ihr** zu **teuer**. (The coat was too expensive for her.)
Ist **dir** das so viel **wert**? (Is it worth that much to you?)

---

[4] Note that when it is used in this way, **vor** means "ago," not "for."

GRAMMATIK 63

IDIOMATIC USES

The dative occurs in many idiomatic expressions.

1. Impersonal Dative   Some impersonal expressions always take the dative.

Wie geht es **Ihnen**? **Mir** geht es gut.	(How are you? I'm fine.)
Es ist **mir** kalt [heiß].	(I'm cold [hot].)

2. Dative of Possession   The dative is often used in place of a possessive adjective to indicate the person to whom an object belongs. This construction occurs especially when referring to parts of the body.[5]

Mir klopfte das Herz.	(My heart was beating.)
Die Sonne schien **ihm** ins Gesicht.	(The sun was shining into his face.)
Willst du **dir** die Hände waschen?	(Do you want to wash your hands?)
Ich werde **ihr** den Koffer tragen.	(I'll carry her suitcase.)

3. Dative of Reference   The dative is sometimes used to indicate that a person is concerned about or interested in an action without being a direct participant.[6]

Ich arbeite **ihm** nicht gut genug.	(I don't work well enough for him.)
Die Klasse war **dem** Lehrer zu laut.	(The class was too loud for the teacher.)
Ich kann ihn nicht verstehen — er spricht **mir** zu schnell.	(I can't understand him—he talks too fast for me.)

CONTRACTIONS

Prepositions that govern the dative and the accusative are often combined with the ending of the definite article that follows. Though optional, these contractions occur frequently, especially in colloquial usage. The following are the most common contractions.

am	= an dem	**beim**	= bei dem	**vom**	= von dem
ans	= an das	**im**	= in dem	**zum**	= zu dem
aufs	= auf das	**ins**	= in das	**zur**	= zu der

---

[5] A similar construction occurs in English: I looked *him* in the eye *instead of* I looked into *his* eye.
[6] This is similar to an English formulation such as "My car died on *me*."

DA- AND WO-COMPOUNDS

In German, when a dative or accusative object of a preposition is a pronoun that refers to a thing or concept, the pronoun is generally not used after the preposition. Instead, the preposition forms a compound with **da-**. If the preposition begins with a vowel, an **-r-** is inserted between **da-** and the preposition. The following are the most common **da-** compounds.

daran	dahinter	darum
darauf	darin	darunter
daraus	damit	davon
dabei	danach	davor
dadurch	daneben	dazu
dafür	darüber	dazwischen
dagegen		

Ich bin **dagegen**.	(I'm *against it*.)
Sprechen wir nicht **darüber**!	(Let's not talk *about it*.)
Was soll ich **damit** tun?	(What should I do *with this*?)
Wir diskutierten einige Probleme, **darunter** auch die Preiserhöhung.	(We discussed several problems, *among them* also the rise in prices.)

Da-compounds can only be used to refer to inanimate objects or to concepts, never to human beings.

Wo ist dein Ball? Ich möchte **damit** (*not* **mit ihm**) spielen.	(Where is your ball? I would like to play *with it*.)
Wo ist dein Bruder? Ich möchte **mit ihm** (*not* **damit**) spielen.	(Where is your brother? I would like to play *with him*.)

A similar compound can occur between **wo(r)** and a preposition in questions.[7]

Woran denken Sie?	(*What* are you thinking *of*?)
Worüber hat sie gesprochen?	(*What* did she talk *about*?)

---

[7] For a discussion of **da-** and **wo-**compounds in relative clauses, see Chapter 17.

ANWENDUNG

A. *Supply the English equivalent of the italicized words and expressions.*

1. Das *gehört zur* Berliner Schnauze. **2.** Der Berliner handelt gern *nach dem Motto*: Immer Schnauze! **3.** Ich finde bei Fritz die selben Fehler *wie bei dir*. **4.** *Das wird Ihnen nicht gelingen.* **5.** *Mit wem* spreche ich denn? **6.** Er hält die Hand *vors Gesicht*.

B. *Supply the correct form of the pronoun suggested by the English cue.*

1. Der Professor zeigt _____ das Heft. (*him*)
2. Er antwortet _____ mit einem Lächeln. (*her*)
3. Wir widersprechen _____ nie. (*them*)
4. Sie schreibt _____ einen Brief. (*you*, familiar singular)
5. Geben Sie _____, bitte, mein Heft, Herr Lehrer! (*me*)
6. Fräulein Wanke gibt _____ heute die Schularbeit zurück. (*us*)

C. *Supply the appropriate form of the personal pronoun in the dative.*

MODEL   Wir haben genug davon! Das ist **uns** zu dumm!

1. Ich habe genug davon! Das ist _____ zu dumm! **2.** Er hat genug davon! Das ist _____ zu dumm! **3.** Ihr habt genug davon! Das ist _____ zu dumm! **4.** Sie hat genug davon! Das ist _____ zu dumm! **5.** Du hast genug davon! Das ist _____ zu dumm! **6.** Haben Sie genug davon? Ist _____ das zu dumm?

D. *Answer the question by using the correct form of the cue in parentheses.*

MODEL   Wem gibt Maria die freche Antwort? (die Lehrerin)
         Maria gibt **der Lehrerin** die freche Antwort.

1. Wem zeigt der Professor den Fehler? (der Schüler)
2. Wem will Fritz Futter geben? (die Fische)
3. Wem schaut Udo frech ins Gesicht? (sein Vater)
4. Wem kann das alles gleich sein? (unsere Eltern)
5. Wem gehört diese Uhr? (meine Freundin)
6. Wem paßt dieser Flug nicht? (meine Kundin)
7. Wem gefällt unser Bild nicht? (mein Bruder)
8. Wem antwortet der Student? (der Professor)
9. Wem dankt die Schimpansin für das Futter? (ihr Wärter)
10. Wem droht der Stabsarzt? (die Drückeberger)

E. *Supply the dative form of the noun phrase in parentheses.*

   MODEL   (das Klassenzimmer)   Du bleibst bei mir in **dem Klassenzimmer**.

   1. (das Berliner Schulleben)   Einige Episoden aus _____ beweisen es.
   2. (die Zeitungen)   Einige Artikel aus _____ beweisen es.
   3. (sein Freund)   Herr Müller besucht den Zoo mit _____.
   4. (seine Freundin)   Herr Müller besucht den Zoo mit _____.
   5. (seine Pflicht)   Er handelt immer nach _____.
   6. (die Bibel)   Sie handelt immer nach _____.
   7. (dieses Jahr)   Sie lebt seit _____ in Berlin.
   8. (ihre Krankheit)   Sie lebt seit _____ in Salzburg.
   9. (diese Dame)   Wir sprechen von _____.
   10. (dieses Problem)   Wir sprechen von _____.

F. *Contract the definite article and the preposition where possible.*

   MODEL   (auf das)   Ich fahre **aufs** Land.

   1. (in dem)   Herr Huber geht _____ Zoo spazieren.
   2. (in den)   Herr Huber geht jeden Tag _____ Zoo.
   3. (bei dem)   Wir sind gerade _____ Mittagessen.
   4. (in das)   Sie geht heute _____ Museum.
   5. (in dem)   Der Haifisch schwimmt _____ Becken herum.
   6. (auf dem)   Der Seehund sitzt _____ Felsen.

G. *Using the preposition in parentheses, supply the accusative or dative form of the definite article, whichever is appropriate. Use contractions where possible.*

   1. (in)   Sie ist _____ Schlafzimmer.
   2. (in)   Sie geht _____ Schlafzimmer.
   3. (auf)   Die Zeitung liegt _____ Tisch.
   4. (auf)   Er legt die Zeitung _____ Tisch.
   5. (in)   Der Tiger geht _____ Käfig hin und her.
   6. (in)   Der Tiger muß _____ Käfig gehen.
   7. (auf)   Der Seehund klettert _____ Felsen.
   8. (auf)   Jetzt sitzt er _____ Felsen.
   9. (unter)   Der Hund kriecht _____ Bank.
   10. (unter)   Der Hund liegt _____ Bank.
   11. (hinter)   Legen Sie, bitte, die Zeitung _____ Mauer!
   12. (hinter)   Liegt die Zeitung _____ Mauer?
   13. (über)   Hängt die Lampe _____ Tisch?
   14. (über)   Hängen Sie die Lampe _____ Tisch!
   15. (an)   Was schreiben Sie _____ Tafel?

16. (an)   Was steht hier _____ Tafel?
17. (neben) Ich setze mich _____ Tür.
18. (neben) Ich sitze _____ Tür.

H. *Complete the sentence using a **da**-compound for the phrase in italics when it refers to a thing or concept. When it refers to a person, use the appropriate form of the personal pronoun.*

   MODELS   Der Berliner handelt gern *nach dem Motto*: Immer Schnauze!
            Der Berliner handelt gern **danach**.

            Er ist *mit Frau Frühwirth* einverstanden.
            Er ist **mit ihr** einverstanden.

1. Du hast zehn Fehler *in der Schularbeit* gemacht.   **2.** Dieser Charakterzug zeigt sich schon *bei Kindern*.   **3.** Sie macht eine Bewegung *mit der Hand*.   **4.** Mein Vater macht sich nichts *aus Blondinen*.   **5.** Sie stehen *vor einem Bild*.   **6.** Herr Möller besucht das Museum *mit seinen Studenten*.   **7.** Er holt *zu einer Ohrfeige* aus.   **8.** Ein Vergehen *gegen dieses Gesetz* ist strafbar.   **9.** *Auf diesen Angriff* gibt es nur eine Antwort.   **10.** Stellen Sie doch den Käfig *neben das Wasserbecken*!   **11.** *Über diese Frage* läßt sich diskutieren.   **12.** Ich habe nichts *zu dieser frechen Bemerkung* zu sagen.   **13.** Wir wissen nichts *von dem Unfall*.   **14.** Wir wissen nichts *von Herrn Huber*.   **15.** Wir sind *mit Ihrer Idee* einverstanden.

I. *Ask a question using a **wo**-compound for the phrase in italics.*

   MODEL   Herr Huber freut sich *auf das Wochenende*.
           Worauf freut sich Herr Huber?

1. Der Rekrut protestiert *gegen die Musterung*.   **2.** Herr Huber spricht oft *über den Zoo*.   **3.** Der Detektiv denkt immer noch *an den Mord*.   **4.** Herr Zechner fragte *nach der Adresse*.   **5.** Die Lehrerin hat *von der Schule* erzählt.

J. *Complete the sentence by supplying the correct word from the list below.*

Verteidigung	liefern	erwischt
ihn	schimpft	Beweis
Bemerkung	Geldstrafe	ärgert
Stimme	Vergehen	erlaubt

1. Der Parkwächter _____ den Jungen, den er beim Angeln _____.
2. Angriff ist die beste _____.
3. Einige Episoden _____ uns den _____ dafür.
4. Fräulein Wanke _____ sich gewaltig über _____.

68   KAPITEL 4

5. Ein _____ gegen diese Verordnung kann zu einer _____ führen.
6. Hugo _____ sich eine freche _____.
7. Otto spricht mit verstellter _____ ins Telefon.

K. FREE RESPONSE: **Richtig oder falsch?** *Tell whether the statement is true or false and give an explanation in German to prove your answer.*

1. Der Berliner läßt sich nicht leicht in Verlegenheit bringen. 2. Die Berliner Schnauze ist eine Mischung von Schlagfertigkeit und Dummheit. 3. Der kleine Otto verstellte seine Stimme, weil er krank war. 4. Den Schülern ist die Verordnung gegen das Ohrfeigen nicht bekannt. 5. Der Lehrer fand bei Fritz die selben Fehler wie bei seinem Nachbarn.

KAPITEL 5

NOUN PLURALS

Es ist kein Kinderspiel, ein volles Boot durch die Fluten zu steuern ...

REDEWENDUNGEN

sich über etwas lustig machen	to make fun of something
durchaus nicht	not at all
Es lohnt sich nicht.	It isn't worth it.
sich die Köpfe einschlagen	to fight [lit., to bang heads]
Es geht uns nichts an.	It's none of our business.
keine Ahnung	no idea
aus aller Herren Länder	from all parts of the globe
Sag' mal!	Tell me.
auf jemanden schlecht zu sprechen sein	to have a bad opinion of someone
auf Kriegsfuß stehen	to be at odds with
weder ... noch	neither ... nor
Stell' dir vor!	Just imagine!
Na und?	So what?

ALLES HAT ZWEI SEITEN ... AUCH DIE SCHWEIZ

Personen: Rolf Hansen, ein deutscher Student
Ursula Trattner, eine Studentin aus Österreich
Zeit: Gegenwart
Ort: An einer deutschen Universität

ROLF Ursula, wohin fährst du in den Ferien?
URSULA In die Schweiz.
ROLF Was zieht dich in die Schweiz? Die Berge? Die habt ihr Österreicher doch selbst.
URSULA Hast du etwas gegen die Schweiz?
ROLF Nicht wirklich. Höchstens einige Bedenken. Soviel ich weiß, fährst du meistens in exotischere Länder: Tunesien, Marokko ... Und jetzt willst du auf einmal zu den langweiligen und biederen Schweizern?
URSULA Ich glaube es lohnt, sich einmal seine Nachbarn zu besuchen. Außerdem ist die Schweiz ein herrliches Land. Ein Land mit vernünftigen Menschen und geordneten Verhältnissen. Und es gibt dort so viele Dinge, die ich noch nicht kenne.

ROLF   Oh, ich kann dir sagen, wofür die Eidgenossen bekannt sind: Für ihre gesunden Kühe und ihre sicheren Bankkonten. Für pünktliche Züge, gute Uhren und hohe Hotelpreise. Und für ihre guten Geschäfte während der verschiedenen Kriege der letzten Jahrhunderte.

URSULA   Wirfst du den Schweizern vor, daß sie gute Geschäftsleute sind und in den Kriegen neutral blieben? Mir ist ein Land sympathisch, das neutral bleibt, wenn sich die anderen die Köpfe einschlagen. Ein Land, in dem es nur selten Regierungskrisen und Streiks gibt.

ROLF   Und ich habe Bedenken gegen ein Land, in dem es mehr Banken als Zahnärzte und mehr Sparkonten als Staatsbürger gibt.

URSULA   Ich finde, es geht uns nichts an, wieviele Banken und Zahnärzte die Schweizer haben wollen. In einer Demokratie dürfen die Leute darüber selbst entscheiden. Und die Schweiz gehört bekanntlich zu den ältesten Demokratien der Welt. Die Schweizer sind außerdem gerne Individualisten und gehen eben ihre eigenen Wege.

ROLF   Ja, das sieht man an ihren 20 verschiedenen Schulordnungen in 26 Kantonen; und an ihren 450 Zeitungen in einem Land von sechs Millionen.

URSULA   Na und? Das beweist nur, daß die Schweizer über viele Dinge verschiedene Meinungen haben. Man stimmt eben in den Kantonen über alle Dinge demokratisch ab.

ROLF   Sie bringen es mit ihren Abstimmungen sogar dahin, daß neugebaute Theater leer stehen müssen.

URSULA   Sind das Gerüchte oder Tatsachen?

ROLF   Tatsachen. Kennst du nicht den Fall mit dem Basler Stadttheater?

URSULA   Nein.

ROLF   Na, zuerst hatte man mit Steuergeldern ein wunderschönes neues Theater gebaut und dann konnte nicht darin gespielt werden.

URSULA   Warum nicht?

ROLF   Weil es sich die Wähler inzwischen anders überlegt hatten und fanden, daß die Kosten für die Spielsaison zu hoch kämen. Du siehst, wohin das führt, wenn man über alle Kleinigkeiten abstimmt.

URSULA Was eine Kleinigkeit ist, darüber gehen die Meinungen oft auseinander. Hauptsache ist, man löst solche Fragen auf demokratischen Weg.

ROLF Apropos demokratisch. Du weißt doch, daß die Schweizer Frauen bis vor kurzem in den meisten Kantons gar nicht wählen durften.

URSULA Gewiß, aber das hat sich jetzt geändert. Vergiß nicht, daß das Frauenwahlrecht in unseren Ländern auch erst ein paar Jahrzehnte alt ist. Und weißt du, in welchem Land man zuerst Frauen zum Hochschulstudium zuließ?

ROLF Doch nicht in der Schweiz! Vielleicht in Amerika oder in England.

URSULA Irrtum! An der Universität Zürich, also in der Schweiz, wurde 1864 die erste Frau immatrikuliert. Und was glaubst du: Wo hat man Frauen am längsten von den Universitäten ferngehalten?

ROLF Keine Ahnung.

URSULA In Deutschland und in Österreich. Wir haben also gar keinen Grund, die Schweizer für rückständig zu halten. Gewiß, in manchen Dingen sind sie vielleicht etwas konservativer als wir; dafür auch umso verläßlicher.

ROLF So verläßlich, daß ihnen die Diktatoren und Gangster aus aller Welt ihre gestohlenen Millionen anvertrauen und ihnen ihre Schecks schicken.

URSULA Jetzt sei nicht ungerecht. Du kannst von den Schweizer Banken nicht erwarten, daß sie von allen ihren Kunden ein Sittenzeugnis verlangen. Außerdem gibt es jetzt neue Bankgesetze, die es den Ausländern schwer machen, ihr Geld in der Schweiz anzulegen.

ROLF Bei uns hätte man solche Mißbräuche schon viel früher beseitigt.

URSULA Du, ich weiß nicht. Unsere Banken und Firmen machen heute auch mit Leuten aus aller Herren Länder Geschäfte, bei denen man auch nicht immer sehr wählerisch ist. — Sag' mal Rolf, warum bist du eigentlich auf die Schweizer so schlecht zu sprechen? Hat das mit eigenen schlechten Erfahrungen zu tun?

ROLF Vielleicht. Persönliche Erlebnisse spielen bei solchen Urteilen ja immer eine gewisse Rolle.

URSULA Hast du Schweizer Verwandte, mit denen du auf Kriegsfuß stehst? Oder will man dir keine Zinsen für deine Schweizer Konten zahlen?

ROLF Weder noch. Aber stell' dir vor, was mir in der Schweiz einmal passiert ist: Ich war vor zwei Jahren mit mehreren deutschen Freunden im Kanton Bern. Bei einem Spaziergang kamen wir zu einem See, um den überall große Schilder standen: „Baden bei Strafe von 50 Franken verboten. Anzeiger erhalten davon die Hälfte."

URSULA Zugegeben, das ist gemein; aber dafür kannst du doch nicht alle Schweizer verantwortlich machen. Übrigens, habt ihr dort alle baden wollen?

ROLF Nein, nur ich.

URSULA Und die anderen?

ROLF (*etwas verlegen*) Sie wollten die 25 Franken.

FRAGEN

1. Hat Rolf etwas gegen die Schweiz? **2.** Warum denkt Ursula, daß es sich lohnt, in die Schweiz zu fahren? **3.** Wofür sind nach Rolfs Meinung die Eidgenossen bekannt? **4.** Was wirft Rolf den Schweizern vor? **5.** Warum ist Ursula die Schweiz sympathisch? **6.** Wogegen hat Rolf Bedenken? **7.** Woran sieht man, daß die Schweizer Individualisten sind? **8.** Was durften die Schweizer Frauen bis vor kurzem nicht tun? **9.** Was tun die Diktatoren und Gangster aus aller Welt? **10.** Was wollten Rolfs Freunde?

GRAMMATIK

CLASSES OF NOUNS

German nouns form their plurals in various ways. They may add no ending in the plural, or they may add **-e**, **-er**, **-en**, and, occasionally, **-s** to the singular. An umlaut is often added to the stem vowel.

Rules for determining noun plurals are complicated and not completely reliable. It is therefore advisable to memorize the plural form for each noun. Nonetheless, the following general guidelines can be noted.[1]

Classes of Noun Plurals

CLASS	FEATURE	EXAMPLE
1a	-(no change)	der Lehrer, die Lehrer
b	̈(umlaut)	der Apfel, die Äpfel
2a	-e	der Berg, die Berge
b	̈e	der Arzt, die Ärzte
3a	-er	das Kind, die Kinder
b	̈er	der Mann, die Männer
4a	-en	die Frau, die Frauen
b	-n	die Blume, die Blumen
5	-s	das Auto, die Autos

1. No Ending

1.1 Most masculine and neuter nouns ending in **-el**, **-en**, and **-er**.[2]

SINGULAR	PLURAL	
der Onkel	die Onkel	(the uncle)
der Wagen	die Wagen	(the car)
der Lehrer	die Lehrer	(the teacher)
das Segel	die Segel	(the sail)
das Kissen	die Kissen	(the pillow)
das Fenster	die Fenster	(the window)

Some masculine nouns and one neuter noun in this group add an umlaut.

der Apfel	die Äpfel	(the apple)
der Boden	die Böden	(the floor)
der Bruder	die Brüder	(the brother)
das Kloster	die Klöster	(the monastery)

1.2 Neuter nouns with the diminutive suffixes **-chen**, **-lein**, and **-sel**.

das Mädchen	die Mädchen	(the girl)
das Fräulein	die Fräulein	(the young lady)
das Rätsel	die Rätsel	(the riddle)

---

[1] The plural of German nouns is usually indicated in dictionaries by a hyphen followed by the ending, if any; the umlaut is indicated above the dash: **der Vogel**, ̈ = **die Vögel**; **der König**, ̈e = **die Könige**; **das Haus**, ̈er = **die Häuser**.

[2] Some exceptions add an **-n** in the plural: **der Bauer, die Bauern** (the peasant); **der Pantoffel, die Pantoffeln** (the slipper); **der Vetter, die Vettern** (the cousin).

GRAMMATIK

1.3 Neuter nouns with the prefix **Ge-** and the suffix **-e**.

SINGULAR	PLURAL	
das Gebirge	die Gebirge	(the mountain range)

1.4 Two feminine nouns.

die Mutter	die Mütter	(the mother)
die Tochter	die Töchter	(the daughter)

But:

die Schwester	die Schwestern	(the sister)

2. Ending -e

2.1 Most monosyllabic masculine nouns, many of which add an umlaut.[3]

der Arzt	die Ärzte	(the physician)
der Kopf	die Köpfe	(the head)
der Fuß	die Füße	(the foot)
der Baum	die Bäume	(the tree)

But:

der Berg	die Berge	(the mountain)
der Krieg	die Kriege	(the war)
der Arm	die Arme	(the arm)
der Stoff	die Stoffe	(the substance)
der Hund	die Hunde	(the dog)

2.2 Some monosyllabic neuter nouns, which add no umlaut.

das Jahr	die Jahre	(the year)
das Boot	die Boote	(the boat)
das Bein	die Beine	(the leg)
das Heft	die Hefte	(the notebook)
das Spiel	die Spiele	(the game)

2.3 Most monosyllabic feminine nouns, which add an umlaut.[4]

die Stadt	die Städte	(the city)
die Kuh	die Kühe	(the cow)
die Braut	die Bräute	(the bride)

---

[3] For exceptions, see 3.2 and 4.4, pages 77 and 78.
[4] For exceptions, see 4.2, page 78.

2.4 Some masculine and neuter polysyllabic nouns, which add no umlaut.

SINGULAR	PLURAL	
der Besuch	die Besuche	(the visit)
der Monat	die Monate	(the month)
der Offizier	die Offiziere	(the officer)
der Autobus	die Autobusse[5]	(the bus)
das Gefängnis	die Gefängnisse[5]	(the prison)
das Instrument	die Instrumente	(the instrument)
das Konzert	die Konzerte	(the concert)
das Geschäft	die Geschäfte	(the store, business)

3. Ending -*er*

3.1 Most monosyllabic neuter nouns, which add an umlaut wherever possible.[6]

das Land	die Länder	(the country)
das Dorf	die Dörfer	(the village)
das Tuch	die Tücher	(the cloth)
das Haus	die Häuser	(the house)
das Ei	die Eier	(the egg)
das Kind	die Kinder	(the child)

3.2 Some monosyllabic masculine nouns, which add an umlaut wherever possible.

der Mann	die Männer	(the man)
der Geist	die Geister	(the spirit)

The eight most common nouns in this group are included in this sentence: **Der Geist Gottes ist nicht nur im Leib des Mannes, sondern auch im Wurm im Strauch am Rand des Waldes** (The spirit of God is not only in the body of man but also in the worm in the bush at the edge of the forest).

3.3 There are no feminine nouns in this group.

4. Ending -(*e*)*n*—no umlaut

4.1 Feminine nouns ending in **-e, -ei, -heit, -keit, -schaft, -ung,** and **-in.**

---

[5] Note the double **s**.
[6] For exceptions, see 2.2, page 76.

SINGULAR	PLURAL	
die Blume	die Blumen	(the flower)
die Bäckerei	die Bäckereien	(the bakery)
die Krankheit	die Krankheiten	(the illness, disease)
die Neuigkeit	die Neuigkeiten	(the news)
die Gesellschaft	die Gesellschaften	(the company)
die Wohnung	die Wohnungen	(the apartment)
die Freundin	die Freundin**nen**[7]	(the girl friend)

4.2 Some other feminine nouns, both monosyllabic and polysyllabic.

die Frau	die Frauen	(the woman)
die Tür	die Türen	(the door)
die Uhr	die Uhren	(the clock)
die Zahl	die Zahlen	(the number)
die Zeit	die Zeiten	(the time)
die Absicht	die Absichten	(the intention)
die Schwester	die Schwestern	(the sister)
die Leiter	die Leitern	(the ladder)

4.3 A few common neuter nouns.

das Auge	die Augen	(the eye)
das Bett	die Betten	(the bed)
das Ende	die Enden	(the end)
das Herz	die Herzen	(the heart)
das Insekt	die Insekten	(the insect)
das Juwel	die Juwelen	(the jewel)
das Ohr	die Ohren	(the ear)

4.4 Some masculine nouns, many of them designating male beings.[8]

der Hase	die Hasen	(the rabbit)
der Herr	die Herren	(the man)
der Junge	die Jungen	(the boy)
der Kamerad	die Kameraden	(the comrade)
der Löwe	die Löwen	(the lion)
der Mensch	die Menschen	(the human being)
der Nachbar	die Nachbarn	(the neighbor)

---

[7] Note the double n. This occurs in *all* nouns ending in -in.
[8] Most masculine nouns in groups 4.4 and 4.5 also add the -(e)n ending to all cases of the singular except the nominative: Ich sah einen Studen*ten*; Er gab dem Jung*en* Geld.

SINGULAR	PLURAL	
der Buchstabe	die Buchstaben	(the letter [*of the alphabet*])
der Funke	die Funken	(the spark)
der Gedanke	die Gedanken	(the thought)
der Name	die Namen	(the name)
der Schmerz	die Schmerzen	(the pain)
der Staat	die Staaten	(the state)

4.5   Many nouns of foreign origin.

der Polizist	die Polizisten	(the policeman)
der Professor	die Professoren	(the professor)
der Student	die Studenten	(the student)
die Nation	die Nationen	(the nation)
die Universität	die Universitäten	(the university)

5.   Ending -s—no umlaut

5.1   A few German nouns, mostly abbreviations and colloquialisms.

der Krimi (der Kriminalroman)	die Krimis	(the detective story)
der Vopo (der Volkspolizist)[9]	die Vopos	(the policeman)
der VW[10] (der Volkswagen)	die VWs	(the VW)
das Mädel	die Mädels	(the girl)
die Mutti [*endearing term*]	die Muttis	(the mother, Mom)
die Familie Schmidt	die Schmidts	(the Schmidt family)
der Uhu	die Uhus	(the owl)

5.2   Many nouns of foreign origin, especially those ending in a vowel.

das Auto	die Autos	(the automobile)
das Baby	die Babys	(the baby)
das Kino	die Kinos	(the [movie] theater)
das Taxi	die Taxis	(the taxi)
das Hotel	die Hotels	(the hotel)
der Park	die Parks	(the park)

---

[9] Used in East Germany.
[10] Pronounced *fow-veh*.

GRAMMATIK

COMPOUND NOUNS

Compound nouns take both their plural form and their gender from the last component.[11]

das Haus / die Tür	die Haustür	die Häuser / die Türen	die Haustüren	(the house door)
das Blei / der Stift	der Bleistift	—— / die Stifte	die Bleistifte	(the [lead] pencil)
der Tisch / das Tuch	das Tischtuch	die Tische / die Tücher	die Tischtücher	(the tablecloth)
die Kirche / der Hof / das Tor	das Kirchhofstor	die Kirchen / die Höfe / die Tore	die Kirchhofstore	(the churchyard gate)

DUAL FORMS

Some nouns with more than one meaning in the singular have two plural forms.

1. Nouns with the same gender in the singular.

die Bank	die **Banken**	(the bank)
	die **Bänke**	(the bench)
die Mutter	die **Mütter**	(the mother)
	die **Muttern**	(the nut [for bolt])
das Wort	die **Wörter**	(the word, *in isolation or in a list*)
	die **Worte**	(the word, *in context*)

2. Nouns with different genders in the singular.

der Band	die **Bände**	(the volume)
das Band	die **Bänder**	(the ribbon)
der Leiter	die **Leiter**	(the leader)
die Leiter	die **Leitern**	(the ladder)
der Schild	die **Schilde**	(the shield)
das Schild	die **Schilder**	(the sign)
das Steuer	die **Steuer**	(the rudder, steering wheel)
die Steuer	die **Steuern**	(the tax)

---

[11] Irregular plurals of compound nouns are not common: der Kauf*mann*, die Kauf*leute* (the merchant).

NOUNS USED ONLY IN SINGULAR

Some nouns usually have no plural form. The following are among the most common.

1. Collective nouns, similar to their English equivalents.

   die Polizei   (the police)
   das Publikum   (the public)
   das Vieh   (the cattle)

Unlike the English collective nouns, these German nouns are used with a singular verb form.

   Die Polizei **kommt**.   (The police *are* coming.)
   Das Volk **war** arm.   (The people *were* poor.)

2. Masculine and neuter nouns designating units of measurement.[12]

   der Dollar   (the dollar)   der Laib   (the loaf)
   der Fuß   (the foot)   der Meter   (the meter)
   das Glas   (the glass)   der Kilometer   (the kilometer)
   der Grad   (the degree)   der Pfennig   (the penny)
   das Gramm   (the gram)   das Pfund   (the pound)
   das Kilogramm   (the kilogram)   das Stück   (the piece)

Unlike the English measurements, these German nouns are used in the singular.

   Das kostet zwei **Dollar**.   (That costs two *dollars*.)
   Er trank drei **Glas** Wein.   (He drank three *glasses* of wine.)
   Das Kind wiegt zehn **Pfund**.   (The child weighs ten *pounds*.)
   Geben Sie mir ein paar   (Give me a few *pieces* of cake.)
     Stück Kuchen!
   Das Thermometer zeigte 40   (The thermometer showed 40 *degrees* below zero.)
     Grad Kälte.

Note that no German equivalent of the English "of" is used in such constructions.

---

[12] Feminine nouns of measurement, however, with the exception of **Mark**, are used in the plural.
   einige **Flaschen** Milch   (several *bottles* of milk)
   drei **Kannen** Bier   (three *pitchers* of beer)
   zwei **Tassen** Kaffee   (two *cups* of coffee)
   fünf **Meilen**   (five *miles*)
   But:
   Ich zahlte zwanzig **Mark**.   (I paid twenty *marks*.)

GRAMMATIK

NOUNS USED ONLY IN PLURAL

1. Some of these have no singular form.

die Eltern	(the parents)	die Kosten	(the costs)
die Ferien	(vacation)	die Leute	(the people)
die Geschwister	(brothers and sisters)	die Möbel	(the furniture)

2. Others theoretically have a singular form, but it is hardly ever used.

die Lebensmittel	(food)	die Spesen	(expenses)
die Masern	(measles)	die Zinsen	(interest rate)
die Scherben	(broken fragments)		

DATIVE PLURAL

Remember that *all* German nouns, except those ending in -s, add an **-n** in the dative plural if it is not already there in the nominative plural.

NOMINATIVE SINGULAR		NOMINATIVE PLURAL	DATIVE PLURAL
der Lehrer	(the teacher)	die Lehrer	den Lehrern
die Stadt	(the city)	die Städte	den Städten
das Kind	(the child)	die Kinder	den Kindern

But:

der Wagen	(the car)	die Wagen	den Wagen
die Frau	(the woman)	die Frauen	den Frauen
das Hotel	(the hotel)	die Hotels	den Hotels

ANWENDUNG

A. Supply the English equivalent of the italicized words and expressions.

1. Wohin fährst du *in den Ferien*? 2. Es ist ein Land, wo es *keine Streiks* gibt. 3. *Es gibt dort mehr Banken als Zahnärzte.* 4. Über diese *Kleinigkeiten* gibt es verschiedene Meinungen. 5. *Die Gesetze machen es schwer,* in der Schweiz Geld anzulegen. 6. *Die Schweiz gefällt den Ausländern.* 7. An welcher Universität waren *die ersten Frauen* immatrikuliert? 8. *Sind das Gerüchte oder Tatsachen?*

B. *Supply the correct plural form of the noun in boldface.*

1. Es gibt hier eine **Universität.** Es gibt hier viele _____.
2. Er kennt ein **Mädchen** hier. Er kennt viele _____ hier.
3. Ein **Student** besucht mich heute. Viele _____ besuchen mich heute.
4. Die Schweizer **Frau** darf jetzt wählen. Alle Schweizer _____ dürfen jetzt wählen.
5. Jeder **Schweizer** liebt sein Land. Alle _____ lieben ihr Land.
6. Jeder **Deutsche** möchte einmal die Schweiz besuchen. Alle _____ möchten einmal die Schweiz besuchen.
7. Jede Schweizer **Uhr** geht immer richtig. Alle Schweizer _____ gehen immer richtig.
8. Ist das nur ein **Gerücht?** Sind das nur _____?
9. Ich habe nur ein **Land** auf dieser Reise besucht. Ich habe viele _____ auf dieser Reise besucht.
10. Ich habe nur in einem **Land** gelebt. Ich habe in vielen _____ gelebt.
11. Dieses Haus hat ein **Schlafzimmer.** Dieses Haus hat mehrere _____.
12. Gibt es nur einen **Flug** nach München? Gibt es mehrere _____ nach München?
13. Wer hat noch eine **Frage?** Ich habe noch drei _____.
14. In diesem Zoo gibt es keinen **Wärter.** In diesem Zoo gibt es ein Dutzend _____.
15. Soll ich den nächsten **Mann** hereinschicken, Herr Doktor? Soll ich die nächsten _____ hereinschicken?
16. In einem **Monat** bin ich wieder zu Hause. In sechs _____ bin ich wieder zu Hause.

C. *Supply the correct form of the German expression from the list below.*

die Uhr	das Mädchen	Krieg
der Zug	die Uhren	Freunden
der Berg	Freund	der Student
die Züge	Bergen	die Studenten
Kriegen	die Mädchen	Studenten

1. Die Schweiz ist in allen _____ immer neutral geblieben.
2. Seit wann dürfen in der Schweiz _____ auf die Universität gehen?
3. Ich war im August mit _____ in den _____.
4. In der Schweiz gehen _____ und _____ immer pünktlich.
5. Ich diskutiere gern mit _____.

D. *Make a complete sentence in German, using the English cue phrase.* Say that . . .

1. you like to visit many countries. 2. people like to visit Switzerland. 3. in the United States all people have the right to vote. 4. you have two bank accounts. 5. Switzerland is one of the oldest democracies in the world. 6. several years ago you visited Zürich with some friends.

ANWENDUNG

E. *Complete each sentence using the dative plural form of the cue.*

MODEL (die Fehler) Wovon sprechen Sie? Wir sprechen von **den Fehlern.**

1. (die Leute) Wem geben Sie das Geld? Ich gebe _____ das Geld.
2. (die Jahre) Seit wann gibt es hier eine Universität? Es gibt hier eine Universität seit fünfhundert _____.
3. (meine Freunde) Bei wem wohnen Sie? Ich wohne bei _____.
4. (die Autos) Worüber sprechen Sie? Wir sprechen über die Unterschiede zwischen den amerikanischen und den deutschen _____.
5. (die Länder) Woher kommen die Leute? Sie kommen aus verschiedenen _____.

F. *Select the expression that properly completes the sentence.*

1. Wohin fährst du in (a) den Tatsachen (b) den Ferien (c) den Fragen?
2. Man kann über viele Dinge verschiedene (a) Länder (b) Meinungen (c) Köpfe haben.
3. In der Schweiz haben alle Staatsbürger (a) das Hochschulstudium (b) keine Erlebnisse (c) das Wahlrecht.
4. Wieviel (a) Bankgesetze (b) Zinsen (c) Geschäfte bekommst du auf einem Bankkonto?

G. *Tell which is the correct English equivalent of the word in boldface.*

1. **die Gegenwart** (a) present (b) future (c) past
2. **meistens** (a) always (b) often (c) mostly
3. **außerdem** (a) outside (b) moreover (c) nonetheless
4. **vernünftig** (a) false (b) reasonable (c) correct
5. **das Geschäft** (a) business (b) shaft (c) money
6. **die Uhr** (a) age (b) clock (c) cow
7. **verschieden** (a) different (b) lost (c) frequently
8. **leer** (a) look (b) to teach (c) empty
9. **das Gerücht** (a) court (b) rumor (c) smell
10. **wählen** (a) to complain (b) to vote (c) to insist
11. **der Grund** (a) reason (b) grind (c) noise
12. **ungerecht** (a) unbelievable (b) unjust (c) right

FREE RESPONSE: *Suppose somebody made the following statements. React to each one in one or two German sentences.* **Reagieren Sie in ein oder zwei Sätzen auf folgende Aussagen!**

1. „Ich habe gleich gewußt, daß es ein Mord und kein Unfall war!" 2. „Warum müssen es immer die Frauen sein, die dumm sind? Ich finde, daß Herr Huber ein männlicher Chauvinist ist!" 3. „Ich kann nicht verstehen, warum alle Leute so

gegen den guten, alten Kaiser Wilhelm sind. Er war nicht viel schlimmer als viele anderen Kaiser und Könige in der Welt." 4. „Mir gefallen die Berliner mit ihrer frechen Schnauze. Das nenne ich Charakter haben." 5. „Ich finde es unfair, was das Kapitel über die Schweizer sagt. Die Schweizer waren in jedem Krieg neutral."

KAPITEL 6

PAST TENSE

REDEWENDUNGEN

gerade dabei sein	to be just about to
nichts davon wissen wollen	to have nothing to do with it
an jemand Gefallen finden	to like someone
etwas im Kopf haben	to have something on one's mind
Es geht darum.	That's what it's about.
zu seinem Leidwesen	to his regret
das Leben sauer machen	to make life hard [*lit.*, sour]
ins Leere sprechen	to talk to a blank wall
vor sich gehen	to happen
Gelt? [*coll.*]	Isn't that so?

BESSI

Irmgard war gerade dabei, die Hemden und Strümpfe ihrer Familie auf die Wäscheleine zu hängen, da stand sie auf einmal neben ihr. Sie — das war eine junge, dunkelbraune Schäferhündin mit wachen Augen, spitzen Ohren und kräftigen Beinen. „Na, woher kommst du denn?" meinte Irmgard und suchte nach ihrem Besitzer. „Wo ist denn dein Herrchen? Lauf' schön heim", sagte sie freundlich und streichelte dabei die Hündin. Der Vorschlag war gut gemeint, aber ihre neue, vierbeinige Freundin wollte anscheinend nichts davon wissen. Sie rührte sich nicht vom Fleck.

Jetzt merkte Irmgard, daß diese Hündin kein Halsband trug. „Helga und Peter, kommt schnell herunter", rief sie zum Kinderzimmer hinauf, wo ihre beiden Kinder bei den Schulaufgaben saßen. „Kennt ihr diesen Hund?" fragte sie ihre Kinder. „ ‚Er' ist übrigens eine ‚sie' ", setzte sie noch schnell hinzu. Helga und Peter hatten den jungen Schäferhund noch nie gesehen. „Dürfen wir sie behalten?" fragte Peter bittend. „Ich hätte nichts dagegen", meinte die Mutter verständnisvoll. „Aber sie gehört doch jemand, Kinder. Sie muß wieder zu ihren Leuten zurück."

Peter akzeptierte diese Erklärung mit einem leichten Seufzer. Doch damit war das Problem des unerwarteten Hundebesuches noch nicht gelöst. Es folgten Anfragen bei den Nachbarn, Telefonanrufe bei verschiedenen Büros und schließlich sogar bei der Polizei. Niemand kannte die Hündin, niemand vermißte sie, niemand wollte sie. „Bessi", wie Irmgard sie nach einigen Tagen nannte, blieb bei Familie Lehmann. Die Kinder waren von der neuen vierbeinigen Spielgefährtin begeistert. Auch Irmgard fand schnell an dem Tier Gefallen. Ihr Mann Gerhard teilte allerdings den Enthusiasmus seiner Familie für Bessi gar nicht. Er hatte sich nie sehr für Hunde begeistert.

Gerhard begann Bessi — sehr zum Ärger seiner Frau — zu ignorieren. „Du scheinst nur deine Klienten und Verträge im Kopf zu haben", meinte sie eines Abends schnippisch. „Für deine Familie"— und dabei dachte sie auch an Bessi — „hast du gar keine Zeit mehr." Gerhard Lehmann überhörte solche Angriffe gern. Er griff nervös nach seinen Zigarren und versteckte sich hinter der Zeitung. Er hielt es im Augenblick für klüger, sich über die Preise an der Frankfurter Börse und die Unfälle auf der Autobahn zu informieren als über die Zukunft des neuen, vierbeinigen Familienmitgliedes. Denn darum ging es wohl.

Sehr zu seinem Leidwesen konnte es bei der Taktik des Ignorierens nicht bleiben. Dafür sorgten die Nachbarn, denen Bessi in die Blumenbeete getrampelt war und auch jener Briefträger, der von „Bißwunden" redete. „Bessi hat ihn ja nur ein bißchen gezwickt", war dazu Irmgards entschuldigendes Kommentar. Die Vorwürfe, Drohungen und Schadensklagen mehrten sich quadratisch mit der Zahl der Tage, die Bessi im Hause Lehmann verbrachte.

Das bewog Gerhard, seine Strategie zu ändern. Ignorieren — damit erreichte er anscheinend nichts. Er entschloß sich zum Frontalangriff. „Der Hund muß weg", forderte er kategorisch. „Bessi fühlt sich doch so zu Hause bei uns", beteuerte dagegen Irmgard. „Bessi schon, aber ich nicht mehr", entgegnete Gerhard. „Hast du kein Herz für das arme Tier?" plädierte seine Frau. „Herz schon, aber bald kein Geld mehr, wenn ich alle Schadensklagen zahlen muß", erwiderte er sarkastisch. „Aber, Gerhard, Bessi ist doch so süß", flötete sie. „Süß? Mir macht sie das Leben sauer", brummte er.

Der „Hundekrieg" im Hause Lehmann verstärkte sich in den folgenden Wochen. Bessi verursachte fast täglich neue Krisen. Schließlich kapitulierte Irmgard, um den Frieden in der Familie zu wahren. Schweren Herzens war sie dazu bereit, Bessi abzugeben. Gerhard hatte von einem seiner Klienten erfahren, daß jemand in Freudenstadt eine Schäferhündin haben wollte. Nach ein paar Telefonanrufen schien alles abgemacht. Bessis „Deportierung", wie Irmgard sich ausdrückte, war beschlossen.

Am folgenden Wochenende fuhr Familie Lehmann mit Bessi nach Freudenstadt. Irmgard und die beiden Kleinen saßen still im Auto und brüteten vor sich hin. Gerhard bemühte sich vergeblich, seine Familie durch alte Witze zu ermuntern. Er sprach ins Leere. Seine Frau streichelte fast unentwegt Bessi, die ihren Kopf vertraulich an ihre Hüfte schmiegte.

Drei Stunden und 230 Kilometer später erfolgte Bessis Übergabe an ihren neuen Besitzer. Irmgard kämpfte mit den Tränen, als sie und ihre Kinder Bessi zum letzten Mal streichelten. Bessi schien zu spüren, was vor sich ging. Nachdem Familie Lehmann sich wieder in ihr Auto gesetzt hatte, sprang sie noch einmal am Wagenfenster empor und blickte mit traurigen Augen auf ihre Herrin. Als der Wagen losfuhr, mußte der neue Besitzer Bessi mit allen Kräften an der Leine zurückhalten. Augenblicke später war von Bessi nichts mehr zu sehen. Das Auto war in eine Seitenstraße abgebogen.

Ein paar Tage nach dem Abschied von Bessi erlitt Irmgard eine schwere Fleischvergiftung. Sie mußte sofort ins Krankenhaus gebracht werden. Zwei Tage und zwei Nächte dauerte die Krise. Gerhard verbrachte viele Stunden am Bett seiner Frau. „Sie brauchen auch Schlaf, Herr Lehmann", meinte einer der Ärzte. „Gehen Sie doch nach Hause."

Es war schon nach Mitternacht, als Gerhard bei seinem Haus vorfuhr. Plötzlich sah er einen schwarzen Schatten, der sich davor bewegte. Was war das? Oder hatte er sich getäuscht? Wenige Schritte später hatte er die Antwort: Es war Bessi, die vor dem Gartentor kauerte. Abgemagert, mit wunden Pfoten und einem schmutzigen Fell. Bessi war heimgelaufen — 230 Kilometer weit.

Gerhard hockte sich zu ihr nieder und kraulte mit beiden Händen ihren Kopf und Hals. Vergessen waren die schimpfenden Nachbarn, die zertrampelten Tulpenbeete, die drohenden Anzeigen. Er dachte nicht mehr daran, als er Bessi an seine Brust drückte.

Zwei Wochen später durfte er Irmgard nach Hause bringen. Als er ihr aus dem Auto half, stand Bessi schon davor und wedelte ungeduldig mit dem Schwanz. Dann sprang sie freudig an ihrer wiedergefundenen Herrin empor. „Gelt, Mutti, jetzt wird Vati Bessi nicht mehr fortschicken", hörte Irmgard ihre Tochter Helga sagen. Ein Blick auf ihren Mann bestätigte ihr, daß sie darauf nicht antworten mußte. Bessi war jetzt zu Hause.

FRAGEN

1. Was machte Irmgard, als sie Bessi zum ersten Mal sah? **2.** Was wußten die Nachbarn und die Polizei über Bessi? **3.** Wie dachte Gerhard Lehmann über den Hund? **4.** Warum konnte Gerhard Bessi nicht ignorieren? **5.** Was forderte Gerhard? **6.** Wie plädierte Irmgard für den Hund? **7.** Warum kapitulierte Irmgard in diesem „Hundekrieg"? **8.** Wie fand Gerhard einen neuen Besitzer für Bessi? **9.** Was tat Bessi, als Familie Lehmann von ihr Abschied nahm? **10.** Warum änderte Herr Lehmann seine Meinung?

GRAMMATIK

As in English, German verbs form their past tense in one of two ways: by adding an ending to the stem—**frag-*en*, er frag-*te*** (to ask, he asked)—or by changing the stem—**wir s*i*ngen, wir s*a*ngen** (we sing, we sang). We can refer to the first group as Type I verbs and to the second as Type II verbs.[1]

In addition, there is a small group of "mixed" verbs that combine features of Type I and Type II verbs. These verbs have regular past-tense endings, but they also change their stem: **er denkt, er dachte** (he thinks, he thought).

The English progressive past (I was asking) and the emphatic past (I did ask) have no counterpart in German. Both must be expressed as **ich fragte** (I asked).

TYPE I VERBS

1. Most English verbs form their past tense by adding *-ed* or *-d* to the stem: I play, I play-*ed*; I believe, I believe-*d*. Similarly, German Type I verbs show past tense by adding **-te** to the stem.

---

[1] The first group is sometimes called "weak" or "regular," the second "strong" or "irregular." Neither set of terms is satisfactory, however, since concepts of weakness and strength have no real meaning when applied to verbs and because the "regular" verbs sometimes exhibit certain irregularities, while the "irregular" verbs follow some regular patterns.
    The term "past tense" will be used for the so-called simple past (also called the imperfect or preterite) in contrast to compound past forms: **Ich habe gespielt** (I have played); **Er hatte gesungen** (He had sung). See Chapters 8 and 9.

INFINITIVE	STEM	PAST	
spiel **en**	spiel-	ich spiel **te**	(I played)

No further ending is required for the first- and third-person singular. All other persons add, in addition, the regular personal endings of the present tense [*see* Chapter 2].

				spiel en (to play)	**frag en** (to ask)	**leb en** (to live)
ich	STEM	+te		spiel|te	frag|te	leb|te
du	STEM	+te	+st	spiel|te|st	frag|te|st	leb|te|st
er	STEM	+te		spiel|te	frag|te	leb|te
wir	STEM	+te	+n	spiel|te|n	frag|te|n	leb|te|n
ihr	STEM	+te	+t	spiel|te|t	frag|te|t	leb|te|t
sie	STEM	+te	+n	spiel|te|n	frag|te|n	leb|te|n

2. The same principle applies to verbs whose infinitive ends in **-n** rather than **-en**.

	lächel n (to smile)	**änder n** (to change)
ich	lächel|te	änder|te
du	lächel|te|st	änder|te|st
er	lächel|te	änder|te

3. If the stem of the verb ends in **-d** or **-t**, a linking **-e-** is inserted before the past-tense endings to make their past-tense forms pronounceable or clearly distinguishable from the present tense.

	bad en (to bathe)	**arbeit en** (to work)	**rett en** (to save)
ich	bad|e|te	arbeit|e|te	rett|e|te
du	bad|e|test	arbeit|e|test	rett|e|test
er	bad|e|te	arbeit|e|te	rett|e|te

4. This is also done for verbs whose stem ends in a consonant cluster.

	atm en (to breathe)	**öffn en** (to open)
ich	atm|e|te	öffn|e|te
du	atm|e|test	öffn|e|test
er	atm|e|te	öffn|e|te

5. English verbs that take an *-ed* past-tense ending often have German counterparts that form their past tense by adding **-te**; this is especially true in the case of cognates: **lernen, er lernte** (to learn, he learned).

Some German verbs, however, take the **-te** ending in the past tense even though their English equivalents do not form the past tense by adding *-ed*: **kaufen, er kaufte** (to buy, he bought). This occurs primarily when, as in the example above, the English and German verb forms are not phonetically related.

TYPE II VERBS

German Type II verbs, like their English counterparts, form their past tense by changing their stem. This usually involves a vowel change: **finden, er fand** (to find, he found). Some verbs also change their consonantal structure—**stehen, er stand** (to stand, he stood)—or even replace the entire stem—**sein, er war** (to be, he was). Most Type II verbs change their stem in ways similar to the corresponding English verb, especially in the case of cognates.

1. The past-tense endings of Type II verbs are basically the same as those of Type I verbs. No ending is added in the first- and third-person singular; all other persons add the regular personal endings of the present tense.

		komm en (to come)	**ruf en** (to call)
ich	CHANGED STEM	kam	rief
du	CHANGED STEM + st	kam st	rief st
er	CHANGED STEM	kam	rief
wir	CHANGED STEM + en	kam en	rief en
ihr	CHANGED STEM + t	kam t	rief t
sie	CHANGED STEM + en	kam en	rief en

2. If the stem of the verb ends in **-d** or **-t**, a linking **-e-** is inserted before the ending of the second-person singular and plural.

	lad en (to load)	**biet en** (to bid, offer)
ich	lud	bot
du	lud e st	bot e st
er	lud	bot
wir	lud en	bot en
ihr	lud e t	bot e t
sie	lud en	bot en

COMMON VOWEL PATTERNS

The way Type II verbs will change in the past tense cannot be predicted with certainty. However, five patterns of vowel changes recur frequently.[2]

Past Tense: Vowel Variation

PATTERN	INFINITIVE STEM	VOWEL CHANGE	EXAMPLE
1	a	u	fahren, er fuhr
	a	ie	lassen, er ließ
	au	ie	laufen, er lief
2	e	a	geben, er gab
3	ei	ie	bleiben, er blieb
4	ie	o	bieten, er bot
5	i	a	beginnen, er begann

1. a *or* au → ie *or* u

lassen, ließ	(to let)	schlafen, schlief	(to sleep)
fallen, fiel	(to fall)	laufen, lief	(to run)
fahren, fuhr	(to drive)	tragen, trug	(to carry)

These verbs change **a** or **au** to **ä** or **äu** in the second- and third-person singular of the present tense: **lassen, er läßt; fahren, er fährt; laufen, sie läuft.**

2. e → a

brechen, brach	(to break)	nehmen, nahm	(to take)
geben, gab	(to give)	sehen, sah	(to see)
lesen, las	(to read)	sprechen, sprach	(to speak)

Verbs of this type change **e** to **i** or **ie** in the second- and third-person singular present and in the familiar singular imperative: **geben, er gibt; sehen, du siehst; sprechen, sprich!**

3. ei → ie

bleiben, blieb	(to remain)	schreiben, schrieb	(to write)
scheinen, schien	(to seem, to shine)	steigen, stieg	(to climb)

---

[2] They are discussed in greater detail in Chapter 8, pp. 122–123.

4. ie → o

    fliegen, flog   (to fly)   ziehen, zog   (to pull, move)

Note the change to g in the past tense of **ziehen**.

5. i → a

    beginnen, begann   (to begin)   schwimmen, schwamm   (to swim)
    finden, fand   (to find)   singen, sang   (to sing)

6. A small number of verbs follow none of the above five patterns, and their vowel changes must be memorized: **gehen, ging** (to go); **kommen, kam** (to come); **stehen, stand** (to stand); **tun, tat** (to do).

AUXILIARY VERBS

In the past tense, the three common auxiliary verbs do *not* follow any of the five common vowel change patterns, and their verb forms must be memorized.

	haben (to have)	**sein** (to be)	**werden** (to become)
ich	hat|te	war	wurde
du	hat|te|st	war st	wurde st
er	hat|te	war	wurde
wir	hat|te|n	war en	wurde n
ihr	hat|te|t	war t	wurde t
sie	hat|te|n	war en	wurde n

Note that **haben** follows the basic pattern of Type I verbs and **sein** that of Type II verbs; **werden** follows neither pattern exactly. The personal endings for all three are the same as for all other verbs.

MIXED VERBS

1. A few verbs combine features of both Type I and Type II verbs in forming their past tense: They change their stem *and* add the past tense indicator **-te-**. They have regular personal endings.

	bringen (to bring)	**denken** (to think)	**wissen** (to know [*facts*])
ich	brach|te	dach|te	wuß|te
du	brach|te|st	dach|te|st	wuß|te|st
er	brach|te	dach|te	wuß|te

	brennen (to burn)	**kennen** (to know [*people or things*])	**nennen** (to name)
ich	brann|te	kann|te	nann|te
du	brann|te|st	kann|te|st	nann|te|st
er	brann|te	kann|te	nann|te

	rennen (to run)	**senden** (to send)[3]	**wenden** (to turn)[3]
ich	rann|te	sand|te	wand|te
du	rann|te|st	sand|te|st	wand|te|st
er	rann|te	sand|te	wand|te

2. Four modals are also mixed verbs. One changes its stem substantially in the past.

	mögen (to like to)
ich	moch|te
du	moch|te|st
er	moch|te

The other three merely drop the umlaut.

	dürfen (to be allowed to)	**können** (to be able to)	**müssen** (to have to)
ich	durf|te	konn|te	muß|te
du	durf|te|st	konn|te|st	muß|te|st
er	durf|te	konn|te	muß|te

The other two modals follow the regular Type I pattern.

	sollen (to be supposed to)	**wollen** (to intend to)
ich	soll|te	woll|te
du	soll|te|st	woll|te|st
er	soll|te	woll|te

PROBLEM VERBS

A number of German verbs often cause confusion, either because of their meaning or because of their past-tense form. Here are some especially troublesome verbs.

---

[3] Past tense formations of the Type I pattern also sometimes occur: **ich sendete, wir wendeten.**

1. **brechen** (to break), **bringen** (to bring), and **brauchen** (to use, to need)

    Er **brach** den Bleistift. (He *broke* the pencil.)
    Er **brachte** den Bleistift. (He *brought* the pencil.)
    Er **brauchte** den Bleistift. (He *needed* the pencil.)

2. **bekommen** (to receive, get) and **werden** (to become, get)

    Ich **bekam** ein Geschenk. (I *got* [*received*] a present.)
    Er **wurde** krank. (He *got* [*became*] sick.)

3. **lesen** (to read) and **lassen** (to let, allow, leave)

    Wir **lasen** das Buch zu Hause. (We *read* [*past tense*] the book at home.)
    Wir **lassen** das Buch zu Hause. (We *leave* the book at home.)
    Er **liest** sein Buch zu Hause. (He *reads* his book at home.)
    Er **ließ** sein Buch zu Hause. (He *left* his book at home.)

4. **können** (to be able to) and **kennen** (to know [*someone or something*])

    Ich **konnte** es nicht. (I *could* not [*do*] it.)
    Ich **kannte** es nicht. (I did not *know* it.)

5. **wissen** (to know [*facts*]) and **kennen** (to know [*people, places, or things*])

    Wissen Sie die Antwort? (Do you *know* the answer?)
    Kennen Sie Berlin [Herrn Schmidt, dieses Buch]? (Do you *know* Berlin [Mr. Schmidt, this book]?)

6. **heißen** (to be called; to have a name), **nennen** (to call; to give a name), and **rufen** (to call out; to shout)

    Wir haben einen Dackel. Er **heißt** Friedrich von Wildenstein, aber wir **nennen** ihn Fritz und wenn wir ihn **rufen**, kommt er. (We have a dachshund. He *is called* Friedrich von Wildenstein, but we *call* him Fritz, and when we *call* him, he comes.)

ANWENDUNG

A. *Supply the past tense form of the verb; if necessary, consult the end vocabulary to determine the verb type.*

1. Er denkt nicht mehr an Bessi. 2. Wir antworten ihm nicht. 3. Herr Lehmann geht nach Hause. 4. Du nennst ihn beim richtigen Namen. 5. Sie kommt oft zu Besuch. 6. Die beiden Mädchen sitzen ganz still im Auto. 7. Wir dürfen den Hund nach Hause bringen. 8. Wir fahren mit dem Auto nach München.

B. *Restate each sentence in the past tense using the verb indicated.*

    MODEL   Wir kamen nach Hause. (gehen)
                  Wir **gingen** nach Hause.

1. Ich schrieb viele Briefe. (lesen)
2. Herr Huber gab den Tieren Futter. (finden)
3. Er lief aus dem Garten. (rennen)
4. Niemand kannte den Hund. (rufen)
5. Ich verstand diese Erklärung. (akzeptieren)
6. Bald war alles besser. (scheinen)
7. Er suchte seine Schlüssel. (vergessen)
8. Sie ging einen Schritt zurück. (treten)
9. Er saß jeden Tag im Garten. (essen)
10. Wir verstanden nichts davon. (wissen)

C. *Restate each sentence by changing the verb, either from present to past tense or from past to present.*

1. Er spricht sehr gut Deutsch. 2. Ich hörte Bessis Bellen. 3. Ich vergaß die Antwort. 4. Du weißt es nicht. 5. Wir antworten nichts. 6. Er sieht einen Schatten. 7. Das denke ich mir! 8. Wir bleiben lange in Berlin. 9. Ich brachte sie ins Krankenhaus. 10. Wir verstehen es nicht.

D. *Supply the appropriate form of the verb in parentheses in the tense indicated.*

1. Die Zeitung _____ auf dem Tisch. (liegen, *present*)
2. _____ Sie Herrn Frühwirth? (kennen, *past*)
3. Wir _____ auf den Oberstabsarzt. (warten, *past*)
4. Er _____ mit ihm am Telefon. (sprechen, *present*)
5. Karl _____ ganz rot im Gesicht. (werden, *past*)
6. Was _____ du heute? (machen, *present*)

E. *Supply the appropriate past-tense form of the verb in parentheses.*

1. Ich _____ keine Zeit mehr. (haben)
2. Im Jahre 1970 _____ ich in der Schweiz. (sein)
3. Endlich _____ Bessi wieder zurück. (kommen)

ANWENDUNG

4. Der Seehund _____ auf den Felsen. (klettern)
5. Fräulein Wanke _____ kein Wort. (glauben)
6. Der Direktor _____ sich am Telefon. (melden)
7. Herr Frühwirth _____ einen Brief. (schreiben)
8. Du _____ das nicht? (wissen)
9. Wir _____ nach Berlin. (fliegen)
10. Die Hunde _____ Bessi und Fritz. (heißen)
11. Man _____ viele Besucher im Zoo. (sehen)

F. *Supply the correct form of the German verb from the list below.*

suchten	reise	sprach	brachten
gehe	schien	brauchte	ging
scheint	spricht	suchen	sprach
antwortete	brauche	reiste	geht
schien	brauchen	schien	antworte

1. Gestern _____ wir Bessi den ganzen Tag. (*to look for*)
2. Jetzt _____ ich wieder nach Hause. (*to go*)
3. Letztes Jahr _____ ich durch ganz Deutschland. (*to travel*)
4. Als ich ihn gestern sah, _____ er von dir. (*to speak*)
5. Nach dem Unfall _____ wir sie sofort ins Krankenhaus. (*to bring*)
6. Ich _____ morgen auf den Brief. (*to answer*)
7. Sie _____ viel Schlaf, um morgen wieder frisch zu sein. (*to need*)
8. Gestern _____ alles in bester Ordnung zu sein. (*to appear*)

G. *Supply the English equivalent of the italicized verb.*

1. Er *sprach* mit Karin darüber. 2. Bessi *suchte* nach ihrem Besitzer. 3. Bessi *trug* ein Halsband. 4. Niemand *kannte* die Hündin. 5. Wir *informierten* ihn über Bessi.

H. *Supply the phrase that most accurately completes the sentence on the basis of the reading.*

1. Als Frau Lehmann zu Bessi sagte: „Lauf schön heim!", (*a*) rührte sie sich nicht vom Fleck (*b*) lief sie zu ihrem Besitzer zurück.
2. Frau Lehmanns Mann (*a*) wollte wissen, wem der Hund gehörte (*b*) begeisterte sich sofort für den Hund.
3. Bessi störte den Frieden in der Familie, denn (*a*) sie machte Herrn Lehmann das Leben süß (*b*) sie biß den Briefträger und trampelte auf die Blumenbeete der Nachbarn.
4. Herr Lehmann übergab Bessi (*a*) einem alten Freund (*b*) einer Familie, die 230 Kilometer entfernt wohnte.

5. Als Bessi um Mitternacht wieder zu den Lehmanns kam, (a) vergaß Herr Lehmann, ihr Futter zu geben (b) hockte er sich nieder und kraulte mit beiden Händen ihren Kopf und Hals.
6. Die Kinder waren jetzt sicher, daß Bessi (a) wieder fort mußte (b) da bleiben durfte.

I. FREE RESPONSE

Sie haben sicherlich einen Hund, eine Katze oder sogar vielleicht einen Papagei zu Hause. Erzählen Sie etwas über Ihr Lieblingshaustier! Sagen Sie der Klasse: Wie es heißt ... Wie Sie es bekommen haben ... Welche Farbe es ist ... Ob es groß oder klein ist ... Wo es schläft ... Wie alt es ist ... Wie lange es schon in Ihrer Familie ist ... Was es frißt ... Wer es füttert ... Ob es schon Junge gehabt hat (oder war es schon beim Tierarzt?) ... Was für Dummheiten es macht ... Wem es eigentlich gehört (Ihrem Vater, Ihrer Mutter, Ihrer Schwester, Ihrem Bruder?) ...

Und für die Studenten, die noch kein Lieblingshaustier haben: Was für ein Lieblingstier wünschen Sie sich?

KAPITEL 7

VERB PREFIXES; REFLEXIVES

Und emsig setzt er sich zu Tische,
Denn heute gibt's Salat und Fische.

REDEWENDUNGEN

Es stand auf den Plakaten.	It was written on the posters.
Er kümmert sich nicht darum.	He isn't concerned about that.
sich anders besinnen	to change one's mind
Würste auf Fleischmarken	[during World War II] sausages received with ration cards
vertieft in etwas sein	to be absorbed in something
Sein Blick fällt auf etwas.	He glances at something.
Das Blut schoß ihm ins Gesicht.	Blood rushed into his face.
nichts als	nothing but
es sich leisten können	to be able to afford it

ANDERE LÄNDER, ANDERE SITTEN

Die folgende Geschichte ist eine wahre Begebenheit aus dem Zweiten Weltkrieg. Sie ereignete sich an einem Winterabend im Jahre 1944 in einer kleinen österreichischen Industriestadt, in der Waffen für Hitlers Krieg hergestellt wurden.

* * *

Die Uhr zeigte zwar erst halb sechs, aber es war schon dunkel, als Werkmeister Göllinger mit anderen Arbeitern langsam das Stahlwerk „Hermann Göring" verließ. Beim Ausgang kamen ihm schon die Arbeiter der Nachtschicht entgegen. Für ihn war heute Feierabend, aber die Maschinen durften nicht stillstehen. „Räder müssen rollen — für den Sieg", so stand es überall auf den Plakaten an den Wänden. Göllinger kümmerte sich nicht darum und warf keinen Blick darauf. Er war heute zu müde.

Als er die Straße erreicht hatte, blieb er kurz stehen und atmete in tiefen Zügen die kalte, aber erfrischende Bergluft ein. Er hatte sich entschlossen, gleich nach Hause zu gehen. Es gab viel Schlaf nachzuholen. Kein Wunder, gestern gleich zweimal Fliegeralarm in einer Nacht! Das war eine unruhige Nacht gewesen.

Doch die frische Luft schien die Müdigkeit zu vertreiben. Göllinger besann sich anders, überquerte die Straße und steuerte aufs Gasthaus „Zur Post" zu. Bei dem Gedanken an ein Glas Bier und ein paar

Würste wurden seine Schritte schneller. Ja, in der „Post" konnte man noch ein recht gutes Bier bekommen. Und da fiel ihm gerade ein: Für die Würste hatte er noch Fleischmarken aus der vorigen Woche. Die mußte er ohnehin einlösen, wenn sie nicht verfallen sollten.

Es roch nach Suppe und Tabak, als Göllinger die Eingangstür zur „Post" aufmachte und ins Gastzimmer eintrat. Es befanden sich nur wenige Gäste darin. An dem Tisch nahe der Tür spielten vier Arbeiter Karten. Hinter der Theke wusch die Wirtin einige Gläser ab. Links davon saß ein Mann mit einer dicken Hornbrille; er war in die Zeitung vertieft und trank Tee. Göllinger nahm am Nebentisch Platz.

War es die Wärme oder der Rauch im Zimmer? Göllinger mußte sich die Augen reiben, um nicht einzuschlafen. Er bestellte sein Bier und seine Würste und fing an, in einer Zeitung zu blättern. Zum Lesen war er zu müde. „Möchten Sie noch etwas, Herr Göllinger?" fragte die Wirtin freundlich, als sie ihm den Teller mit den Würsten hinstellte. Göllinger überhörte zuerst ihre Worte; dann reagierte er erschreckt darauf. Jetzt war er sich erst bewußt, wie nahe er am Einschlafen war.

Langsam zerschnitt er die Wurst in kleine Stücke. Dann legte er das Messer auf den Tellerrand, nahm die Gabel von der linken in die rechte Hand und begann zu essen. Es schmeckte ihm. Zufrieden wischte er sich nach ein paar Bissen den Mund mit der Serviette ab. Dabei fiel sein Blick auf den Herrn am Nebentisch. Göllinger spürte plötzlich, daß ihn dieser Mann beobachtete. Wie lange schon? Seit wann sind Bier und Würste so interessant? überlegte er. Es waren schließlich Würste auf Fleischmarken. Oder interessierte sich der Mann noch für etwas anderes? Aber wofür? Das Tischtuch, seine Hände, das Besteck …?

Da wurde es ihm plötzlich heiß. Das Blut schoß ihm ins Gesicht. Er wehrte sich dagegen, konnte es aber nicht verhindern. Die Müdigkeit war jetzt wie weggeblasen. Er wollte möglichst schnell das Zimmer verlassen. Nichts als hinaus, war sein einziger Gedanke. Der Mann mit der Hornbrille schien zu verstehen. Konnte er Gedanken lesen?

Göllinger stand blitzschnell auf und warf einen Geldschein auf den Tisch. Er hatte schon fast die Tür erreicht, als er die Worte „einen Augenblick, mein Herr" hinter sich hörte. Er beachtete sie nicht und stürzte aus dem Zimmer hinaus. Er rannte über die Straße. „Halt, Staatspolizei, stehen bleiben!" hörte er rufen. Göllinger lief weiter. Dann gellten Schüsse durch die Nacht. Beim dritten Schuß riß es Göllinger zunächst hoch, dann fiel er auf den schneebedeckten Boden. Er rührte sich nicht mehr.

Werkmeister Göllinger, alias John Newman, war amerikanischer Geheimagent. Er überlebte diese Nacht und auch den Zweiten Weltkrieg. Im April 1945 befreiten ihn amerikanische Truppen aus dem Konzentrationslager Dachau.

Warum endete an diesem Winterabend im Jahre 1944 die erfolgreiche Tätigkeit dieses Agenten? Niemand hatte Newman angezeigt; er hatte sich selbst verraten. Andere Länder, andere Sitten. Ein Spion kann es sich nicht leisten, das zu vergessen. Auch nicht für einen Augenblick.

Österreicher, wie Deutsche, Schweizer und viele Europäer, essen mit dem Messer in der rechten Hand und der Gabel in der linken. Niemals lassen sie nach dem Schneiden des Fleisches das Messer auf dem Tellerrand liegen; und sie wechseln auch nicht die Gabel von der linken in die rechte Hand. Als Newman seine Mahlzeit „amerikanisch" einnahm, wurde er dem Mann am Nebentisch verdächtig. Er hatte Pech, und er hatte sich die falsche Zeit zum Essen ausgesucht: Der Herr mit der Hornbrille war ein Beamter der Gestapo.

FRAGEN

1. Wo und wann ereignete sich diese Geschichte? 2. Was tat Göllinger, als er die Straße erreicht hatte? 3. Warum war er so müde? 4. Wohin wollte er gehen? 5. Was machten die vier Arbeiter und die Wirtin in der „Post"? 6. Was tat Göllinger, nachdem er ins Gastzimmer eingetreten war? 7. Was mußte er tun, um nicht einzuschlafen? 8. Warum lief er aus dem Zimmer? 9. Was geschah beim dritten Schuß? 10. Wie hatte Göllinger sich verraten?

GRAMMATIK

Many German verbs can be combined with prefixes to form compound verbs with new meanings. Such prefixes are of two types: separable and inseparable.[1]

---

[1] For prefixes that may be either separable or inseparable, see Chapter 8.

INSEPARABLE PREFIXES

Inseparable prefixes are always unstressed and remain attached to the verb stem in all tense forms. They have no independent meaning as separate words.[2] The most important include:

be-	ent-	ge-	ver-
emp-	er-	miß-	zer-

Although no rules can be formulated to cover every use of these prefixes, a few general guidelines can be suggested.

1. Be- is often used to make a transitive verb (one that takes a direct object) out of an intransitive verb (one that requires a dative or prepositional object), an adjective, or a noun.

Er **antwortet** mir.	(He answers me.)
Er **beantwortet** meine Frage.	(He answers my question.)
Er **dient** mir.	(He serves me [*as a servant*]).
Er **bedient** mich.	(He serves me [*as a waiter*]).
Ich **kämpfe** gegen das Unrecht.	(I fight against injustice.)
Ich **bekämpfe** das Unrecht.	(I fight injustice.)
Sie machte sich von seinem Einfluß **frei**.	(She made herself free of his influence.)
Sie **befreite** sich von seinem Einfluß.	(She freed herself from his influence.)
Er wurde mein **Freund**.	(He became my friend.)
Er **befreundete** mich.	(He befriended me.)

In some cases, no recognizable relationship exists between the stem verb and the compound.

| kommen | (to come) | be**kommen** | (to receive) |
| nehmen | (to take) | sich be**nehmen** | (to behave) |

2. Emp- is found only in three common verbs. It has no uniform meaning and no apparent kinship to the stem verb.

fangen	(to catch)	emp**fangen**	(to receive)
fehlen	(to lack)	emp**fehlen**	(to recommend)
finden	(to find)	emp**finden**	(to feel)

---

[2] Remember the general rule: if a prefix does *not* have any independent meaning, it is *not* separated from the stem and is *not* stressed. The only exception is the prefix **miß-**; although it has no independent meaning, it is sometimes stressed, for example, in the verb **mißverstehen** (to misunderstand).

3. Ent- usually implies separation, corresponding to English "out of" or "away from."

führen	(to lead)	entführen	(to abduct)
laufen	(to run)	entlaufen	(to run out, escape)
nehmen	(to take)	entnehmen	(to take out, deduce)

Sometimes **ent-** expresses the equivalent of English *dis-*.

bewaffnen	(to arm)	entwaffnen	(to *dis*arm)
decken	(to cover)	entdecken	(to *dis*cover)
ehren	(to honor)	entehren	(to *dis*honor)

4. Er- usually denotes the achievement of a goal by means of the action of the stem verb.

kämpfen	(to fight)	erkämpfen	(to win by fighting)
raten	(to guess; i.e. try to find the answer)	erraten	(to guess; i.e. find the right answer)
steigen	(to climb)	ersteigen	(to climb to the top)

In some compounds, **er-** implies death.

frieren	(to freeze)	erfrieren	(to freeze to death)
schießen	(to shoot)	erschießen	(to shoot and kill)
trinken	(to drink)	ertrinken	(to drown [*lit.*, by drinking too much water])

5. Ge- has no clear function in modern German verbs, and no recognizable relationship exists between the meaning of the stem verb and that of the compound.

fallen	(to fall)	gefallen	(to please)
hören	(to hear)	gehören	(to belong to)
stehen	(to stand)	gestehen	(to confess)

The stem for some **ge-** compounds no longer exists by itself in modern German, and some **ge-** verbs occur only in their compound forms.

gelingen	(to succeed)	gestatten	(to permit)
genießen	(to enjoy)	gewinnen	(to win)
geschehen	(to happen)	sich gewöhnen	(to get used to)

GRAMMATIK

6. Miß- is used in German the same as *mis-* is used in English to indicate incorrectness.

achten	(to respect, esteem)	**miß**achten	(to despise)
brauchen	(to use)	**miß**brauchen	(to *mis*use)
verstehen	(to understand)	**miß**verstehen	(to *mis*understand)

7. Ver- usually indicates intensification, sometimes in a figurative or negative sense.

brauchen	(to use)	**ver**brauchen	(to use up, consume)
hungern	(to go hungry)	**ver**hungern	(to starve)
sprechen	(to speak)	**ver**sprechen	(to promise)
stecken	(to stick, put away)	**ver**stecken	(to hide)
zweifeln	(to doubt)	**ver**zweifeln	(to despair)

Occasionally, **ver-** denotes an action opposite to that of the stem verb.

achten	(to esteem)	**ver**achten	(to despise)
kaufen	(to buy)	**ver**kaufen	(to sell)
mieten	(to [take for] rent)	**ver**mieten	(to rent out, let)

In reflexive verbs, **ver-** often indicates error.

laufen	(to run)	sich **ver**laufen	(to lose one's way)
sprechen	(to speak)	sich **ver**sprechen	(to say the wrong thing)
tippen	(to type)	sich **ver**tippen	(to make a typing error)

Sometimes the relationship between the stem and the compound is no longer evident.

bringen	(to bring)	verbringen	(to spend time)
geben	(to give)	vergeben	(to forgive)
stehen	(to stand)	verstehen	(to understand)

8. Zer- shows disintegration. It often corresponds to English "apart."

brechen	(to break)	**zer**brechen	(to break apart, shatter)
fallen	(to fall)	**zer**fallen	(to fall apart, disintegrate)
stören	(to disturb)	**zer**stören	(to destroy)

SEPARABLE PREFIXES

Separable prefixes are adverbs, prepositions, adjectives, nouns, or infinitives that separate from the stem verb under certain conditions. Unlike inseparable prefixes, which are unstressed, separable prefixes always carry the main stress. Sometimes they retain their original meaning in the compound.

    weg (away) + **gehen** (to go) → **weggehen** (to go away)

Frequently, however, the meaning of the compound cannot be predicted from the prefix.

    an (at) + **fangen** (to catch) → **anfangen** (to begin)

In the infinitive, the prefix is always combined with the stem verb.[3]

	PREFIX +	STEM →	COMPOUND
Adverb	zurück (back)	kommen (to come)	**zurückkommen** (to come back)
Preposition	auf (upon)	stehen (to stand)	**aufstehen** (to get up)
Adjective	frei (free)	machen (to make)	**freimachen** (to set free)
Noun	Rad (wheel)	fahren (to ride)	**radfahren** (to go bicycle riding)
Infinitive	spazieren (to stroll)	gehen (to go)	**spazierengehen** (to go for a walk)

In the present tense, past tense, and imperative, however, the prefix separates from the stem and moves to the end of the clause in the P_2 position.[4]

Infinitive	**aufmachen**	(to open)
Present Tense	Er macht das Fenster **auf**.	(He opens the window.)
Past Tense	Er machte das Fenster **auf**.	(He opened the window.)
Imperative	**Machen Sie** das Fenster **auf!**	(Open the window.)

The prefix may sometimes be quite far removed from the stem of the verb. It is usually necessary, therefore, to consult the end of each clause in order to ascertain the meaning of the verb.

| **zuhören** | (to listen to) |
| Wir **hörten** dem Gespräch zwischen den beiden Herren mit wachsendem Interesse **zu**. | (We *listened to* the conversation between the two men with growing interest.) |

---

[3] Compound verbs are listed in dictionaries and vocabularies under the first letter of the prefix.
[4] For the position of separable prefixes in the perfect tenses, see Chapter 8, page 125. **Her** and **hin** as separable prefixes are discussed in Chapter 8, page 126.

Compound verbs always follow the vowel pattern of the stem verb in forming the past tense [see Chapter 6], even when the compound has a new meaning. This rule applies regardless of whether the prefix is inseparable or separable.

INSEPARABLE		SEPARABLE	
sprechen, sprach	(to speak)	fangen, fing	(to catch)
versprechen, versprach	(to promise)	anfangen, fing an	(to start)

REFLEXIVE VERBS AND PRONOUNS

A reflexive verb is one whose subject and object refer to the same person or thing: *Er* **verteidigt** *sich* (*He* defends *himself*). In this sentence, **sich** (himself) is known as a reflexive pronoun.

Reflexive pronouns must be used when either the accusative or dative object is the same as the subject. The forms of German reflexive pronouns are identical with those of the personal pronouns [see Chapters 1, 3, 4], except in the third-person singular and plural and in the formal second person.

	ACCUSATIVE		DATIVE	
	PERSONAL	REFLEXIVE	PERSONAL	REFLEXIVE
Singular:				
1st pers.	mich	mich	mir	mir
2nd pers.	dich	dich	dir	dir
3rd pers.	ihn, es, sie	**sich**	ihm, ihm, ihr	**sich**
Plural:				
1st pers.	uns	uns	uns	uns
2nd pers.	euch	euch	euch	euch
3rd pers.	sie	**sich**	ihnen	**sich**
2nd pers. pol.	Sie		Ihnen	

Ich habe **mich** geschnitten.	(I cut *myself*.)
Ich kaufte **mir** einen Wagen.[5]	(I bought [*myself*] a car.)
Hast du **dich** geschnitten?	(Did you cut *yourself*?)
Kaufst du **dir** einen Wagen?	(Are you buying [*yourself*] a car?)

---

[5] Note a similar construction in the colloquial English expression, "I bought *me* a car."

Wir stellen **uns** vor.	(We introduce *ourselves*.)
Wir kauften **uns** einen Wagen.	(We bought [*ourselves*] a car.)
Wollt ihr **euch** vorstellen?	(Do you want to introduce *yourselves*?)
Habt ihr **euch** einen Wagen gekauft?	(Did you buy [*yourselves*] a car?)

The reflexive pronoun **sich** is used for all three genders of the third-person singular and plural (himself, herself, itself, themselves) and for the formal second person (yourself, yourselves). It is the same in both the accusative and the dative.

Er verteidigt **sich**.	(He defends *himself*.)
Sie verteidigt **sich**.	(She defends *herself*.)
Meine Freunde kauften **sich** einen Wagen.	(My friends bought [*themselves*] a car.)
Wollen Sie **sich** vorstellen?	(Do you want to introduce *yourself* [*yourselves*]?)

REFLEXIVE USAGE

Several types of reflexive usage occur in German.

1. Verbs that are genuinely reflexive in meaning have the originator of the action also as its recipient. Most verbs of this type are similar to their English equivalents.

Ich stelle meinen Freund vor.	(I introduce my friend.)
Ich stelle **mich** vor.	(*I* introduce *myself*.)
Du widersprichst mir.	(You're contradicting me.)
Du widersprichst **dir**.	(*You* contradict *yourself*.)
Er hat mich rasiert.	(He shaved me.)
Er rasiert **sich** jeden Tag.	(*He* shaves [*himself*] every day.)

Unlike English, which uses possessive adjectives [see Chapter 16], German frequently uses reflexive verbs in referring to parts of the body.

Sie wäscht ihre Kleider.	(She washes her clothes.)
Sie wäscht **sich**.	(*She* washes *herself*.)
Sie wäscht sich die Hände.[6]	(*She* washes *her* hands.)

---

[6] Note that **die Hände** is the direct object; **sich** represents the indirect (dative) object. This is more obvious in the first- and second-person singular: **Ich wasche** *mir* **die Hände. Du wäscht** *dir* **die Hände.** See also Chapter 4, page 64.

GRAMMATIK · 109

2. Some verbs use the reflexive merely as a grammatical form. "I hate myself" is a genuine reflexive. "I enjoyed myself," on the other hand, is only a grammatical expression meaning "I had a good time."

2.1 Sometimes verbs may be used both reflexively and nonreflexively. The meaning of the reflexive verb is often quite different from that of the nonreflexive one.

denken (to think)		
sich denken (to imagine)	Ich kann es **mir** denken.	(I can imagine it.)
erinnern (to remind)		
sich erinnern an (to remember)	Können Sie **sich** an ihn erinnern?	(Can you remember him?)
freuen (to please)		
sich freuen auf (to look forward to)	Er freut **sich** auf die Reise.	(He looks forward to the trip.)
sich freuen über (to be happy about)	Er freut **sich** über die Reise.	(He is happy about the trip.)
fürchten (to fear)		
sich fürchten vor (to be afraid of)	Fürchte **dich** nicht vor der Zukunft!	(Don't be afraid of the future.)
setzen (to set down)		
sich setzen (to sit down)	Ich setze **mich**.	(I sit down.)
vorstellen (to introduce)		
sich etwas vorstellen (to imagine something)	Ich kann es **mir** vorstellen.	(I can imagine it.)

2.2 Some verbs always take a reflexive pronoun. These are usually in the accusative case.

sich benehmen (to behave oneself)	Das Kind hat **sich** schlecht benommen.	(The child behaved himself badly.)
sich erkälten (to catch cold)	Er hat **sich** erkältet.	(He has caught cold.)
sich schämen (to be ashamed)	Ich schäme **mich**.	(I'm ashamed.)
sich sehnen nach (to long for)	Wir sehnen **uns** nach warmem Wetter.	(We long for warm weather.)

3. Reflexive verbs may be used as a substitute for the passive [*see* Chapter 18] when the originator of the action is not identified.

Sein Wunsch erfüllte **sich** bald. (His wish was soon fulfilled.)
Die Tür öffnete **sich**. (The door [was] opened.)

4. Reflexives may be used in the plural to imply reciprocity (each other, one another), rather than as a genuine reflexive (themselves).

    Sie küßten **sich**.   (They kissed *each other*.)
    Wir verstehen **uns**.   (We understand *one another*.)
    Liebt ihr **euch**?   (Do you love *each other*?)[7]

SICH AND SELBST

Sich is a true reflexive, but **selbst** or **selber** (self) is sometimes used to emphasize the subject. The same form is used for all persons.

    Das verstehe ich **selbst** nicht.   (I don't understand this *myself*.)
    Haben Sie das **selbst** getan?   (Did you do that *yourself*?)

For additional emphasis **selbst** or **selber** may also be used with a reflexive verb: **Er rasiert *sich* immer *selber*** (He always shaves *himself* [*that is*, he never goes to the barber]).

If **selbst** precedes the word to which it refers, it corresponds to English "even."

    Selbst der Lehrer wußte die Antwort nicht.   *Even* the teacher did not know the answer.)
    Selbst dann kann ich dir nicht helfen.   (*Even* then I cannot help you.)

ANWENDUNG

A. *Tell which syllable is stressed and whether the prefix is separable or inseparable.*

    1. aufstehen (auf-ste-hen) **2.** verstehen (ver-ste-hen) **3.** bekommen (be-kom-men)
    4. ankommen (an-kom-men) **5.** gefallen (ge-fal-len) **6.** zerfallen (zer-fal-len)
    7. herunterfallen (her-un-ter-fal-len) **8.** entschließen (ent-schlie-ßen)

---

[7] **Einander** (each other, one another) may be used in these cases for **sich, uns,** or **euch.** It sounds stilted, however, and is generally avoided in colloquial usage.

B. *Supply the infinitive and the English equivalent of the verb in each sentence.*

1. Herr Göllinger wischte sich den Mund mit der Serviette ab. **2.** Der Gestapoagent hörte den Gästen im Gasthaus zu. **3.** Wirfst du den Schweizern vor, daß sie gute Geschäftsleute sind? **4.** Viele Ausländer legen ihr Geld in Schweizer Banken an.

C. *Restate each sentence using the verb in parentheses. (Both separable and inseparable prefixes are used.)*

MODEL   Wir singen nie bei der Arbeit.   (einschlafen)
        Wir **schlafen** nie bei der Arbeit **ein**.

1. Herr Huber ärgert sich über die Dame.   (sich aufregen)
2. Herr Huber bleibt den ganzen Tag im Zoo.   (verbringen)
3. Die Dame kommt mit ihrem Jungen.   (weitergehen)
4. Herr Huber fühlt die Worte wie Hammerschläge.   (empfinden)
5. Führen Sie den nächsten Mann ins Zimmer!   (hereinschicken)
6. Göllinger verwendete seine Fleischmarken im Gasthaus „zur Post".   (einlösen)

D. *Expand each sentence by inserting the phrase in parentheses.*

MODEL   Ich stehe auf.   (um acht Uhr)
        Ich stehe um acht Uhr auf.

1. Udo ruft den Direktor an.   (mit verstellter Stimme)
2. Bessi sprang empor.   (noch einmal am Wagenfenster)
3. Göllinger stand auf.   (blitzschnell)

E. *Use the words provided to form a sentence using a command.*

MODEL   Bessi/herkommen/sofort
        Bessi, komm sofort her!

1. Frau Wirtin/anrufen/Sie/sofort/die Gestapo
2. Herr Lehmann/zumachen/Sie/die Tür
3. Bessi/zertrampeln/nicht/das Tulpenbeet
4. Herr Frühwirth/anrufen/heute/ihre Frau

F. *Supply the appropriate reflexive pronoun.*

1. Ich kaufe _____ einen neuen Wagen. **2.** Wir fragen _____, warum es so ist. **3.** Ich fühle _____ heute nicht wohl. **4.** Interessierst du _____ für alte Autos? **5.** Wo haben Sie _____ erkältet? **6.** Wann hast du _____ ein Fahrrad gekauft? **7.** Er freut _____ auf die Reise. **8.** Setzen Sie _____ hin, Fräulein Schwarz! **9.** Setz _____ hin, Fritz! **10.** Ihr verteidigt _____ gut.

G. *Restate each sentence using the subject in parentheses.*

1. Sie freut sich auf Bessi. (wir)
2. Er versteckt sich hinter der Zeitung. (ich)
3. Ihr begeistert euch für die Schweiz. (du)
4. Kümmere dich nicht um mich! (Sie)
5. Rühren Sie sich nicht! (Fritz)
6. Wir entschuldigen uns. (ich)

H. *Use **selbst** for the phrase in boldface and insert it into the appropriate place in the German sentence.*

1. (*Bessi had run home* **all by herself**.) Bessi war heimgelaufen.
2. (**Even** *we did not know where Bessi was*.) Wir wußten nicht, wo Bessi war.
3. (**Even** *I have nothing to say*.) Ich habe nichts zu sagen.
4. (*I did it* **myself**.) Ich habe es gemacht.

I. *Supply the appropriate German reflexive or nonreflexive verb for the English equivalent in boldface.*

1. (*I often* **think** *about my job*.) Ich _____ oft an meine Arbeit.
2. (*It's just as you* **imagine** *it*.) Es ist genau so, wie Sie es _____.
3. (*May I* **remind** *you of your promise?*) Darf ich Sie an Ihr Versprechen _____?
4. (*We're* **looking forward** *to going fishing*.) Wir _____ schon aufs Angeln.
5. (**Put** *the chair in the corner*.) _____ Sie den Stuhl in die Ecke!
6. (*Don't* **pretend** *to be stupid!*) _____ nicht so dumm!

J. *Supply the proper accusative or dative form of the reflexive pronoun.*

1. Ich kaufe _____ heute einen neuen Schlafsack. **2.** Ich habe _____ schon immer für die Schweizer Berge begeistert. **3.** Kaufst du _____ auch einen neuen Rucksack? **4.** Freust du _____ schon auf das Schlafen unter den Sternen? **5.** Wir stellen _____ eine Bergtour in der Schweiz sehr schön vor. **6.** Wir stellen _____ unseren neuen Freunden vor.

K. *Select the words that best complete the sentence.*

1. Es befanden _____ nur wenige _____ im Gastzimmer.
    - uns
    - sich
    - dich

    - Feierabende
    - Arbeiter
    - Seehunde
2. Hinter der _____ wusch die Wirtin einige Gläser _____.
    - Hornbrille
    - Theke
    - Nacht

    - zurück
    - ab
    - zer

3. Bei dem _____ an ein Glas Bier wurden seine _____ schneller.
        Gedanken   Schüsse
        Krieg   Schritte
        Augenblick   Maschinen

4. Der Herr mit der _____ war ein _____ der Gestapo.
        Hornbrille   Arbeiter
        Woche   Beamter
        Nachtschicht Werkmeister

5. War es der _____ im Zimmer? Göllinger mußte sich die _____ reiben.
        Teller   Mahlzeit
        Rauch   Gabel
        Weltkrieg   Augen

6. Er hatte _____. Er ließ das Messer auf dem Tellerrand _____.
        Glück   liegen
        Pech   atmen
        Sitten   spielen

L. FREE RESPONSE: „Kulturschock" — **Was macht man bei uns in Amerika?** *Each of the following statements describes what is considered "typical" German behavior or good German etiquette.*[1] *In your own words, contrast it with what you consider "typical" American behavior.*

1. Bei uns in Deutschland ißt man immer mit der Gabel in der linken Hand und dem Messer in der rechten Hand.
2. Bei uns in Deutschland, wenn man mit einer Frau in ein Restaurant geht, geht der Mann vor der Frau durch die Eingangstür.
3. Bei uns in Deutschland gibt der Herr nie zuerst der Dame die Hand, und die jüngere Person nie zuerst der Älteren.
4. Bei uns in Deutschland bringt man der Hausfrau Blumen, wenn man zum Essen eingeladen ist.
5. Bei uns in Deutschland darf man sich in einem Restaurant zu anderen Leuten an den Tisch setzen, wenn kein Platz mehr frei ist.
6. Bei uns in Deutschland sagt man „du" nur zu sehr guten Freunden und nennt nur sehr gute Freunde beim Vornamen.
7. Bei uns in Deutschland darf man bei einer Einladung zu essen anfangen, sobald der Teller gefüllt ist. Man wartet nicht, bis jedermann bedient ist und bis die Gastgeberin anfängt.
8. Bei uns in Deutschland sagt man nicht nur „Hallo" am Telefon, sondern man meldet sich immer mit vollem Namen: „Hier Liselotte Schwarzkopf. Ist Frau Lehmann zu sprechen?"

---

[1] REFERENCE: *Der gute Ton*, Falken Bücherei, 1971.

KAPITEL 8

PERFECT TENSES

REDEWENDUNGEN

Wenn es so weitergeht …	If it continues this way …
Wenn es schief geht …	If things go wrong …
im Gegenteil	on the contrary
Die Sache steht ernst.	The matter is serious.
Und ob!	And how!
erst	only, not until

UMWELTVERSCHMUTZUNG: OFT DISKUTIERT, OFT IGNORIERT

HARALD Sag' einmal, wo bist du gestern gewesen? Wir haben zweimal bei dir angerufen, aber es hat sich niemand gemeldet.

KARIN Gestern? Da war ich in München. Ich bin erst heute mittag zurückgekommen.

HARALD Bist du mit dem Auto gefahren?

KARIN Mit dem Auto? Allein? Du hast wohl noch nichts von der derzeitigen Energiekrise gehört. Es ist Zeit, daß wir alle anfangen, Benzin zu sparen.

HARALD Hm, früher hast du oft den Wagen genommen, um dir an der nächsten Ecke ein paar Zigaretten zu kaufen.

KARIN Die Zeiten haben sich eben geändert. Außerdem: In München verpesten schon genug andere die Luft. Wenn es so weitergeht, müssen unsere Enkelkinder beim Spielen eine Gasmaske tragen.

HARALD Glaubst du nicht, daß unsere Presse das Problem der Umweltverschmutzung in letzter Zeit etwas übertrieben hat?

KARIN Im Gegenteil, sie hat uns zu lange verschwiegen, wie ernst die Sache steht. Dabei hat unsere Regierung schon lange von dieser Krise gewußt, ehe man überhaupt von ihr sprach.

HARALD Krise? Was haben wir bisher verspürt? Ein bißchen zuviel Rauch, zuviel Lärm. Es hat schon schlimmere Krisen in der Weltgeschichte gegeben.

KARIN   Und daß manche deutsche Großstädte durch den Industrierauch 20 Prozent des Sonnenlichts verloren haben — das ist keine Krise?

HARALD   20 Prozent? Davon hat mir noch niemand erzählt.

KARIN   Hast du dir schon einmal überlegt, was es heißt, wenn ein Sechsjähriger täglich neun Zigaretten rauchen muß?

HARALD   Wir haben von der Umweltverschmutzung gesprochen, nicht von Dummen-Jungen Streichen.

KARIN   Wir sprechen von der Umweltverschmutzung. Kürzlich hat man herausgefunden, daß in manchen Industriegebieten Deutschlands unsere Sechsjährigen soviel Giftstoffe einatmen müssen, wie sie in neun Zigaretten enthalten sind.

HARALD   Hat man auch untersucht, ob sie davon wirklich krank werden?

KARIN   Und ob! Es hat sich gezeigt, daß Kinder in diesen Gebieten doppelt so häufig an Asthma und Bronchialerkrankungen leiden wie anderswo.

HARALD   Von welchen Gebieten sprechen wir?

KARIN   Zum Beispiel vom Ruhrgebiet. Vielleicht hast du schon den makabren Ausspruch gehört, der von dort stammen soll: „Einmal tief Luft holen und dreimal kurz husten, dann hat man ein Stück Kohle in der Hand."

HARALD   Zugegeben, das sind Probleme, die Industriegebiete in der ganzen Welt seit Generationen geplagt haben. Wir können deswegen unsere Fabriken und Autos nicht einfach abschaffen. Und vergiß nicht: Die Industrien haben vielen Menschen Arbeit und uns allen einen höheren Lebensstandard gebracht. Der Rauch, der Schmutz — dies ist leider der Preis, den man für den Fortschritt zahlen muß.

KARIN   Aber unser vielgepriesene Fortschritt beginnt nun sogar, unsere eigene Vergangenheit zu vernichten.

HARALD   Was meinst du damit?

KARIN   Hast du nicht gelesen, was mit dem Kölner Dom passiert?

HARALD   Nein. Was ist geschehen?

KARIN   Man hat festgestellt, daß er zerbröckelt. Die giftigen Gase, die unsere Fabriken und Autos abgeben, zersetzen den Stein. Die Mauern sind durch die Luftverschmutzung schon ganz schwarz geworden.

HARALD   Hat man schon etwas dagegen unternommen?

KARIN   Ja, 50 Maurer wechseln täglich die schadhaften Steine aus. Und trotzdem sind bisher alle Versuche gescheitert, diese „Steinpest" aufzuhalten.

HARALD   „Steinpest" — hast du diesen aufregenden Namen erfunden?

KARIN   Nein, aber er ist keine Übertreibung. Schwefel- und Kohlendioxyd — etwa 20 Millionen Tonnen pro Jahr in der Bundesrepublik — zernagen tatsächlich unsere alten Kirchen, Schlösser und Denkmäler. Und nicht nur die alten.

HARALD   Willst du vielleicht behaupten, daß auch neue Gebäude wegen schlechter Luft zusammenfallen?

KARIN   Noch nicht, aber das kommt noch. Im Münchner Olympiadorf hat man solche Schäden bereits an Stahlbetonbauten festgestellt. Und die hatte man erst kurz vor 1972 gebaut!

HARALD   Hat die Regierung nicht bereits Anti-Schmutz und Anti-Lärmgesetze entworfen?

KARIN   Gott sei Dank haben unsere Abgeordneten endlich erkannt, daß solche Gesetze nötig sind. Aber man hat fast zulange damit gewartet. Wichtig sind auch andere Maßnahmen, die zum Umweltschutz gehören.

HARALD   Woran denkst du dabei?

KARIN   Zum Beispiel an die Aktion „Grünes Hamburg", wo man alle jungen Ehepaare aufgefordert hatte, einen jungen Baum zu pflanzen. Oder an die vielen Fußgängerzonen, die man in den letzten Jahren in München, Hannover und anderen deutschen Städten angelegt hat. Die Säuberung einiger Flüsse im Ruhrgebiet, mit der man jetzt begonnen hat, gibt mir auch Hoffnung.

HARALD   Glaubst du, daß der Umweltschutz Erfolg haben wird?

KARIN   Wir haben keine Wahl, wenn wir unseren Enkelkindern das wünschen, was wir noch teilweise gehabt haben: nämlich gute Luft, sauberes Wasser und grüne Wälder.

HARALD   Und wenn's mit dem Umweltschutz schief geht? Was dann?

KARIN   Dann darf sich die nächste Generation aussuchen, ob sie lieber an Schwefeldioxyd oder Kohlenmonoxyd zugrundegehen will.

HARALD   Welch großartige Alternative ... Ich habe eben tief eingeatmet. Wer weiß, wie lange man das noch ohne Gefahr tun kann.

FRAGEN

1. Warum hat sich Karin gestern nicht am Telefon gemeldet? 2. Was müssen unsere Enkel vielleicht tun? 3. Was sagt Karin über manche deutsche Großstädte und ihren Industrierauch? 4. Was hat man in manchen Industriegebieten Deutschlands herausgefunden? 5. Wie denkt Harald über die Industrie, den Rauch und den Schmutz? 6. Was ist mit dem Kölner Dom passiert? 7. Wie versucht man die „Steinpest" aufzuhalten? 8. Was tut die deutsche Regierung gegen den Lärm und den Schmutz? 9. Welche andere Maßnahmen helfen dem Umweltschutz? 10. Was darf sich die nächste Generation aussuchen?

GRAMMATIK

German has two past tenses in addition to the simple past: the present perfect and the past perfect.

The present perfect tense is often used in German where the past tense is used in English to indicate past action.

Er **hat** mich gestern **angerufen**.	(He *called* me up yesterday.)
Was **haben** Sie zum Frühstück **gegessen**?	(What *did* you *eat* for breakfast?)
Kolumbus **hat** Amerika **entdeckt**.	(Columbus *discovered* America.)

For all practical purposes, the German simple past and present perfect tenses may be used interchangeably. By and large, however, most German speakers tend to use the past tense for formal, literary communication and the present perfect for conversation.

The past perfect tense is used to indicate an action in the past that precedes another past action. This tense does not occur very frequently.

Ich **hatte** den Brief schon **geschrieben**, als sie kam.	(I *had* already *written* the letter when she came.)
Er studierte in Berlin, nachdem er zwei Semester in Frankfurt **verbracht hatte**.	(He studied in Berlin after he *had spent* two semesters in Frankfurt.)

As in English, German verbs form the *present* perfect tense with the *present* tense of an auxiliary verb (**haben** or **sein**[1]) and the past participle of the main verb. The *past* perfect tense is formed by using the *past* tense of the auxiliary verb and the past participle of the main verb. The form of the auxiliary verb in both tenses changes according to person or number; the past participle remains unchanged.

For discussion of the future perfect tense, see Chapter 14.

PAST PARTICIPLE FORMATION

1. Type I Verbs   Type I verbs form their past participle by adding the prefix **ge-** and the ending **-t** to the stem of the verb.

INFINITIVE	PAST PARTICIPLE		
lach en	ge lach t	Ich habe **gelacht**.	(I laughed.)
lern en	ge lern t	Er hatte **gelernt**.	(He had learned.)

If the stem ends in **-d** or **-t** or in a consonant cluster containing an **-n** or **-m**, the ending is expanded to **-et** to make the past participle pronounceable.

bad en	gebadet	Wir haben **gebadet**.	(We've bathed.)
arbeit en	gearbeitet	Sie hat **gearbeitet**.	(She worked.)
regn en	geregnet	Es hat **geregnet**.	(It rained.)
atm en	geatmet	Sie hat schwer **geatmet**.	(She breathed heavily.)

Verbs with an infinitive ending in **-ieren** do not add the prefix **ge-**.

studier en	studiert	Hast du **studiert**?	(Have you studied?)

2. Type II Verbs   The past participle of Type II verbs begins with the prefix **ge-** but has an **-en** ending. Usually, the stem undergoes a vowel change (and occasionally a consonant change).

INFINITIVE	PAST PARTICIPLE		
sing en	gesungen	Er hat **gesungen**.	(He has sung.)
schreib en	geschrieben	Wir haben es **geschrieben**.	(We've written it.)
nehm en	genommen	Du hast es **genommen**.	(You took it.)
steh en	gestanden	Sie haben **gestanden**.	(They stood.)
ess en	gegessen	Sie hat **gegessen**.	(She's eaten.)
schlaf en	geschlafen	Haben Sie **geschlafen**?	(Did you sleep?)

---

[1] Verbs that require the auxiliary verb **sein** in forming the perfect tenses are discussed in Chapter 9.

3. Mixed Verbs The past participle of mixed verbs combines features of both Type I and Type II verbs: it has a **ge-** prefix; it changes its stem (like Type II verbs); and it has a **-t** ending (like Type I verbs).

INFINITIVE	PAST PARTICIPLE		
bring en	gebracht	Wir haben es **gebracht**.	(We brought it.)
denk en	gedacht	Er hat **gedacht**.	(He thought.)
wiss en	gewußt	Ich habe es **gewußt**.	(I knew it.)

The past participle completes the verbal idea of a sentence. It comes in the second-prong position at the end of a main clause.

Hast du noch nicht von der derzeitigen Energiekrise **gehört**?	(Haven't you *heard* of the current energy crisis yet?)

PRINCIPAL PARTS

The principal parts of a German verb are the infinitive, the simple past tense form, and the past participle: **singen, sang, gesungen** (sing, sang, sung). Other verb forms can be derived from these three parts: **er singt, wir sangen, ihr habt gesungen.**

Vocabularies and dictionaries usually list only the infinitive and the vowel changes that occur in the past and past participle of Type II verbs:[2] **singen, a, u**. A vowel change in the second- and third-person singular of the present tense is usually indicated either in parentheses after the infinitive or after a semicolon: **sprechen** (*i*), *a*, *o* or **sprechen,** *a*, *o*; *i*.

Present	Er spricht.	(He speaks.)
Past	Er sprach.	(He spoke.)
Present Perfect	Er hat gesprochen.	(He has spoken.)

COMMON VOWEL PATTERNS

The best way to learn the forms of a Type II verb is to learn the vowel pattern into which it falls. The vast majority of Type II verbs fall into one of the following five patterns.

---

[2] Only the infinitive of Type I verbs is listed since they never change the stem and follow a regular ending pattern.

PATTERN	INFINI-TIVE	PAST	PAST PARTICIPLE	EXAMPLE
1a	a	ie	a	schlafen, schlief, geschlafen (to sleep)
b	a	u	a	tragen, trug, getragen (to carry)
2a	e	a	e	geben, gab, gegeben (to give)
b	e	a	o	helfen, half, geholfen (to help)
3a	ei	ie	ie	schreiben, schrieb, geschrieben (to write)
b	ei	i	i	beißen, biß, gebissen (to bite)
4	ie	o	o	schließen, schloß, geschlossen (to close)
5a	i	a	u	finden, fand, gefunden (to find)
b	i	a	o	beginnen, begann, begonnen (to begin)

1. *a → ie → a or a → u → a*[3] It cannot be predicted whether the vowel change in the past will be to **ie** or to **u**. Verbs in this group change change **a** to **ä** in the second- and third-persons singular of the present tense: **er schläft, du trägst, sie läuft, es fängt.**

2. *e → a → e or e → a → o* When the stem vowel is followed by **l**, **m**, or **r**,[4] the past participle vowel is **o**. In all other cases it is **e**.

    nehmen, nahm, genommen   (to take)
    werfen, warf, geworfen   (to throw)
    lesen, las, gelesen   (to read)
    sehen, sah, gesehen   (to see)

Verbs in this group change **e** to **i** or **ie** in the second- and third-person singular of the present tense and in the familiar imperative: **du nimmst, er liest, gib mir!**

3. *ei → ie → ie or ei → i → i* When the stem vowel is followed by **d**, **t**, **f**, or **ß** (which become **tt**, **ff**, and **ss** in the past), the past tense vowel is **i**.

    schneiden, schnitt, geschnitten   (to cut)
    reiten, ritt, geritten   (to ride)
    greifen, griff, gegriffen   (to grab, seize)
    reißen, riß, gerissen   (to tear)

---

[3] **Laufen, lief, gelaufen** (to run) and **fangen, fing, gefangen** (to catch) also belong in this category. **Fangen** is the only verb that changes to **i** rather than **ie**.

[4] The **r** may also *precede* the stem vowel: **brechen, brach, gebrochen** (to break); **treffen, traf, getroffen** (to meet).

Before all other consonants the stem vowel changes to **ie**. Spelling and pronunciation must be watched carefully to distinguish between present (**wir bleiben**) and past (**wir blieben**).

4. *ie → o → o*   One common verb in this group also undergoes a change of consonant.

    ziehen, zog, gezogen   (to pull, move)

5. *i → a → u or i → a → o*   An **mm** or **nn** in the stem is always preceded by **o** in the past participle. All other verbs in this group have **-nd** or **-ng** in the stem and **u** in the past participle.

    schwimmen, schwamm, geschwommen   (to swim)
    gewinnen, gewann, gewonnen   (to win)
    binden, band, gebunden   (to bind)
    singen, sang, gesungen   (to sing)

IRREGULAR VERBS

Some common verbs do not conform to any of the vowel patterns. They include the two auxiliary verbs **sein** and **werden**, the mixed verbs, the modals, and a few others. These verb forms must be memorized. The twelve most common irregular verbs (excluding auxiliaries, modals,[5] and mixed) are the following.

INFINITIVE	PAST	PAST PARTICIPLE	
bitten	bat	gebeten	(to ask, request)
gehen	ging	gegangen	(to go)
heben	hob	gehoben	(to raise, lift)
heißen	hieß	geheißen	(to be called)
kommen	kam	gekommen	(to come)
liegen	lag	gelegen	(to lie [recline])
lügen	log	gelogen	(to lie [tell a falsehood])
rufen	rief	gerufen	(to call, shout)
sitzen	saß	gesessen	(to sit)
stehen	stand	gestanden	(to stand)
stoßen (stößt)	stieß	gestoßen	(to push)
tun	tat	getan	(to do)

---

[5] For all tenses of the modals, see Chapter 9.

VERBS WITH DUAL FORMS

Some verbs can form their past tenses like either Type I or Type II verbs. These can be divided into three categories, depending on whether there is:

1. No Change in Meaning Between the Two Forms. In the following examples, the form in brackets is less common.

    hauen, haute [hieb], gehaut [gehauen]   (to hit)
    senden, sandte [sendete], gesandt [gesendet]   (to send)
    wenden, wendete [wandte], gewendet [gewandt]   (to turn)

2. A Similar Meaning for Both Forms. These verbs are like Type I when transitive (with a direct object) and like Type II when intransitive (without a direct object).

TYPE I	TYPE II
erschrecken (to frighten)	erschrecken (to be frightened)
Er **erschreckt** mich. Er **erschreckte** mich. Er hat mich **erschreckt**. (He frightens me.)	Er **erschrickt**. Er **erschrak**. Er war **erschrocken**. (He's frightened.)
hängen (to hang)[6]	hängen (to hang)
Ich **hängte** [*or* habe ... **gehängt**] den Mantel an den Haken. (I hung the coat on the hook.)	Der Mantel **hing** [*or* hat ... **gehangen**] am Haken. (The coat hung on the hook.)

3. A Different Meaning for Each Form.

TYPE I	TYPE II
schaffen, schaffte, geschafft (to work hard; to get something done)	schaffen, schuf, geschaffen (to create)
Wir **schafften** [*or* haben ... **geschafft**] Tag und Nacht. (We worked hard day and night.)	Am Anfang **schuf** [*or* hat ... **geschaffen**] Gott den Himmel und die Erde. (In the beginning God created heaven and earth.)
wiegen, wiegte, gewiegt (to rock, cradle)	wiegen, wog, gewogen (to weigh)
Sie **wiegte** [*or* hat ... **gewiegt**] das Kind in den Armen. (She rocked the child in her arms.)	Das Kind **wog** [*or* hat ... **gewogen**] acht Pfund. (The child weighed eight pounds.)

---

[6] English also has two forms in the past and in the past participle: The picture was *hung* on the wall; The condemned man was *hanged*.

COMPOUND VERBS

Compound verbs always follow the vowel pattern of the stem verb in forming the past tenses. However, some special features should be noted.

1. Inseparable Prefixes A verb with an inseparable prefix does not use **ge-** in forming the past participle.

bekommen	Ich habe den Brief **bekommen**.	(I've received the letter.)
empfehlen	Er hat es uns **empfohlen**.	(He recommended it to us.)
entlassen	Wir haben ihn **entlassen**.	(We've dismissed him.)
erzählen	Niemand hat mir davon **erzählt**.	(No one told me about it.)
gehören	Das Buch hat ihm **gehört**.	(The book belonged to him.)
mißlingen	Der Versuch ist **mißlungen**.	(The experiment has failed.)
verstehen	Hast du mich **verstanden**?	(Did you understand me?)
zersetzen	Das Kohlendioxyd hat den Stein **zersetzt**.	(The carbon dioxide decomposed the stone.)

2. Separable Prefixes A verb with a separable prefix inserts **-ge-** between the prefix and the stem of the past participle.

abnehmen	Er hat den Hut **ab**_ge_**nommen**.	(He took off his hat.)
anfangen	Wir haben um 8 Uhr **an**_ge_**fangen**.	(We started at 8 o'clock.)
einatmen	Ich habe tief **ein**_ge_**atmet**.	(I breathed in deeply.)

3. Two-Way Prefixes The following prefixes may be either separable or inseparable.

durch-	um-	voll-
über-	unter-	wieder-

If the prefix is separable, it is stressed; if it is inseparable, it is not stressed. In the examples below, the stressed part of the verb is underlined.

SEPARABLE
Der Zug **fährt** hier **durch**. (The train passes through here.)
Die Sonne **geht** im Westen **unter**. (The sun sets in the west.)

INSEPARABLE
Ein Schrecken **durchfährt** ihn. (A fear passes through him.)
Wir **untersuchten** die Frage. (We investigated the question.)

If the prefix is separable, **-ge-** is inserted between the prefix and the stem of the past participle; if the prefix is inseparable, the past participle has no **ge-**.

SEPARABLE	INSEPARABLE
Sie hat sich **umgedreht**. (She turned around.)	Die Presse hat das Problem **übertrieben**. (The press exaggerated the problem.)
Ich habe das Glas **vollgefüllt**. (I filled the glass completely.)	Er hat ein großes Werk **vollbracht**. (He accomplished a great work.)
Der Hund hat den Stock **wiedergeholt**. (The dog brought the stick back.)	Der Schüler hat den Satz **wiederholt**. (The pupil repeated the sentence.)

Note that in the case of separable prefixes, the verb generally preserves the literal meaning of both the prefix and the stem; in the case of inseparable prefixes, the verb's connotation is often figurative or abstract.[7]

4. Double Prefixes A few verbs have two prefixes—one separable and the other inseparable. If the *inseparable* prefix comes *first*, it is *unstressed*. No **ge-** is used in the past participle.

sich verabschieden	(to say goodbye)
Ich **verabschiede** mich von ihr.	(I'm saying goodbye to her.)
Ich habe mich von ihr **verabschiedet**.	(I said goodbye to her.)

If the *separable* prefix comes *first*, it is *stressed* and moves to the second-prong predicate position at the end of the clause in the present tense and in the past tenses. Unlike other verbs with separable prefixes, however, it has no **-ge-** in the past participle.

anvertrauen	(to entrust)
Er **vertraut** mir sein Geheimnis **an**.	(He entrusts his secret to me.)
Er hat mir sein Geheimnis **anvertraut**.	(He entrusted his secret to me.)

5. Her and hin **Her** and **hin** are special adverbs that are often used in compound verbs as directional indicators. **Her** indicates movement toward the scene of action, **hin** away from it.[8]

---

[7] A similar phenomenon exists in English, for example, "to look something over" (to inspect it) and "to overlook something" (not to notice it).

[8] **Hier** (here) and **dort** (there) cannot be used for **her** and **hin**. They are position indicators and refer to the place where an action occurs; they cannot indicate motion or direction.

5.1 **Her** and **hin** function like separable prefixes when they are combined with verbs.

herkommen (to come here; to come from) Er kommt **her**.	(He comes *here* [toward this place].)
hingehen (to go there) Er geht **hin**.	(He goes *there* [away from this place].)
Wo kommen Sie **her**? *or* **Woher** kommen Sie?	(Where do you come *from*?)
Wo gehen Sie **hin**? *or* **Wohin** gehen Sie?	(Where are you going [*to*]?)

In the past participle, **-ge-** is inserted between the prefix and the stem.[9]

Er hat das Buch **hergebracht**.	(He *brought* the book *here* [toward me].)
Sie hat ihn **hingebracht**.	(She *brought* him *there* [away from me].)

5.2 **Her** and **hin** may also be combined with other adverbs or prepositions to form verbs with double separable prefixes: **hereinkommen** (to come in); **hinausgehen** (to go out). The choice of **her** or **hin** depends on the position of the speaker in relation to the action.

heraufsteigen (to climb up) Er stieg die Treppe **herauf**.	(He climbed up the stairs [*toward* the speaker].)
hinaufsteigen (to climb up) Er stieg die Treppe **hinauf**.	(He climbed up the stairs [*away from* the speaker].)

ANWENDUNG

A. *Supply the English equivalent of the italicized verb phrase. Use the simple past or present perfect tense, whichever is more appropriate.*

1. Wo *bist du* gestern *gewesen?* **2.** Früher *hast du* oft den Wagen *genommen*. **3.** *Wir haben* zweimal bei dir *angerufen*. **4.** *Die Zeiten haben sich geändert*. **5.** *Ich habe* schon lange davon *gewußt*. **6.** *Niemand hat* mir davon *erzählt*. **7.** *Hat man* die Frage *untersucht?* **8.** *Wir haben* von der Luftpest *gesprochen*.

---

[9] Many compounds with **her** and **hin** are verbs of motion; when they are, they use the helping verb **sein** in the perfect tenses (*see* Chapter 9).

B. *Restate each sentence in the (a) simple past, (b) present perfect, and (c) past perfect tenses.*

1. Es steht in der Zeitung.   2. Ich verstehe Sie nicht.   3. Ich fange um acht Uhr an.
4. Er legt das Futter in die Schale.   5. Er zerlegt das Fleisch in kleine Stücke.
6. Sie ignorieren das Problem.

C. *Supply the missing principal parts.*

Infinitive	**Er** form	Simple past	Past participle
1. kommen	_____	_____	_____
2. _____	spricht	_____	_____
3. studieren	_____	_____	_____
4. _____	_____	sah	_____
5. ansehen	_____	_____	_____
6. _____	besieht	_____	_____
7. _____	_____	brachte mit	_____
8. _____	_____	_____	gebracht
9. _____	_____	_____	aufgesprungen
10. springen	_____	_____	_____

D. *Restate each sentence changing the verb from the present perfect to the past tense.*

1. Irmgard hat den Hund abgegeben.   2. Herr Lehmann hat den Hund fortgeschickt.   3. Bessi hat das Tulpenbeet zertrampelt.   4. Herr Göllinger hat sich hinter der Zeitung versteckt.   5. Er hat die gute Bergluft eingeatmet.

E. *Restate each sentence using the present perfect tense.*

1. Sie bucht fast jeden Flug bei uns.   2. Er bezahlt immer sofort seine Flugkarten.
3. Wir wissen die Lösung.   4. Es gibt keinen Zweifel mehr.   5. Er verbringt jeden Sonntag im Zoo.   6. Ich arbeite jeden Samstag.   7. Der Seehund unterbricht sein Schwimmen.   8. Er versteht nichts von Zoologie.   9. Ich akzeptiere diese Erklärung.   10. Man stimmt in allen Kantonen der Schweiz demokratisch ab.

F. *Restate each sentence using the past perfect tense.*

1. Er antwortet mit einem Lächeln.   2. Ich habe meine Fleischmarken schon eingelöst.   3. Sie hat die Teller abgewaschen.   4. Was werfen Sie den Schweizern vor?   5. Der Arzt hat die Rekruten untersucht.   6. Wir haben das Restaurant schnell verlassen.   7. Wir spielen Karten.   8. Was haben Sie von mir gedacht?

G. *Give the infinitive and the English equivalent of the verb in italics. (Do not use them in a sentence.)*

1. Wo hast du das Benzin *gefunden*? **2.** Wer hat das Telefon *erfunden*? **3.** Er hat den Weg vom Dom *zurückgefunden*.

H. *Complete the sentences by using the correct form of the verbs from the list below.*

zeigen	bringen	passieren	husten
lesen	verlieren	bauen	erkennen
einatmen	rennen	wissen	hören

1. Hast du nicht _____, was mit dem Kölner Dom _____ ist? (*read, happened*)
2. Das Olympiadorf hat man erst vor ein paar Jahren _____. (*built*)
3. Die Abgeordneten haben endlich die Gefahr _____. (*recognized*)
4. Es hat sich _____, daß er recht hatte. (*showed*)
5. Die Industrie hat uns einen höheren Lebensstandard _____. (*brought*)
6. Jedes Mal, wenn er tief _____ hat, hat er _____. (*breathed, coughed*)

I. *Supply* **hin** *or* **her** *to make a meaningful sentence.*

1. Wo gehen Sie heute _____? **2.** Wo_____ kommen Sie? **3.** Der Seehund schwimmt gern im Becken _____ und _____. **4.** Kommen Sie bitte die Treppe _____ auf! **5.** Wann haben Sie das Geld zur Bank _____ gebracht? **6.** Wo_____ fahren Sie diesen Sommer?

J. *Complete the sentence with one of the cue words.*

1. Heute sprechen wir zum _____ von den _____, die uns _____ auf die

        Erfolg   Maßnahmen   Gift
        Beispiel   Bäumen   Ehepaare
        Schutz   Wäldern   Hoffnung

_____ der Umwelt geben.

Gesetze
Säuberung
Schmutz

2. _____ hat man endlich _____, daß solche _____ zum Schutz der Umwelt

Danke schön   erkannt   Streiche
Gott sei Dank   verloren   Krisen
Grüß Gott   zerstört   Gesetze

_____ sind.

nötig
deswegen
zernagt

3. Der Kampf für den _____ wird heute nicht mehr _____ wie in der

   Umweltschutz   passiert
   Schmutz   diskutiert
   Lärm   ignoriert

_____.

Zukunft
Vergangenheit
Presse

4. Deswegen wird die _____ „Umweltschutz" _____ haben.

   Krise   Wahl
   Aktion   Erfolg
   Gasmaske   Rauch

K. FREE RESPONSE: **Umweltverschmutzung: Vorteile und Nachteile des modernen Lebens.** *In one or two sentences state the advantages and disadvantages of each of the following aspects of modern life.*

1. das Auto **2.** das Düsenflugzeug (*jet*) **3.** die Waschmaschine **4.** die Antibabypille **5.** das Telefon **6.** das Fernsehen **7.** die Kernforschung (*nuclear research*) **8.** Herzverpflanzung (*heart transplantation*)

KAPITEL 9

AUXILIARIES: HABEN VS. SEIN; MODALS

Hans Sigg fragt:
Was ist mit den Jungen los?

Vom Bürogehilfen habe ich mich zum Buchhalter hochgeschuftet...

...4 Jahre später hatte ich die Prokura...

...mit 30 habe ich die Firma übernommen...

...die Familie vernachlässigt, nie Ferien gemacht...

...für Muse und höhere Werte nie Zeit gehabt...

...bin eigentlich am Leben vorbeigegangen...

...mit 51 den ersten Herzinfarkt...

...mit 58 den zweiten Herzinfarkt...

...und nun sagt mir mein Sohn, der Lümmel, er wolle nicht in meine Fussstapfen treten!

REDEWENDUNGEN

etwas gern haben	to like something
Du hast recht.	You're right.
Das hat Zeit.	This can wait.
Das kann einen verrückt machen.	That can drive a person crazy.
Wie spät ist es?	What time is it?
Wir können es schaffen.	We can make it.
Angst haben	to be afraid
es eilig haben	to be in a hurry
in Ruhe lassen	to let alone
jemand anständig seine Meinung sagen	to give someone a piece of one's mind
Du kannst dich darauf verlassen.	You can count on that.

OH, DIESE JUNGEN LEUTE!

HERR RÖSLER (*steht ungeduldig bei der Tür*) Gerda, bist du fertig? Wir haben nicht mehr viel Zeit. In 20 Minuten sollen wir bei Wertheims sein.

FRAU RÖSLER Ja, gleich. Gib' mir noch zwei Minuten. Ich muß noch schnell Ulrike anrufen.

HERR RÖSLER Kannst du das nicht morgen machen? Erinnere dich, letztes Mal haben wir auch pünktlich sein wollen; und dann sind wir eine halbe Stunde zu spät gekommen. Du weißt doch, Wertheims haben es nicht gern, wenn sie mit dem Essen warten müssen.

FRAU RÖSLER Du hast recht. Das hat eigentlich bis morgen Zeit. Gut, dann können wir gehen.
(*Sie verlassen das Haus und gehen zu ihrem Auto, das zwischen zwei Volkswagen steht.*)

HERR RÖSLER (*ärgerlich*) Na, viel Platz haben uns die Kerle nicht gelassen. Warum müssen die Leute immer so nahe heranfahren? Wie soll man da hinauskommen? Wer so parkt, muß wohl blind gewesen sein.

FRAU RÖSLER Komm', Ernst, ärgere dich nicht. Daran kannst du jetzt nichts ändern.

HERR RÖSLER	(*startet das Auto, muß mehrmals vorwärts und rückwärts fahren, um aus der Parklücke herauszukommen*) Das kann einen verrückt machen. Wie spät hast du es jetzt?
FRAU RÖSLER	Nach meiner Uhr ist es 17 Minuten vor sieben.
HERR RÖSLER	Na, vielleicht können wir es noch schaffen. Ich möchte doch, daß wir heute pünktlich sind.
FRAU RÖSLER	Ja, ich mag es auch nicht, wenn die Gäste zum Essen zu spät kommen. Aber bitte fahr' nicht zu schnell. Es ist heute eisig und glatt. Denk' daran, was deinem Bruder bei einem solchen Wetter passiert ist.
HERR RÖSLER	Das darfst du nicht vergleichen: Er ist damals nicht zu schnell gefahren, sondern am Steuer eingeschlafen. (*schaut in den Rückspiegel*) Das sollte man verbieten. So eine Rücksichtslosigkeit.
FRAU RÖSLER	Was hast du denn? Was ist geschehen?
HERR RÖSLER	Na, kannst du es nicht sehen? Merkst du nicht, wie nahe der VW hinter uns nachfährt?
FRAU RÖSLER	(*dreht sich um*) Ach, ja, daß der keine Angst hat, uns anzufahren?
HERR RÖSLER	Anscheinend nicht. Das ist bestimmt wieder einer von diesen jungen Leuten. Die glauben ja, sie dürfen alles tun.
FRAU RÖSLER	Ja, die jungen Leute haben es immer eilig. Sie wollen schnell leben, gut leben.
HERR RÖSLER	(*gibt Gas und fährt schneller*) Ist das nicht eine Frechheit! Dieser Kerl will uns nicht in Ruhe lassen. Er fährt noch immer so knapp hinter uns.
FRAU RÖSLER	Ach, bitte halt' doch an. Das hat doch keinen Sinn, daß wir uns von diesem Kerl belästigen lassen. Sag' ihm anständig deine Meinung.
HERR RÖSLER	Darauf kannst du dich verlassen. Das will ich auch tun. Man muß ja nicht alles einstecken. Die heutige Jugend glaubt ohnehin, sie kann tun, was sie will.
FRAU RÖSLER	Du hast ganz recht. Man muß sich nicht alles gefallen lassen.
HERR RÖSLER	(*hält an, schaut nach hinten, kann aber den Fahrer des Volkswagens noch nicht sehen*) Ist das nicht unerhört. Verstecken will er sich auch noch. Das soll ihm aber nichts nützen. (*steigt aus dem Auto und geht zum VW*)

	Also feig sind Sie auch noch. Aber zuerst rücksichts- los sein, ja, das können Sie. Ich werde Sie der Polizei melden, Sie ... (*schaut in den VW und sieht, daß er leer ist*) Nein, nein ... das ist doch nicht möglich ... das kann doch nicht sein ... Wo sind Sie denn? Gerda, komm' schnell! Wo ist denn der Kerl hingelaufen?
FRAU RÖSLER	(*steigt aus dem Auto und sieht, daß der Volkswagen am Anhängerhaken ihres Autos hängt*) Um Gottes willen, Ernst. Hast du das nicht gesehen? Der VW hängt an unserem Wagen. Den hat ja gar niemand gefahren. Wir haben ihn den ganzen Weg mitgeschleppt!
HERR RÖSLER	Wie ist denn das passiert? Das kann doch gar nicht sein, das ...
FRAU RÖSLER	Du, das ist der Wagen, der hinter uns geparkt war. Du hast ihn beim Rückwärtsfahren angehakt.
HERR RÖSLER	Das ist ja furchtbar peinlich. Was sollen wir jetzt tun?
FRAU RÖSLER	Was hast du vorhin gesagt: Wir müssen den Kerl der Polizei melden. Nein, nicht ihn ... uns.

FRAGEN

1. Warum ist Herr Rösler ungeduldig?   2. Was muß Frau Rösler noch tun?   3. Was haben Wertheims nicht gern?   4. Worüber ärgert sich Herr Rösler, als er zu seinem Auto kommt?   5. Worum bittet Frau Rösler ihren Mann?   6. Was ist Röslers Meinung über die jungen Leute?   7. Warum will er dem Kerl seine Meinung sagen?   8. Wo hängt der Volkswagen?   9. Wer hat den Volkswagen gefahren?   10. Was sollen Herr und Frau Rösler am Ende dieser Geschichte tun?

GRAMMATIK

PERFECT TENSES WITH SEIN

Some German verbs form the perfect tenses with the helping verb **sein** (not **haben**) and the past participle of the main verb. The present perfect is formed with the present tense of **sein**, the past perfect with the past tense of **sein**.

| *Present Perfect* | Ich **bin** gekommen. | (I have come.)[1] |
| *Past Perfect* | Er **war** gegangen. | (He had gone.) |

---

[1] Similar usage occurs in English in Biblical formulations: I *am* come.

In both tenses, the past participle is placed at the end of the main clause.

> Er ist schon **weggegangen**.   (He has already left.)
> Er **war** schon **weggegangen**, als ich kam.   (He had already left when I came.)

Sein *must* be used with certain verbs.[2]

1. Verbs of Motion   All verbs of motion use **sein** when they are intransitive (take no direct object). These verbs indicate a change of position.

> kommen   Er **ist** gekommen.   (He has come.)
> gehen   Ich **bin** gegangen.   (I have gone.)
> laufen   Sie **ist** gelaufen.   (She has run.)[3]

Some verbs of motion may take a direct object; when they do, they form the perfect tenses with **haben**.

> Ich **bin** nach Frankfurt **gefahren**.   (I drove to Frankfurt.)
> Ich **habe** *den Wagen* selbst **gefahren**.   (I drove the car myself.)
> Er **war** sehr schnell **gelaufen**.   (He had run very quickly.)
> Er **hatte** *die Meile* in 4 Minuten **gelaufen**.   (He had run the mile in four minutes.)
> Wir **sind** nach Berlin **gezogen**.   (We have moved to Berlin.)
> Das Pferd **hat** *den Wagen* **gezogen**.   (The horse pulled the wagon.)

2. Verbs Showing Change of Condition   Verbs that indicate a change from one state of being to another *and* take no direct object use **sein**.

> werden   Wir **sind** Studenten geworden.   (We have become students.)
> wachsen   Sie **sind** gewachsen.   (They have grown.)
> sterben   Er **ist** gestorben.   (He has died.)
> aufwachen   Ich **bin** plötzlich aufgewacht.   (I suddenly woke up.)
> einschlafen   **Bist** du schnell eingeschlafen?   (Did you fall asleep quickly?)
> verschwinden   Er **ist** verschwunden.   (He has disappeared.)

---

[2] Vocabularies and dictionaries usually indicate such verbs by adding **bin, ist,** or **sein** after the vowels showing the principal parts: **kommen, a, o (ist).**

[3] Be careful not to confuse this form with the English progressive present: He's coming; I'm going; She is running.

If the verb takes a direct object, **haben** must be used.

    Der Schnee **ist** über Nacht **geschmolzen**.   (The snow melted overnight.)
    Die Sonne **hat** *den Schnee* **geschmolzen**.   (The sun melted the snow.)

3. Other Intransitive Verbs A few common intransitive verbs that indicate neither a change of position nor a change of condition use **sein**.[4]

sein	Ich **bin** nie in Köln **gewesen**.	(I've never been to Cologne.)
bleiben	Wir **sind** zwei Tage dort **geblieben**.	(We stayed there for two days.)
gelingen	Das **ist** ihm nicht **gelungen**.	(He didn't succeed.)
geschehen *or* passieren	Was **ist** hier **geschehen**? (**passiert**?)	(What has happened here? [*not*: What *is happening* here?])

4. Compound Verbs Compound verbs use either **haben** or **sein**, depending on the meaning of the entire compound, *not* on whether the stem verb requires **haben** or **sein**. This applies whether the prefix is separable or inseparable.

kommen	Er **ist** gekommen.	(He has come.)
bekommen	Er **hat** den Brief bekommen.	(He has received the letter.)
ankommen	Er **ist** angekommen.	(He has arrived.)
schlafen	Sie **hat** geschlafen.	(She has slept.)
einschlafen	Sie **ist** eingeschlafen.	(She has fallen asleep.)
verschlafen	Sie **hat** verschlafen.	(She has overslept.)

MODAL AUXILIARIES

Modal auxiliaries are verbs that show the attitude of the subject toward an action (desire, liking, volition) or a condition affecting the subject's performance of an action (ability, possibility, obligation). They are used in combination with the infinitive of another verb.

---

[4] In southern German, Swiss, and Austrian usage, **liegen** (to lie), **sitzen** (to sit), and **stehen** (to stand) are often included in this category and are used with **sein**, especially in colloquial speech. **Haben** is preferred in most of Germany.

	STANDARD GERMAN	SOUTHERN GERMAN, SWISS, AUSTRIAN	
liegen	Wir **haben** gelegen.	Wir **sind** gelegen.	(We were lying [down].)
sitzen	Ich **habe** gesessen.	Ich **bin** gesessen.	(I was sitting.)
stehen	Er **hat** gestanden.	Er **ist** gestanden.	(He's been standing.)

können	Ich **kann** nicht **arbeiten.**	(I *can* not work.)
wollen	Ich **will** nicht **arbeiten.**	(I do not *want to* work.)
müssen	Ich **muß** nicht **arbeiten.**	(I don't *have to* work)
dürfen	Ich **darf** nicht **arbeiten.**	(I'm not *allowed to* work.)
mögen	Ich **mag** nicht **arbeiten.**	(I don't *like to* work.)
sollen	Ich **soll** nicht **arbeiten.**	(I'm not *supposed to* work.)

In a sentence that contains a modal auxiliary, the infinitive appears at the end of the main clause.

Er **will** morgen mit mir ins Kino **gehen.**   (He wants to go to the movies with me.)

Occasionally, modals are used without an accompanying dependent infinitive; the infinitive is then usually implied.

Warum kommst du nicht mit?   (Why aren't you coming? Because I can't
  Weil ich nicht [kommen] **kann.**   [come].)
Der Hund **will** hinaus[gehen].   (The dog wants [to go] out.)

In German, modals exist in all tense forms. English modals, in contrast, are "defective" (that is, they exist in a limited number of tense forms). "Can," for instance, exists only in the present tense and the simple past; "must" exists only in the present tense. For that reason, it is best to think of German modals as expressing a certain function or idea, rather than as corresponding to any specific English verb.

1. Principal Parts   The principal parts of the modal auxiliaries are the following.

	1ST/3RD PERSONS SINGULAR		PAST	
INFINITIVE	PRESENT	PAST	PARTICIPLE	MEANING
dürfen	darf	durfte	gedurft	(to be allowed to)
können	kann	konnte	gekonnt	(to be able to)
mögen	mag	mochte	gemocht	(to like to)
müssen	muß	mußte	gemußt	(to have to)
sollen	soll	sollte	gesollt	(to be supposed to)
wollen	will	wollte	gewollt	(to want to, intend to)

GRAMMATIK   137

2. Use of Past Participle The past participle of modals is used in the perfect tenses only when the modal is the main verb. Modals always use the helping verb **haben** in forming the perfect tenses.

>Ich hatte ihn nie **gemocht**.   (I had never liked him.)
>Hast du das wirklich **gewollt**?   (Did you really want that?)

3. Double Infinitive In the perfect tenses, when a modal occurs with the infinitive of another verb at the end of a clause, the past participle of the modal is replaced by an infinitive. This is generally termed the double infinitive construction. The infinitive of the modal is always the last word in the clause and is immediately preceded by the dependent infinitive.

>Er hat gestern nicht **kommen können**.   (He *could* not *come* yesterday.)
>Ich habe immer Deutsch **lernen wollen**.   (I've always *wanted to learn* German.)

The double infinitive also occurs in the perfect tenses with the verbs **hören**, **lassen**, and **sehen**.

>Sie hat den Chor **singen hören**.   (She *heard* the choir *sing*.)
>Er hat mich sein Buch **lesen lassen**.   (He *let* me *read* his book.)
>Haben Sie das **fallen lassen**?   (Did you *drop* that?)
>Hast du ihn **kommen sehen**?   (Did you *hear* him *come*?)

4. Verb Sequence When two or more verb forms appear at the end of a German sentence or clause, their sequence is generally the exact mirror image of their sequence in English.

>   1   2
>Ich bin stolz, daß ich so gut Deutsch **sprechen kann**.
>   2   1
>(I'm proud that I *can speak* German so well.)

>   1   2
>Wo haben Sie Deutsch **sprechen gelernt**?
>   2   1
>(Where did you *learn to speak* German?)

>   1   2   3
>Können Sie mir sagen, warum Sie Deutsch **sprechen gelernt haben**?
>   3   2   1
>(Can you tell me why you [*have*] *learned to speak* German?)

>   1   2   3
>Ich habe immer Deutsch **sprechen lernen wollen**.
>   3   2   1
>(I've always *wanted to learn to speak* German.)

USE AND MEANING OF MODALS

German modals are used in both an objective and subjective way. Used *objectively*, they report the attitude of the *subject* toward the activity described by the main verb, or a condition imposed upon the subject in connection with that activity.

Er **will** Deutsch lernen.	(He *wants to* learn German. [The subject has a desire to accomplish a certain goal.])
Die Kinder **müssen** um 8 Uhr zu Bett gehen.	(The children *have to* go to bed at 8 o'clock. [The subject is under an obligation to perform a certain action.])

Used *subjectively*, modals show the attitude of the *speaker* toward the content of the statement.

Sie **muß** krank sein.	(She *must* be sick. [The speaker is making an assumption.])
Sie **sollen** viel Geld haben.	(They *are supposed to* have a lot of money. [People say so, but the speaker doesn't know.])
Er **will** zwanzig Jahre alt sein.	(He *claims to* be twenty years old. [The speaker doubts it.])

1. Objective Use of Modals

1.1 Dürfen
a) in affirmative or interrogative sentences, indicates *permission*.

Sie glauben, sie **dürfen** alles tun.	(They think they *may* [are allowed to] do everything.)
Darf ich hereinkommen?	(*May* I [am I permitted to] come in?)

b) in negative statements, indicates *absence of permission* or *prohibition*.

Das **darfst** du **nicht** vergleichen.	(You *must not* [are not allowed to] compare that.)
Autos **dürfen** hier **nicht** parken.	(Cars *may not* [are not permitted to] park here.)

1.2 Können indicates *ability* or *possibility* in both affirmative and negative statements.

Ich **kann** Deutsch sprechen.	(I *can* [am able to, know how to] speak German.)
Er **konnte** mich **nicht** verstehen.	(He *could not* [was unable to] understand me.)
Das **könnte** wahr sein.	(That *could* [might possibly] be true.)

GRAMMATIK

1.3 Mögen indicates *liking*. When **mögen** has this meaning, it occurs primarily in negative or interrogative sentences, without an accompanying dependent infinitive.

Ich habe ihn **nie gemocht**.	(*I've never liked* him.)
Mögen Sie lieber Bier oder Wein?	(*Do* you *prefer* beer or wine?)

In the subjunctive,[5] however, it is often used in affirmative statements, together with a dependent infinitive, and means *would like to*.

Ich **möchte** pünktlich sein.	(I *would like to* be on time.)

1.4 Müssen

a) in affirmative or interrogative sentences, indicates *obligation compulsion*, or *necessity*.

Wir **mußten** ihm helfen.	(We *had to* [were obliged to] help him.)
Mußt du schon gehen?	(Do you *have to* [must you] go already?)

b) in negative statements, indicates *absence of obligation, but not a prohibition*.

Du **mußt nicht** mitkommen.[6]	(You *don't have to* [are not obliged to] come along. [It's up to you; nobody is forcing you.])

1.5 Sollen indicates a *request, recommendation,* or *moral commitment*.

Wir **sollten** um 9 Uhr zu Hause sein.	(We *were supposed to* be home by 9 o'clock.)
Ich **soll** Ihnen Grüße von Irma bestellen.	(I'm *supposed to* bring you greetings from Irma.)
Das **sollte** man verbieten.	(This *ought to* be forbidden.)
Du **sollst nicht** stehlen.	(Thou *shalt not* [you are *not supposed to*] steal.)
Er **soll nicht** so viel rauchen.	(He's *not supposed to* smoke so much.)

1.6 Wollen indicates *wish* or *intention*.[7]

Ich **will** im Sommer nach Italien fahren.	(I *intend to* go to Italy in the summer.)
Er **wollte** die Zeitung **nicht** lesen.	(He *didn't want to* read the newspaper.)

---

[5] For a complete discussion of subjunctive, *see* Chapters 19 and 20.
[6] Note the difference between this statement and **Du darfst nicht mitkommen** (You must not [are not allowed to] come along.) In order to avoid confusion, German often uses **nicht brauchen** instead of **nicht müssen**. In such cases, the infinitive is preceded by the preposition **zu**: **Du brauchst nicht zu kommen** (You need not come).
[7] Note that **wollen** does *not* indicate future tense; it does *not* correspond to English "will."

1.7 In the objective use of modals, the dependent infinitive is sometimes omitted when its meaning is clearly implied.

Ich **muß** jetzt nach Hause [**gehen**].	(I *have to go* home now.)
Er **kann** gut Deutsch [**sprechen**].	(He *can speak* German well.)
Er tut, was er [**tun**] **will**.	(He does what he *wants* [*to*].)

In an answer to a question, the main verb is not usually repeated; it is often replaced by **es** or **das**.

Warum kommst du nicht mit? Weil ich (es) nicht **will**.	(Because I don't want to.)
Können Sie Klavier spielen? Nein, das **kann** ich nicht.	(No, I can't.)
Darf ich hereinkommen? Ja, du **darfst** (es).	(Yes, you may.)

2. Subjective Use of Modals Modals can only be used subjectively in two tenses: the present and the past. They occur in both the indicative and subjunctive moods.

2.1 Dürfen indicates an *uncertain assumption*; it is used mostly in the subjunctive.

Das **dürfte** stimmen.	(That *might* be right.)
Jetzt **dürfte** er schon zu Hause sein.	(He *ought to* be home by now.)

2.2 Können indicates a *fairly certain assumption* or *strong conviction*.

Er **kann** bald kommen.	(He *may* come soon.)
Du **könntest** mir wirklich helfen!	(You *could* really help me.)

2.3 Mögen indicates *possibility, approximation, wish* or *desire*.

Das **mag** wahr sein.	(That *might* be true.)
Wir **mochten** eine Stunde gewartet haben.	(We *may* have been waiting for an hour.)
Möge Gott ihm helfen!	(May God help him!)

2.4 Müssen indicates *certainty, according to evidence at hand*.

Sie **muß** sehr reich sein.	(She *must* be very rich.)
Er **mußte** es vergessen haben.	(He *must* have forgotten it.)

2.5 Sollen indicates *hearsay* or *reputation*.

Er **soll** ein kluger Mann gewesen sein.	(He *is said to* have been a smart man.)
Das **soll** ein Kunstwerk sein?	(That's *supposed to* be a work of art?)

2.6 Wollen is used to *cast serious doubt on a claim.*

Er **will** in Paris studiert haben (aber ich glaube es nicht).   (He *claims to* have studied in Paris [*but I don't believe it*].)

2.7 In the subjective use of modals, the double infinitive never occurs, and the main verb is never omitted.

Subjective   Er **kann** das **getan haben**.   (He *may have done* that.)
Objective   Er **hat** das [**tun**] **können**.   (He *has been able to do* that.)

ANWENDUNG

A. *Restate each sentence changing the verb from the present to the present perfect tense. Be careful to use the correct auxiliary.*

1. Wo ist Karl heute? 2. Ich weiß es nicht. 3. Er hat kein Geld. 4. Die Zeit vergeht schnell. 5. Er geht ins Aquarium. 6. Er zählt zu den Experten. 7. Sie schwimmen im Wasserbecken. 8. Sein Gesicht wird ganz rot. 9. Er tritt einen Schritt zurück. 10. Sie findet keine Worte. 11. Der Streich gelingt ihm nicht. 12. Er kommt nicht in die Schule.

B. *Restate each sentence changing the verb from the present perfect to the past perfect tense.*

1. Du bist oft in die Schweiz gefahren. 2. Die Schweiz ist neutral geblieben. 3. Die Schweizer sind immer ihre eigenen Wege gegangen. 4. Die erste Frau ist an der Universität Zürich immatrikuliert worden. 5. Das ist mir nie in der Schweiz passiert. 6. Ihr seid oft in der Schweiz gewesen.

C. *Make a complete sentence using the words provided and the tense indicated in parentheses.*

    MODEL   laufen (*present perfect*)/Bessi/auf einmal/nach Hause
                 Bessi ist auf einmal nach Hause gelaufen.

1. fahren (*present perfect*)/Herr Lehmann/mit Bessi/im Auto/nach Freudenstadt
2. abbiegen (*past perfect*)/Das Auto/schnell/in eine Seitenstraße
3. sein (*past perfect*)/Es/eine unruhige Nacht
4. geschehen (*present perfect*)/Viele Unglücksfälle/im Ruhrgebiet/durch Giftgase
5. zusammenfallen (*present perfect*)/Viele Denkmäler/wegen der Steinpest
6. ankommen (*present perfect*)/Vor ein paar Tagen/ich/in Köln

D. *Supply the correct form of* **sein** *or* **haben** *for the present perfect tense.*

1. Ich _____ heute meinen Bus verschlafen. 2. Ich _____ gestern abend schnell eingeschlafen. 3. Die Fleischmarken _____ letzte Woche verfallen. 4. Diese Idee _____ Herrn Göllinger gut gefallen. 5. Sie _____ von Hamburg nach Stuttgart gezogen. 6. Wir _____ fünfzehn tote Fische aus dem verschmutzten Wasser gezogen. 7. Du _____ deinen Porsche zu schnell gefahren! 8. _____ du mit deinem Porsche in die Ferien gefahren?

E. *Supply the English equivalent of the expression in italics.*

1. In 20 Minuten *sollen wir* bei Wertheims sein. 2. *Das kann mich verrückt machen.* 3. *Ich möchte,* heute wirklich pünktlich sein. 4. *Er will uns nicht in Ruhe lassen.* 5. *Sie soll sehr reich sein.*

F. *Restate each sentence using the singular subject indicated in parentheses.*

1. Wann müssen wir dort sein? (ich)
2. Sie können noch nicht Deutsch sprechen. (er)
3. Ihr wollt schnell Deutsch lernen. (du)
4. Sie dürfen es kaufen. (Susi)

G. *Supply the appropriate modal for the English equivalent. Be careful to distinguish between the objective and the subjective meaning.*

1. Herr Rösler _____ pünktlich sein. (*had to*)
2. Er _____ nichts daran ändern. (*could*)
3. Gerda _____ ihre Freundin anrufen. (*wanted*)
4. Ich _____ es nicht, wenn Gäste zu spät kommen. (*like*)
5. Er _____ nicht zu schnell fahren. (*should*)
6. Du _____ nicht zu schnell fahren. (*were permitted*)
7. Er _____ ein guter Ehemann sein. (*is said*)
8. Herr Göllinger, Sie _____ jetzt nach Hause gehen. (*may*)
9. Ich _____ etwas essen. (*would like*)
10. Das _____ wahr sein. (*may*)
11. Ich _____ ihm die Wahrheit sagen. (*had to*)
12. Du _____ tun, was du _____. (*can, want*)

H. *Restate each sentence using the modal auxiliary in parentheses. Use the present tense.*

MODEL   Ich habe wohl recht. (mögen)
        Ich mag wohl recht haben.

1. So etwas passiert sehr oft. (können)
2. Du schreibst sofort diesen Brief. (müssen)

3. Ich trinke keinen Alkohol. (dürfen)
4. Sie kauft sich ein neues Kleid. (wollen)
5. Du ißt keinen Fisch? (mögen)
6. Ich besuche heute meinen Freund. (sollen)

I. *Restate each sentence in the present perfect tense by using the double infinitive construction.*

    MODEL Er kann heute nicht kommen.
                  Er hat heute nicht kommen können.

1. Das will ich auch tun.   2. Ich lasse mir heute das Haar schneiden.   3. Wir müssen ihn noch heute anrufen.   4. Du darfst nach Hause gehen.   5. Er will uns nicht in Ruhe lassen.

J. *Supply the phrase that could correctly complete the statement based on the reading.*

1. Wertheims haben es nicht gern, wenn (a) die Gäste pünktlich sind (b) sie mit dem Essen warten müssen (c) das Essen nicht fertig ist.
2. Herr Rösler soll nicht schnell fahren, denn (a) er ist einmal am Steuer eingeschlafen (b) bei diesem Wetter kann ein Unfall passieren (c) er will seiner Frau nicht recht geben.
3. Herr Rösler ärgert sich, weil (a) er sich von dem Kerl belästigen lassen muß (b) seine Frau immer tut, was sie will (c) er diesem Kerl nicht seine Meinung sagen darf.
4. Herr Rösler mußte sich der Polizei melden, denn (a) der andere Fahrer hatte sich versteckt (b) er hatte einen Wagen angehakt und mitgeschleppt (c) er hatte dem jungen Mann die Meinung gesagt.
5. Herr Rösler glaubt, daß die jungen Leute (a) es heute nie eilig haben (b) feig und rücksichtslos sind (c) immer tun, was sie wollen.

K. *Select the expressions that best complete the sentence.*

1. Ist das nicht _____? Verstecken _____ er sich auch noch!

        unwahr   soll
        unerhört   darf
        knapp   will

2. Gerda, bist du _____? Wir haben nicht _____ viel Zeit.

        gern   oft
        fertig   ganz
        möglich   mehr

3. Vielleicht können wir es noch _____. Ich _____ nicht zu spät ankommen.

                    machen   hätte
                    lassen   möchte
                    schaffen   würde

4. Er schaut in den _____ und sagt: „_____ du nicht wie nahe der VW hinter

                Anhänger   Merkst
                Rückspiegel   Sollst
                Platz   Kannst

uns _____?"

   hinfährt
   mitfährt
   herfährt

FREE RESPONSE: **Mein psychologisches Profil.** *Answer all the questions honestly to the best of your ability.*

1. Was möchten Sie gerne tun, aber dürfen es nicht? 2. Was können Sie nicht tun, weil es zu schwer ist? 3. Was wollen Sie nicht tun, aber müssen es tun? 4. Was dürfen Sie nicht tun, aber tun es trotzdem? 5. Was mögen Sie gerne tun, aber können es nicht? 6. Was sollten Sie tun, aber tun es nicht, weil Sie zu faul sind? 7. Was brauchen Sie nicht zu tun, tun es aber, weil Sie ein guter Mensch sind? 8. Was sollen andere Menschen tun, obwohl Sie es selbst nicht tun?

KAPITEL 10

GENITIVE CASE; SPECIAL NOUNS; CASE SUMMARY

Wer war dieser bekannte General und Präsident?

Wie hieß diese Kaiserin?

REDEWENDUNGEN

weitgehend	to a great extent
seines Amtes entheben	to remove from office
ein feuriges Ende finden	to be destroyed by fire
stammt aus der Feder	is written by [*lit.*, stems from the pen of]

WAS WISSEN SIE ÜBER DEUTSCHLANDS GESCHICHTE?

1. In dieser Hauptstadt Bayerns schloß Adolf Hitler im Jahre 1938 einen Vertrag mit führenden Staatsmännern der Westmächte ab. Heute erinnert man sich dieses Abkommens mit großem Unbehagen, denn der Name dieser Stadt wurde ein Symbol gefährlicher Beschwichtigung. Die selbe Stadt ist aber auch wegen ihres guten Bieres und der Olympischen Sommerspiele 1972 bekannt. Wie heißt diese Stadt Deutschlands?

2. Dieser Augustinermönch hielt nicht mit seiner Kritik an den Mißbräuchen der Kirche zurück. Gemäß einer akademischen Tradition dieser Zeit, schlug er am 31. Oktober des Jahres 1517 insgesamt 95 Thesen an das Portal der Schloßkirche zu Wittenberg. Es war der Beginn der Reformation. Wie hieß dieser Mönch?

3. Die Gründung des Deutschen Reiches im 19. Jahrhundert war weitgehend das Werk dieses großen Staatsmannes. Trotz vieler Widerstände vereinigte er die meisten deutschen Länder in einem Reich. 1890 hat ihn der junge Kaiser Wilhelm II. seines Amtes enthoben. Nennen Sie den Namen dieses Staatsmannes, nach dem man auch die Hauptstadt eines amerikanischen Bundesstaates benannt hat.

4. Als Kaiserin des Habsburger Reiches war sie die große Rivalin des Preußenkönigs Friedrich II. Eines ihrer 16 Kinder fand während der Französischen Revolution als Frau des französischen Königs Ludwig des Sechzehnten den Tod auf dem Schafott. Wie hieß diese Kaiserin?

5. Bei Tannenberg in Ostpreußen brachte dieser General Rußlands „Dampfwalze" (Armeen) während des Ersten Weltkrieges zum Stehen. Später wurde er der letzte Präsident der Weimarer Republik. In Lakehurst, New Jersey, fand ein Zeppelin seines Namens ein feuriges Ende. Wer war dieser bekannte General und Präsident?

6. Er war der führende Politiker Westdeutschlands nach dem Zweiten Weltkrieg. Die Aussöhnung Deutschlands mit Frankreich zählt zu den größten Leistungen dieses Staatsmannes. Amerikas Außenminister John Foster Dulles gehörte zu den Freunden dieses deutschen Kanzlers. Kennen Sie ihn?

7. Er stammt aus dem Geschlecht der Franken. Zwei seiner Lieblingsprojekte waren die Christianisierung der germanischen Heiden und die Vereinigung aller deutschen Stämme. Am Weihnachtsabend des Jahres 800 krönte ihn der Papst Leo II. zum Deutschen Kaiser. Kennen Sie den Namen dieses Kaisers, dessen Lieblingsstadt Aachen war?

8. Während des 13. und 14. Jahrhunderts verbündeten sich die Städte Norddeutschlands zu einem mächtigen Städtebund. Lübeck war die wichtigste Stadt dieses Bundes. Der Name einer deutschen Fluggesellschaft erinnert Sie vielleicht an den Namen dieses Bundes.

UND AUS DEUTSCHLANDS MUSIKLEBEN

1. Im vierten Satz der berühmten 9. Sinfonie eines der größten deutschen Musikers wirken auch ein Chor und Solisten mit. Der Text, den der Chor singt, stammt aus der Feder Friedrich Schillers. Den Namen dieses Komponisten kennen Sie gewiß.

2. Er war ein Zeitgenosse Johann Sebastian Bachs (1685–1759). Etliche seiner 40 Opern werden heute noch aufgeführt (Xerxes, Julius Cäsar). Aus einem seiner Oratorien stammt der vielgesungene „Halleluja" Chor. Wie heißt a) dieser Komponist, b) dieses Oratorium?

3. In der Oper eines deutschen Komponisten des 19. Jahrhunderts spielt der Nürnberger Schuster Hans Sachs eine der führenden Rollen. Wessen Oper ist es? Wie heißt sie?

4. Die Melodie der deutschen Nationalhymne stammt aus dem langsamen Satz des „Kaiserquartetts". Wer ist der Komponist, den man auch den Vater der modernen Sinfonie nennt?

5. Ein Drama Georg Büchners lieferte den Stoff dieser Oper Alban Bergs. Im Mittelpunkt dieses Werkes steht ein einfacher Soldat, dessen Schicksal die Problematik einer materialistisch-fatalistischen Weltanschauung aufzeigt. Kennen Sie den Namen dieser vielgespielten Oper?

6. Wessen Werk ist die 1762 in Wien erstmals aufgeführte Oper „Orpheus und Eurydike"? Man bezeichnet den Schöpfer dieses Werkes als den Bahnbrecher der deutschen Oper.

7. Karl Maria von Weber komponierte eine der beliebtesten Opern der deutschen Romantik. Der Held dieses Werkes versucht mit Hilfe der Magie, ein guter Jäger zu werden. Wie heißt die Oper?

8. Das Talent zweier bedeutender Künstler — eines österreichischen Dichters und eines deutschen Musikers — schuf die Oper „Der Rosenkavalier". Kennen Sie den Namen a) des Dichters, b) des Musikers?

* * *

Für die Lösungen dieser Fragen, schlagen Sie auf Seite 323 nach!

FRAGEN

1. Wer war der „Führer" des „Dritten Reiches"? **2.** Was bedeutet für Sie der Name „Löwenbräu"? **3.** Wie nennt man die Frau eines Kaisers? **4.** Wer war Wilhelm II.? **5.** Wann brachte Hindenburg die Armeen Rußlands in Ostpreußen zum Stehen? **6.** Was zählte zu den größten Leistungen Adenauers? **7.** Wann verbündeten sich die Städte Norddeutschlands zu einem mächtigen Städtebund? **8.** Wo spielt Hans Sachs eine der führenden Rollen? **9.** Wie heißt der Komponist der Oper „Orpheus und Eurydike"? **10.** Aus wessen Feder stammt die Oper „Der Rosenkavalier"?

GRAMMATIK

In addition to the nominative, accusative, and dative cases, German has a fourth case: the genitive.

Nominative	**Mein Vater** ist alt.	(My father is old.)
Accusative	Ich liebe **meinen Vater**.	(I love my father.)
Dative	Ich spreche oft von **meinem Vater**.	(I often speak of my father.)
Genitive	das Haus **meines Vaters**	(my father's house)

GRAMMATIK 149

In English, this case is usually called the possessive, but this term is misleading when applied to the German genitive. First, it invites confusion with the possessive adjectives—**mein**, **dein**, **sein**, (my, your, his) [*see* Chapter 16]—which, like all adjectives, have the same case as the noun they modify. Second, the German genitive is used to express other relationships besides possession.

GENITIVE USAGE

1. The German genitive is primarily a noun case.[1] Generally speaking, it is used to indicate any relationship between two nouns that might be expressed in English as "the something *of* something else."

1.1 A relation of ownership or possession: **das Haus *meines Vaters*** (my father's house).

1.2 Membership in a group: **ein Mitglied *eines Vereins*** (a member *of a club.*)

1.3 A part of a whole: **das Dach *des Hauses*** (the roof *of the house*); **der erste Tag *des Monats*** (the first day *of the month*).

1.4 A feature or characteristic: **die Farbe *des Buches*** (the color *of the book*).

1.5 Almost any noun-to-noun relationship: **die Entdeckung *Amerikas*** (the discovery *of America*); **die Lösung *des Problems*** (the solution *of the problem*); **das Zeitalter *der Vernunft*** (the Age of Reason).

Note that in all these constructions, German replaces the English preposition "of" by the genitive. The word **von** (of) is *not* used.[2]

2. In German, the noun in the genitive is the second of the noun pair: **der Name *des Komponisten*** (the composer's name). The "Anglo-Saxon genitive," which places the genitive noun first (the *professor's* lecture, my *father's* house), is generally avoided in German. It occurs primarily with proper names—**Goethes Werke** (Goethe's works), **Maries Vater** (Mary's father), **Deutschlands Hauptstadt** (Germany's capital)—and in poetic usage.

---

[1] The genitive of personal pronouns is rare; it survives in elevated, archaic, or poetic expressions. It is formed by adding -**er** to the possessive adjective: **Ich erinnere mich *seiner*** (I remember him).

[2] Similarly, **von** does *not* occur in such expressions as **ein Stück Papier** (a piece of paper), **der Monat Juli** (the month of July), **der erste Mai** (the first of May), **zwei Pfund Äpfel** (two pounds of apples), **die Stadt Berlin** (the city of Berlin). The phrase **ein Glas kalten Wassers** is obsolete; it has been replaced in modern German by **ein Glas kaltes Wasser** (a glass of cold water).

GENITIVE FORMS

1. Noun Modifiers The genitive has two characteristic endings for **der-** and **ein-**words: **-es** for masculine and neuter, **-er** for feminine and plural.

    Der Sohn dies**es** Mann**es** ist mein Freund.   (The son of this man is my friend.)
    Die Tür eines Zimmers war offen.   (The door of a room was open.)
    Die Farbe **der** Feder ist rot.   (The color of the pen is red.)
    Hier ist das Haus mein**er** Freunde.   (Here is the house of my friends.)

2. Common Nouns Feminine and plural nouns have no ending in the genitive.

    die Untergang **der Sonne**   (the setting of the sun)
    die Ausbeutung **der Armen**   (the exploitation of the poor)

Most masculine and neuter nouns add **-es** for monosyllabic nouns and **-s** for polysyllabic nouns;[3] no apostrophe is used.

    der Titel **dieses** Werk**es**   (the title of this work)
    das Genie **dieses** Künstler**s**   (the genius of this artist)

3. Proper Names All proper names add an **-s** in the genitive but use no apostrophe.

    Peters Vater   (Peter's father)
    Evas Mutter   (Eva's mother)
    Meyers Garten   (the garden of the Meyers)

An apostrophe is used only if the name ends in an es-sound: **Aristoteles' Werke** (the works of Aristotle). The name has *no* ending when it is preceded by a modifying article or adjective [*see* Chapters 16 and 17].

    die Geschichte **Deutschlands**   (the history of Germany)
    die Geschichte **des modernen Deutschland**   (the history of modern Germany)
    die Dramen **Schillers**   (Schiller's dramas)
    die Dramen **des jungen Schiller**   (the dramas of young Schiller)
    ein Freund **Annas**
    ein Freund **der Anna** [*colloquial*]   (a friend of Anna's)

---

[3] For exceptions, see page 153, this chapter.

VERBS WITH GENITIVE OBJECTS

A few verbs take a genitive object. Some of these are the following.

Er wurde *des Diebstahls* angeklagt (beschuldigt).	(He was *accused of* theft.)
Ich versichere Sie *meines guten Willens*.	(I *assure* you *of* my good will.)
Er schämte sich *seiner zornigen Worte*.	(He was *ashamed* of his angry words.)

PREPOSITIONS GOVERNING THE GENITIVE

Certain prepositions govern the genitive. The most common are the following.

(an)statt	instead of	**während**	during
trotz	in spite of	**wegen**	because of

Anstatt eines Briefes schickte er eine Postkarte.	(*Instead of a letter*, he sent a postcard.)
Trotz des Regens gingen wir spazieren.	(*In spite of the rain* we went for a walk.)
Während des Winters schneit es oft.	(*During the Winters* it snows often.)
Wegen des schlechten Wetters wurde die Parade abgesagt.	(*Because of the bad weather* the parade was canceled.)[4]

Note that the "of" in most of the English equivalents of these prepositions is replaced by the genitive in German. The same applies to other, less common prepositions: **außerhalb** (outside of), **innerhalb** (inside of), **diesseits** (this side of), **jenseits** (the other side of), and **inmitten** (in the midst of).

Wegen may also occur as a "postposition": **des schlechten Wetters wegen** (because of the bad weather). The prepositional phrase **um ... willen** (for the sake of) encloses the genitive object: **Um Himmels willen!** (For Heaven's sake!).

Wegen and **um ... willen** sometimes combine with pronouns to form special constructions.

um seinetwillen	(for his sake)
meinetwegen	(because of me; for all I care [*colloquial*])

---

[4] In colloquial usage, the dative often replaces the genitive after these prepositions: **wegen *dem* Regen**, **trotz *dem* schlechten Wetter**. However, this is still considered nonstandard German.

ADJECTIVES GOVERNING THE GENITIVE

Some adjectives also require the use of the genitive. They always *follow* their genitive object.

bewußt (aware of)	Ich bin mir **des Problems** bewußt.	(I'm *aware of* the problem.)
fähig (capable of)	Sie ist **keines schlechten Gedankens** fähig.	(She's *incapable of* a bad thought.)
schuldig (guilty of)	Er wurde **des Mordes** schuldig gefunden.	(He was found *guilty of* murder.)

IDIOMATIC USES

The genitive is used in a few idiomatic expressions denoting indefinite time.

eines Tages	(one day)
abends (des Abends)	(in the evening)
nachts	(at night)

Note that in all the genitive constructions, the **-s** ending on the German noun is *not* a sign of the plural, as in English. It indicates a genitive singular.

SPECIAL MASCULINE NOUNS

Many masculine nouns that add **-n** or **-en** in the plural also add this ending in all cases of the singular except the nominative. These nouns do not add an **-s** in the genitive.

	SINGULAR	
Nominative	Der **Student** ist hier.	(The student is here.)
Accusative	Ich sehe **einen Studenten**.	(I see a student.)
Dative	Er spricht mit **dem Studenten**.	(He speaks with the student.)
Genitive	Der Name **dieses Studenten** ist Tom.	(The name of this student is Tom.)
	PLURAL	
Nominative	Die **Studenten** sind hier.	(The students are here.)
Accusative	Ich sehe zwei **Studenten**.	(I see two students.)
Dative	Er spricht mit **den Studenten**.	(He speaks with the students.)
Genitive	Wo ist der Vater **dieser Studenten**?	(Where is the father of these students?)

GRAMMATIK

The following are some common nouns in this category.

der Hase	(the rabbit)	der Mensch	(the human being)
der Junge	(the boy)	der Nachbar	(the neighbor)
der Kamerad	(the buddy)	der Polizist	(the policeman)
der Löwe	(the lion)	der Herr	(the gentleman)

Der Herr adds **-n** in the accusative, dative, and genitive singular and **-en** in all cases of the plural: **Herrn, Herren.**

Another group of nouns, including **der Name** (the name), **der Buchstabe** (the letter [of the alphabet]), **der Funke** (the spark), **der Gedanke** (the thought), and **der Glaube** (the belief), occur in the following pattern.

	SINGULAR	PLURAL
Nominative	der Name	die Namen
Accusative	den Namen	die Namen
Dative	dem Namen	den Namen
Genitive	**des Namens**	der Namen

This group includes only one neuter noun: **das Herz** (the heart) (nominative and accusative singular), **dem Herzen** (dative singular), **des Herzens** (genitive singular), **die Herzen** (nominative plural).

Foreign nouns ending in **-or** add **-en** in the plural but do not have any endings in the singular, except for the **-s** in the genitive.

NOMINATIVE	GENITIVE
der Doktor, die Doktoren	des Doktors
der Motor, die Motoren	des Motors
der Professor, die Professoren	des Professors

SUMMARY OF CASE ENDINGS

1. The following table summarizes the characteristic endings (or primary endings [see Chapter 11]) of pronouns and noun modifiers (known as limiting adjectives [see Chapter 12]). Each category lists only a few examples, but the pattern applies to other words as well. These primary endings occur on the word *preceding* the noun, not on the noun itself.

Case Ending Summary

	MASCULINE	NEUTER	FEMININE	PLURAL
Nominative	**der-words** **R** er der dieser welcher ------ **ein-words**[a] — kein mein ihr	**der-words** **S** es das dieses welches ------ **ein-words**[a] — kein mein ihr	**E** sie die diese welche keine meine ihre	
Accusative	**N** ihn den diesen welchen keinen meinen ihren			
Dative	**M** ihm dem diesem welchem keinem meinem ihrem		**R** ihr der dieser welcher keiner meiner ihrer	**N** ihnen den diesen welchen keinen meinen ihren
Genitive[b]	**S** des dieses welches keines meines ihres		**R** der[c] dieser welcher keiner meiner ihrer	

[a] **Ein, mein, dein, sein, ihr, unser, euer, Ihr,** and **kein** (the **ein**-words) have *no* ending in the masculine nominative and in the neuter nominative/accusative. In all other cases, they add the same primary endings as the **der**-words.

[b] Personal pronouns in the genitive are not included in the table since they are exceedingly rare.

[c] The endings for the genitive feminine singular and plural are identical with those for the dative feminine singular. The dative feminine plural, however, has an **-n** ending.

GRAMMATIK

2. When any of the **der-** or **ein-**words are used as pronouns [*see* Chapter 17], all differences between them disappear. The **ein-**words then add the primary endings in:

2.1 The nominative masculine: **Ist das mein Mantel oder** *deiner*? (Is that my coat or yours?).

2.2 The nominative neuter: **Hier ist ein Buch und dort ist noch** *eines* (Here is one book and there is another one).

2.3 The accusative neuter: **Haben Sie Geld? Ich habe** *kein(e)s* (Do you have any money? I don't have any).

In all other instances the noun modifier remains unchanged when used as a pronoun.

Ich kenne **jeden** Mann. Ich kenne **jeden**.	(I know every man. I know everyone.)
Ich gehe mit **meinem** Freund und du gehst mit **deinem**.	(I go with my friend and you go with yours.)

3. All, **dies**, **manch**, **solch**, and **welch** sometimes occur without any ending, mainly in elevated usage or before **ein**.

all meine Freunde	(all my friends)
dies traurige Lied	(this sad song)
manch guter Mann	(many a good man)
solch ein netter Kerl	(such a nice guy)
Welch (ein) schöner Tag!	(What a beautiful day!)

ANWENDUNG

A. *Supply the English equivalent of the italicized words and expressions.*

1. Die Melodie ist aus dem vierten Satz *dieser* berühmten Sinfonie. 2. Hans Sachs spielt *eine der* führenden Rollen. 3. *Wessen* Werk ist 1762 erstmals aufgeführt worden? 4. München ist *wegen seines guten Bieres* bekannt. 5. *Eines ihrer* Kinder fand den Tod in der Französischen Revolution. 6. *Nach dem Schneiden des Fleisches* wechselte er die Gabel von einer Hand zur anderen. 7. Herr Huber hatte *viele Zoos Deutschlands* besucht. 8. Er war ein guter Freund *des Wärters des Städtischen Zoos*. 9. *Statt des Weins* trinkt man in München Bier. 10. „Ich kann dem Kaiser

nicht dienen, *wegen meiner Bauchschmerzen*", grinste der junge Mann. 11. „Tun Sie Ihre Pflicht *anstatt dieser Ausreden*!", befahl der Oberstabsarzt. 12. Hindenburg wurde *während des ersten Weltkrieges* Generalfeldmarschall.

B. *Change the noun in boldface to the noun in parentheses.*

    MODEL   Das ist ein Bild **der Königin**. (der König)
                    Das ist ein Bild **des Königs**.

1. Hier steht das Auto **meines Bruders**. (meine Schwester)
2. Haben Sie den Namen **der Stadt** gefunden? (das Bild)
3. Wer ist der Komponist **der zwei Opern**? (die neun Sinfonien)
4. Das ist das Werk **einer Künstlerin**. (ein Künstler)
5. Ich bin ein Freund **dieses Mannes**. (dieser Student)
6. Er wurde **der Fälschung** der Mona Lisa angeklagt. (der Diebstahl)
7. Was ist die Adresse **dieser Dame**? (dieser Herr)
8. Was war die Leistung **der Kaiserin**? (der Kanzler)
9. Sie sollten sich **Ihrer Arbeit** schämen! (Ihr Gedanke)
10. Er ist Mitglied **eines Vereins**. (eine Partei)

C. *Restate each sentence using the noun in parentheses.*

    MODEL   Hier ist sein Bild. (der Künstler)
                    Hier ist **das Bild des Künstlers**.

1. Wien ist seine Geburtsstadt. (der Dichter)
2. Wir haben ihre Klasse besucht. (die Lehrerin)
3. Ich habe ihren Hund gefunden. (die Kinder)
4. Du bist mit seinem Auto gefahren. (mein Bruder)
5. Er hat ihren Brief gelesen. (eure Eltern)
6. Wir haben sein Haus gekauft. (unser Nachbar)
7. Die Schweizer Polizei hat sein Bankkonto entdeckt. (der Gangster)
8. Wir bewundern ihre demokratische Regierung. (die Schweizer)

D. *Answer the question by using the phrase in parentheses.*

    MODEL   Wessen Freund ist das? (dieses Mädchen)
                    Das ist der Freund **dieses Mädchens**.

1. Wessen Flugkarte liegt da? (meine Frau)
2. Wessen Zimmer suchen Sie? (der Direktor)
3. Wessen Brille ist zerbrochen? (dieser Junge)
4. Wessen Ausrede glauben Sie nicht? (der Drückeberger)
5. Wessen Sitten hatte Herr Göllinger vergessen? (die Deutschen)
6. Wessen Auto ist kaputt? (Herr Rösler)

E. Supply the phrase suggested by the English equivalent in parentheses using the nouns from the following list.

das Jahrhundert	der Industrierauch	der Krieg
der Kilometer	die Weltanschauung	das Gesetz
die Arbeit	der Lärm	der Parkplatz
die Ferien		

1. Wir sind _____ zu Hause geblieben. (*on account of the noise*)
2. _____ muß ich um fünf Uhr aufstehen. (*because of my work*)
3. _____ gibt es immer noch Luftverschmutzung. (*despite the laws*)
4. _____ sollte man hier einen Park haben! (*instead of a parking lot*)
5. Ich war _____ in der Schweiz. (*during my vacation*)
6. Bessi hat _____ ihren Weg nach Hause gefunden. (*despite the 230 kilometers*)
7. Wir atmen jetzt gute Luft _____ . (*instead of the industrial smoke*)
8. Nietzsche ist _____ nie glücklich gewesen. (*in spite of his philosophy*)
9. Luther kämpfte für seine Ideen _____. (*during the 16th century*)

F. Supply the appropriate expression of time according to the English equivalent in parentheses.

1. _____ fühle ich mich immer wohl. (*in the morning*)
2. _____ stehe ich um sieben Uhr auf. (*every morning*)
3. Sie besucht uns _____. (*every day*)
4. _____ ist Bessi plötzlich nach Hause gekommen. (*one day*)
5. _____ hörten wir plötzlich einen furchtbaren Lärm. (*at night*)
6. Die Flieger bombardierten die Stadt fast _____. (*every night*)
7. Sie diskutierten die Frage _____. (*every evening*)
8. _____ vergaß Herr Göllinger mit beiden Händen zu essen. (*one evening*)

G. Explain whether each pair of words expresses a similar or an opposite idea.

1. die Gründung/das Ende **2.** bekannt/berühmt **3.** gefährlich/tödlich **4.** der Schöpfer/der Zerstörer **5.** die Leistung/der Erfolg **6.** sich erinnern/vergessen **7.** das Amt/der Beruf **8.** der Unfall/das Unglück **9.** der Stoff/das Material **10.** der Dichter/der General

H. FREE RESPONSE: **Was wissen Sie über amerikanische Geschichte?**
Tell something about each of the following persons in American history. The words in parentheses may help you.

1. George Washington (der Kirschbaum, die Axt, fällen, die Wahrheit, lügen)
2. Paul Revere (die Engländer, reiten, das Pferd, die Laterne, über das Land, von dem Meer, hängen)

3. Abraham Lincoln (die Holzhütte, geboren, der Rechtsanwalt, der Präsident, der Bürgerkrieg, die Sklaven, die Südstaaten, die Schwarzen, befreien, retten)
4. Johann August Sutter (das Gold, Kalifornien, finden, entdecken, viele Menschen, reich und arm, der Goldrausch)
5. Martin Luther King (der Führer, der Neger, der Geistliche, die Stadt Selma, ohne Gewalt, erschießen, der Verlust)
6. Betsy Ross (die Fahne, das Sternenbanner, nähen, der Unabhängigkeitskrieg)

KAPITEL 11
PRIMARY ADJECTIVE ENDINGS

«Ich wünschte, alle Frauenrechtlerinnen wären wie Sie, Frau Müller! Sie argumentieren wie ein echter Gentleman!»

REDEWENDUNGEN

so lauten	so to say
jedenfalls	at any rate
sich die Waage halten	to be the same [*lit.*, to hold the scales balanced]
laut offizieller Angabe	according to an official statement
als Folge	as a result of
rückgängig machen	to reverse
Aller Anfang ist schwer.	All beginnings are difficult.
Fuß fassen	to gain a foothold
Der Geist weht noch.	The spirit still prevails.
sich einen Ausspruch leisten	to dare to make a statement

Kinder–Küche–Kirche?
VOM STATUS DEUTSCHER FRAUEN

Welchen Status hat die Frau in der deutschen Gesellschaft? Eine komplizierte Frage, auf die es keine einfache Antwort gibt. Vor allem wenn man dabei die Erwartungen verschiedener Zeitepochen berücksichtigen will. Wie stellte man sich die Rolle der deutschen Frau in vergangenen Zeiten vor?

Mutter gesunder und wohlerzogener Kinder, fleißige und kompetente Vorsteherin im Bereich der Küche, gläubige und loyale Stütze der Kirche, also eine Frau ganz im Sinne der Kinder–Küche–Kirche Tradition. So lautete jedenfalls ein altes und oftgehörtes Klischee über frühere Generationen deutscher Frauen. Man braucht kein großer Verhaltensforscher oder weitgereister Journalist zu sein, um schnell herauszufinden, daß dieses Motto auf die deutsche Frau der Gegenwart kaum noch zutrifft, oder nur in sehr veränderter Form. Zwar haben deutsche Männer auch heute nichts gegen wohlerzogene Kinder und gute Küche einzuwenden; daß sich jedoch die Aufgabe der Frau damit erschöpfen soll, dies wird selbst von männlichen Chauvinisten kaum noch offen behauptet.

Von den drei K's war das „Kirchen-K" wahrscheinlich schon in vergangener Zeit mehr Mythos als Realität. Trotz fehlender Statistiken darf man annehmen, daß sich damals die Zahl weiblicher und männlicher Kirchgänger ungefähr die Waage hielt. Was jedoch die Themen „Kinder" und „Küche" anbetrifft, so hat sich am Status der deutschen Frau in unserer Zeit wohl einiges geändert.

Laut offizieller Angabe des demographischen Jahrbuches der Vereinten Nationen hatte die Deutsche Bundesrepublik im Jahre 1972 mit 12,8 Geburten auf tausend Einwohner die niedrigste Geburtenrate der Welt. Und dies, obgleich Deutschlands junge Leute heute heiratsfreudiger sind als in früheren Zeiten. In fast 70% aller Eheschließungen war die Frau noch nicht 25 Jahre alt. Zum ersten Mal gab es in Deutschland ein nicht unerhebliches Geburtendefizit. „Sind wir ein sterbendes Volk? Wird die deutsche Industrie in 30 oder 40 Jahren weitgehend von ausländischen Arbeitern abhängig sein? Sind nicht schon heute ein Drittel aller Arbeitsplätze von Gastarbeitern belegt? Wollen wir ein Deutschland, in dem in ein paar Jahrzehnten ein Drittel der Bevölkerung aus eingewanderten Jugoslaven, Italienern und Griechen besteht?" Solche Fragen stellen besorgte Bürger Deutschlands. Gibt es besondere Gründe für diese Entwicklung? Nach Meinung prominenter Wissenschaftler dürften folgende zwei Faktoren für dieses „Babydefizit" ausschlaggebend sein:

1) Als Folge zweier Weltkriege gibt es in Deutschland einen Frauenüberschuß. 1970 waren nur knapp die Hälfte aller Frauen verheiratet. Dazu kommt, daß der Prozentsatz deutscher Frauen im gebärfähigen Alter in den letzten vier Jahrzehnten zurückgegangen ist (1933: 24,7%; 1972: 19,9%).

2) Immer mehr jüngere verheiratete Frauen sind berufstätig. Die Befriedigung eines höheren Lebensstandards erfordert in vielen Familien ein zweites Einkommen. Die Berufstätigkeit der Frau steht jedoch oft in Konflikt mit zeitraubenden Mutterpflichten, die mit dem Aufziehen kleiner Kinder verbunden sind. Facit: Manches Ehepaar entscheidet sich für den zusätzlichen Verdienst durch die Frau und gegen das Gründen einer Familie oder zumindest gegen zusätzlichen Nachwuchs. Lieber ein zweites Auto als ein zweites Kind! Das mag hart klingen, entspricht aber oft den Tatsachen.

Nun ein offenes Wort zum „Küchenklischee", das auf die Berufsaussichten und die Bildungssituation der deutschen Frau ein bezeichnendes Licht wirft. „Die Frau—ganz gleich ob jung oder alt—gehört ins Haus", so dachte man noch zu Beginn dieses Jahrhunderts in vielen Kreisen Deutschlands über die Rolle der Frau. Größere geistige, materielle und rechtliche Unabhängigkeit außerhalb des häuslichen Bereichs blieb ihr lange vorenthalten. Erst in der Weimarer Republik (1919–1933) erhielt die deutsche Frau die selben staatsbürgerlichen Rechte wie der Mann. Der Nationalsozialismus (1933–1945) verlangsamte diese Entwicklung und machte sie sogar rückgängig. Mit schallendem Pathos verkündete er eine alte Forderung: Die deutsche Frau gehört ins Haus. Erst 1957 wurden in der Bundesrepublik noch bestehende rechtliche Benachteiligungen gesetzlich beseitigt.

Heute üben etwa 40% aller westdeutschen Frauen zwischen 15 und 65 Jahren einen Beruf aus. In Ostdeutschland liegt dieser Prozentsatz noch höher. Steht die berufstätige Frau auf gleicher Stufe mit ihren männlichen Kollegen? Gilt für sie der Grundsatz: „Gleicher Lohn für gleiche Leistung"?

Statistiken zeigen mit überzeugender Deutlichkeit, daß volle Gleichberechtigung auf diesem Gebiet noch nicht besteht. Eine deutsche Arbeiterin erhält durchschnittlich nur 70% dessen, was ihr männlicher Kollege für gleiche Arbeit verdient. Allerdings haben fast ein Drittel aller Arbeiterinnen und fast 60% aller arbeitenden Mütter keine abgeschlossene Berufsausbildung. Die Kombination von unzureichender Ausbildung und alten Vorurteilen versperren deutschen Frauen oft den Weg zu beruflicher Gleichberechtigung. Bezeichnend ist auch die Tatsache, daß man 1971 in der Bundesrepublik nur 3,5% aller berufstätigen Frauen in leitenden Stellungen finden konnte.

Daß künftig ein größerer Prozentsatz deutscher Frauen in akademische Berufe aufsteigen wird, damit ist fest zu rechnen. 1968 waren an den Höheren Schulen 39% aller Abiturienten Mädchen, an den Universitäten ein Viertel Frauen, an den Pädagogischen Hochschulen sogar zwei Drittel. Eine erstaunliche Entwicklung, wenn man bedenkt, daß Deutschland von allen industrialisierten Ländern der Welt das letzte war, in dem man Frauen zum Studium zuließ.

Die ansteigende Zahl von Studentinnen kann jedoch nicht als voller Sieg in der Arena beruflicher Gleichberechtigung gewertet werden. Ein kurzer Blick auf die Fakultäten deutscher Universitäten belehrt uns schnell eines Besseren. Nur 8% der wissenschaftlichen Lehrkräfte und weniger als 2% aller Professoren sind Frauen. Daraus ist zu ersehen, daß auch der akademisch begabten Frau die Universitätslaufbahn nicht so offen steht wie ihrem männlichen Kollegen.

Den Kenner deutscher Verhältnisse setzt dies nicht in Erstaunen: Deutsche Universitäten gehörten oft zu den konservativsten und patriachalischsten Institutionen dieser Nation. Aber auch diese Bastion männlicher Vorrechte wird auf die Dauer dem berechtigten Ansturm weiblicher Ansprüche auf Gleichberechtigung nicht standhalten können. Deutsche Studentinnen, denen der Schritt vom „Doktorvater" zur „Doktormutter" nicht schnell genug geht, muß man daran erinnern, daß erst 1908 die ersten Frauen in Deutschland zum Universitätsstudium zugelassen wurden. In einem Land, in dem einige Universtäten auf eine Tradition von mehreren hundert Jahren zurückblicken können, sind die erzielten Fortschritte der letzten Jahre bemerkenswert. Aller Anfang ist schwer — doch der Anfang ist gemacht.

Auch in der Politik faßt die deutsche Frau nach langem Kampf langsam Fuß. Ermutigend stellte der ehemalige Bundeskanzler Willy Brandt fest: „Hohe Positionen in der Politik sind kein Monopol der Männer." Das sollte es auch nicht sein, denn 1973 gab es in der Bundesrepublik 22,3 Millionen wahlberechtigte Frauen gegenüber 18,8 Millionen Männer. Dennoch saßen vor diesen Wahlen unter den 518 Abgeordneten des Bundestags nur 33 Frauen. Aus dieser Statistik weht noch der Geist jenes wahrhaft „männlichen" Ausspruchs, den sich ein ehemaliger bayrischer Landtagspräsident (Michael Horlacher) einmal leistete: „Als einzelne wirkt die Frau wie eine Blume im Parlament, in der Masse wie Unkraut." Wenn die Gleichberechtigung beider Geschlechter ein echtes und wirkungsvolles Prinzip im Leben Deutschlands sein soll, dann müßte man den Wählern zurufen: „Schickt eurem Parlament viele Blumen, noch viel mehr Blumen."

FRAGEN

1. Was sollte die deutsche Frau vergangener Zeiten sein? **2.** Was gab es erstmals 1972 in der Deutschen Bundesrepublik? **3.** Welche Fragen stellen sich besorgte Bürger Deutschlands über die Gastarbeiter? **4.** Warum gibt es in Deutschland einen Frauenüberschuß? **5.** Warum sind so viele verheiratete Frauen berufstätig? **6.** Wie dachten die Nazis über die Rolle der deutschen Frau? **7.** Welcher Grundsatz würde für die berufstätige Frau finanzielle Gleichberechtigung bedeuten? **8.** Was versperrt vielen Frauen den Weg zur beruflichen Gleichberechtigung? **9.** Womit ist künftig in akademischen Berufen zu rechnen? **10.** Was ist ein deutsches Sprichwort über den „Anfang"?

GRAMMATIK

DESCRIPTIVE VS. LIMITING ADJECTIVES

It is useful in discussing German adjectives to make a distinction between descriptive adjectives and limiting adjectives. Descriptive adjectives—such as **jung** (young), **blau** (blue), and **groß** (big)—*describe* the noun they modify. Limiting adjectives do not describe the noun they modify, but *limit in a specific way* the category to which it belongs.

Limiting Adjective	**fünf** Bücher	(five books)
Descriptive Adjective	**deutsche** Bücher	(German books)

The limiting adjective **fünf**, in contrast to the descriptive adjective **deutsche**, does not describe the books in any way. Instead, it specifies the number of books, and so limits the category of books to a specific group or set.

Similarly, all the **der**-words and **ein**-words are limiting adjectives. The demonstrative adjectives—such as **dieser** (this) and **jener** (that)—and the possessive adjectives—such as **mein** (my) and **dein** (your)—do not describe anything but limit a category to specific items. Other limiting adjectives are the definite and indefinite articles—**der** (the) and **ein** (a)—and the interrogative **welcher?** (which?). **Alle** (all) and **jeder** (every) limit by total *inclusion* (the universal set), and **kein** (no, not any) limits by total *exclusion* (the zero set).

The distinction between limiting and descriptive adjectives is important because it determines the inflectional endings of German adjectives.

LIMITING ADJECTIVES AND PRIMARY ENDINGS

Most limiting adjectives carry inflectional endings to show the number, gender, and case of the noun they modify. These primary endings[1]

---

[1] Primary adjective endings are sometimes called "strong" endings and secondary adjective endings (*see* Chapter 12) are sometimes called "weak" endings. These terms will not be used here, however, because the concepts of strength have no real meaning when applied to adjectives.

were presented in the discussions of **der**-words and **ein**-words and in the table on page 155. The following diagram briefly reviews them.

Primary Endings

	MASCULINE	NEUTER	FEMININE	PLURAL
Nominative	-r, —	-s, —	-e	-e
Accusative	-n			
Dative	-m	-m	-r	-n
Genitive	-s	-s	-r	-r

Remember that the **der**-words (**der, dieser, jener, welcher, jeder**, and **alle**) have these primary endings in all cases. The **ein**-words (**ein, mein, dein, sein, unser, euer, ihr, Ihr**, and **kein**) have *no* ending in the masculine nominative and in the neuter nominative and accusative singular. In all other cases, they add the same primary endings as the **der**-words.

With the exception of **ein**, cardinal numbers add no ending to show number, gender, or case.[2]

fünf Häuser	(five houses)
zwölf Bücher	(twelve books)
Er hat nur **eine** Frau.	(He has only one wife.)

DESCRIPTIVE ADJECTIVES WITHOUT ENDINGS

Descriptive adjectives in German sometimes add inflectional endings and sometimes do not. The following do not.

1. Predicate adjectives, that is, adjectives standing alone at the end of a clause, completing the verbs **sein** (to be), **bleiben** (to remain), **werden** (to become), **machen** (to make), and **scheinen** (to seem).

---

[2] Inflectional endings on cardinal numbers do occur, but they are archaic and rare.
Wir lasen die Werke **zweier** Dichter.	(We read the works of two poets.)
Sie marschierten zu **dreien** in einer Reihe.	(They marched in rows of threes.)
Das Kind kroch auf allen **vieren**.	(The child crawled on all fours.)

Diese Geschichte ist sehr interessant.	(This story is very interesting.)
Er blieb sein ganzes Leben arm.	(He remained poor his whole life long.)
Das Wetter wurde endlich schön.	(The weather finally became beautiful.)
Du machst mich glücklich.	(You make me happy.)
Sie schien krank.	(She appeared to be sick.)

2. Adjectives that follow the noun they modify (often poetic).

Röslein rot	(little red rose)
Hänschen klein	(little Jack)
Ich sah ein Mädchen, jung und schön.	(I saw a girl, young and pretty.)
der Genitiv maskulin	(the masculine genitive)

3. Adjectives of foreign origin ending in -a (mostly adjectives of color).

Sie trug ein rosa Kleid mit einem lila Band.	(She wore a pink dress with a purple ribbon.)
Das war eine prima Arbeit.	(That was a first-rate job.)

DESCRIPTIVE ADJECTIVES WITH PRIMARY ENDINGS

Descriptive adjectives that *precede* the noun they modify are called "attributive adjectives" because they describe an attribute of the noun. With few exceptions, attributive adjectives must add an ending.[3] The principle governing these endings is as follows: since German nouns have hardly any inflectional endings, the function of the noun in the sentence (differentiating between subject and object, dative and accusative, singular and plural, masculine, neuter, and feminine) must be indicated by the noun modifier (the limiting or descriptive adjective that precedes the noun). Usually, the primary ending on the limiting adjective indicates this function. If the descriptive adjective is *not* preceded by a limiting adjective with a primary ending, however, the

---

[3] In certain poetic or idiomatic expressions, attributive adjectives sometimes occur without endings: *schön* Rosmarin (fair Rosemary); *klein* Paris (little Paris); *ruhig* Blut bewahren (to remain calm).

descriptive adjective itself adds the appropriate primary ending.[4] This occurs in two instances:

1. When the descriptive adjective is not preceded by any limiting adjective.

1.1 Nominative case

Heißer Kaffee ist gut.	(Hot coffee is good.)
Kaltes Bier ist gut.	(Cold beer is good.)
Kalte Milch ist gut.	(Cold milk is good.)
Gute Bücher sind gute Freunde.	(Good books are good friends.)

1.2 Accusative case

Ich trinke schwarzen Kaffee.	(I drink black coffee.)
Sie hat schöne Hände.	(She has beautiful hands.)

1.3 Dative case

Ich sah ein Mädchen mit rotem Haar.	(I saw a girl with red hair.)
Er sprach von guten Büchern.	(He spoke of good books.)

1.4 Genitive case[5]

Die Farbe frischer Milch ist weiß.	(The color of fresh milk is white.)
Die Rolle deutscher Frauen hat sich geändert.	(The role of German women has changed.)

2. When the descriptive adjective is preceded by a limiting adjective without an ending. This occurs with numerical adjectives or ein-words.

2.1 Nominative masculine singular

mein guter Freund	(my good friend)
unser alter Vater[6]	(our old father)

2.2 Nominative and accusative neuter singular

ihr neues Kleid	(her new dress)
ein interessantes Buch	(an interesting book)

---

[4] Descriptive adjectives not preceded by a limiting adjective with a primary ending are sometimes called "unpreceded" adjectives.

[5] Primary endings are not used on descriptive adjectives in the genitive singular masculine and neuter (for reasons explained in Chapter 12): **Aus der Küche kam das Aroma starken Kaffees** (From the kitchen came the aroma of strong coffee).

[6] Note that the -er of unser (as well as of euer) is part of the stem and is *not* a primary ending.

2.3 Accusative plural

Er brachte ihr sieben **rote** Rosen.   (He brought her seven red roses.)

2.4 Dative plural

Er kam mit sieben **roten** Rosen.   (He came with seven red roses.)

ADJECTIVES USED AS ADVERBS

1. Adjectives used as adverbs never add an ending in German. In contrast to English, which adds *-ly* to the adjective stem to form adverbs (*nice–nicely*), German adverbs are formed by *removing* all endings.

Adjective	das **schöne** Mädchen	(the *beautiful* girl)
Adverb	Das Mädchen singt **schön.**	(The girl sings *beautifully*.)
Adjective	ein **langsamer** Wagen	(a *slow* car)
Adverb	Der Wagen fährt **langsam.**	(The car drives *slowly*.)

Adjectives ending in **-lich** may also be used adverbially, as is the adjective **gut**.

Adjective	Er war **freundlich.**	(He was *friendly*.)
Adverb	Er grüßte mich **freundlich.**	(He greeted me *in a friendly manner*.)
Adjective	Das Essen ist **gut.**	(The food is *good*.)
Adverb	Sie kocht **gut.**	(She cooks *well*.)

2. It is important to distinguish between adjectives and adverbs. German predicate adjectives (completing the verbs **sein, bleiben,** and **werden**) follow the same principle as in English: they have no ending.

Er ist **fleißig.**   (He is *diligent*.)
Der Kaffee war **bitter.**   (The coffee was *bitter*.)
Das ist **ungewöhnlich.**   (That is *unusual*.)

Unlike English, however, German adverbs also have no endings. They modify verbs, adjectives, or other adverbs.[7]

Er arbeitet **fleißig.**   (He works *diligently*.)
Es war **bitter** kalt.   (It was *bitter* cold.)
Wir fuhren **ungewöhnlich** langsam.   (We drove *unusually* slowly.)

---

[7] Some adverbs, to be sure, are not derived from adjectives at all, such as **jetzt** (now), **hier** (here), and **sehr** (very). Adverbs of this type never have an ending in German or in English.

Attributive adjectives, on the other hand, modify the noun that follows. They have no ending in English, but always carry an inflectional ending in German.

    ein **fleißiger** Junge   (a *diligent* boy)
    bittere Tränen   (*bitter* tears)
    ungewöhnliches Wetter   (*unusual* weather)

ANWENDUNG

A. *Supply the English equivalent of the italicized words and expressions.*

1. Was war die Rolle *deutscher Frauen* in vergangenen Zeiten? 2. Sie ist die Mutter *gesunder und wohlerzogener Kinder*. 3. Die Zahl *weiblicher und männlicher Kirchgänger* ist dieselbe. 4. Die jungen Leute *sind heute heiratsfreudiger* als früher. 5. *Nach Meinung prominenter Wissenschaftler*. 6. *Manches Ehepaar* entscheidet sich für nur ein Kind. 7. *Lieber ein zweites Auto* als ein zweites Kind. 8. *Gleicher Lohn für gleiche Leistung*. 9. *Der akademisch begabten Frau* steht die Universität offen. 10. Der Geist jenes *wahrhaft männlichen* Ausspruchs.

B. *Restate each sentence by replacing the German equivalent of the English cue for the adjective in boldface.*

1. Was erwartet **ein** Mann von seinem Beruf? (*many a*)
2. Was erwartet **eine** Frau von ihrem Beruf? (*every*)
3. Was erwartet **ein** Kind von seinen Eltern? (*this*)
4. Was erwarten **viele** Eltern von ihren Kindern? (*all*)
5. **Ein** Vater erwartet viel von seinem Sohn. (*which?*)
6. **Kein** Kind erwartet viel von seinen Eltern. (*many a*)
7. **Mein** Professor erwartet zu viel von mir. (*this*)

C. *Supply the correct form of the adjective stem for the word in parentheses.*

1. (jed-) Das weiß _____ Kind.
2. (Welch-) _____ Mädchen heißt Anna?
3. (Dies-) _____ Junge heißt Fritz.
4. (Manch-) _____ Studentin arbeitet, um Geld zu verdienen.
5. (Manch-) _____ Leute wissen nichts von Politik.
6. (Manch-) _____ Problem unserer Zeit kann nicht gelöst werden.
7. (jed-) Das weiß doch _____ Mensch!

8. (dies-) Das Auto gehört _____ Mann.
9. (dies-) Wem gehört _____ Auto?
10. (welch-) In _____ Land dürfen Frauen nicht wählen?
11. (dies-) Mit _____ Frage habe ich nichts zu tun.
12. (jen-) Mit _____ Problem habe ich nichts zu tun.
13. (solch-) Mit _____ Leuten will ich nichts zu tun haben.
14. (jed-) Das ist das Recht _____ Frau.
15. (dies-) Das ist das Auto _____ Mannes.
16. (jen-) Das ist die Mutter _____ Kindes dort.
17. (all-) Das ist die Meinung _____ Deutschen.
18. (manch-) Ist das die Meinung _____ Männer?
19. (jed-) Das ist die Meinung _____ Arbeiters.
20. (manch-) Das ist die Meinung _____ Arbeiterin.
21. (dies-) Haben Sie _____ Mann verstanden?
22. (dies-) Haben Sie _____ Frage verstanden?
23. (Welch-) _____ Problem haben Sie nicht verstanden?
24. (Welch-) _____ zwei Wörter haben Sie nicht verstanden?
25. (solch-) Er stellt oft _____ Fragen.

D. *Supply the correct form of the adjective in parentheses.*

1. (Kalt) _____ Bier erfrischt.
2. (Heiß) _____ Kaffee erwärmt.
3. (Frisch) _____ Milch gibt Energie.
4. (Alt) _____ Brot ist hart.
5. (Alt) _____ Klischees gefallen mir nicht.
6. (jung) Was ist mit Ihnen los, _____ Mann?
7. (Arm) _____ Mädchen, man hat ihr Auto gestohlen!
8. (schön) In Deutschland gibt es _____ Kirchen.
9. (deutsch) Die Rolle _____ Frauen hat sich geändert.
10. (japanisch) Das Produkt _____ Arbeit ist heute anerkannt.
11. (frisch) Der Vitamingehalt _____ Milch ist sehr hoch.
12. (kalifornisch) Trinken Sie gern _____ Wein?
13. (russisch) Trinken sie gern _____ Tee?
14. (bayrisch) Trinken Sie gern _____ Bier?
15. (kalt) Trinken Sie gern _____ Milch?
16. (rot) Der Professor korrigiert mit _____ Tinte.
17. (rot) Das Kleid ist aus _____ Stoff.
18. (arm) Er hilft immer _____ Leuten.

E. *Add the correct ending where necessary. (Sometimes no ending is needed.)*

1. Herr Huber ist ein klein____ Verkäufer.
2. Er gehört zu jen____ Verkäufern, die immer freundlich____ sind.
3. Der Papagei braucht jed____ Tag frisch____ Wasser.

4. Lange beobachtet Herr Huber das Spiel dies____ drolligen Tiere.
5. Er beobachtet Kaspar, ein____ der lustigsten Seehunde.
6. Herr Huber ist fassungslos über solch____ Unwissen bei dies____ Dame.
7. Die Dame antwortet mit klar____ und scharf____ Stimme.
8. Herrn Hubers Gesicht wird rot____.
9. Er überlegt, mit welch____ Argumenten er die Dame entwaffnen kann.
10. „Sehen Sie, das ist ein Seehund, kein____ Haifisch!"

F. *Supply the phrase that most accurately completes the statement based on the reading selection.*

1. Das Motto „Kinder-Küche-Kirche" (a) trifft heute kaum noch zu (b) ist heute eine neue Tradition (c) so lautet ein heute oft gehörtes Klischee.
2. Laut offizieller Angaben (a) sind deutsche Ehepaare sehr kinderreich (b) hat Deutschland die niedrigste Geburtsrate der Welt (c) sind deutsche Ehepaare sehr heiratsfreudig.
3. Als Folge zweier Weltkriege gibt es in Deutschland (a) nicht genug Frauen (b) einen Frauenüberschuß (c) einen Männerüberschuß.
4. Die Befriedigung eines höheren Lebensstandardes erfordert heute oft (a) ein zweites Auto (b) ein zweites Einkommen durch die Frau (c) ein zweites Kind von der Frau.
5. Die Nazis verkündigten eine alte Forderung: (a) „Die Frau gehört dem Mann!" (b) „Die Frau gehört ins Haus!" (c) „Die Frau gehört in die Fabrik!"
6. Die ansteigende Zahl von Studentinnen an deutschen Universitäten (a) beweist das Problem beruflicher Gleichberechtigung (b) zeigt, daß auch diese Bastion männlicher Vorrechte unbesiegbar ist (c) zeigt, daß bemerkenswerte Fortschritte erzielt wurden.

G. FREE RESPONSE: **Was ist Ihre Meinung?** *Select two of the four questions to answer in German.*

1. Hat Ihnen die Frauenrechtbewegung geholfen oder nicht? Geben Sie Beispiele aus Ihrer persönlichen Erfahrung! **2.** Welche persönliche Eigenschaften betrachtet man als weiblich oder männlich? Geben Sie einige Beispiele und erklären Sie warum! **3.** Wie lernt man schon als kleines Kind, daß unsere Kultur einen großen Unterschied zwischen den Geschlechtern macht? Geben Sie Beispiele aus Ihrem eigenen Leben als Kind! **4.** Auf welche Weise beeinflußt unsere Sprache unsere Einstellung zu den beiden Geschlechtern? Geben Sie Beispiele aus der englischen und deutschen Sprache!

KAPITEL 12

SECONDARY ADJECTIVE ENDINGS

REDEWENDUNGEN

tiefe „Badewannen"	big holes in the snow [made by skiers' falls]
das „Schihaserl"	ski bunny [person just learning how to ski]
vom Diesseits ins Jenseits befördern	to dispatch from this world into the next
ein zünftiger Schiläufer	a skillful skier, a "pro"
ein „frisierter" Hang	a well-groomed slope
„Hals- und Beinbruch"	*figuratively*, break a neck and leg [said for good luck]; *literally*, neck and leg fracture

ALPHABET DES ALPINEN SCHILAUFS
(wie es nicht im Duden[1] steht)

A die Abfahrt
   down-hill run, trail
   Wer sie ohne mehrere schwere Stürze meistert, braucht sich nicht mehr zu den blutigen Anfängern zu zählen.

B die Bodenwellen
   moguls
   Kleine Hügel, die schlechte Schiläufer zum beständigen Fluchen anregen können.

C Celsius
   centigrade
   Temperaturen unter −20 Grad Celsius locken mehr Schiläufer in die warme Gaststube zu einem Glas heißen Glühwein als auf die schönen Hänge mit trockenem Pulverschnee.

D die Drängerei
   pushing and shoving
   Das allen Schiläufern bekannte Ritual vor überfüllten Seilbahnen und Schiliften.

E die Entlastung
   shifting of the weight
   Das nicht immer ganz leichte Spiel mit dem Gewicht des eigenen Körpers. Wenn man es vom linken Schi auf den rechten verlagert, dann entlastet man den linken Schi. Eine zweite Bedeutung: Wenn ein galanter Mann einer müden Frau beim Heimweg die Schier trägt.

---

[1] The **Duden** is *the* authoritative encyclopedia of German language and grammar.

F der Fangriemen
safety strap

Der kurze Riemen, den man erst vermißt, wenn man vergebens nach dem weggelaufenen Schi sucht.

G das Gesäß
buttocks

Jener gut gepolsterter Teil der menschlichen Anatomie, der bei manchen Abfahrten als willkommene Notbremse fungiert und tiefe „Badewannen" am Hang hinterläßt.

H der Hang
slope

Das wichtigste Stück Natur für die Enthusiasten dieses weißen Wintersports.

I der Idiotenhügel
beginner's slope

Der nicht sehr freundliche Name für alle jene Hänge, auf denen „Schihaserln" und andere Anfänger ihre ersten Schiversuche unternehmen.

J das Jodeln
yodeling

Jene seltsame Art des alpinen Singens, mit der österreichische und Schweizer Schilehrer ihre ausländischen Schüler besonders beeindrucken.

K die Kanten
edges

Wer diese kleinen stählernen Ränder nicht an seinen beiden Schiern hat, soll sich nicht auf eisige Pisten wagen.

L die Lawine
avalanche

Laufende, rutschende Schneemassen, die schon manchen waghalsigen Schiläufer vom Diesseits ins Jenseits befördert haben.

M der Matsch
slush

Der nasse, schmelzende Schnee, der den zünftigen Schiläufern wenig Freude, aber oft nasse Füsse bringt.

N die Natur
nature

All das Schöne und Herrliche, das viele der heutigen Schiläufer gar nicht mehr sehen.

O (das) Österreich
Austria

Ein gebirgiges Land, in dem sich viele Wintersportler aus aller Welt wohl fühlen.

P die Piste
prepared slope

Ein Schihang, der mit großen Maschinen für die zahlenden Schiläufer prepariert und „frisiert" wird.

Q der Querkopf
meathead

Ein nicht sehr angenehmer und oft lauter Mensch, der auch beim Schilauf immer alles besser weiß.

R die Rückenlage
leaning backward

Nicht selten das kurze Übergangsstadium zwischen einem unsicheren Stehen auf den Schiern und einem ungeplanten Liegen im Schnee.

S die Sicherheitsbindung
safety binding

Etwas Wichtiges für alle Schiläufer, die sich die hohen Kosten eines längeren Krankenhausaufenthaltes sparen möchten.

T der Torlauf
slalom

Für die Vielen, die dabei zuschauen, ein sportliches Schauspiel; für die Wenigen, die daran teilnehmen, eine Herausforderung ihres schiläuferischen Könnens.

U der Unfall
accident

Dieses zweisilbige Wort gehört leider auch zum Vokabular des Schisports, genau so wie das gutgemeinte deutsche Sprichwort: „Hals- und Beinbruch".

V die Vorlage
leaning forward

Eine unentbehrliche Stellung im modernen Schilauf, die jedoch dem Anfänger nicht immer leicht fällt.

W das Wedeln
wedel

Diese neue Art des kurzen Schwingens hat die Technik des alpinen Schilaufs revolutioniert. Auf der glatten Piste können es viele, aber im tiefen Schnee ist es immer noch eine Sache für wirkliche Könner.

X die X-Beine
bandy-legged

Wer so geformte Beine hat, der hat es beim Lernen des Schneepflugs etwas leichter.

Y — Der einzige Buchstabe im Alphabet, der bisher im alpinen Schilauf keine Verwendung findet.

Z die Zipfelmütze
tassled cap
Eine warme Kopfbedeckung für modebewußte Schiläufer aller Altersstufen. Von ihrem schicken Aussehen kann man nicht immer auf das schiläuferische Können ihres Besitzers schließen.

FRAGEN

1. Zu wem braucht man sich nicht mehr zu zählen, wenn man eine Abfahrt meistert? 2. Wohin locken Temperaturen unter —20 Grad Celsius viele Schiläufer? 3. Was bedeutet Entlastung im Schilauf? 4. Wann vermißt man den Fangriemen? 5. Was machen die „Schneehaserln" auf dem „Idiotenhügel"? 6. Was sind Lawinen? 7. Warum bringt der Matsch wenig Freude? 8. Warum kommen Schiläufer gerne nach Österreich? 9. Warum ist die Sicherheitsbindung für alle Schiläufer wichtig? 10. Wo ist das Wedeln leicht und wo ist es schwer?

GRAMMATIK

Primary endings on limiting and descriptive adjectives signal the number, gender, and case of the nouns they modify. The information supplied this way about a noun's case is often essential: because the position of subjects and objects in German sentences is flexible, word order alone sometimes fails to clarify a noun's function in the sentence.

As shown in Chapter 11, primary endings can occur on either limiting or descriptive adjectives. If a descriptive adjective is preceded by no limiting adjective or by a limiting adjective with no primary ending, it adds the appropriate primary ending itself: gut*er* Freund (good friend); mein gut*er* Freund (my good friend). If, however, a descriptive adjective follows a limiting adjective *with* a primary ending (P), the descriptive adjective no longer needs the primary ending; instead, it adds a secondary ending (S).

      P S
dieser gute Freund   (this good friend)

DESCRIPTIVE ADJECTIVES WITH SECONDARY ENDINGS

1. Attributive adjectives can add one of two secondary endings: **-e** or **-en**.

1.1 The **-e** ending is used for the nominative singular of all three genders and for the accusative singular neuter and feminine.

	MASCULINE	NEUTER	FEMININE
	P S	P S	P S
Nominative	dieser alte Mann	welches alte Buch	eine alte Frau
Accusative		jedes alte Haus	meine alte Tante

In each of these examples, the primary ending on the limiting adjective indicates the gender of the noun that follows. The descriptive adjective therefore does not need to distinguish the noun function, and its secondary ending is the same for all three genders.

1.2 The **-en** ending is used for all other cases of the singular and for the plural.

	P S	
das Kleid	dieser jungen Frau	(this young woman's dress)
Ich sah	den alten Mann.	(I saw the old man.)
Er kam mit einem	neuen Buch.	(He came with a new book.)
	alle kleinen Kinder	(all small children)

2. Primary and secondary endings coincide in certain instances.

    2.1 Nominative and accusative feminine singular

        P S
    meine liebe Mutter   (my dear mother)

2.2 Accusative masculine singular

     P   S
einen guten Freund   (a good friend)

2.3 Dative plural

        P   S
mit seinen neuen Büchern   (with his new books)

Note that in the dative plural, the noun also ends in **-n**.

3. Secondary endings are also used on descriptive adjectives before masculine and neuter nouns in the genitive singular, even when the descriptive adjective is not preceded by a limiting adjective with a primary ending. The **-s (or -es)** ending on the noun itself serves as the primary ending by indicating the noun's case. Such constructions are rather rare.[1]

            P   S
das Aroma guten Weines   (the aroma of good wine)

PRIMARY OR SECONDARY?

Note that descriptive adjectives may add either primary or secondary endings, depending on the limiting adjective that precedes them. (Limiting adjectives, however, *never* add secondary endings; they may have either a primary ending or no ending.)

        P
    tiefer Schnee   (deep snow)
            P
kein tiefer Schnee   (no deep snow)
   P   S
dieser tiefe Schnee   (this deep snow)

A German noun may be preceded by a primary ending alone, or by both a primary ending and a secondary ending. A secondary ending can never occur in the absence of a primary ending.

Remember this basic principle: If no limiting adjective with a primary ending precedes the descriptive adjective, the primary ending

---

[1] If they involve a unit of measurement or a quantity, the genitive is not used at all. The archaic **ein Glas kalten Wassers**, for example, is replaced in modern German by **ein Glas kaltes Wasser**.

appears on the descriptive adjective; if a limiting adjective with a primary ending precedes it, the descriptive adjective adds a secondary ending (**-e** or **-en**).

The ending **-e** is used in the nominative masculine, nominative/accusative neuter, and nominative/accusative feminine singular.
In all other instances, the ending is **-en**.

Secondary Endings

	MASCULINE	NEUTER	FEMININE	PLURAL
Nominative	-e	-e	-e	-en
Accusative	-en	-e	-e	-en
Dative	-en	-en	-en	-en
Genitive	-en	-en	-en	-en

ADJECTIVES IN SERIES

When descriptive adjectives occur in a series, modifying the same noun, they all have the same ending.

 ein armer, alter, kranker Mann   (a poor, old, sick man)
 Ich sah einen armen, alten, kranken Mann.   (I saw a poor, old, sick man.)
 Das Zimmer hat fließendes warmes und   (The room has running hot and
  kaltes Wasser.   cold water.)

When more than one limiting adjective precedes a noun (which rarely happens), they also have the same ending.

 alle diese Bücher   (all these books)
 Er sprach mit allen seinen Freunden.   (He spoke with all his friends.)

The distinction must always be made between limiting adjectives and descriptive adjectives.

LIMITING	DESCRIPTIVE		
P P	S S S		
alle meine	lieben guten alten	Freunde	(all my dear good old friends)
P P	S S		
alle diese	interessanten deutschen	Bücher	(all these interesting German books)

180 KAPITEL 12

INDEFINITE ADJECTIVES

1. Most of the indefinite adjectives are not considered limiting adjectives because they are not precise (a limiting adjective, by definition, must be specific and definite). They are thus treated like descriptive adjectives—that is, they have primary endings when they are *not* preceded by a limiting adjective with a primary ending and secondary endings when they are. The indefinite adjectives in this category include the following.

einige	some	ähnliche	similar
viele	many	folgende	the following
wenige	few	mehrere	several
andere	other	verschiedene	different

LIMITING	INDEFINITE	DESCRIPTIVE		
	P viele	P gute	Freunde	(many good friends)
P meine	S vielen	S guten	Freunde	(my many good friends)
	P andere	P neue	Bücher	(other new books)
P alle	S anderen	S neuen	Bücher	(all other new books)

Note that in each instance the indefinite adjective and the descriptive adjective have the same ending.

2. **Manch** (many a, some [not many]), **solch** (such), and **welch** (what, which), on the other hand, are considered limiting adjectives. They may occur either *with or without* an inflectional ending. The choice is one of stylistic preference; there is no difference in meaning.

2.1 When **manch**, **solch**, or **welch** has no ending, the descriptive adjective that follows adds a primary ending.

        P
manch (ein) armer Mann   (many a poor man)
     P
manch bunte Blumen   (some colorful flowers)

GRAMMATIK

          P
solch (ein) schönes Wetter   (such beautiful weather)
     P
solch schöne Tage   (such beautiful days)
        P
welch ein netter Mensch   (what a nice person)
      P
welch gutes Bier   (what good beer)

2.2 When **manch, solch,** or **welch** has an ending, the descriptive adjective that follows adds a secondary ending.

    P   S
mancher arme Mann   (many a poor man)
   P   S
solche schönen Tage   (such beautiful days)
    P   S
welche netten Menschen   (what nice people)

3. **Beide** (both, two) is considered a limiting adjective because it is specific. It is therefore followed by a descriptive adjective with a secondary ending.

    P   S
beide alten Männer   (both old men)
             P   S
die Söhne beider alten Männer   (the sons of the two old men)

Following another limiting adjective, however, **beide** and any subsequent descriptive adjectives have secondary endings.

    P   S   S
die beiden alten Männer   (the two old men)

PARTICIPLES USED AS ADJECTIVES

In English, past participles and present participles often function as attributive adjectives (freshly *ground* coffee; *running* water). When they are so used in German, the regular rules about adjective endings apply.

1. Past Participles[2] The same principle applies to all cases.

INFINITIVE		PAST PARTICIPLE	
mahlen	(to grind)	gemahlen	(ground)
teilen	(to share)	geteilt	(shared)
verlieren	(to lose)	verloren	(lost)
ausstrecken	(to stretch out)	ausgestreckt	(stretched out)

Predicate Nominative
Der Kaffee ist frisch gemahlen.   (The coffee is freshly ground.)

Nom. Masc. Sing.

      P
frisch gemahlen**er** Kaffee   (freshly ground coffee)

P   S
der frisch gemahlen**e** Kaffee   (the freshly ground coffee)

Nom./Acc. Neut. Sing.

  P
geteilt**es** Leid   (shared sorrow)

Nom./Acc. Pl.

  P   S
die verloren**en** Bücher   (the lost books)

Dat. Pl.

          P
mit ausgestreckt**en** Armen   (with outstretched arms)

2. Present Participles The German present participle is formed by adding **-d** to the infinitive.

Infinitive	schmelzen	(to melt)
Present Participle	schmelzend	(melting)[3]

When the present participle is used as an adjective, it is treated like any descriptive adjective.

        P
schmelzend**er** Schnee   (melting snow)

P   S
der schmelzend**e** Schnee   (the melting snow)

P   S
des schmelzend**en** Schnees   (of melting snow)

        P
in schmelzend**em** Schnee   (in melting snow)

---

[2] For rules governing the formation of past participles, see Chapter 8.

[3] Remember that, unlike English, German does not use the present participle as a verb form in a progressive tense. "The snow was *melting*" must be expressed as **Der Schnee schmelzte. Schmelzend** would never be used in such a sentence.

GRAMMATIK

ADJECTIVES USED AS NOUNS

Both German and English use adjectives as nouns—"the rich and the poor; the old and the new" are examples in English. Almost any German adjective may be made into a noun simply by capitalizing it and omitting the noun that follows; it retains its ending as if the noun were still there.

ein kranker Mann	ein **Kranker**	(a sick man; a patient)
der kranke Mann	der **Kranke**	(the sick man; the patient)
einem kranken Mann	einem **Kranken**	(to a sick man; to a patient)
die kranken Leute	die **Kranken**	(the sick people; the patients)

Masculine, feminine, and plural adjectival nouns refer to people. Neuter adjectival nouns usually designate concepts or things.

der Alte	(the old man)
die Alte	(the old woman)
die Alten	(the old people)
das Alte und das Neue	(the old and the new)

Masculine and feminine adjectives that refer to things are not capitalized in order to avoid confusion with human beings. If the sentence **Ich brauche einen neuen Wagen; mein *alter* fährt nicht mehr gut** (I need a new car; my old one no longer runs well), for example, had **mein *Alter*** (capitalized), it would mean "my old man."

Following the indefinite pronouns (**viel, wenig, etwas, einiges,** and **nichts**), an adjectival noun has a neuter primary ending.

          P
    nichts **Neues**   (nothing new)
            P
  etwas **Wichtiges**   (something important)

Following **alles** it has a secondary ending.

      P   S
  Alles **Gute!**   (All good wishes!)

PARTICIPLES USED AS NOUNS

Adjectives formed from present or past participles may also be used as nouns. They follow the same rules for capitalization, gender, and primary or secondary endings that apply to other adjectival nouns.

Infinitive	anklagen	(to accuse)
Past Participle	angeklagt	(accused)
Nouns	der **Angeklagte**	(the accused man)
	die **Angeklagte**	(the accused woman)
	ein **Angeklagter**	(an accused man)
	die **Angeklagten**	(the accused [*pl.*])
Infinitive	reisen	(to travel)
Present Participle	reisend	(traveling)
Nouns	der **Reisende**	(the traveler [*male*])
	die **Reisende**	(the traveler [*female*])
	ein **Reisender**	(a traveler [*male*])
	die **Reisenden**	(the travelers)

ANWENDUNG

A. *Supply the English equivalent of the italicized words and expressions.*

1. „Ein Alphabet *des alpinen Schilaufs*" ist der Titel des Lesestücks.   2. Ein galanter Mann trägt *einer müden Frau* die Schier.   3. Wie heißt *jener gut gepolsterte* Teil der *menschlichen Anatomie*?   4. *Das Wichtigste* für den weißen Wintersport ist der Pulverschnee.   5. Die Schneemassen haben schon *manchen waghalsigen Schiläufer* ins Jenseits befördert.   6. Die Schipiste wird *für die zahlenden Schiläufer* repariert.   7. *Das Schönste beim Schilaufen* ist das Wedeln.   8. *Diese neue Art des Schilaufs* hat den Sport revolutioniert.   9. Auf den präparierten Pisten ist die Abfahrt *etwas Leichtes*.   10. Wer x-artige Beine hat, *hat es* beim Lernen des Schneepflugs *etwas leichter*.

B. *Supply the appropriate ending, where necessary, from the list below.*

-e   -er   -en
-es   -em   — (no ending)

1. Ingrid, wo ist die heutig____ Zeitung?
2. Der Partner des bekannt____ Rechtsanwaltes ist tödlich verunglückt.
3. Dr. Frühwirth war der einzig____ Augenzeuge.
4. Herr und Frau Frühwirth sind oft in unser____ Reisebüro.
5. Sie buchen fast jed____ Flug bei uns.
6. Er möchte immer möglichst billig____ reisen.

ANWENDUNG   185

7. Kein Wunder, daß der Mann reich____ ist!
8. Er ist ein gut____ Anwalt.
9. Freilich, jed____ Brief, jed____ Frage, jed____ Antwort kostet etwas.
10. Sehen Sie, Herr Zechner, so wird man reich____.
11. Sogar den Preis ein____ Flugkarte ohne Rückflug wollte er wissen.
12. Es scheint mir, bei dies____ Reise wollte er besonders sparen.
13. Nicht jed____ Unfall ist ein Unfall. Vielleicht war es gar kein____ Unfall.
14. Sind Sie vielleicht ander____ Meinung?
15. Was macht ein sparsam____ Mann? Er spart sein ganz____ Geld.
16. Lesen Sie dies____ interessant____ und seltsam____ Gespräch noch einmal genau.

C. *Restate each sentence by changing the phrase in italics into the plural and making any other necessary changes.*

1. Herr Oberstabsarzt, soll ich Ihnen *den nächsten Mann* hereinschicken? 2. *Ein junger Mann* tritt ins Zimmer. 3. *Mancher gute Offizier* ist kurzsichtig. 4. Der Arzt hört sich die Ausrede *des neuen Soldaten* an. 5. Der Oberstabsarzt bekam eine freche Antwort *von dem schlauen Rekruten*. 6. Diese Drückeberger sind das Produkt *eines unpopulären Krieges*.

D. *Complete the sentence by adding the correct form of the adjectives in parentheses before the appropriate nouns.*

1. In dieser _____ Antwort zeigt sich eine _____ Eigenschaft des Berliners: sein _____ Humor. (frech/typisch/aggressiv)
2. „Die Berliner Schnauze" ist eine Mischung von _____ Schlagfertigkeit und _____ Fantasie. (witzig/reich)
3. Der Berliner handelt gern nach dem _____ Motto: Angriff ist die _____ Verteidigung. (alt/einzig)
4. „Maria, du hast 15 _____ Fehler in dieser _____ Arbeit gemacht." (dumm/schlecht)
5. Maria zögert _____ Augenblick und antwortet mit einem _____ Lächeln. (kein/frech)
6. Fräulein Wanke, eine _____ Dame mit _____, _____ Haar, ist seine _____ Lehrerin. (jung/lang/blond/neu)
7. Sie wirft Udo einen _____ Blick zu und sagt: „Ich möchte nur für _____ Stunden deine Mutter sein!" (wütend/wenig)
8. Mit _____ Stimme ruft Otto seine Schule an. (verstellt)
9. „Mein _____ Sohn ist heute krank," sagt Otto mit einer _____ Stimme. (klein/tief)
10. „_____ Frage", ruft Otto ins Telefon, natürlich sprechen Sie mit _____ Vater." (dumm/mein)

E. *Supply the correct form of the adjective in parentheses.*

1. Wer sagt, daß die Schweizer so _____ sind? (langweilig)
2. Was willst du von den _____ Schweizern? (langweilig)
3. Willst du aus _____ Gründen in die Schweiz fahren? (gesundheitlich)
4. Die Schweiz ist ein _____ Land. (herrlich)
5. Die Schweizer sind bekannt für ihre _____ Kühe, ihre _____ _____ Uhren, und ihre _____ Bankkonten. (gesund/genau/gehend/sicher)
6. Man hat mit Steuergeldern ein _____ _____ Theater gebaut. (wunderschön/neu)
7. Hauptsache ist, man löst _____ Fragen auf _____ Wege. (solch/demokratisch)
8. Wir kamen an einen _____ See mit _____ Schildern: „Achtung! _____ Wasser!" (schön/groß/Verschmutzt)

F. *Supply the correct ending where necessary. (Sometimes no ending is needed.)*

1. Bessi war eine jung____, dunkelbraun____ Schäferhündin mit spitz____ Ohren.
2. Irmgard suchte nach ihr____ Besitzer.
3. Ihre beid____ Kinder saßen bei den täglich____ Schulaufgaben.
4. Helga und Peter hatten den jung____ Schäferhund noch nicht gesehen.
5. Peter akzeptierte diese Erklärung mit ein____ leicht____ Seufzer.
6. Damit war das Problem des unerwartet____ Hundebesuchs noch nicht gelöst.
7. Die Kinder waren von der neu____ vierbeinig____ Spielgefährtin begeistert.
8. Dafür sorgten die Nachbarn und auch jen____ Briefträger, der von „Bißwunden", redete.
9. „Aber Gerhard, Bessi ist doch so süß____," sagte seine Frau.
10. „Mir macht sie das Leben sauer____."
11. Der Hundekrieg verstärkte sich in den kommend____ Monaten.
12. Schwer____ Herzens war Irmgard bereit, Bessi aufzugeben.
13. Gerhard hatte von ein____ sein____ Klienten erfahren, daß jemand einen Schäferhund haben wollte.
14. Beide klein____ Kinder blicken mit traurig____ Augen auf ihre Mutter.
15. Gerhard verbrachte viel____ lang____ Stunden am Bett sein____ Frau.
16. Plötzlich sah er einen schwarz____ Schatten.
17. Bessi wedelte ungeduldig____ mit ihrem lang____ Schwanz.
18. Vergessen waren die schimpfend____ Nachbarn, das zertrampelt____ Tulpenbeet, die viel____ Sorgen: Bessi war wieder zu Hause.

G. *Restate each sentence by deleting the italicized adjective and making all other necessary changes.*

1. In der „Post" konnte man *ein* recht gutes Bier bekommen. 2. Links saß ein Mann mit *einer* dicken Hornbrille. 3. Er las die Zeitung und trank *einen* heißen Tee. 4. *Das* heiße Blut schoß ihm ins Gesicht. 5. Dann gellten *die* lauten Schüsse

durch die Nacht. **6.** Göllinger war *ein* amerikanischer Geheimagent. **7.** Im April 1945 befreiten ihn *die* amerikanischen Truppen. **8.** *Alle* amerikanischen Geheimagenten wurden befreit. **9.** Göllinger träumte von *einem* echten Kaffee. **10.** Der Gestapoagent kannte die Namen *aller* amerikanischen Spione.

H. *Restate each sentence by inserting the correct form of the adjectives in parentheses and making any other necessary changes in the following adjective endings.*

    MODEL   Ich liebe schwarzen Kaffee. (kein; dieser)
                  Ich liebe **keinen schwarzen Kaffee.**
                  Ich liebe **diesen schwarzen Kaffee.**

1. Ist das teurer Tee? (der; ein)
2. Göllinger bestellte kaltes Bier. (ein; kein)
3. Wir sprechen von kaltem Wetter. (dies; unser)
4. Deutsches Bier ist sehr gut. (Das; Ihr)
5. Man liest das oft in moderner Literatur. (unser; die)
6. Haben Sie alte Autos nicht gern? (solch; mein)

I. *Tell whether the statement is true* (**richtig**) *or false* (**falsch**).

1. Ohne Bindung kann man nicht schilaufen. **2.** Eine Abfahrt ist leicht, weil es hinauf geht. **3.** Null Grad Celsius ist 32 Grad Fahrenheit. **4.** Es gibt immer eine Drängerei, wenn es zu viel Platz gibt. **5.** Auf dem Gesäß kann man sitzen. **6.** Ein Hügel ist ein kleiner Berg. **7.** Eine Lawine ist nie gefährlich. **8.** Bei trockenem Pulverschnee gibt es immer Matsch. **9.** Ein Querkopf weiß immer alles besser. **10.** Beim Fußball schießt man durch das Tor. **11.** Beim Slalom schießt man in das Tor. **12.** Der Wunsch „Hals- und Beinbruch!" bedeutet „Viel Pech!" **13.** Eine Zipfelmütze hält die Füße warm. **14.** Man säubert Straßen vom Schnee mit einem Schneepflug. **15.** Bessi kann mit dem Schwanz wedeln.

J. FREE RESPONSE: *Choose either 1 or 2 below to answer.*

1. Nennen Sie ein Hauptwort (noun) oder ein Zeitwort (verb) mit jedem Buchstaben des Alphabets von A bis Z und bilden Sie einen Satz damit!
2. Sie haben das Alphabet des Schilaufs gelesen. Benutzen Sie es als Modell, um Ihr eigenes Alphabet mit Buchstaben zu bilden. Denken Sie dabei an: Politik, Umweltverschmutzung, Liebe, Krieg, Tierliebe, Frauenemanzipation, amerikanische Sitten, deutsche Sitten, usw.

Modell: Mein Alphabet der Politik beginnt mit einem „W" für Wahrheit. Man kann nie wissen, ob ein Politiker die Wahrheit sagt. Mein Alphabet der Umweltverschmutzung beginnt mit einem „M" für Motorrad. Das Motorrad macht zuviel Lärm, es ist Ohrenverschmutzung.

KAPITEL 13

COMPARISON OF ADJECTIVES AND ADVERBS; NUMBERS

Johann Strauß Sohn

REDEWENDUNGEN

es handelt sich um — it concerns
einen Titel tragen — to hold a title
je länger ... desto — the longer ... the
stehen in — to be located in
von seinen Gedichten ist ... — among his poems is ...

WIE GUT SIND SIE INFORMIERT?

Für jede der folgenden Fragen bekommen Sie mehrere Hinweise. Je weiter Sie im Text lesen, desto leichter finden Sie die Antwort. Je weniger Hinweise Sie benötigen, desto besser informiert scheinen Sie zu sein. Im Schlüssel nachschauen, bevor Sie alles gelesen haben und bevor Sie fest nachgedacht haben, ist „strengstens verboten"!

1. Wie heißt dieser Fluß?

Zwei kleine Bäche im Schwarzwald sind seine Quelle.

Ab Ulm ist er für kleine, ab Regensburg für größere Schiffe befahrbar.

Er fließt durch nicht weniger als sieben Länder, also durch mehr als irgendein anderer Fluß Europas.

In Österreich wächst an seinen Ufern ein guter — vielleicht sogar der beste — Wein dieses Landes.

Er ist mit seinen 2850 Kilometern der zweitlängste Fluß Europas und ist 1530 Kilometer länger als der Rhein.

Er mündet mit mehreren Armen ins Schwarze Meer.

Die meisten Musikfreunde hören mit größtem Vergnügen den berühmten Walzer, der nach diesem Fluß benannt ist.

Um welchen Fluß handelt es sich?

2. Von welchem Wort sprechen wir?

Es gehört heute mehr oder weniger bereits zur englischen Sprache.

Man findet es häufig in Kriegsgeschichten und liest es auch öfters in der Zeitung.

Man definiert es am besten als: „ein schneller Krieg mit modernen Waffen".

Die deutschen Feldzüge gegen Polen (1939) und Frankreich (1940) sind gute Beispiele für dieses Wort; der Kampf der Israelis gegen die Araber im Jahre 1967 vielleicht ein noch besseres.

Der erste Teil des Wortes hat mit schlechtem Wetter zu tun.

Wie heißt dieses Wort?

3. Was für ein Titel ist das?

Es ist ein hoher Titel an einer deutschen Universität.

Wer ihn hat, ist ein höherer Administrator, aber auch ein Professor.

Er leitet nie mehr als eine Fakultät der Universität, meistens für ein Jahr, aber manchmal auch etwas länger.

Es ist eine hohe Ehre, diesen Titel zu tragen, aber die meisten deutschen Professoren wollen nicht zu lange in diesem Amt verbleiben.

Denn wer dazu erwählt ist, hat wenig Zeit zum Lehren — und noch weniger zum Forschen.

Dieser Titel stammt ursprünglich aus der Terminologie der Kirche.

Von welchem Titel sprechen wir?

4. Kennen Sie diese Stadt?

Obwohl sie älter ist als die meisten anderen Städte Österreichs, gehört sie erst seit 1805 zu diesem Staat.

Ausländer hören mehr über sie als über andere Städte Österreichs.

Je mehr man von dieser bezaubernden Stadt kennt, desto öfter möchte man sie besuchen.

In der näheren Umgebung liegen die Schlösser Hellbrunn und Leopoldskron.

Jedes Jahr finden dort die berühmtesten Musikfestspiele Europas statt.

Am besten ist sie als die Mozartstadt bekannt.

Wie heißt diese Stadt?

5. Wie heißt dieses deutsche Bundesland?

Es ist das drittgrößte Land der Deutschen Bundesrepublik.

Es ist die Heimat solch berühmter Dichter wie Friedrich Schiller und Friedrich Hölderlin.

Zu seinen bekannteren Wäldern gehören der Odenwald und der Schwarzwald.

In der größten Stadt dieses Bundeslandes steht heute der weit sichtbare „Fernsehturm".

Es hat drei sehr alte Universitäten, aber auch mehrere neuere; die älteste von ihnen ist Heidelberg.

Welches Land beschreiben wir hier?

6. Wer ist er?

Dieser deutsche Dichter wurde am 13. Dezember 1797 in Düsseldorf geboren.

In seiner Jugend versuchte er sich als Geschäftsmann, aber er hatte mehr Freude am Dichten als am Geldverdienen. Kein Wunder, daß er immer mehr dichtete und immer weniger verdiente, bis er schließlich bankrott war.

Das Ideal der Freiheit und Gleichheit bedeutete ihm viel. Man zählte ihn zu einer Gruppe revolutionärer Schriftsteller, die man „Das Junge Deutschland" nannte.

Je mehr die Regierung seine Schriften zensierte, desto schärfer wurde seine Kritik an deutschen Verhältnissen.

Von seinen vielen Gedichten ist die „Lorelei" („Ich weiß nicht, was soll es bedeuten ...") nicht sein schönstes Gedicht, jedoch sein bekanntestes.

Am 17. Februar 1856 starb dieser Dichter arm und vergessen in Paris.

Wie heißt er?

* * *

Für die Antworten schlagen Sie auf Seite 323 nach!

FRAGEN

1. Was wächst an den Ufern der Donau in Österreich? 2. Durch wieviele Länder fließt dieser Fluß? 3. Woher kommt der erste Teil des Wortes „Blitzkrieg"? 4. Warum wollen viele Professoren lieber nicht Dekan werden? 5. Wie lange gehört Salzburg schon zu Österreich? 6. Was möchte man tun, wenn man diese schöne Stadt einmal besucht hat? 7. Warum hört der Ausländer über diese Stadt mehr als über andere Städte Österreichs? 8. Was für ein Turm steht in Baden-Württemberg? 9. Warum war Heine als Geschäftsmann bald bankrott? 10. Was tat Heine, als die Regierung seine Schriften zensierte?

GRAMMATIK

German and English adjectives exist on three levels: the positive, the comparative, and the superlative. The positive was the basic form discussed in Chapters 11 and 12.

Positive	**alt**	(old)
Comparative	**älter**	(older)
Superlative	**ältest**	(oldest)

THE POSITIVE

Comparison on One Level To compare two items that exhibit an equal amount of a given attribute (comparison on one level), German uses the positive (basic form) of the adjective or adverb within the phrase **so ... wie** (*as ... as*).[1]

Sie ist **so alt wie** ich. (She is *as old as* I.)
Er läuft **so schnell wie** der Wind. (He runs *as fast as* the wind.)

The same form is used in the negative.

Dieses Buch ist **nicht so interessant wie** das andere. (This book is *not as interesting as* the other one.)
Ich spreche **nicht so gut** Deutsch **wie** mein Freund. (I do *not* speak German *as well as* my friend.)

THE COMPARATIVE

The comparative form of an adjective or adverb indicates a greater degree of a given attribute for one item in relation to another. It is formed in German, as in English, by adding **-er** to the stem of the adjective or adverb. Monosyllabic adjectives and adverbs usually add an umlaut to the stem vowel whenever possible.

rein, **rein**er (clean, clean*er* [cleanly, more cleanly])
stark, **stärker** (strong, strong*er* [strongly, more strongly])
groß, **größer** (big, bigg*er*)
jung, **jünger** (young, young*er*)

---

[1] **Ebenso** may be used instead of **so**: Sie ist *ebenso* alt wie ich (She is *just as* old as I).

Adjectives and adverbs with **au** in the stem do not add an umlaut.

    laut, **laut**er   (loud, loud*er* [loudly, more loudly])

Note that the word **mehr** (more) is *not* part of the German comparative.[2] The ending **-er** is used no matter how long the adjective or adverb may be.

    interessant, interessanter   (interesting[ly], *more* interesting[ly])
    gefährlich, gefährlicher   (dangerous[ly], *more* dangerous[ly])

1. Comparison on Two Levels To compare two items that exhibit unequal amounts of a given attribute, German uses the comparative form of the adjective or adverb and the word **als**. This corresponds to the English use of the comparative and the word "than."

    Er ist **jünger als** ich.   (He's *younger than* I.)
    Ich spreche **langsamer als** er.   (I speak *more slowly than* he.)
    Ich habe **weniger** Geld **als** sie.   (I have *less* money *than* she.)

2. Double Comparative The double comparative in English (bigger and bigger, better and better, more and more) is expressed in German by placing the word **immer** before the comparative.[3]

    immer größer   (bigger and bigger)
    immer besser   (better and better)
    immer mehr   (more and more)
    immer interessanter   (more and more interesting)
    immer langsamer   (more and more slowly)

3. Relationship Between Comparatives A relationship between two comparatives is expressed by the construction **je ... je ...**, **je ... desto ...**, or **je ... umso ...** (the ... the ...) and the comparative form of the adjective or adverb.

    je früher, je lieber   (the sooner the better)
    Je mehr ich arbeite, **desto (umso)** müder bin ich.   (The more I work the more tired I am.)

---

[2] **Mehr** may be used only under very special and unusual circumstances—in comparing two different attributes (in the positive form) of the same person or thing: Er war **mehr tot als lebendig** (He was more dead than alive).

[3] **Immer wieder**, although not a comparative, is formed in a similar way; it means "again and again." Do not confuse **wieder** (again) and **weiter** (further), the latter being the comparative of **weit** (far). **Immer weiter** means "further and further" or "on and on," *not* "again and again" or "wider and wider."

4. Absolute Comparative The "absolute comparative" is the use of a comparative adjective to indicate a fairly large amount of a given attribute, but not the full amount. Such a construction does not involve a genuine comparison between two items.

A **höhere** Schule (also called **Oberschule** or **Gymnasium**), for example, is a school that is higher than an elementary school, but lower than a university. It is the equivalent of the American high school. A **Hochschule**, on the other hand, is an institution at the highest academic level; the **Technische Hochschule** (Institute of Technology), **Pädagogische Hochschule** (School of Education), and **Musikhochschule** (Conservatory of Music) are all at the university level.

ein **älterer** Herr	(an *elderly* man [not a very old man, but not exactly a young man either])
eine **längere** Reise	(a *fairly lengthy* journey)
ein **höherer** Beamter	(a *rather high* official [but not a very high one])
eine **größere** Stadt	(a *medium-sized* town [somewhere between a **Großstadt** and a **Kleinstadt**])

THE SUPERLATIVE

In German, as in English, the superlative indicates the highest degree of a given attribute. It is formed differently for adjectives and adverbs.

1. Attributive Adjectives The superlative of adjectives is formed in German by adding **-st** to the stem (in English, -est); monosyllabic adjectives usually also add an umlaut. Attributive adjectives add the regular inflectional ending (primary or secondary) to the superlative indicator **-st**. As with the comparative, German adds the superlative ending to adjectives no matter how long they may be; it does not use the word **meist** (most) in forming the superlative.

klein	der **kleinste** Junge	(the *smallest* boy)
jung	meine **jüngste** Tochter	(my *youngest* daughter)
gefährlich	das **gefährlichste** Experiment	(the *most dangerous* experiment)
fleißig	die **fleißigsten** Schüler	(the *most diligent* pupils)

If the stem of the adjective ends in **-d**, **-t**, **-ß**, or **-z**, a linking **-e-** is usually inserted before the superlative indicator **-st**.

gesund	das ges**ünd**este Klima	(the healthiest climate)
weit	die **weit**este Reise	(the furthest [longest] trip)
heiß	das **heiß**este Wetter	(the hottest weather)
kurz	der **kürz**este Tag	(the shortest day)

Some exceptions to this rule, however, occur.

| groß | meine **größ**te Sorge | (my biggest worry) |

2. Predicate Adjectives and Adverbs German adverbs form their superlative by using the preposition **am** and adding the ending **-sten**.

| schön | Sie singt **am schönsten**. | (She sings *most beautifully*.) |
| schnell | Er sprach **am schnellsten**. | (He spoke *most quickly*.) |

This form may also sometimes be used with adjectives in the predicate (in completing a form of the verb **sein**).

Im Winter ist das Wetter **am kältesten**. (In winter the weather is coldest.)

As a rule of thumb, if the definite article is used with the superlative in English, it is also used in German.

Er war **der klügste** [von allen]. (He was *the smartest* [of them all].)

3. Absolute Superlative The "absolute superlative" indicates a very high degree—but not the highest degree—of a given attribute. With adjectives, it usually occurs without an article, but with the appropriate inflectional ending.

Es war **höchste** Zeit. (It was *high* time.)
Ich komme mit **größtem** Vergnügen. (I'll come with *great* [*the greatest of*] pleasure.)

The absolute superlative of adverbs is uninflected if the adverb stands alone or modifies an adjective.

Das weiß ich **längst**. (I've known that *for a long time*.)
Er kam **eiligst** nach Hause. (He came home *in a great hurry*.)
Das ist **äußerst** wichtig. (That's *extremely* important.)

If it modifies a verb, it is used with the ending **-stens** or the preposition **aufs** and the ending **-ste**.

Rauchen ist **strengstens** (**aufs strengste**) verboten. (Smoking is *strictly* prohibited.)
Das kann ich Ihnen **wärmstens** (**aufs wärmste**) empfehlen. (I can recommend that *most warmly*.)

The following adverbial superlatives are formed with the ending **-stens** and are used idiomatically.

höchstens	at the most; at best
meistens	in most cases; most of the time
wenigstens	at least

INFLECTIONAL ENDINGS IN COMPARISONS

German adjectives in the comparative and superlative add the same primary and secondary endings as adjectives in the positive.

PRIMARY			SECONDARY		
mein	junger Sohn	(my young son)	der	junge Sohn	(the young son)
mein	jüngerer Sohn	(my young*er* son)	der	jüngere Sohn	(the young*er* son)
mein	jüngster Sohn	(my young*est* son)	der	jüngste Sohn	(the young*est* son)
mein	junges Kind	(my young child)	das	junge Kind	(the young child)
mein	jüngeres Kind	(my young*er* child)	das	jüngere Kind	(the young*er* child)
mein	jüngstes Kind	(my young*est* child)	das	jüngste Kind	(the young*est* child)
	junge Kinder	(young children)	die	jungen Kinder	(the young children)
	jüngere Kinder	(younger children)	die	jüngeren Kinder	(the young*er* children)
			die	jüngsten Kinder	(the young*est* children)

Note that an **-er** ending may represent a primary ending (P), in the nominative masculine, dative and genitive feminine singular, or dative plural a comparative ending (COMP), or both.[4]

---

[4] The syllable **-er** may also be part of an adjective stem, as with **sicher** (sure, certain) and **tapfer** (brave).

    P
 ein sicher**er** Sieg   (a sure victory)
    COMP
 Er ist tapfer**er** als ich. (He's braver than I.)

GRAMMATIK 197

        Der Junge ist klein.   (The boy is *small*.)
                P
        Hier ist ein kleiner Junge.   (Here is *a small* boy.)
              COMP
        Dieser Junge ist kleiner.   (This boy is *smaller*.)
              COMP P
        Er ist ein kleinerer Junge.   (He is *a smaller* boy.)

IRREGULAR COMPARISONS

The comparative and superlative forms of a few German adjectives and adverbs are irregular.

1. The three most common irregular comparatives and superlatives are the following.

    gut, besser, der beste (am besten)   (good *or* well, better, best),
        mein bester Freund   (my best friend)
    viel, mehr, die meisten (am meisten) (much *or* many, more, most)
        die meisten Leute   (most people)
    gern, lieber, am liebsten   [*see below*]

The adverb **gern** expresses the concept "to like"; **lieber**, "to like better" or to "prefer"; **am liebsten**, "to like best" or "to like most of all."

    Er liest **gern**.   (He *likes* to read.)
    Er spielt **lieber** Karten.   (He *prefers* to play cards.)
    Am liebsten schläft er.   (He *likes* sleeping *best*.)

In the absence of any other verb, the idea of liking is expressed by **haben** and a form of the adverb **gern**.

    Ich habe Milch **gern**.   (I *like* milk.)
    Ich habe Kaffee **lieber**.   (I *like* coffee *better*.)
    Ich habe Bier **am liebsten**. (I *like* beer *best of all*.)

2. The adjectives **hoch** (high) and **nahe** (near) use an **-h-** in the stem when a vowel follows, a **-ch** when no vowel follows.

    hoch, höher, der höchste   (high, higher, the highest)
    nahe, näher, der nächste   (near, nearer, the nearest [*or* next])

    Der Berg ist **hoch**.   (The mountain is high.)
But
    der **hohe** Berg   (the high mountain)

3. The comparative and superlative forms of **schlecht** (bad) and **wenig** (little),[5] used either as adjectives or adverbs, are regular in German.

    schlecht — schlechter — der schlechteste (am schlechtesten)   (bad, worse, worst)
    wenig — weniger — das wenigste (am wenigsten)   (little, less, least)

4. Mehr and **weniger** have no inflectional endings when used as adjectives.

    mehr Geld   (*more* money)   **weniger** Zeit   (*less* time)
    mehr Freunde   (*more* friends)   **weniger** Bücher   (*fewer* books)

NUMBERS

1. Cardinal Numbers Cardinal numbers denote a precise quantity; they are used only in counting.[6]

Cardinal Numbers

0 null	13 dreizehn	50 fünfzig
1 eins[a]	14 vierzehn	60 sechzig
2 zwei[b]	15 fünfzehn	70 siebzig
3 drei	16 sechzehn	80 achtzig
4 vier	17 siebzehn	90 neunzig
5 fünf	18 achtzehn	100 hundert
6 sechs	19 neunzehn	101 hunderteins
7 sieben	20 zwanzig	102 hundertzwei
8 acht	21 einundzwanzig	103 hundertdrei
9 neun	22 zweiundzwanzig	145 hundertfünfundvierzig
10 zehn	23 dreiundzwanzig	200 zweihundert
11 elf	30 dreißig	300 dreihundert
12 zwölf	40 vierzig	1000 tausend

    [a] Used only in counting. **Ein** plus inflectional ending is used as an adjective: (See Chapter 11).
    [b] The spoken alternate form **zwo** occurs mainly in northern Germany; it is never used in writing.

---

[5] The old-fashioned forms **minder** (less) and **mindest** (least) are rarely used today: **Er gab sich nicht die *mindeste* Mühe** (He didn't make the *least* effort).
[6] For a discussion of cardinal numbers as limiting adjectives, see Chapter 11, page 165.

1.1 Note the following variations in pronunciation and spelling.

eins: **einundzwanzig** (no s in compounds)
zwei: **zwanzig** (stem change)
drei: **dreißig** (ß, not z)
sechs (**chs** pronounced *ks*): **sechzehn, sechzig** (ch sound, no s)
sieben: **siebzehn, siebzig** (no en)

1.2 The German use of **und** in compound numbers is the inverse of the English use of "and": **und** is used between units and tens—**dreiundachtzig**—but not after hundreds—**zweihundertsieben**. Note especially that in German compound numerals, units always *precede* tens.[7]

```
    4    60.       (60   4)
vierundsechzig     (sixty–four)
```

1.3 Years between 1100 and 1999 are usually expressed as in the following example.

1984   neunzehnhundertvierundachtzig

In formal language, this may be expressed as **eintausendneunhundertvierundachtzig**; in colloquial usage, as **neunzehnvierundachtzig**.

1.4 In numbers above 10,000, a period or space (instead of a comma, as in English) is used to separate the numeral into groups of three digits.

```
14 529       or    14.529        (14,529)
1 210 000    or    1.210.000     (1,210,000)
```

1.5 German decimals, on the other hand, use a comma (not a period). The word **Komma** is used when such numbers are spoken.

```
3,5     drei Komma fünf        (3.5; three point five)
0,19    null Komma neunzehn    (0.19; zero point nineteen)
```

1.6 Numerals above one million are considered feminine nouns; they add an **-en** ending in the plural. Note that they do not always correspond to the American term.

```
1.000.000              eine Million        (one million)
2.000.000              zwei Millionen      (two million)
1.000.000.000          eine Milliarde      (one billion [British, milliard])
1.000.000.000.000      eine Billion        (one trillion [British, billion])
```

---

[7] Compare poetic English usage, as in the A. E. Housman poem, "When I was one and twenty . . ."

2. Ordinal Numbers Ordinal numbers designate the rank of an item in a series and are used as adjectives. In English, they are formed by adding *-th* to the stem of the cardinal number: fif*th*, ten*th*. German adds **-t** for numerals up to nineteen, **-st** from twenty on, plus whatever adjective endings are required.

    Der Mai ist der **fünfte** Monat des Jahres.   (May is the *fifth* month of the year.)

    Das Jahr endet am **einunddreißigsten** Dezember.   (The year ends on the *31st* of December.)

Eins and **drei** have irregular ordinal forms, but the ordinal number for **zwei** is regular.

    mein **erstes** Buch   (my *first* book)
    zum **dritten** Mal   (for the *third* time)
    seine **zweite** Frau   (his *second* wife)

When numerals are used to designate ordinal numbers, a period follows the numeral. In dates, the sequence is always day, month, year.

    Ich bin am **9. Juni 1921** geboren.   (I was born on *June 9, 1921*.)

Roman numerals may be used for months and with the names of rulers. When written out, the ordinal is considered a noun and is capitalized.

    6. **IX.** 1932   (September 6, 1932)
    Georg **III.** (Georg **der Dritte**)   (George the Third)

3. Fractions Fractions are considered neuter nouns in German. From three on, they are formed by adding **-l** to the ordinal number.

    ein **Drittel**   (one-third)
    das letzte **Viertel**   (the last quarter)
    ein **Zehntel**   (one-tenth)
    3/100 (drei **Hundertstel**)   (.03 [three one-hundredths])

German uses two forms for "half": the noun **die Hälfte** and the adjective **halb**.

    die bessere **Hälfte**   (the better half)
    ein **halbes** Pfund   (half a pound)

GRAMMATIK

TELLING TIME

Fractions are also used for telling time in German. Portions of an hour, especially the half hour, are usually expressed in terms of the *following* full hour. The period between one o'clock and two o'clock, for example is considered the second hour. At half past one, half of the second hour has elapsed. German views this as " half (towards) two," rather than the English " half past one."

    Es ist **halb zwei**.   (It's *1:30*.)

Quarter hours are often indicated in the same manner, especially in Southern Germany, Austria, and Switzerland. At a quarter past one, one quarter of the second hour has gone by.

    Es ist **(ein) Viertel zwei**.   (It's *1:15*.)

Finally, at a quarter to two, three–fourths of the second hour are seen as having elapsed.

    Es ist **drei Viertel zwei**.   (It's *1:45*.)

To be sure, alternate forms are also frequently used, employing the same system as English for quarter hours (but *not* for half hours).

    Es ist **(ein) Viertel nach eins**.[8]   (It's *a quarter past one*.)
    Es ist **(ein) Viertel vor zwei**.   (It's *a quarter to two*.)

In addition, time may be specified in hours and minutes, similar to English.

    Es ist **ein Uhr fünfzehn**.   (It's *one fifteen*.)
    Es ist **fünfzehn Minuten nach eins**.[8]   (It's *fifteen minutes past one*.)
    Es ist **ein Uhr fünfundvierzig**.   (It's *one forty–five*.)
    Es ist **fünfzehn Minuten vor zwei**.   (It's *fifteen minutes to two*.)

The preposition **um** is used in the sense of " at " in telling time: **um halb sieben** (at 6:30).

The following list illustrates how to tell time in German for the hour of 7:00 to 8:00. Note that a period is used instead of a colon to separate hours and minutes.

---

[8] Note the use of **eins**, rather than **ein**, when there is no noun following.

7.00	sieben Uhr	7.35	fünf nach halb acht
7.05	fünf (Minuten) nach sieben	7.40	zehn nach halb acht
	sieben Uhr fünf		zwanzig vor acht
7.10	zehn nach sieben	7.45	dreiviertel acht
7.15	(ein) Viertel nach sieben		(ein) Viertel vor acht
	(ein) Viertel acht	7.50	zehn vor acht
	sieben Uhr fünfzehn	7.55	fünf vor acht
7.20	zwanzig nach sieben		sieben Uhr fünfundfünfzig
7.25	fünf vor halb acht	8.00	acht Uhr
7.30	halb acht		

In Germany, time is often told on the 24-hour system, especially in official announcements; railroad, airline, and bus schedules; theater, concert, and movie programs; and university course schedules. In this system, **13.00 (Uhr)** is used for 1 p.m., **14 Uhr** for 2 p.m., **19 Uhr** for 7 p.m., and so on until **24.00 Uhr** (midnight). Fractions are not used in the 24-hour system.

19.30 (neunzehn Uhr dreißig)   (7:30 p.m.)

ANWENDUNG

A. *Supply the English equivalents of the italicized words and expressions.*

1. *Je weiter* Sie im Text lesen, *desto leichter* finden Sie die Antwort. **2.** *Je weniger* Hinweise Sie brauchen, *umso besser* informiert sind Sie. **3.** Das Betreten des Rasens *ist strengsten verboten*! **4.** Ab Regensburg ist die Donau *für größere Schiffe* befahrbar. **5.** Die Donau fließt durch *nicht weniger als* sieben Länder. **6.** Die Donau mündet *mit mehreren* Armen ins Schwarze Meer. **7.** Man liest davon *öfters in der Zeitung.* **8.** Schlagen Sie das Wort *eiligst* im Wörterbuch *nach*! **9.** Das ist *ein hoher Titel* für einen Administrator. **10.** *Schreiben Sie es bitte höher an die Tafel,* damit wir es alle sehen können. **11.** *Suchen Sie immer weiter,* bis Sie das Wort finden! **12.** *In der näheren Umgebung* von Salzburg gibt es viele Salzbergwerke. **13.** Es ist die Heimat *solch berühmter Dichter* wie Schiller und Hölderlin. **14.** *Zu den bekannteren Wäldern* gehört der Odenwald und der Schwarzwald. **15.** Heine *verdiente immer weniger*, bis er schließlich bankrott war.

B. *Supply the comparative and superlative forms of each adjective.*

MODEL   Dieser Dichter ist *bekannt*.
           Dieser andere Dichter ist noch **bekannter**.
           Und dieser dritte ist der **bekannteste**.

1. Diese Stadt ist *berühmt*.
   Diese andere Stadt ist noch _____.
   Und diese dritte ist _____.
2. Dieses Land ist *groß*.
   Dieses andere Land ist noch _____.
   Und dieses dritte ist _____.
3. Dieser Fernsehturm ist hoch.
   Dieser andere ist noch _____.
   Und dieser dritte ist _____.
4. Diese Geschichte ist gut.
   Diese andere ist noch _____.
   Und diese dritte ist _____.
5. Diese Schlösser hier sind bezaubernd.
   Diese an der Donau sind noch _____.
   Und diese dort in Bayern sind _____.

C. *Supply the comparative and superlative forms of each adverb.*

1. Dieser Fluß fließt schnell.
   Der Rhein fließt _____.
   Und die Wolga fließt am _____.
2. Die Reise per Bus kostet viel.
   Die Reise per Bahn kostet _____.
   Und die Reise per Flugzeug kostet _____.
3. Das Innsbrucker Sinfonieorchester spielt gut.
   Die Berliner Philharmoniker spielen _____.
   Aber das Wiener Philharmonische Orchester spielt _____.
4. Ich tanze gern Walzer.
   Tango tanze ich _____.
   Aber Rock and Roll tanze ich _____.
5. In der Schweiz lebte man früher billig.
   In Italien lebte man früher noch _____.
   Und in Griechenland lebte man früher _____.

D. *Supply the appropriate German form of the English equivalent in parentheses.*

1. (*older than*)   Die Wiener Universität ist zwanzig Jahre _____ die Universität Heidelberg.
2. (*as long as*)   Der Rhein ist nicht _____ die Donau.
3. (*more difficult*)   Die Fragen werden _____.

4. (*more and more difficult*) Das Leben wird _____.
5. (*longest/shortest*) Im Juni sind die Tage _____ und die Nächte _____.
6. (*easier and easier*) Die Fragen werden _____.
7. (*as important as*) In einer Demokratie ist die Freiheit _____ die Gleichheit.
8. (*the more/the better*) „Wie viele Fragen muß ich beantworten?" „_____, _____."
9. (*more slowly than*) Man tanzt den Ländler _____ die Polka.
10. (*not as high as*) Die Berge des Schwarzwalds sind nicht _____ die Berge der Alpen.
11. (*the more/the less*) _____ Zeit ein Professor zum Lehren hat, _____ Zeit hat er zum Forschen.
12. (*best*) Von allen Schlössern gefällt mir das Heidelberger Schloß _____.
13. (*like [to visit]*) Ich besuche _____ alte Kirchen.
14. (*like [to visit] best*) Ich besuche _____ alte Schlösser.
15. (*like [to visit] even more*) Ich besuche noch _____ alte Ruinen.
16. (*more and more tired*) Meine Füße werden _____.
17. (*worse and worse*) Mein Deutsch wird _____.
18. (*not as beautiful as/more interesting*) Diese alte Kirche ist _____ der Kölner Dom, aber _____.
19. (*higher than*) Das Matterhorn ist _____ die Zugspitze.
20. (*the next*) Wann fährt _____ Zug nach Budapest?
21. (*the fastest*) Was ist _____ Verbindung von Paris nach München?
23. (*most*) Die _____ Touristen haben nie genug Zeit, um alles zu sehen.
24. (*more than*) Er weiß _____ ich über die deutsche Geschichte.
25. (*much shorter*) Der deutsche Blitzkrieg gegen Frankreich war _____, als man gerechnet hatte.
26. (*more interesting*) Ich kenne keinen _____ Schriftsteller als Albert Camus.
27. (*a still better one*) Dieses Zimmer gefällt mir, aber haben Sie _____?
28. (*again and again*) Heines Gedicht „Die Lorelei" wird _____ neu interpretiert.
29. (*at least*) Sie sollten _____ eines der bayrischen Schlösser besuchen.
30. (*most of the time*) Leider haben die Touristen _____ keine Zeit, alles in Ruhe zu sehen.

E. *Rewrite the sentence in the comparative using the appropriate adjective ending.*

MODEL   Das junge Mädchen war da.
        Das **jüngere** Mädchen war da.

1. Wir fahren mit dem langsamen Schiff. 2. Bei schlechtem Wetter bleiben wir zu Hause. 3. Ohne gute Information finden wir den Weg nicht.

F. *Rewrite the sentence in the superlative using the appropriate adjective ending.*

MODEL   Wir fahren mit dem schnellen Zug.
        Wir fahren mit dem **schnellsten** Zug.

1. Wir hören klassische Musik mit großem Vergnügen. 2. Die heißen Quellen Nordamerikas befinden sich im Yellowstone Park. 3. Heinrich Heine war der scharfe Kritiker jedes Chauvinismus.

G. *State the arithmetic computations in German. Use* **und** *for "plus,"* **weniger** *for "minus,"* **geteilt durch** *for "divided by,"* **mal** *for "times," and* **ist** *for "equals."*

1. $1 + 13 = 14$ **2.** $15 + 12 = 27$ **3.** $11 + 32 = 43$ **4.** $20 - 16 = 4$ **5.** $100 - 51 = 49$ **6.** $69 - 31 = 38$ **7.** $80 \div 2 = 40$ **8.** $99 \div 3 = 33$ **9.** $84 \div 4 = 21$ **10.** $3 \times 3 = 9$ **11.** $3 \times 70 = 210$ **12.** $10 \times 52 = 520$

H. *Supply the German words for the numbers in parentheses and include the punctuation where necessary.*

1. _____ Meile ist _____ Kilometer. (1/1,6)
2. _____ Kilometer sind _____ Meilen. (10/6,2)
3. _____ Kilometer sind _____ Meilen. (50/31)
4. _____ Gramm ist _____ amerikanische „ounces. (1/0,035)
5. _____ deutsches Pfund ist _____ amerikanische „pounds. (1/1,1)
6. _____ deutsches Pfund ist dasselbe wie _____ Gramm. (1/500)
7. _____ Kilo ist _____ „pounds. (1/2,2)
8. _____ Zentimeter ist _____ „inches" oder Zoll. (1/0,39)
9. _____ Zoll ist _____ Zentimeter. (1/2,54)
10. _____ Meter ist _____ „feet" oder Fuß. (1/3,280)
11. _____ Meter sind eine Meile. (1609,3)
12. _____ Grad Celsius sind _____ Grad Fahrenheit. (0/32)
13. Die normale Körpertemperatur ist _____ Grad Celsius oder _____ Grad Fahrenheit. (37,4/98,6)
14. Minus _____ Grad Celsius sind _____ Grad Fahrenheit. (5/23)
15. _____ Liter ist _____ „pints. (1/2,113)
16. _____ Liter ist _____ „quarts. (1/1,056)

I. *Supply the appropriate dates or numerical adjectives in German.*

1. Der Juni ist der _____ Monat des Jahres.
2. Der letzte Tag des Jahres ist der _____ Dezember.
3. Wir leben im _____ Jahrhundert.
4. Der amerikanische Nationalfeiertag ist _____.
5. Man feiert Weihnachten am _____.
6. Der japanische Angriff auf Pearl Harbor fand am _____ Dezember _____ statt. (Tag/Jahr)

J. *Give the time in German. The cue time is on the 24-hour system, but you may use either system in your answer.*

   1. 7.00 **2.** 7.10 **3.** 17.00 **4.** 17.15 **5.** 9.25 **6.** 18.00 **7.** 11.30 **8.** 23.30 **9.** 2.57 **10.** 0.13

K. FREE RESPONSE: **Ich bin zwar keine Nummer, aber die Zahlen in meinem Leben sind trotzdem wichtig.** *Tell something about yourself, using as many numbers as possible.*

Sagen Sie: wann Sie geboren sind; wie alt Sie sind; seit wann Sie Deutsch lernen; in welchem Semester Sie stehen; Ihre Straße und Hausnummer; Ihre Telefonnummer; wieviel Sie verdienen; wieviele Geschwister (*sisters and brothers*) Sie haben; Ihre Autonummer; Ihre Sozialversicherungsnummer (*social security number*); usw.

Salzburg

KAPITEL 14

FUTURE;
TIME AND TENSE;
USE OF INFINITIVE

REDEWENDUNGEN

durchaus nicht	not at all
Gewinn ziehen	to benefit
wenn es soweit sein wird	when we have reached that point
Es liegt nicht bei uns.	It's not up to us.
sich etwas zuschulden kommen lassen	to be guilty of something
weiterhin	in the future

ZWEI STANDPUNKTE – GESPRÄCH ZWISCHEN OST UND WEST

Ort: In einem Regierungsgebäude der Deutschen Demokratischen Republik (DDR) in Berlin

Zeit: Anfang der Siebzigerjahre

Gesprächspartner: Eine Gruppe amerikanischer Deutschlehrer, Beamte und Wissenschaftler der DDR

Bemerkung: Dies ist kein fiktives Gespräch, sondern ein Ausschnitt aus einer Diskussion, die — von kleineren Änderungen abgesehen — tatsächlich stattgefunden hat.

Die Gäste aus dem Westen
Wie Sie wissen, wird die Freiheit der Presse in den demokratischen Ländern des Westens als eine der wichtigsten Grundlagen echter Demokratie angesehen. Warum gibt es in der DDR keine Pressefreiheit?

Die Gastgeber der DDR
Wir glauben, daß unter Pressefreiheit bei Ihnen und in den sozialistischen Ländern nicht immer dasselbe verstanden wird. Wenn die Presse zu einem Instrument staatsfeindlicher Hetze wird, dann sind wir der Ansicht, daß die Bürger unseres Staates vor solchen gefährlichen Einflüssen geschützt werden müssen. Außerdem ist es nicht richtig, die Presse

Die Gäste aus dem Westen

Lassen Sie uns einen Schritt weitergehen: Daß ein totalitärer Staat seine eigene Presse kontrolliert, ist vielleicht noch verständlich. Aber warum erlauben Sie Ihren Bürgern nicht, westliche Zeitungen und Bücher zu lesen? Bekanntlich wird solches Lesematerial, wenn man es in die DDR mitbringt, oft an Ihren Grenzen beschlagnahmt.

Aber geben Sie damit nicht zu, daß Sie den Einfluß anderer politischen Systeme fürchten und daher ausschalten möchten?

Die Gastgeber der DDR

des Westens als frei zu bezeichnen. Sie wird von kapitalistischen und imperialistischen Kreisen gelenkt. Man läßt nur das Volk an das Phantom einer freien Presse glauben.

Zunächst lehnen wir es ab, als „totalitärer" Staat charakterisiert zu werden. Die DDR ist ein sozialistischer Staat auf marxistisch-leninistischer Grundlage. Wenn Sie von einem „demokratischen Zentralismus" reden, dann werden wir Ihnen nicht widersprechen. Was das Hereinbringen von Material aus dem Ausland betrifft: Viele Ihrer Bücher und Zeitungen werden bei uns gelesen. Wir erlauben nur keine schädlichen Einflüsse aus dem Ausland. Vergessen Sie nicht: Unser Staat ist noch jung. Wir wollen ihm Gelegenheit geben, ungestört und gesund zu wachsen. Es ist unsere Pflicht, dafür zu sorgen, daß Störungen dieses Wachstums soweit wie möglich ausgeschaltet werden.

Durchaus nicht. Irren ist menschlich, aber man braucht nicht den Irrtum der einen zur geistigen Medizin der anderen werden lassen. Wir sind davon überzeugt, daß sich unser Weg als der richtige erweisen wird. Um von ihm nicht abzuweichen, bedarf es allerdings einer gewissen Lenkung.

Die Gäste aus dem Westen

Wir ermutigen unsere Jugend, in anderen Ländern zu arbeiten und zu studieren. Wir sind der Meinung, daß sie von solchen Kontakten Gewinn ziehen wird. Wer wird vom Zusammenleben mit Menschen anderer Völker nicht toleranter? Man lernt durch ein solches Erlebnis andere Völker besser verstehen — und man wird selbst besser verstanden werden. Warum lassen Sie Ihre Jugend nicht ins Ausland fahren, vor allem nicht nach dem Westen?

Sie rechnen also damit, daß wir in Zukunft auch Bürger der DDR als Arbeiter und Studenten in westlichen Ländern finden werden? Wann wird es dazu kommen?

Wird die Berliner Mauer auch weiterhin bestehen bleiben? Werden auch in Zukunft Stacheldraht und Todesstreifen die beiden deutschen Staaten trennen?

Die Gastgeber der DDR

Was Sie hier vorschlagen, wird von einigen anderen sozialistischen Ländern bereits durchgeführt. Wir wollen unseren jungen Leuten in Zukunft die selben Möglichkeiten bieten. Aber vorläufig sind unsere Kontakte mit dem Westen noch sehr beschränkt. Erst seit kurzem wird von Ihnen unsere Existenz als selbständiger Staat anerkannt. Sie werden bestimmt nicht vergessen haben, daß man die DDR über zwei Jahrzehnte lang zu ignorieren versuchte. Der Westen lehnte es ab, uns als selbständigen Staat zu akzeptieren. Es wird einige Zeit dauern, bis dieses Isolierung vom Westen — mit der wir nichts zu tun hatten — überwunden sein wird.

Ich kann und werde Ihnen keinen Termin nennen, aber wir freuen uns auf die Zeit, wenn es soweit sein wird.

Diese Entscheidung wird nicht allein bei uns liegen. Wir werden uns auch weiterhin gegen Feinde unseres Staates, gegen Saboteure und Störenfriede schützen müssen.

Die Gäste aus dem Westen

Aber der Hauptzweck dieses „Eisernen Vorhangs" ist es doch, Ihre Leute davon abzuhalten, nach dem Westen zu flüchten.

Ist es nicht eine Tatsache, daß Ihre Regierung 1961 die Mauer errichtete, weil Millionen Ihrer Bürger über Berlin die DDR verlassen hatten?

Es muß doch gute Gründe für den Exodus solch vieler tüchtiger Menschen gegeben haben. Zum Beispiel, Unzufriedenheit mit Ihrem Regime oder Drang nach mehr Freiheit.

Zum Abschluß: Glauben Sie, daß eine Wiedervereinigung der beiden deutschen Staaten in der Zukunft möglich sein wird?

Die Gastgeber der DDR

Wer sich nichts zuschulden kommen läßt, wird keinen Grund haben, aus unserem Staat zu flüchten. In der DDR wird jedem Bürger Arbeit, soziale Gerechtigkeit und Sicherheit geboten.

Gewiß, diese Abwanderung hatte dabei eine Rolle gespielt. Es war — und wird auch weiterhin — nicht in unserem nationalen Interesse sein, tüchtige Menschen zu verlieren.

Natürlich wird es Fälle gegeben haben, in denen die Verlockung des materialistischen Westens für manche unserer Bürger einfach zu groß gewesen sind. Einige haben uns später wissen lassen, daß sich ihre Erwartungen im Westen nicht erfüllt haben.

Solange die DDR und die Bundesrepublik sehr verschiedene Wirtschaftssysteme vertreten und verschiedenen politisch-militärischen Machtblöcken angehören, ist eine Wiedervereinigung weder möglich noch zu erwarten. Friedliche Koexistenz wird aber an die Stelle der früheren Spannungen treten. Wir glauben, die sozialistischen und kapitalistischen Länder werden sich mit dieser Lösung abfinden können.

FRAGEN

1. Wie sehen die sozialistischen Länder die Pressefreiheit des Westens? **2.** Warum will die DDR ihre Bürger vor der Presse schützen? **3.** Was sagen die Vertreter der DDR, wenn man sie als „totalitären" Staat bezeichnet? **4.** Warum erlaubt man in der DDR keine „schädlichen Einflüsse aus dem Ausland"? **5.** Wovon ist die Regierung der Deutschen Demokratischen Republik überzeugt? **6.** Wozu ermutigt man im Westen die Jugend? **7.** Was wird noch einige Zeit dauern? **8.** Warum wird die Berliner Mauer bestehen bleiben? **9.** Warum hat der Osten die Berliner Mauer errichtet? **10.** Wie denkt die DDR über die Wiedervereinigung der beiden deutschen Staaten?

GRAMMATIK

FUTURE TENSE

In German, as in English, the future tense is a compound verb form. It consists of the present tense of the auxiliary verb **werden**[1] (*lit.*, to become) and the infinitive of the main verb.

    Ich **werde gehen.**   (I shall go.)
    Er **wird arbeiten.**   (He will work.)

The infinitive, which completes the predicate concept, comes at the end of the main clause in the P_2 position, as usual.

    Ich **werde** morgen **abreisen.**   (I'll leave tomorrow.)
    Wirst du mir **helfen?**   (Will you help me?)
    Wann **wird** er **kommen?**   (When will he come?)
    Wir **werden** bald fertig **sein.**   (We'll soon be ready.)

1. A future action may be expressed by the present tense in both German and English, especially if the sentence contains a clear indication of time.

    Gehst du heute abend aus?   (Are you going out tonight?)
    Morgen **arbeite** ich nicht.   (I'm not working tomorrow.)

---

[1] Do not confuse **werden** with **wollen**. **Wollen** is a modal and means "to want to."
    Sie **will** ins Kino gehen. (She *wants to* go to the movies.)
    Sie **wird** ins Kino gehen. (She *will* go to the movies.)

This occurs in German even where the future tense would be used in English.

    Wir **sind** bald fertig.   (We'll soon be ready.)

Conversational German tends to use the present tense to express future time whenever an adverb of time or some other expression clearly indicates that the action will take place in the future.

2. German sometimes uses the future tense, often in combination with the adverbs **wohl** (probably) and **sicher** (surely), to indicate probability.

    Der Wagen **wird wohl** viel Geld kosten.   (This car probably costs a lot of money.)

    Das **wird** [**sicher**] wahr sein.   (That is sure to be true.)

FUTURE PERFECT TENSE

The future perfect tense indicates an action to be completed by or before a given point in the future. It is a rare tense and occurs primarily in literary or formal language.

1. The future perfect consists of the present tense of **werden** plus the past participle of the main verb and the infinitive of its auxiliary (**haben** or **sein**). The conjugated form of **werden** is in the first prong of the predicate, the past participle and auxiliary infinitive in the second-prong position at the end of the main clause.

    In einem Jahr **werden** wir viel Deutsch **gelernt haben**.   (In one year we *will have learned* a lot of German.)

    Um zehn Uhr **wird** er schon nach Hause **gekommen sein**.   (By ten o'clock he *will have come* home.)

2. The future perfect may also be used, generally in combination with **wohl** or **sicher**, to show *past* probability.

    Er **wird wohl** nicht zu Hause **gewesen sein**.   (He *probably wasn't* home.)

    Du **wirst sicher** lange auf uns **gewartet haben**.   (You *must have been waiting* for us for a long time.)

    Es **wird** solche Fälle **gegeben haben**.   (There *may have been* such cases.)

USE OF TENSES

As we have seen, the use of a tense form in a German sentence does not always coincide with the concept of time being expressed. Such a paradoxical use of tense forms is not peculiar to German. It occurs in many languages as a result of the fact that only three actual time categories (before, now, and later) are usually expressed by a greater number of tenses. German and English have six tenses; other languages have more. It is useful to keep in mind the distinction between concepts of *time* (categories of experience; natural categories) and concepts of *tense* (categories of grammar; man-made, artificial, arbitrary categories).

Other examples of special uses of German tenses include the following.

1. The present tense accompanied by **schon** or **seit**, or both, is often used to indicate an action that began in the past but is continuing in the present.

Ich **warte schon** eine Stunde. (*I've been waiting* for an hour.)
Wir **lernen seit** drei Monaten Deutsch. (*We've been learning* German for three months.)
Meine Freunde **wohnen schon seit** zwei Jahren in Berlin. (My friends *have been living* in Berlin for two years.)

Note that such actions span two *time* categories—past and present. Since a verb can only have one *tense* form at a time, however, a language must use one or the other. In this case, German uses the present tense and the preposition **seit**, English the present perfect (a *past* tense) and the preposition "for."

2. The simple past tense accompanied by **schon** or **seit**, or both, is often used to indicate a continuing action in the past that began before another event in the past. English expresses such concepts with the past perfect tense, plus "for."

Ich **wartete schon** eine Stunde, als er endlich kam. (I *had been waiting* for an hour when he finally came.)
Wir **lernten seit** sechs Monaten Deutsch, bevor wir es gut verstehen konnten. (We *had been learning* German for six months before we could understand it well.)
Meine Freunde **wohnten schon seit** zwei Jahren in Berlin, als ich sie besuchte. (My friends *had been living* in Berlin for two years when I visited them.)

GRAMMATIK

3. The present perfect tense is often used to express simple past time: **Was** *hast* **du heute zum Frühstück** *gegessen*? (What *did you eat* for breakfast today?). Use of the German simple past in this sentence —**Was aßest du heute zum Frühstück?**—, although grammatically correct, would sound stilted and artificial, just as the present perfect would in English—"What have you eaten for breakfast?"

4. Two different tenses can be used in the same sentence to indicate a sequence of events.

    4.1 Present tense in one clause and past or present perfect in another indicates a past event referred to in the present time: **Er** *zeigt* **mir das Buch, das er gestern** *las* [*or* *gelesen hat*] (He *shows* me [now] the book he *read* yesterday).

    4.2 Past or present perfect tense in one clause and past perfect in another indicates an event in the past that took place prior to some other event in the past: **Er** *zeigte* **mir das Buch** [*or* **hat** **mir das Buch** *gezeigt*], **das er** *gelesen hatte* (He *showed* me [some time ago] the book he *had been reading* [at some earlier moment]).

USES OF THE INFINITIVE

German verbs are sometimes used together with a simple infinitive *without* the preposition **zu** (to) and sometimes *with* **zu** plus an infinitive.

Both German and English use the simple infinitive in the formation of the future tense: **Wir** *werden* **Arbeit finden** (We *will find* work). German also uses the simple infinitive with modal auxiliaries; English sometimes requires "to."

Ich **kann** gut Deutsch **sprechen**.	(I *can speak* German well.)
Wir **mußten** gestern **arbeiten**.	(We *had to work* yesterday.)
Möchten Sie ein Glas Wasser **haben**?	(Would you *like to have* a glass of water?)

1. Other Verbs Used with Simple Infinitive The following verbs are also often used with the simple infinitive of another verb. English frequently uses the present participle in such constructions; German never uses the present participle as a verb form.

finden (to find)	Ich **fand** das Buch auf dem Tisch **liegen**.	(I found the book lying on the table.)
fühlen (to feel)	**Fühlst** du mein Herz **schlagen**?	(Do you feel my heart beating?)

gehen (to go)	Wir **gehen** heute **schwimmen.**	(We're going swimming today.)
haben (to have)	Sie **hat** viele Kleider im Schrank **hängen.**	(She has a lot of clothes hanging in the closet.)
hören (to hear)	Ich **hörte** ihn **singen.**	(I heard him sing.)
lassen (to let)	**Lassen** Sie ihn **hereinkommen!**	(Let him come in.)
lehren (to teach)	Sie **lehrte** uns Deutsch **lesen.**	(She taught us to read German.)
lernen (to learn)	Wo haben Sie Deutsch **sprechen gelernt?**	(Where did you learn to speak German?)
schicken (to send)	Die Mutter **schickte** das Kind **einkaufen.**	(The mother sent the child shopping.)
sehen (to see)	Wir **sahen** den Lehrer **kommen.**	(We saw the teacher coming.)

2. *Sich lassen* Used reflexively (with the reflexive pronoun in the dative case) in combination with an infinitive, **lassen** has two different meanings. If the subject is a person, **sich lassen** means "to have something done."[2]

    Ich lasse mir die Haare **schneiden.**   (I'm having my hair cut.)
    Läßt du dir ein neues Kleid **machen?**   (Are you having a new dress made?)
    Wir lassen uns ein Haus **bauen.**   (We're having a house built.)

If the subject is a concept, **sich lassen** indicates that something *can* be done.

    Die Frage **läßt sich** leicht **beantworten.**   (The question *can be answered* easily.)
    Das Problem **ließ sich** nicht **lösen.**   (The problem *could* not *be solved.*)

3. *Zu* Plus Infinitive In combination with other verbs, the infinitive is used together with **zu.**

    Das ist schwer **zu verstehen.**   (That's hard *to understand.*)
    Du brauchst nicht **zu kommen.**[3]   (You don't need *to come.*)

If the infinitive is modified by an additional element, such as a direct or indirect object, the entire construction is set off by a comma.[4]

    Er bat mich, ihm **zu helfen.**   (He asked me to help him.)
    Ich versuchte, die Zeitung **zu lesen.**   (I tried to read the newspaper.)

---

[2] Occasionally, **lassen** is used nonreflexively with the same meaning: **Sie ließen den Arzt kommen** (They had the doctor come); see Chapter 20.
[3] **Du brauchst nicht kommen** is considered substandard German.
[4] This construction is known as an "infinitive clause" in German or the "infinitive phrase" in English.

4. Complement of *sein* When used to complete a form of **sein**, **zu** plus an infinitive indicates that something is to be, can be, must be, or should be done.

Er war nicht mehr **zu** sehen.	(He was no longer to be [could not be] seen.)
Diese Sätze **sind** für morgen **zu** schreiben.	(These sentences are to be [should be, must be] written for tomorrow.)

5. Complement of *haben* When used to complete a form of **haben**, **zu** plus an infinitive expresses the need for an action. Such constructions occur far less frequently in German than in English.

Haben Sie heute viel **zu** arbeiten?	(Do you have a lot of work today?)
Nein, ich **habe** nichts **zu** tun.	(No, I have nothing to do.)

6. Infinitive Clauses The conjunctions **(an)statt** (instead of), **ohne** (without), and **um** (in order to) are used to introduce infinitive clauses. These are clauses that have an object but no subject and no conjugated verb; they are set off by a comma, and **zu** plus the infinitive appears at the end. Note that English frequently uses a present participle where German uses an infinitive.

(An)statt seine Arbeit **zu** beenden, ging er spazieren.	(Instead of finishing his work, he went for a walk.)
Sie ging weg, **ohne** auf mich **zu** warten.	(She left without waiting for me.)
Wir fuhren nach Deutschland, **um** unsere Familie **zu** besuchen.	(We went to Germany [in order] to visit our family.)

The conjunction **um** is *not* omitted in sentences of this type, although the corresponding English phrase "in order" is usually not included.

Wir sind hier, **um zu** lernen.	(We are here [in order] to learn.)

6.1 Anticipatory *es* The indefinite pronoun **es** is often inserted in the main clause to anticipate an infinitive clause, since a clause cannot normally be the direct object of a German verb. This anticipatory **es** has no English equivalent.

Er lehnte **es** ab, mir Geld **zu** leihen.	(He refused to lend me money.)
Ich kann **es** kaum erwarten, dich **zu** sehen.	(I can hardly wait to see you.)

6.2 Anticipatory *da*-Construction If the object of a preposition is a pronoun that refers to a thing or concept, the preposition forms a compound with **da(r)** [*see* Chapter 4].

Ich freue mich **auf meinen Geburtstag**.	(I'm looking forward to my birthday.)
Ich freue mich **darauf**.	(I'm looking forward *to it*.)

If the object of the preposition is a verbal concept, **da(r)** plus preposition is used in the main clause and the verbal action is in an infinitive clause.

Ich freue mich **darauf**, dich wieder **zu sehen**.	(I'm looking forward to seeing you again.)
Ich kann mich nicht **daran** gewöhnen, so früh **aufzustehen**.	(I can't get used to getting up so early.)
Ich denke nicht **daran**, das **zu tun**.	(I wouldn't think of doing that.)

7. Infinitives as Nouns A simple infinitive used as the subject or the object of a sentence is considered a neuter noun and capitalized. In English, both the infinitive and the present participle can similarly be used as nouns.

Irren ist menschlich.	(*To err* is human.)
Geben ist seliger denn **Nehmen**.	(It is more blessed *to give* than to receive.)
(Das) **Tanzen** macht Spaß.	(*Dancing* is fun.)
Ich kann das **Rauchen** nicht lassen.	(I can't stop *smoking*.)

ANWENDUNG

A. *Supply the English equivalent of the italicized words and expressions.*

1. *Wann wird es dazu kommen?* 2. Wir lehnen es ab, *als „totalitärer" Staat charakterisiert zu werden.* 3. *Wir werden Ihnen nicht widersprechen.* 4. Es ist unsere Pflicht, *dafür zu sorgen,* daß es keine Störungen gibt. 5. Wir sind der Meinung, daß die Jugend von ausländischem Kontakt *Gewinn ziehen wird.* 6. *Sie werden bestimmt nicht vergessen haben,* daß man es versucht hat. 7. *Es wird einige Zeit dauern,* bis wir frei sind. 8. *Wer wird* vom Zusammenleben mit anderen *nicht toleranter?* 9. *Sie rechnen also damit, daß wir es finden werden?* 10. *Ich werde Ihnen keinen Termin nennen.* 11. Sagen Sie mir, *wenn es so weit sein wird.* 12. Diese Entscheidung *wird nicht bei uns liegen.* 13. *Wir werden uns* gegen die Feinde unseres Staates *beschützen müssen.* 14. Natürlich *wird es Fälle gegeben haben,* in denen wir unrecht hatten. 15. Die beiden Systeme *werden sich mit dieser Lösung abfinden können.*

B. *Supply the proper form of* **wollen** *or* **werden**.

   1. Er _____ es tun. (*will*)
   2. Er _____ es tun. (*wants*)
   3. Wir _____ es kaufen. (*want*)
   4. Wir _____ es kaufen. (*will*)

C. *Restate each sentence in the future tense.*

1. Haben Sie Zeit? 2. Was sagst du dazu? 3. Ich bringe dir das Buch morgen zurück. 4. Hoffentlich macht ihr das nicht. 5. Die Zeit vergeht schnell. 6. Wann steht er morgen früh auf? 7. Der Staat läßt die Jugend nicht ins Ausland fahren. 8. Der Staat muß die Jugend beschützen. 9. Das ist schwer zu verstehen. 10. Wir schreiben euch bald.

D. *Restate each sentence by changing the verb from the future to the present tense.*

1. Die Maschinen werden während des Krieges nie stillstehen. 2. Ich werde die Gläser selbst abwaschen. 3. Die frische Luft wird mir die Müdigkeit vertreiben. 4. Die Schweizer werden bald über diese Frage abstimmen. 5. Der Lehrer sagte: „Udo, heute wirst du nachsitzen!"

E. *Restate the sentence in the present tense and add the cue to indicate future action.*

1. (morgen)   Ich werde euch besuchen.
2. (nächstes Jahr)   Wir werden nach Deutschland fahren.
3. (heute abend)   Wirst du mit uns ins Kino kommen?
4. (in ein paar Wochen)   Sie wird die Arbeit fertig machen.

F. *Complete the sentence with the correct structure*, a or b.

1. Der Wagen wird wohl viel Geld (*a*) gekostet haben (*b*) kosten haben.
2. Um zehn Uhr wird sie sicher nicht zu Hause (*a*) sein gewesen (*b*) gewesen sein.
3. Wir warteten schon seit einer Stunde, als er endlich (*a*) kommen wird (*b*) kam.
4. Mein Freund zeigte mir die Stelle, wo er über die Mauer (*a*) geflüchtet war (*b*) flüchten.
5. Wir sprechen gerade darüber, was wir gestern in Ost-Berlin (*a*) gesehen haben (*b*) sehen werden.

G. *Supply the correct form of the verb in parentheses.*

1. Ich fand das Buch auf dem Tisch _____. (liegen/lag/liegend)
2. Wir gehen abends _____. (tanzend/tanzen/getanzt)
3. Er hat zwei Autos in der Garage _____. (stehend/standen/stehen)
4. Wir hörten sie in der Oper _____. (singen/singend/sang)
5. Wir mußten gestern _____. (zu arbeiten/arbeiten/gearbeitet)
6. Möchten Sie mit mir _____? (zu sprechen/sprechen/sprechend)
7. Diesen Sommer lehrte Karl uns _____. (schwimmen/zu schwimmen/schwimmt)
8. Ich mußte es heute _____. (machen/zu machen/gemacht)
9. Wir lassen den Arzt _____. (zu kommen/kommen/kommend)
10. Diese Frage ist schwer _____. (verstehen/zu verstehen/verstanden)

H. *Select the word or word group that completes the sentence.*

1. (rauchen, das Rauchen) Ich kann _____ nicht lassen.
2. (zu reisen, Reisen) Ich weiß, daß _____ Spaß macht.
3. (Trinken, trinken) Das _____ von diesem Wasser ist gefährlich.

I. *Select the word that appropriately completes the sentence.*

1. Sie freut sich _____, bald in Berlin zu sein.
     es
     darauf
     damit

2. Wir können _____ kaum erwarten, bis wir zu Hause sind.
     es
     das
     dadurch

3. Ich denke nicht _____, die DDR zu verlassen.
     da
     daran
     an das

4. Er verstand _____ gut, seine Meinung zu erklären.
     damit
     es
     das

5. Die Presse ist eine der _____ Grundlagen jeder _____ Demokratie.
     höchsten   falschen
     wichtigsten   echten
     größten   modernen

6. Bekanntlich wird westliches _____ oft an der DDR Grenze _____.
     Zusammenleben   verhaftet
     Lesematerial   beschlagnahmt
     Verständnis   gehört

7. Wir hoffen alle, daß _____ Koexistenz eines Tages den kalten _____ ersetzt.
     freundliche   Kampf
     friedliche   Einfluß
     liebe   Krieg

ANWENDUNG   221

8. Der _____ nach Freiheit und _____ wird im Menschen nie _____ werden.
    Versuch   Stacheldraht   ausgeschaltet
    Vorhang   Spannung   gebraucht
    Drang   Gerechtigkeit   erlaubt

J. FREE RESPONSE: *Select either 1 or 2 to answer.*

1. **Stimmt mein Horoskop?** Nehmen Sie irgendeine Zeitung oder Zeitschrift, und lesen Sie Ihr Horoskop. Dann schreiben oder sagen Sie, bitte: „Mein Horoskop sagt, ich werde … Mein Horoskop stimmt (oder stimmt nicht), denn …" (Look at your horoscope for next week in any paper or magazine. Then, using the future tense, tell what it predicts and whether it is correct or incorrect.)
2. **Wie ich mir meine Zukunft denke …** Schreiben oder sagen Sie, was Sie in der Zukunft machen möchten und was Sie machen werden! Gebrauchen Sie das Futurum (die Zukunft). Zum Beispiel:
    Nächstes Jahr hoffe ich, daß ich …
    Ich möchte gerne, …
    Mein Plan ist, …
    Ich werde …
    Wenn alles gut geht, …

KAPITEL 15

MAIN CLAUSES; EXTENDED ATTRIBUTE CONSTRUCTIONS

Einstein und seine Frau

REDEWENDUNGEN

sowohl ... als auch	as well as [both] ... and
Die Schuld liegt bei Ihnen.	It's your fault.
Er muß schließlich davon leben.	After all, he must make a living from it.
Es tut mir leid.	I'm sorry.
Stellen Sie sich vor!	Just imagine!

EPISODEN UM EINSTEIN

Einstein und ein Bekannter hatten eben bei einer Bank einen Scheck eingewechselt. Als Einstein wenige Minuten später mit dem Begleiter zu seinem Auto zurückkam, waren sowohl sein Mantel als auch sein Schal daraus verschwunden. Die sofort begonnene Suche nach den vermißten Kleidungsstücken, an der sich auch einige Passanten beteiligten, blieb erfolglos. Sie brachte weder den Mantel noch den Schal zum Vorschein. Hingegen fehlte es nicht an Argumenten, wen man für diesen Verlust verantwortlich machen sollte.

„Ich will ja nicht kritisieren, Herr Professor", meinte einer der Helfer vorsichtig, „man darf aber seinen Mantel nicht einfach im unabgeschlossenen Auto liegen lassen."

„Nein, nein, Herr Professor", sagte ein anderer, „nicht bei Ihnen liegt die Schuld, sondern ihr Begleiter hätte im Auto bleiben müssen."

„Wie kommt es", schaltete sich ein Dritter ein, „daß der Wächter, der vor der Bank steht, den Dieb nicht gesehen hat? Der muß entweder geschlafen oder getrunken haben."

Einstein, der sich diese schnell aufeinander folgenden Beschuldigungen ruhig angehört hatte, setzte schließlich philosophisch hinzu: „Meine Herren, vielleicht sind alle die von Ihnen genannten Personen bis zu einem gewissen Grad an diesem Verlust schuldig. Bloß der Dieb ist unschuldig, denn er muß ja schließlich davon leben."

* * *

In Ulm, Deutschland 1879 geboren, kam Einstein mit 15 Jahren in die Schweiz. Dort war er später Angestellte im Berner Patentamt, als er im Jahre 1905 seine Schrift „Die spezielle Relativitätstheorie" veröffentlichte. Bald nach ihrer Veröffentlichung fragte ihn ein Kollege:

„Was glauben Sie, Herr Einstein, wie wird man in späteren Jahren Ihre Schrift beurteilen?"

„Es kommt darauf an, wie sich die Dinge entwickeln werden", antwortete ihm Einstein lächelnd auf diese Frage. „Falls ich mit meiner Theorie recht behalten sollte, dann werden Ihnen die Deutschen sagen: ‚Einstein ist ein Deutscher', die Schweizer aber: ‚Einstein ist ein Weltbürger'. Sollte sich aber herausstellen, daß die von mir aufgestellten Theorien falsch sind, dann werden Ihnen die Schweizer sagen: ‚Einstein ist nicht Schweizer, sondern Deutscher', und die Deutschen: ‚Einstein ist ein Jude'."

* * *

Eine Berliner Zeitung gab dem Schriftsteller Roda Roda den Auftrag, einen allgemein verständlichen Artikel über die Relativitätstheorie Einsteins zu schreiben. Roda Roda ging zuerst zu dem Physiker Max Planck. „Es ist nicht verwunderlich, Herr Professor", sagte er zu Planck, „daß ich als Laie diese Theorie nicht begreife. Aber Sie können sie mir vielleicht erklären." „Es tut mir leid, Herr Roda", antwortete ihm Planck, „aber zu mir hätten Sie in dieser Sache auch nicht zu kommen brauchen, denn ich verstehe sie auch nicht. Auch ich kann Ihnen diese Theorie nicht erklären."

Einige Tage später begab sich Roda Roda, mit seinem Schreibblock bewaffnet, zu Einstein. „Verzeihen Sie mir, Herr Professor, wenn ich Sie persönlich mit dieser Sache belästige", meinte Roda. „Ich kann zwar recht gut Artikel schreiben, aber leider nicht Ihre Relativitätstheorie erklären. Das liegt nicht in meinem Kompetenzbereich."

„Auch nicht im meinem", antwortete Einstein dem verblüfften Schriftsteller. „Warum nicht?" „Wissen Sie, Herr Roda", erwiderte ihm Einstein, „erstens ist diese Theorie wirklich nicht leicht zu erklären, und zweitens hat mir Max Planck gesagt, daß ich sie selbst nicht ganz begriffen habe."

* * *

Nach einem Vortrag Einsteins über die Relativitätstheorie fragte ein Reporter den berühmten Physiker: „Herr Professor, gibt es für diese Theorie auch eine dem Laien verständliche Erklärung?"

„Gewiß", antwortete Einstein. „Stellen Sie sich vor, Sie müssen einen Eisenstab in der Hand halten, der glühend heiß ist. Dann wird Ihnen eine Sekunde wie eine Stunde vorkommen. Wenn Sie aber ein hübsches Mädchen umarmen, dann scheint Ihnen eine Stunde bloß wie eine Sekunde."

FRAGEN

1. Welche Kleidungsstücke waren aus Einsteins Auto verschwunden?   2. Woran fehlte es nicht, als sie nach dem Mantel und Schal suchten?   3. Warum hatte der Wächter den Dieb nicht gesehen?   4. Warum meinte Einstein, daß der Dieb unschuldig ist?   5. Was veröffentlichte Einstein im Jahre 1905?   6. Was hatte Einstein über seine Theorien gesagt, falls er nicht recht behalten sollte?   7. Welchen Auftrag gab die Berliner Zeitung dem Schriftsteller Roda Roda?   8. Was sagte Max Planck zu Roda Roda?   9. Was für eine Erklärung der Relativitätstheorie wünschte sich der Reporter nach dem Vortrag von Einstein?   10. Wie erklärte Einstein die Relativitätstheorie?

GRAMMATIK

TYPES OF CLAUSES AND CONJUNCTIONS

German, like English, distinguishes between two types of clauses: main clauses and dependent clauses. A main, or independent, clause is one that can stand by itself as a complete sentence. A dependent, or subordinate, clause cannot stand by itself.

Clauses are connected by two types of conjunctions: coordinating conjunctions and subordinating conjunctions. Coordinating conjunctions connect a main clause to another main clause or a dependent clause to another dependent clause. Subordinating conjunctions connect dependent clauses to main clauses.

MAIN CLAUSE	COORD. CONJ.	MAIN CLAUSE
Paul geht ins Kino,	**aber**	Hans geht nicht mit ihm.
(Paul goes to the movies,	but	Hans doesn't go with him.)

MAIN CLAUSE	SUBORD. CONJ.	DEP. CLAUSE
Wir bleiben zu Hause,	**weil**	das Wetter heute schlecht ist
(We're staying at home	because	the weather is bad today

COORD. CONJ.	SUBORD. CONJ.	DEP. CLAUSE
und	[weil]	wir Besuch erwarten.
and	[because]	we're expecting company.)

COORDINATING CONJUNCTIONS

Coordinating conjunctions may be used to connect a word to a word or a phrase to a phrase.

>du **und** ich (you *and* I)
>das Glück **oder** das Unglück (happiness *or* unhappiness)

When they join two clauses, coordinating conjunctions do not affect word order. The most common coordinating conjunctions are the following.

und	and	**sondern**	but instead
oder	or	**denn**	for
aber[1]	but		

1. Und, oder, and **aber** function just like their English equivalents.

Er fragte,	**und**	ich antwortete.
(He asked,	*and*	I answered.)
Mußt du schon gehen,	**oder**	kannst du länger bleiben?
(Do you have to leave,	*or*	can you stay longer?)
Paul geht ins Kino,	**aber**	Hans geht nicht mit ihm.
(Paul goes to the movies,	*but*	Hans doesn't go with him.)

Aber may appear either in front of the second clause or within it (before or after the verb) without changing the meaning or affecting the word order of the rest of the clause.

>　　　　　　　　　　1　　2
>Paul geht ins Kino, **aber** Hans geht nicht mit ihm.
>　　　　　　　　　　　　　1　　　2
>Paul geht ins Kino, Hans **aber** geht nicht mit ihm.
>　　　　　　　　　　　　1　　2
>Paul geht ins Kino, Hans geht **aber** nicht mit ihm.

---

[1] **Allein** (however) is an infrequent synonym for **aber**. It occurs mainly in poetic or elevated language: **Er wollte das schon immer tun,** *allein* **er konnte es nicht** (He had always wanted to do that; *however*, he couldn't do it). Do not confuse the coordinating conjunction with the adverb **allein** (alone), which may occur either in the front field or within the sentence field and which has the normal effect on word order.

>**Allein** konnte er das nicht tun.
>Er **allein** konnte das nicht tun.   } (He couldn't do it alone.)
>Er konnte das nicht **allein** tun.

2. **Sondern** is used instead of **aber** after a negative statement where the English equivalent would be "but instead," "but rather," or "but on the contrary." The two ideas **sondern** connects must be mutually exclusive.[2] If the first clause is affirmative, or if the two concepts expressed can coexist simultaneously, **aber** must be used.

Ihr neues Kleid ist nicht schwarz,	**sondern**	es ist dunkelblau.
(Her new dress isn't black,	*but rather*	it's dark blue.)
Ihr neues Kleid ist nicht schwarz,	**aber**	es ist doch sehr elegant.
(Her new dress is not black,	*but*	it's still very elegant.)
Er ist gar nicht dumm,	**sondern**	er ist sehr schlau.
(He's not at all stupid,	*but on the contrary*	he's very clever.)
Er ist gar nicht dumm,	**aber**	er ist sehr faul.
(He's not at all stupid,	*but*	he's very lazy.)
Wir fahren nicht in die Schweiz,	**sondern**	wir fahren nach Österreich.)
(We're not going to Switzerland,	*but instead*	we're going to Austria.)
Wir fahren nach Österreich,	**aber**	wir fahren nicht in die Schweiz.
(We're going to Austria,	*but*	we're not going to Switzerland.)

3. **Denn** indicates a causal connection.

Wir müssen jetzt nach Hause gehen,	**denn**	unsere Eltern warten auf uns.
(We have to go home now,	*for*	our parents are waiting for us.)

TWO-PART CONJUNCTIONS

Some conjunctions occur in two parts, each in a separate clause or phrase. The most common include the following.

entweder ... oder	either ... or
weder ... noch	neither ... nor
nicht nur ... sondern auch	not only ... but also
sowohl ... als auch	both ... and; as well as

1. Entweder ... oder **Entweder** may be treated as an isolated unit, not affecting word order (example *a* below), or as part of the first clause,

---

[2] The only exception is the phrase **nicht nur ... sondern auch**; see page 229, this chapter.

in which case it may occur in the front field (*b*) or within the sentence field (*c*). **Oder** always introduces the second clause.

    a. **Entweder dú zahlst** die Rechnung
    b. **Entweder zahlst dú** die Rechnung   **oder ićh** muß sie bezahlen.[3]
    c. **Dú zahlst entweder** die Rechnung
    (Either you pay the bill or I'll have to pay it.)

2. Weder ... noch   **Weder** may occur either in the middle or, less frequently, at the beginning of the first clause; **noch** always introduces the second clause. Both influence the word order of their respective clauses.

    Er geht **weder** in die Schule, **noch** arbeitet er.
    Weder geht er in die Schule, **noch** arbeitet er.   (He *neither* goes to school *nor* works.)

3. Nicht nur ... sondern auch   **Nicht nur** usually appears within the sentence field of the first clause; **sondern** introduces the second clause, without affecting its word order, and **auch** follows the verb.

    Er ist **nicht nur** dumm, **sondern** er ist **auch** sehr arrogant.   (*Not only* is he stupid, *but also* he is very arrogant.)

4. Sowohl ... als auch   This expression connects words or phrases, not clauses. **Sowohl** must precede the first word or phrase, **als auch** the second.

    Er ist **sowohl** dumm **als auch** arrogant.   (He is stupid *as well as* arrogant [He is both stupid and arrogant]).[4]

OMISSION OF SUBJECT AND VERB

In German, as in English, if the subject and verb are the same in two clauses joined by a coordinating conjunction, either or both may be omitted in the second.

    Ich kam nach Hause und las die Zeitung.   (I came home and read the paper.)
    Sie wußte die Antwort, aber ich nicht.   (She knew the answer, but I didn't.)
    Er ist nicht nur dumm, sondern auch arrogant.   (He is not only stupid, but also arrogant.)

---

[3] The accents marks show the vocal stress by means of which the contrast between the two clauses would be indicated.
[4] **Beide** can never be used like English "both" in this type of sentence.

WORD ORDER IN MAIN CLAUSES

In Chapters 1 and 2, two important aspects of German word order were discussed: the front field and the two-prong predicate. There are also other aspects of word order in main clauses.

1. Front Field In summary, the front field may be occupied by only one element, including its modifiers. This element may be the subject of the sentence or some other sentence unit—interrogative, adverb, prepositional phrase, or object. If any element other than the subject occupies the front field, the subject follows the first prong of the predicate (P_1). P_1 begins the sentence field, and the second prong of the predicate (P_2) completes it.

FRONT FIELD	P_1	SUBJECT	OBJECT	ADVERB	P_2
Warum	hat	Hans	den Brief	gestern	geschrieben?
Hans	hat		den Brief	gestern	geschrieben.
Gestern	hat	Hans	den Brief		geschrieben.
Den Brief	hat	Hans		gestern	geschrieben.
—	Hat	Hans	den Brief	gestern	geschrieben?

2. Two-Prong Predicate The verb is the pivot of the German sentence. In a main clause, a compound predicate (a concept of action consisting of two or more verbal units) is split into two prongs. P_1 immediately follows the front field; if the front field is unoccupied, it begins the sentence. P_1 consists of the conjugated verb form, P_2 of an uninflected verb form (infinitive, past participle, separable prefix, or some other predicate complement). When P_2 consists of more than one verbal unit, the sequence of units is ordinarily the exact opposite of their sequence in English.

	P_1		P_2	
Er	kann	sehr gut	1 2 **Deutsch sprechen.**	2 1 (speak German)
Wir	sind	gestern	1 2 **tanzen gegangen.**	2 1 (went dancing)
Sie	muß	die Arbeit schon	1 2 **beendet haben.**	2 1 (have finished)
Du	hättest	wirklich nicht	1 2 **zu kommen brauchen.**	2 1 (needed to come)
Das Buch	ist	im Büro	1 2 3 **liegen gelassen worden.**	3 2 1 (been left lying)

```
                                  1      2      3           3    2    1
Ich        werde     morgen    auf-stehen müssen.       (have to get up)
                     früh
                                  1     2     3         4     3     2
           Haben     Sie uns   Ball spielen sehen    (able to see [us] play
                                     4                       1
                                  können?                   ball)
```

3. End Field
Some sentences contain an end field following the sentence field. The end field is often occupied by a dependent clause [see Chapter 16].

FRONT FIELD	P₁	SUBJECT	SENTENCE FIELD	P₂	END FIELD
Leider	mußte	ich	lange auf ihn	warten,	weil der Zug Verspätung hatte.

(Unfortunately, I had to wait for him for a long time since the train was late.)

Occasionally, the end field consists of a comparison, a correction, or some other additional information.

FRONT FIELD	P₁	SENTENCE FIELD	P₂	END FIELD
Ich	habe	mit keinem anderen	gesprochen,	als [außer] mit dir.

(I spoke with no one else but [except, other than] you.)

| Nicht Peter | hat | den Brief | geschrieben, | sondern Paul. |

(It wasn't Peter who wrote the letter; it was Paul.)

| Nach München | kommen | jedes Jahr viele Touristen, | | besonders zum Oktoberfest. |

(Many tourists come to Munich each year, especially for the Oktoberfest.)

4. Sequence of Objects
The dative object usually precedes the accusative object, unless the accusative object is a personal pronoun [see Chapter 4].

SUBJECT	VERB	ACCUSATIVE PRONOUN OBJECT	DATIVE OBJECT	ACCUSATIVE OBJECT
Er	gab		seinem Freund	ein Buch.
Er	gab		seinem Freund	alles.
Er	gab		ihm	alles.
Er	gab	es	seinem Freund.	
Er	gab	es	ihm.	

GRAMMATIK

5. Sequence of Adverbial Modifiers Adverbial modifiers are adverbs or prepositional phrases that describe the circumstances under which an action takes place. When several adverbial modifiers occur within the sentence field, they usually follow the sequence *Time—Cause—Manner—Place*.[5]

SUBJECT	P₁	TIME	CAUSE	MANNER	PLACE	P₂
Das Flugzeug	kam	heute	wegen Nebel	mit einer Stunde Verspätung	in München	an.

(The plane arrived in Munich an hour late today because of fog.)

Only rarely does a sentence contain all four types of modifiers. The internal sequence, in any case, usually stays the same.

	TIME	CAUSE	MANNER	PLACE
Ich komme	jeden Morgen		mit dem Autobus	in die Stadt.

(I come to town by bus every morning.)

Gehst du	heute			in die Schule?

(Are you going to school today?)

Wir fahren		zur Erholung		in die Berge.

(We're going to the mountains for a rest.)

When a sentence contains two or more modifiers of the same type, their sequence is usually from the general to the specific.[6]

             1   2   3
Ich kam **gestern abend um 10 Uhr** nach Hause.
(I came home at 10 o'clock last night.)

---

[5] It may help to remember this sequence to keep in mind that it is the same as the alphabetic order of the German interrogatives: **Wann? — Warum? — Wie? — Wo?** (When?—Why?—How?—Where?).

[6] Rules of sequence are a kind of subconscious grammar. Unlike students learning a foreign language, native speakers need not be aware of them to avoid making mistakes in word order. Only the internal sequence **Er kam gestern betrunken nach Hause** (He came home drunk yesterday) would sound right to German-speaking people, though they would probably not be able to explain why. Similarly, "He came yesterday drunk home" would strike native speakers of English as wrong.

                  1   2
Wir fuhren **nach Deutschland** **zu unseren Verwandten.**
(We went to Germany to our relatives.)

6. Position of *nicht* **Nicht** (not) is considered an adverb of manner. Its position in the sentence is normally like that of any other expression of manner—it *follows* expressions of *time* and *cause* but *precedes* expressions of *place*.

           TIME
Ich habe die ganze Nacht **nicht** geschlafen.
(I didn't sleep all night.)

           TIME   PLACE
Warum gehst du heute **nicht** ins Kino?
(Why aren't you going to the movies today?)

                        TIME   CAUSE   PLACE
Die Frau hängte die Wäsche gestern wegen des Regens **nicht** auf die Leine.
(Because of the rain, the woman didn't hang the laundry on the line yesterday.)

Nicht normally precedes other adverbial expressions of manner.

         TIME   MANNER PLACE
Er kam heute **nicht** zu Fuß in die Schule.
(He didn't come to school on foot today.)

           TIME   MANNER PLACE
Warum gehst du heute **nicht** mit uns ins Kino?
(Why aren't you going to the movies with us today?)

When **nicht** negates a specific word or phrase (rather than an entire sentence), it may precede the unit it negates.

nicht jeder   (not everyone)
nicht jetzt   (not now)
nicht am Sonntag (not on Sunday)

7. Sentence Diagram The normal sequence of elements in a German main clause can be summed up in the following diagram.

$$FF-P_1-S-DPO-IO-DNO-T-C-M-PL-P_2-EF$$

(Front Field—First Predicate Prong—Subject—Direct Pronoun Object—Indirect Object—Direct Noun Object—Time—Cause—Manner—Place—Second Predicate Prong—End Field)

Exception: An adverb of time is placed *before* a noun object to prevent a sentence from ending with an expression of time.

>Er liest **immer** die Zeitung.   (He always reads the newspaper.)

If the sentence contains other elements that ordinarily follow an adverb of time, however, normal sequence is observed.

>Er liest die Zeitung **immer** im Büro.   (He always reads the newspaper in the office.)
>
>Er will die Zeitung **immer** zuerst lesen.   (He always wants to read the newspaper first.)

A sentence unit may also be given special stress by shifting it from its normal position to a position as close to the end of the sentence as possible. The sentence **Er will immer zuerst *die Zeitung* lesen** implies that he always wants to read the newspaper *before reading anything else*.

The subject can also be moved to this stress position.

>Vor vielen Jahren lebte einst auf einer hohen Berg **ein alter Ritter**.   (Many years ago, on a high mountain, there lived an old knight.)
>
>Gestern ereignete sich um 5 Uhr nachmittags auf dem Schillerplatz **ein Verkehrsunfall**.   (Yesterday at 5:00 p.m. there was a traffic accident in Schiller Square.)

EXTENDED NOUN ATTRIBUTES

An extended noun attribute consists of a descriptive adjective (usually a present or past participle used as an adjective) extended by an additional modifier (an adverb or a prepositional phrase). The entire construction functions as a noun attribute—that is, it modifies the noun that follows.

In English, extended noun attributes are fairly uncommon and are relatively short: *a newly discovered manuscript; the recently married young couple; a hitherto almost completely unknown fact*. In written German, they are very common and can be quite long. They occur less frequently in spoken German and tend to be shorter, but they are not at all uncommon in news broadcasts, lectures, and other formal oral communications.

| Im Jahre 1905 veröffentlichte Einstein seine heute bekannteste Schrift. | (In the year 1905, Einstein published what is today his best-known work.) |

This construction represents a special feature of German word order.

In an extended noun attribute, the limiting adjective is not immediately followed by a noun or a descriptive adjective, as would be expected, but first by an adverb or a prepositional phrase, then by a participle (or occasionally some other adjective), and finally by the noun that the entire construction modifies.[7] This noun must agree in number, gender, and case with the limiting adjective at the beginning of the extended attribute.

In order to understand the construction, one must first identify the noun to which the entire construction refers. In the examples below, the numbers indicate the corresponding English sequence, not the German word order.

1	4	3	2
LIMITING ADJECTIVE	MODIFIER	PARTICIPLE (*or* DESCRIPTIVE ADJECTIVE)	NOUN
alle	von Ihnen	genannten	Personen
die	schnell aufeinander	folgenden	Beschuldigungen
dieser	in der ganzen Welt	berühmte	Wissenschaftler
jede	für die Menschheit	wichtige	Entdeckung

In English, the modifier is sometimes expressed by a relative clause, as in the equivalents of the examples above.

1	2		3	4
all	persons	(who were)	mentioned	by you
the	accusations	(that were)	following	quickly one after the other
this	scientist	(who is)	famous	throughout the entire world
every	invention	(that is)	important	to mankind

---

[7] An article or some other limiting adjective followed by a preposition is an unmistakable sign of the beginning of an extended noun attribute: **der in, eine für, meine von, dieser wegen.**

GRAMMATIK

An additional descriptive adjective may sometimes be added. It either immediately follows the limiting adjective or directly precedes the noun.[8]

$$\left.\begin{array}{l}\overset{1}{\text{Der}}\;\overset{1a}{\text{(frische)}}\;\overset{4}{\text{über}}\;\overset{3}{\text{Nacht}}\;\overset{2}{\text{gefallene}}\;\text{Schnee} \\ \overset{1}{\text{Der}}\;\overset{4}{\text{über}}\;\overset{3}{\text{Nacht}}\;\overset{1a}{\text{gefallene}}\;\overset{2}{\text{(frische)}}\;\text{Schnee}\end{array}\right\}\text{bedeckte die Dächer.}$$

(The fresh snow [that had] fallen overnight covered the roofs).

The following sentence contains four extended noun attributes, labeled A, B, C, and D. (A and B modify the same noun.)

                 A1/B1   A4   A3
Wir fuhren in / einem / von einem Freund / geliehenen, /
             B4   B3   A1a A2/B2
durch vielen Gebrauch schon ziemlich wertlos / gewordenen / alten / Auto /
     C1   C1a   C4   C3   C2
in einem / gemütlichen, / unserer Ferienstimmung / entsprechenden / Tempo /
    D1   D4
durch das / wegen seiner romantischen Schönheit und seines guten Weines /
  D3   D2
berühmte / Rheintal.

           A1/B1 A1a A2/B2   A3   B3   A4
(We drove in / an / old / car, / which was borrowed / from a friend /
        B3   B4   C1
and which had become / fairly worthless through extensive use, / at a /
  C1a   C2   C3   C4   D1
leisurely / speed / that befitted / our vacation mood, / through the /
   D2   D3   D4
Rhine valley, / famous / for its romantic beauty and its good wine.)

ANWENDUNG

A. *Supply the English equivalents of the italicized words and phrases.*

1. *Sowohl* sein Mantel *als auch* sein Schal waren verschwunden. **2.** Die Suche *brachte* weder den Mantel noch den Schal *zum Vorschein*. **3.** *Nicht bei Ihnen liegt die Schuld*,

---

[8] The construction has other variations, but they are all based on the same principle. Extensive use of lengthy extended noun attributes is not considered good style in modern German; nevertheless, they are encountered frequently in older books, and especially in newspapers and professional journals. It is necessary to be able to recognize and understand them, but not advisable to construct them until German has been mastered thoroughly.

sondern beim Wächter. **4.** Einstein veröffentlichte im Jahre 1905 *seine heute bekannteste Schrift.* **5.** Es ist nicht verwunderlich, daß ich die Relativitätstheorie nicht begreife, *denn ich bin Laie.* **6.** Vielleicht war es kein Absturz, *sondern ein Mord.* **7.** Er ist *nicht nur ein guter Anwalt, sondern auch ein Sparexperte.* **8.** *Entweder* wir schicken Bessi fort, *oder* ich gehe fort. **9.** Man kann in dieser von Kohlenrauch verschmutzten Gegend des Ruhrgebietes kaum atmen. **10.** Wenige Bürger fliehen heute aus der DDR, *denn wer über die Mauer* flüchtet, riskiert sehr viel.

B. *Restate each sentence by beginning with the italicized expression.*

MODEL   Wir sollen *in 20 Minuten* bei Wertheims sein.
In 20 Minuten sollen wir bei Wertheims sein.

1. Das hat *eigentlich* bis morgen Zeit.   **2.** Er ist *damals* am Steuer eingeschlafen.   **3.** Man muß sich nicht alles *von diesen jungen Leuten* gefallen lassen.   **4.** Du hast ihn *beim Rückwärtsfahren* angehakt.   **5.** Wir müssen *den Kerl* bei der Polizei melden.

C. *Complete each sentence by inserting the words in parentheses and arranging them in their correct sequence.*

1. (sehen/können/fahren)   Hast du den VW nicht hinter dir _____?
2. (zu bringen/brauchen)   „Schönen Dank für die Blumen, aber sie hätten wirklich nichts _____."
3. (müssen/anziehen)   Wenn wir pünktlich sein wollen, werde ich mich schnell _____.
4. (haben/beendet)   Die Wertheimers müssen das Essen schon _____.
5. (tanzen/gegangen)   Die jungen Leute sind wohl _____.

D. *Answer each question by using the cue provided and replacing both the direct and indirect objects with personal pronouns.*

MODEL   Wie hat der Papagei sein Futter bekommen?
Sein Wärter hat **es ihm** gegeben.

1. Wie hat Herr Göllinger seine Fleischkarten bekommen? Die Regierung hat _____ gegeben.
2. Von wem hat die Lehrerin eine freche Antwort bekommen? Der kleine Udo hat _____ gegeben.
3. Wie hat der kleine Fritz eine Ohrfeige bekommen? Die Lehrerin hat _____ gegeben.
4. Von wem haben die „Schneehaserln" ihren Namen bekommen? Der Schilehrer hat _____ gegeben.

E. *Restate each sentence by replacing* (a) *the indirect object with a pronoun,* (b) *the direct object with a pronoun, and* (c) *the direct and indirect objects with pronouns.*

    MODEL   Ich gebe dem Studenten das Buch.
               a. Ich gebe **ihm** das Buch.
               b. Ich gebe **es** dem Studenten.
               c. Ich gebe **es ihm**.

1. Ich erzähle meinen Freunden die Anekdote. 2. Geben Sie der Kundin die Fahrkarte! 3. Kann er der Zeitung den Artikel schicken?

F. *Restate the sentence by adding the adverbial modifiers in their correct sequence.*

1. (zu Fuß/jeden Morgen/in die Fabrik) Herr Göllinger geht arbeiten.
2. (zur Erholung/allein/in die Berge/immer) Ich gehe während der Ferien.
3. (wegen des Nebels/heute/mit zehn Minuten Verspätung/in Berlin) Der Flug ist angekommen.
4. (nach Hause/schon/so schnell) Mußt du gehen?

G. *Make a sentence by connecting the sentence units in the correct sequence. (Altogether, the sentences will relate an anecdote about Einstein.) A double slash indicates a clause.*

1. Vorlesungsreise/in Wien/Einstein/einmal/war/auf einer
2. fragte/ein Student/ihn
3. Sie/auf einfache Weise/können/Ihre Relativitätstheorie/erklären
4. ist/sehr/leicht/das//Einstein/antwortete
5. Sie/sich/stellen ... vor/Folgendes
6. in der Hand/haben/Sie/ein heißes Eisen
7. eine Minute/dann/ist/eine Stunde/wie
8. stellen ... vor/aber/jetzt/Sie
9. Sie/hübsches Mädchen/bei der Hand/haben/ein
10. ist/eine Stunde/wie/eine Minute/jetzt
11. sehen/Sie//relativ/alles/ist

H. *Isolate the extended noun attribute by pointing out first the noun modified and then the introductory word. Then supply the English equivalent of the sentence; you will probably need to turn the extended noun attribute into a relative clause with* "which," "that," *or* "who," *whichever is appropriate.*

    MODEL   Einstein, **ein** in der ganzen Welt berühmter **Wissenschaftler**, ist der Vater der Relativitätstheorie. (Einstein, *a scientist who is famous throughout the world*, is the father of the theory of relativity.)

1. Im Jahre 1951 begann man die heute so wichtige Säuberung einiger Flüsse im Ruhrgebiet.

238   KAPITEL 15

2. Der von Johann Strauß komponierte Walzer ist nach der Donau benannt.
3. Man sagt, daß der im Ausland so viel gekaufte Volkswagen weniger Benzin verbraucht als die japanischen Autos.
4. Das in der Umgebung von Salzburg liegende Schloß Hellbrunn wird jedes Jahr von tausenden ausländischen Touristen besucht.
5. Die jetzt seit vielen Jahren bestehende Mauer ist heute immer noch ein Symbol des geteilten Deutschlands.
6. Ich kann nicht verstehen, warum Sie mit dem von mir genannten Preis für das Motorrad nicht zufrieden sind.

I. FREE RESPONSE: *Select either 1 or 2 to answer.*

1. Albert Einstein ist einer der berühmten deutschen Einwanderer in die U.S.A. Was wissen Sie über andere berühmte Deutsche, die nach Amerika ausgewandert sind? Berichten Sie Ihrer Klasse kurz etwas über Friedrich Wilhelm von Steuben, Carl Schurz, Johann Peter Zenger, Lotte Lenya, Marlene Dietrich oder Henry Kissinger. (Look up information in the *Brockhaus* in your library.)
2. Nehmen Sie an, Sie könnten etwas erfinden. Was würden Sie erfinden, und warum? (Suppose you had the gift of invention. What would you invent and why?)

KAPITEL 16

DEPENDENT CLAUSES

REDEWENDUNGEN

in der Frage stecken   to be involved in the question
wie dem auch sei   be that as it may
„Staat wider Willen"   a state created against its own will
etwas zu seinem Anliegen machen   to make something one's own concern
sich für jemand einsetzen   to stand up for someone
aufs Spiel setzen   to risk
sich über jemand lustig machen   to make fun of someone

WIE DEUTSCH SIND DIE ÖSTERREICHER?

Wer Österreich besucht hat, wundert sich vielleicht über diese Frage. Wie kann man am Deutschtum eines Landes zweifeln, in dem jedermann Deutsch spricht, liest und schreibt? „Deutsch ist unsere Muttersprache, Österreich ist unser Vaterland", sagte einmal der verstorbene österreichische Bundeskanzler Julius Raab. Dieser Ausspruch weist auf die Problematik hin, die in der Frage steckt. In wie weit man Österreich als rein deutsches Land ansehen soll, hängt davon ab, ob man von seiner Kultur oder von seiner Geschichte spricht.

„Ostarrichi", wie Österreich zur Zeit Karl des Großen hieß, war ursprünglich ein wichtiges Grenzland gegen die Völker des Ostens, die sich die fruchtbaren Ebenen des Donaugebietes anzueignen versuchten. Vom 14. bis ins 19. Jahrhundert trug die österreichische Dynastie der Habsburger die Krone des Heiligen Römischen Reiches Deutscher Nation, also jenes Gebietes, von dem zynische Kritiker behaupten, daß es weder „heilig", noch „römisch" und gar kein wirkliches Reich war. Wie dem auch sei, eines steht fest: Das große alte Österreich war bis zu seinem Zusammenbruch am Ende des Ersten Weltkrieges (1918) kein rein deutsches Land, sondern ein Nationalitätenstaat, in dem die deutschsprechenden Österreicher eine politische und wirtschaftliche Vorzugsstellung innehatten. Da diese „Deutschösterreicher" die anderen Nationen (Ungarn, Tschechen, Polen, Italiener usw.) in ihrem Reich nur als Helfer und nicht als gleichberechtigte Bürger ansahen, mußte die österreichische Monarchie schließlich an dem Nationalismus zerbrechen, der seit dem 19. Jahrhundert zu einer immer stärkeren politischen Kraft geworden war.

Zu wem gehörten nun die sieben Millionen Deutschösterreicher, nachdem der große Nationalitätenstaat zerschlagen worden war? Die Bürger der kleinen neuen Republik Österreich, dieses „Staates wider Willen", sagten der Welt ganz klar, was sie wollten, sobald man ihnen dazu die Gelegenheit gab: 1921 stimmten 90% für den Anschluß an Deutschland. Aber dieser Wunsch wurde von den Siegermächten nicht zur Kenntnis genommen, weil er nicht in ihren Plan paßte. Sie sahen nicht ein, warum man das besiegte Deutschland durch einen solchen Anschluß stärken sollte.

Es dauerte jedoch nicht lange, bis Adolf Hitler in die politische Arena Europas eintrat und den Anschluß Österreichs an Deutschland zu seinem Anliegen machte. Er wußte, wie er den Wunsch vieler Österreicher nach politischer Einheit für seine machtpolitischen Ziele ausnutzen konnte.

Es gab aber viele Österreicher, die Hitler und dessen Ideologie ablehnten. Doch gerade diese Gruppe stand vor einem Dilemma. Sie mußte sich entscheiden, ob sie einen Anschluß Österreichs an das Hitler-Deutschland wünschte — oder gar keinen Anschluß. Zwar versuchte die österreichische Regierung die Lockungen Hitlers abzuschwächen, indem sie für ein „freies und deutsches, unabhängiges und soziales, für ein christliches und einiges Österreich" eintrat. Aber solche Parolen nützten wenig, weil die Regierung der sogenannten Austrofaschistischen Ära (1934–38) bei vielen Österreichern an Glaubwürdigkeit verloren hatte. Und wenn Bürger nicht mehr an ihren Staat glauben, dann setzen sie sich auch nicht für ihn ein.

Sogar die Mächte, die 1918 den Kleinstaat Österreich ins Leben gerufen hatten, waren nicht mehr bereit, ihn noch weiter zu unterstützen. „Helfen Sie uns, bevor es zu spät ist", hatten österreichische Diplomaten ihren Kollegen der Westmächte knapp vor dem Anschluß zugerufen. „Ich verstehe nicht, warum sich die Österreicher dem Anschluß widersetzen. Sie sind doch wie Bayern, Sachsen usw. auch Deutsche", bemerkte der englische Botschafter in Berlin 1937 zu einem Kollegen.

Am 13. März 1938 hatte Hitler sein Ziel erreicht. Er schloß Österreich an Deutschland an. Sobald dieser Anschluß verwirklicht war, mußten die Österreicher erkennen, daß der „Führer" andere Vorstellungen von der Zukunft ihres Landes hatte als sie. Österreich wurde zu einer Provinz des „Dritten Reiches". Wer nicht Freiheit oder gar Leben aufs Spiel setzen wollte, mußte nun nach den Melodien tanzen, die in Berlin vom „Führer" gepfiffen wurden.

Wieviele Österreicher damals für oder gegen den Anschluß waren, das ist heute nicht mehr festzustellen. Über die Mehrheit von 99,7%, mit der die Österreicher angeblich für den Anschluß stimmten, machten sich selbst Nazis heimlich lustig. Aber man darf die Zwiespältigkeit der damaligen Situation nicht übersehen: Während tausende Österreicher den einmarschierenden deutschen Truppen zujubelten, verhaftete die Gestapo allein in Wien 70.000 jener anderen Österreicher, die sich gegen den Anschluß gestellt hatten.

Sieben Jahre lang, von 1938–1945, gab es „keine Österreicher mehr, nur mehr Deutsche", wie Hitlers Propagandaminister Goebbels nach dem Anschluß erklärt hatte. Österreich mußte für sein von Hitler geschaffenes neues Deutschtum einen hohen Preis zahlen. 300.000 Österreicher, die während des Zweiten Weltkrieges in der deutschen Armee dienen mußten, kamen nicht mehr nach Hause. Ein hoher Prozentsatz der jüdischen Bevölkerung wurde in Konzentrationslagern ermordet.

Als der Zweite Weltkrieg 1945 zu Ende ging, sollte Österreich wieder ein unabhängiges und freies Land werden. Dies hatten die Alliierten bereits 1943 in der „Moskauer Deklaration" versprochen. Doch die Befreiung dauerte länger als die vorangegangene Annektion durch Hitler. Österreich mußte zehn Jahre auf den Staatsvertrag warten, der seine Selbständigkeit wiederherstellte (1955).

Wie „deutsch" ist das neue Österreich? Daß sich eine österreichische Nation mit einer spezifisch österreichischen Kultur und Sprache nicht erzwingen läßt, das mußten selbst jene Politiker einsehen, die unmittelbar nach dem Krieg die Eigenständigkeit ihres Landes durch eine superösterreichische Haltung betonen wollten. So wurde damals in den österreichischen Schulen das Fach „Deutsch" durch „Unterrichtssprache" ersetzt. Es dauerte ein paar Jahre, bis man sich zögernd entschloß, daraus „deutsche Unterrichtssprache" werden zu lassen. Heute heißt dieses Fach wieder „Deutsch". Man lächelt jetzt darüber, wenn man an solche Maßnahmen zurückdenkt. Sie müssen aber als Reaktion gegen die zwangsweise Verdeutschung alles Österreichischen verstanden werden, wie sie während der Anschlußjahre stattgefunden hatte.

Für die ehemaligen Deutschnationalen trifft zu, was der frühere Bundespräsident Dr. Schärf zum Thema „Anschluß" gesagt hatte: „Die Liebe zum Deutschen Reich ist den Österreichern ausgetrieben worden". Eine Gallup Befragung aus dem Jahre 1965 scheint diese Behauptung zu bestätigen: 73% aller befragten Österreicher sprachen sich gegen einen neuerlichen Anschluß an Deutschland aus; nur 9% waren dafür. Der Rest hatte keine Meinung darüber.

Das Deutschsein ist für den Österreicher von heute nicht mehr eine Streit- oder Gewissensfrage. Gültig ist aber immer noch, was Österreichs großer Dichter Hugo von Hofmannsthal über das Verhältnis seines Landes zu Deutschland schrieb: „Es ist eine Haltung, der es an Würde und Schönheit nicht fehlen darf, die aus dem Gefühl der Ebenbürtigkeit, aus dem Bande der Familiarität und aus den Zeichen unseres besonderen Schicksals sich herleitet."

FRAGEN

1. Was sagte Bundeskanzler Raab über das Deutschtum Österreichs? 2. Wovon hängt es ab, ob man Österreich als rein deutsches Land ansehen soll? 3. Was sagten zynische Kritiker über das „Heilige Römische Reich Deutscher Nation"? 4. Warum zerbrach die österreichische Monarchie an dem Nationalismus des 19. Jahrhunderts? 5. Warum erlaubte man Österreich nach dem Ersten Weltkrieg nicht den Anschluß an Deutschland? 6. Vor welchem Dilemma standen die Österreicher, die Hitler ablehnten? 7. Was konnte 1937 der englische Botschafter in Berlin nicht verstehen? 8. Wann sollte Österreich wieder ein unabhängiges und freies Land werden? 9. Warum ersetzte man nach 1945 das Fach „Deutsch" durch „Unterrichtssprache"? 10. Was bestätigt ein Gallup Poll des Jahres 1965?

GRAMMATIK

Dependent (or subordinate) clauses do not constitute complete sentences and cannot stand by themselves. They are introduced by subordinating conjunctions, interrogatives, or relative pronouns.

SUBORDINATING CONJUNCTIONS

The most common subordinating conjunctions are the following.

als	when, as, than	obwohl[2]	although, even though
bevor[1]	before	seit(dem)	since [time]
bis	until, up to	sobald	as soon as
da	since [reason]	trotzdem	although
damit	so (that)	während	while
daß	that	weil	because
indem	by [doing something]	wenn	if, when, whenever
nachdem	after	wie	like, as
ob	whether		

Ich wartete, **bis** alle hier waren. (I waited *until* they were all here.)
Es freut mich, **daß** du kommen kannst. (I'm glad *that* you can come.)
Er wollte sich nicht entschuldigen, **obwohl** er Unrecht hatte. (He didn't want to apologize, *even though* he was wrong.)
Trotzdem er kein guter Schüler war, hat er die Prüfung bestanden. (*Although* he wasn't a good student, he passed the examination.)

1. **Als** is used mainly in the sense of "when"; it refers to a single past event. It also occurs in comparative statements, where it means "than."

   Als ich fünf Jahre alt war, ging ich zum ersten Mal zur Schule. (*When* I was five years old I went to school for the first time.)
   Das Wetter war *schöner*, **als** wir erwartet hatten. (The weather was nicer *than* we had expected.)

2. **Vor**, **nach**, and **seit** are prepositions.

   vor der Kirche (*before* [or] *in front of* the church)
   nach Ihnen (*after* you)
   seit diesem Tag (*since* that day)

---

[1] **Ehe**, an infrequent synonym for **bevor**, occurs mainly in literary language.
[2] **Obgleich, obschon,** and **obzwar** are less frequent synonyms for **obwohl**.

GRAMMATIK

Bevor, nachdem, and **seitdem** (or **seit**) are subordinating conjunctions.

    Helfen Sie mir, **bevor** es zu spät ist.   (Help me *before* it's too late.)
    Nachdem er Deutsch gelernt hatte, verbrachte er einen Sommer in Europa.   (*After* he had learned German, he spent a summer in Europe.)
    Seit(dem) wir ein Auto gekauft haben, machen wir viele Reisen.   (*Since* we bought a car we've been going on a lot of trips.)

Vorher, nachher, and **seither** are adverbs.

    Ich habe ihn nie **vorher** [**nachher, seither**] gesehen.   (I never saw him *before* [*afterwards, since*].)

3. **Seit(dem)** corresponds to "since" in reference to time. **Da** means "since" when it indicates reason or cause; it is a synonym for **weil** (because).

    Er ist sehr gewachsen, **seit(dem)** ich ihn das letzte Mal gesehen habe.   (He's grown a lot *since* [the time] I last saw him.)
    Da [**weil**] es regnet, bleiben wir zu Hause.   (*Since* [*because*] it's raining, we're staying home.)

Da may also be an adverb, meaning "there" or "then," designating a point in space or time.

    Da ist mein Buch.   (*There's* my book.)
    Da wachte er plötzlich auf.   (*Then* he suddenly woke up.)

4. **Damit** also has two distinct functions. As a subordinating conjunction, it introduces a dependent clause and means "so that." **Damit** may also be a combination of **da** and the preposition **mit**, meaning, "with it."

    Mein Vater schickte mir Geld, **damit** ich mir Bücher kaufen konnte.   (My father sent me money *so* [*that*] I could buy books.)
    Mein Vater schickte mir Geld, und ich kaufte Bücher **damit**.   (My father sent me money, and I bought books *with it*.)

5. **Indem** indicates both concurrent action and a relationship of cause and effect in the two clauses it connects. It usually expresses the concept "by doing something."[3]

---

[3] Do not confuse the conjunction **indem** with the combination of **in** and the relative pronoun **dem**: das Haus, *in dem* ich wohne (the house *in which* I live).

Man kann nur Erfolg haben, **indem** man viel arbeitet. (One can only be successful *by* working hard.)

Der Lehrer erklärte die Aufgabe, **indem** er sie an die Tafel schrieb. (The teacher explained the lesson *by* writing it on the blackboard.)

The subject is usually the same in both clauses, but the same idea may sometimes be expressed by using a different subject in each clause.

Indem *er* sich bückte, verlor *er* seine Brieftasche. (*By* bending down he lost his wallet.)

Indem *er* sich bückte, fiel *seine Brieftasche* heraus. (*As [because]* he bent down, his wallet fell out.)

To link two simultaneous events not related by cause and effect, **während** is used.

Wir blieben zu Hause, **während** unsere Freunde spazierengingen. (We stayed at home *while* our friends went for a walk.)

6. Ob is used only in the sense of "whether" to indicate a choice between alternatives.

Ich weiß nicht, **ob** er kommen kann. (I don't know *whether* [*if*] he can come.)

7. Sobald (as soon as) is not followed by **als** or **wie** when it is used as a subordinating conjunction. The same holds for **solange** (as long as), **sooft** (as often as), **soviel** (as much as), and **soweit** (as far as). When these words introduce an entire clause, they are written as one word; when a comparison is being made between two one-word concepts [*see* Chapter 13], they are written as two words.

Ich komme, **sobald** ich Zeit habe. (I'll come *as soon as* I have time.)
Ich komme, **so bald wie** möglich. (I'll come *as soon as* possible.)
Bleiben Sie, **solange** Sie wollen! (Stay *as long as* you like.)
Besuche uns, **sooft** du kannst! (Visit us *as often as* you can.)
Soviel ich gehört habe, ... (*From what* I've heard ...)
Soweit er weiß, ... (*As far as* he knows ...)

8. Do not confuse **weil** (because) with **während** (while, during). **Während** indicates simultaneity; **weil** shows a causal relationship. Note that **während** is both a subordinating conjunction (*while*) and a preposition requiring the genitive (*during*).

Wir blieben zu Hause, **weil** es regnete. (We stayed at home *because* it was raining.)

Wir blieben zu Hause, **während** es regnete [**während** des Regens]. (We stayed at home *while* it was raining [*during* the rain].)

GRAMMATIK

Weil, like **da** (as, since), is a subordinating conjunction, whereas **denn** (for) is a coordinating conjunction that does not affect word order.

Wir bleiben zu Hause, **weil** [**da**] es heute regnet.	(We're staying home *because* [*since*] it's raining today.)
Wir bleiben zu Hause, **denn** es regnet heute.	(We're staying home, *for* it's raining today.)

9. Wenn is used to refer to future actions and to repeated actions in either the present or the past.

Wenn ich nächstes Jahr nach Deutschland fahre, werde ich meine Tante besuchen.	(*When* I go to Germany next year, I'll visit my aunt.)
Wenn ich nach Deutschland fahre [fuhr], besuche [besuchte] ich immer meine Tante.	(*Whenever* I go [went] to Germany, I always visit [visited] my aunt.)

When it is used to indicate a condition, **wenn** means "if."

Wenn er kommen kann, werde ich mich sehr freuen.	(*If* he can come, I'll be very glad.)

The combination **auch wenn** is used in the sense of "even if" or "even though." It may occur in the sequence **wenn ... auch**, enclosing the subject.

Auch wenn das wahr ist ... **Wenn** das **auch** wahr ist ...	(*Even if* [*even though*] this is true ...)

INTERROGATIVES AS SUBORDINATING CONJUNCTIONS

Interrogatives may also function as subordinating conjunctions and introduce dependent clauses in indirect questions. The most important interrogatives are the following.

wann?	when?	wer?	who?
warum?	why?	wessen?	whose?
was?	what?	wie?	how?
welcher?	which?	wo?	where?
wem?	to whom? (*dative*)	woher?	where from?
wen?	whom? (*accusative*)	wohin?	where to?

Ich weiß nicht, **wann** der nächste Bus kommt. (I don't know *when* the next bus comes.)
Sie fragte mich, **wen** ich sehen wollte. (She asked me *whom* I wanted to see.)
Er wollte wissen, **wohin** wir so schnell gingen. (He wanted to know *where* we were going [*to*] so quickly.)

1. An interrogative is sometimes preceded by a preposition. In contrast to English, the preposition never comes at the end of the clause in such cases.

Er fragte uns, **seit wann** wir Deutsch lernten. (He asked us *since when* we had been learning German.)
Ich weiß nicht, **von wem** sie spricht. (I don't know *whom* she's talking *about*.)

2. In the interrogative phrase **was für ein?** (what kind of?), the case of **ein** is determined by the noun it modifies, not by the preposition **für**.

NOMINATIVE
Wissen Sie, **was für ein** Buch das ist? (Do you know *what kind of* book this is?)

DATIVE (object of **von**)
Wissen Sie, von **was für einem** Buch er spricht? (Do you know *what kind of* book he is talking about?)

Ein is omitted in the plural.

Wissen Sie, **was für** Bücher das sind? (Do you know *what kind of* books these are?)

3. When **auch** is used in combination with an interrogative it has the same function as English "-ever." Normally, it follows the subject.

Was Sie **auch** tun, ... (*Whatever* you do, ...)
Wann er **auch** kommt, ... (*Whenever* he comes, ...)
Wie die Geschichte **auch** enden mag, ... (*However* the story may end, ...)

WORD ORDER IN DEPENDENT CLAUSES

A dependent clause in German is always set off by a comma. Within the dependent clause, the conjugated form of the verb (P_1) moves to the very end. It follows any other verb form or predicate complement in the P_2 position. This is known as dependent (or subordinate, or transposed) word order.

GRAMMATIK 249

| MAIN CLAUSE | CONJ. | DEPENDENT CLAUSE |

                                                                      P_1

Er war nicht im Zimmer,   **als**   sie nach Hause kam.
(He wasn't in the room when she came home.)

                                                                      P_2 P_1

Wir fuhren nach Deutschland,   **weil**   wir unsere Tante besuchen wollten.
(We went to Germany because we wanted to visit our aunt.)

                                                                 P_2 P_1

Ich wußte sofort,   **daß**   ich einen Fehler gemacht hatte.
(I knew at once that I had made a mistake.)

The subject immediately follows the conjunction; all other elements, except the conjugated verb form, follow regular word order. If the dependent clause contains several verbal elements, their sequence is the exact opposite of their sequence in English. To analyze them from an English point of view, it is necessary to start at the end of the clause and proceed back toward the beginning.

                                           4   3   2   1

Können Sie mir sagen, wo Sie so gut Deutsch sprechen gelernt haben?

                    1   2   3   4

(Can you tell me where you [have] learned to speak German so well?)

1. Separable Prefixes   In a dependent clause, a separable prefix does not separate from the stem in either the present or the simple past tense.

MAIN CLAUSE
Er **zieht** [zog] seinen Mantel **aus**.   (He takes [took] his coat off.)

DEPENDENT CLAUSE
Es ist [war] so warm, **daß** er seinen   (It is [was] so warm, that he takes
  Mantel **auszieht** [auszog].   [took] his coat off.)

2. Position of Clauses   A German sentence may begin with either a main clause or a dependent clause. When it begins with a dependent clause, the entire clause is considered a single element occupying the front field. The subject of the main clause, therefore, follows the verb.

    MAIN CLAUSE   CONJ.   DEPENDENT CLAUSE
    SUBJ. P_1 P_2 END FIELD
    Er   **kam** uns besuchen,   obwohl er nicht viel Zeit hatte.
(He came to visit us, even though he didn't have much time.)

CONJ. DEPENDENT CLAUSE	MAIN CLAUSE
FRONT FIELD	P₁ SUBJ. P₂
Obwohl er nicht viel Zeit hatte,	kam er uns besuchen.
(Even though he didn't have much time, he came to visit us.)	

MAIN CLAUSE	CONJ. DEPENDENT CLAUSE
SUBJ. P₁	END FIELD
Meine Schwester wartete schon,	als ich nach Hause kam.
(My sister was already waiting when I came home.)	

CONJ. DEPENDENT CLAUSE	MAIN CLAUSE
FRONT FIELD	P₁ SUBJ.
Als ich nach Hause kam,	wartete meine Schwester schon.
(When I came home, my sister was already waiting.)	

Note that the dependent clause does not change, regardless of whether it comes in the front field or in the end field. Only the main clause changes: if it is the second clause, its subject follows the verb. Remember: *main clause second, subject second.*

Sentences that begin with a dependent clause have a characteristic feature at the point where the two clauses meet: the first ends with a verb, and the second begins with a verb, with a comma in between.

Obwohl er nicht viel Zeit **hatte, kam** er uns besuchen.
Als ich nach Hause **kam, wartete** meine Schwester schon.

SPECIAL PROBLEMS IN DEPENDENT CLAUSES

1. Omission of *daß* Daß is sometimes omitted in German, just like its equivalent "that" in English. When that happens, regular word order is observed.

MAIN CLAUSE	DEPENDENT CLAUSE				
	CONJ.	SUBJ.		P₂	P₁
Ich glaube,	daß	ich	Ihnen	helfen	kann.	(I believe *that* I can help you.)

MAIN CLAUSE	MAIN CLAUSE				
		SUBJ.	P₁		P₂
Ich glaube,		ich	kann	Ihnen	helfen.	(I believe I can help you.)

2. Omission of *wenn* Wenn is sometimes omitted in an implied condition at the beginning of a sentence. In that case, the sentence

GRAMMATIK   251

begins with the first prong of the predicate, and the subject immediately follows.[4] The second clause usually contains **so** or **dann**.

Wenn man heute daran **denkt**, muß man lächeln.
Denkt man heute daran, so (**dann**) muß man lächeln.
(If one thinks of that today, one has to smile.)

3. Omission of *ob* **Ob** may be omitted from the conjunction **als ob** (as if); the verb is usually in the subjunctive. When **ob** is omitted, the conjugated verb comes immediately after **als**, followed by the subject.[5]

Es sieht aus, **als ob** es regnen **würde**.
Es sieht aus, **als würde** es regnen.
(It looks as if it might rain.)

4. Double Infinitive A double infinitive always comes at the very end of a clause, whether it is a main clause or a dependent clause.

Ich habe gestern meine Arbeit **beenden müssen**.
(I had to finish my work yesterday.)

Ich habe leider nicht **kommen können**, weil ich gestern meine Arbeit habe **beenden müssen**.
(Unfortunately, I couldn't come because I had to finish my work yesterday.)

Such constructions are considered awkward and occur infrequently. They should be avoided where possible. A better sentence is the following.

Ich konnte gestern leider nicht kommen, weil ich meine Arbeit beenden mußte.
(Unfortunately, I couldn't come yesterday because I had to finish my work.)

ANWENDUNG

A. *Supply the English equivalents of the italicized expressions.*

1. *Wie kann man* am Deutschtum Österreichs *zweifeln*? 2. *Es hängt davon ab, ob* man von Österreichs Kultur oder Geschichte *spricht*. 3. Zu wem gehörten die Deutschösterreicher, *nachdem die alte Monarchie zu Ende kam*? 4. Die Österreicher

---

[4] A similar construction can occur in English: "*Had* I the money (*If I had* the money), I would buy a new car." Implied conditions in German are especially frequent in the subjunctive [see Chapter 19]. For a discussion of sentences with no front field, see Chapter 1, p. 13.
[5] For details about the use of the subjunctive in this type of sentence see Chapters 19 and 20.

versuchten Hitler auszuschalten, *indem sie* ihm Konzessionen *machten.* **5.** *Sobald der Anschluß verwirklicht war,* sahen sie ihren Fehler ein. **6.** *Während tausend Wiener Hitler zujubelten,* verhaftete die Gestapo viele Österreicher. **7.** *Als der Zweite Weltkrieg zu Ende ging,* war Österreich sehr arm. **8.** Man wundert sich jetzt darüber, *wenn man* an solche Maßnahmen *denkt.* **9.** Man darf nicht an die Maßnahmen denken, die *während der Anschlußjahre* stattgefunden haben. **10.** *Wie „deutsch"* ist das neue Österreich?

B. *Complete each sentence by changing the first sentence into a dependent clause.*

1. Sie wußten die Wahrheit nicht. Viele Wiener jubelten Hitler zu, da _____.
2. Es war ein Grenzland. Österreich war wichtig, weil _____.
3. Er versprach ihnen ein besseres Leben. Hitler gewann die Österreicher, indem _____.
4. Er war kein Deutscher gewesen. Fritz hatte in der deutschen Wehrmacht gedient, obwohl _____.
5. Die Gestapo hat ihn verhaftet. Er wird in ein Konzentrationslager gebracht, nachdem _____.
6. Hitler trat in die politische Arena ein. Es dauerte nicht lange, bis _____.
7. Hitler ist in die politische Arena eingetreten. Es kann keinen Frieden mehr geben, seitdem _____.
8. Es wird zu spät. Sie müssen uns helfen, bevor _____.
9. Hitler konnte ohne Kampf in Österreich einmarschieren. Es ist kaum zu glauben, daß _____.
10. Sie waren alle für den Anschluß. Goebbels machte viel Propaganda, damit _____.

C. *Restate the sentence by reversing the sequence of clauses.*

1. Ich kann nicht gut schifahren, wenn es Matsch gibt. **2.** Es gibt eine große Drängerei, weil die Seilbahn überfüllt ist. **3.** Der Schnee schmilzt, obwohl es während der Nacht unter Null Grad war.

D. *Change the dependent clause to a main clause in the present tense.*

MODEL   Es ist schade, daß Vater Bessi fortschickt.
          Vater schickt Bessi fort.

1. Es ist schade, daß der Oberstabsarzt keinen Rekruten freistellt. **2.** Es ist schade, daß die Dame Herrn Huber nicht zuhört. **3.** Es ist schade, daß der Parkwächter den kleinen Jungen beim Angeln erwischt. **4.** Es ist schade, daß der Direktor der Schule Ottos Eltern anruft.

E. *Restate each sentence by either omitting or adding* **daß** *or* **wenn.**

1. Wir wissen, daß die Frau nicht immer gleichberechtigt war.   2. Er sagte, die Deutschen sind heute heiratslustiger als früher.   3. Ich glaube, daß mehr und mehr Frauen studieren werden.   4. Wenn man die Statistiken studiert, erkennt man den Trend.   5. Sind die Frauen einmal voll gleichberechtigt, so ist das gut möglich.

F. *Connect the two clauses by using the most appropriate conjunction from the list below. Either the first or the second clause may be dependent.*

während   ob
wenn   auch wenn
als   obwohl
weil   da

1. Karl der Große war 32 Jahre alt. Papst Leo III. krönte ihn.   2. Man muß immer an „Die Meistersinger von Nürnberg" denken. Man besucht diese Stadt.   3. Der Zeppelin fand ein feuriges Ende. Er war nicht mit Helium gefüllt.   4. Luther schlug die 95 Thesen an. Er hatte keine Furcht.   5. Maria Theresia starb eines natürlichen Todes. Ihre Tochter fand den Tod auf dem Schafott.   6. Ich gehe immer ins Hofbräuhaus. Ich bin in München.   7. Ich war zum letzten Mal in München. Die Olympischen Spiele fanden statt.   8. Ich weiß nicht. Er hat recht.   9. Ich kann es nicht glauben. Er hat recht.   10. Beethoven konnte seine 9. Sinfonie nie hören. Er war taub.

G. *Answer the question by changing it to a dependent clause.*

1. Wo kann man hier gut schilaufen? Ich kann Ihnen leider nicht sagen, _____.
2. Was für Leute jodeln gerne? Woher soll ich wissen, _____.
3. Wem gehört diese Bindung? Niemand weiß, _____.
4. Wessen Freund ist er? Frag doch die Blondine dort auf der Piste, _____.
5. Wer hat die Badewannen am Hang hinterlassen? Ich weiß nicht, _____.
6. Seit wann ist der Schilift kaputt? Niemand kann es sagen, _____.

H. *Use all the sentence units in the form given to make a complete compound sentence. Begin with the first word in the cue.*

1. solange/gibt/es/Schnee//ich/schifahren/werde
2. ich/habe/viel Geld/gespart//keinen Unfall/dieses Jahr/ich/indem/hatte
3. vor/hatte/einen Unfall/zwei Jahren/ich//nicht mehr/fahre/Schi/und/jetzt/ich
4. du/dich/mußt/warm anziehen//draußen/denn/es/sehr/ist/kalt

I. *Tell whether the statement is true* (**richtig**) *or false* (**falsch**) *according to the readings.*

1. Die Ebenen der Donau sind sehr fruchtbar.
2. Zur Zeit der Habsburger Monarchie waren die Ungarn und Tschechen gleichberechtigte Bürger.
3. Die Westmächte haben Deutschland und Frankreich im Zweiten Weltkrieg besiegt.
4. Vor 1918 war Österreich ein Kleinstaat.
5. Die Sachsen und Bayern sind Einwohner Österreichs.
6. Österreichs Selbständigkeit wurde im Jahre 1955 wieder hergestellt.
7. In den Schulen Österreichs wird Deutsch als Fremdsprache unterrichtet.
8. Heute wollen die Österreicher keinen Anschluß mehr.

J. FREE RESPONSE: *Complete each sentence using your own opinion or idea.*

1. Ich habe Musik gerne, weil _____.
2. Ich lerne nicht Chinesisch, sondern _____.
3. Ich kann Ihnen sagen, daß _____.
4. Heute bin ich froh, obwohl _____.
5. Ich mache das selten, seitdem _____.
6. Ich habe das nicht gerne, denn _____.
7. Fragen Sie mich bitte nicht, was _____.
8. Ich weiß es selbst nicht, warum _____.

KAPITEL **17**
──────────────
RELATIVE CLAUSES

Unerwartet.
„Meine Herrschaften, ich bitte
Sie, das Glas zur Hand zu nehmen,
sich zu erheben und — einmal
nachzusehen, ob nicht jemand
auf meinem Taschentuch sitzt!"

REDEWENDUNGEN

dasselbe gilt für	the same holds true for
Was liegt näher?	What is more obvious?
eine Siebzigerin	a woman in her seventies
daran erinnert uns	that reminds us
Platz nehmen	to take a seat
zum guten Ton gehören	to be considered good manners
zum Wohle trinken	to drink to someone's health

DEUTSCHE EIGENHEITEN

In den Ländern, in denen man Englisch spricht, redet man ein Mädchen, das noch nicht verheiratet ist, gewöhnlich mit „Miss" an. Dasselbe gilt für eine Frau, die unverheiratet ist. Wie spricht man in Deutschland eine reifere Frau an, von der man nicht weiß, ob sie verheiratet ist?

Wer nicht unhöflich sein will, der wird sie mit „Frau" ansprechen. Ein „Fräulein" über Vierzig — das gibt es in Deutschland nicht. Jedenfalls kaum unter Leuten, deren gute Manieren nicht angezweifelt werden sollen. Für diese ist ein älteres Fräulein immer eine Frau.

Ist das alles, was man über die richtige Anwendung von „Fräulein" und „Frau" wissen muß? Leider nicht. Es gibt auch Ausnahmen, mit denen man vertraut sein sollte. Wer auf dem schlüpfrigen Parkett der guten Manieren nicht ausrutschen will, dem kann man nur raten, sich einen „Knigge" anzuschaffen. Der „Knigge", das ist das Buch, in welchem der Deutsche über die Regeln des Anstandes nachschlägt.

Der „Knigge" ist gewiß eine Hilfe für alle jene, die sich in Deutschland richtig benehmen wollen. Aber selbst der gibt Ihnen nicht immer den Rat, den Sie vielleicht gerade brauchen. Zum Beispiel: Sie sitzen in einem Restaurant und studieren die Speisekarte; Sie wissen nicht recht, was Sie bestellen sollen. Von den Speisen, die darauf stehen, kennen sie keine. Was liegt näher, als sich von der Kellnerin, die eben vorbeigeht, beraten zu lassen. Wie sprechen Sie die Kellnerin, bei der es sich um eine ältere Frau handelt, an?

Wenn Sie die Anrede „Frau Kellnerin", die nicht üblich ist, vermeiden wollen, dann dürfen Sie in dieser Situation „Fräulein" rufen. Ja, das ist gestattet, selbst wenn jenes „Fräulein" eine Siebzigerin sein sollte.

Dies ist also eine der Ausnahmen, von denen wir gesprochen haben. Nun noch eine andere: Sie lernen eine junge Deutsche kennen, von der Sie wissen, daß sie bereits ihren Doktorgrad erworben hat und unverheiratet ist. „Frau" oder „Fräulein"?

Hier ist es der akademische Titel, dessen Vorrang man beachten muß. Dieser jungen Dame gebührt heute der Titel „Frau Doktor". Das war nicht immer so; daran erinnert uns der bekannte deutsche Film „Unser Fräulein Doktor", der vor dem Zweiten Weltkrieg gedreht wurde. Heute wird jedes Fräulein, dem man den Doktorhut aufsetzt, eine „Frau Doktor".

Andere Länder, andere Sitten. Welche Regel gilt in Deutschland, wenn ein Herr mit einer Dame ein Restaurant betritt? Wer folgt wem? Dieser der Dame oder jene dem Herrn?

Es ist der Herr, der vorausgeht. Er soll sich überzeugen, mit welchem Lokal sie es hier zu tun haben. Oder zumindest soll er feststellen, welche Leute sich gerade darin befinden. Auch die Wahl des Tisches, an dem sie Platz nehmen wollen, ist dem Herrn überlassen. Nur wenn die Dame mit seiner Wahl nicht einverstanden ist, dann muß der Herr einen anderen Tisch finden. Was also in manchen Ländern als unhöflich gelten würde, das gehört dort zum guten Ton.

Wer bezahlt übrigens die Rechnung, wenn ein Herr mit einer Dame ausgeht? Ist es in Deutschland immer der Herr, der die Brieftasche zücken muß? Durchaus nicht. „Geteilte Rechnung, doppeltes Vergnügen" ist ein Motto, an das sich viele Deutsche bei solcher Gelegenheit halten.

Wie in vielen anderen Ländern gibt es auch in Deutschland besondere Anlässe, bei denen man gern ein Glas zum Wohle trinkt. Dabei beachtet man gewisse Regeln der Etikette, an die sich auch die meisten Deutschen halten. Womit soll das Glas — das man übrigens nur am Glashals halten darf — bei einem solchen Anlaß gefüllt sein? Mit welchem Getränk im Glas ruft man dem anderen „Prost" oder „zum Wohlsein" zu? Bier, Wein, Whiskey, Apfelsaft?

Für den Deutschen, der auf gute Sitten etwas hält, kommt nur Wein in Frage. Dieser gehört zum Prosten, alles andere nur zum Durst stillen. Wer mit Bier, Whiskey oder etwas anderem anstößt, der zeigt damit, daß er nicht alle Regeln der guten deutschen „Kinderstube" kennt. Damit ist nicht die „Stube" gemeint, worin man wohnt, sondern die Erziehung, die jeder in seiner Kindheit genossen haben soll. Nicht alle Deutschen — das muß man zugeben — sind in dieser „Stube" aufgewachsen. Doch Mangel an „Kinderstube" kann man nicht nur in Deutschland finden, sondern in allen Ländern der Welt.

Die Eigenheiten eines Volkes sind eine Sache, worüber man mit Werturteilen vorsichtig sein sollte. Eigenheiten sind nicht „gut" oder „schlecht"; sie sind einfach „da". Sie sind ein Ausdruck jener Individualität, die den Vergleich verschiedener Kulturen so interessant macht.

FRAGEN

1. Wie spricht man in Deutschland eine reifere Frau an, die unverheiratet ist? **2.** Was ist der „Knigge"? **3.** Wer soll sich einen „Knigge" anschaffen? **4.** Was weiß man oft nicht, wenn man in einem Restaurant sitzt? **5.** Wen darf man immer mit „Fräulein" ansprechen? **6.** Warum nennt man eine unverheiratete Frau mit einem Doktorgrad immer „Frau"? **7.** Wer betritt in Deutschland zuerst das Restaurant? Der Herr oder die Dame? **8.** Wie heißt das Motto, an das sich viele Deutsche beim Ausgehen halten? **9.** Für wen kommt beim Prosten nur Wein in Frage? **10.** Was ist mit dem Wort „Kinderstube" gemeint?

GRAMMATIK

RELATIVE PRONOUNS

Relative pronouns—that, which, who, whom, whose—introduce dependent clauses that modify a preceding noun (or, occasionally, a pronoun). In German, the clause must be set off by a comma, and the conjugated verb form occurs at the end of the clause.

1. Form of Relative Pronouns The most frequently used relative pronouns in German are based on the definite article. The following table shows the relative pronouns in all genders and cases.

	MASCULINE	NEUTER	FEMININE	PLURAL
Nominative	der	das	die	die
Accusative	den	das	die	die
Dative	dem	dem	der	denen
Genitive	dessen	dessen	deren	deren

Note that three of these forms add **-en** to the definite article: **denen** (to whom) for the dative plural, **dessen** (whose) for the genitive singular masculine and neuter (with a double s), and **deren** (whose) for the genitive singular feminine and for the genitive plural.

2. Use of Relative Pronouns A relative pronoun, like other pronouns, agrees in gender and number with its antecedent (the noun to which it refers).

Ich kenne **einen Mann, der** sehr reich ist.	(I know *a man who* is very rich.)
Das Buch, das ich lese, ist sehr interessant.	(*The book that* I am reading is very interesting.)
Er erzählte uns **eine Geschichte, die** wir nicht kannten.	(He told us *a story that* we did not know.)
Sie hat **viele Freunde,** mit **denen** sie oft ausgeht.	(She has many *friends* with *whom* she often goes out.)

The *case* of a relative pronoun, on the other hand, is determined only by its function within its own clause; it may not be the same as that of the antecedent. The sentences below illustrate this for the relative pronoun in the masculine singular.

NOMINATIVE

Der Student, **der** hier wohnt, ist mein Freund.	(The student *who* lives here is my friend.)

ACCUSATIVE

Der Student, **den** Sie dort sehen, ist mein Freund.	(The student *whom* you see there is my friend.)

DATIVE

Der Student, mit **dem** ich eben sprach, ist mein Freund.	(The student with *whom* I just spoke is my friend.)

GENITIVE

Der Student, **dessen** Buch ich geliehen habe, ist mein Freund.	(The student *whose* book I borrowed is my friend.)

In contrast to English, the relative pronoun is never omitted in German: **der Mann, *den* Sie dort sehen** (the man [*whom*] you see there). If the relative clause contains a preposition, this preposition always precedes the relative pronoun; it can never come at the end of the sentence, as it may in English: **die Feder, *mit der* ich schreibe** (the pen I am writing *with*; the pen *with which* I am writing).

3. Special Forms

3.1 The pronoun **welcher** (which) is also sometimes used as a relative pronoun. It occurs less frequently than the forms based on the definite article, and it does not exist in the genitive. In the other three cases, it follows the regular ending pattern.

	MASCULINE	NEUTER	FEMININE	PLURAL
Nominative	welcher	welches	welche	welche
Accusative	welchen	welches	welche	welche
Dative	welchem	welchem	welcher	welchen

Das Haus, in **welchem** ich wohne, ... (The house in *which* I live ....)
Die Feder, mit **welcher** ich schreibe, ... (The pen with *which* I am writing ....)
Die Bücher, **welche** wir lesen, ... (The books [that] we are reading ....)

3.2 A preposition followed by a form of the relative pronoun **der** (or **welcher**) may be replaced with the compound **wo-** plus the preposition; if the preposition begins with a vowel, an **-r-** is inserted between **wo-** and the preposition. **Wo**-compounds are used only for things or concepts in the accusative and dative. They occur primarily in written German. Unlike **da**-compounds, which are mandatory, **wo**-compounds are optional.[1]

Das Haus, **in dem** er wohnt, ... }
Das Haus, **worin** er wohnt, ... } (The house *in which* he lives ....)

Die Feder, **mit der** ich schreibe, ... }
Die Feder, **womit** ich schreibe, ... } (The pen *with which* I am writing ....)

---

[1] For a discussion of the compound **da(r)** plus preposition, see Chapter 4.

3.3 **Wo**-compounds may also be used as interrogatives.

Worüber spricht sie?   (*What* is she talking *about*?)
Wozu tust du das?   (*What* are you doing that *for*?)

WER AND WAS

The interrogatives **wer** and **was** may also be used as indefinite relative pronouns referring to nonspecific persons or things. As relative pronouns, **wer** has the meaning "whoever," "he who," or "anyone who"; **was** has the meaning "whatever," "that which," or simply "what."

Wer das sagt, ist ein Lügner.   (*Whoever* [*anyone who*] says that is a liar.)

Was er mir erzählte, war sehr interessant.   (*What*[*ever*] he told me was very interesting.)

Wer is declined like **der**.

Nominative	wer
Accusative	wen
Dative	wem
Genitive	wessen

Was, meaning "which," also occurs after the indefinite pronouns **nichts** (nothing), **alles** (everything), and **etwas** (something) [*see* Chapter 18]; after neuter superlative nouns [*see* Chapter 13]; or in reference to an entire clause or concept.

Er dankte mir für **alles, was** ich für ihn getan hatte.   (He thanked me for *everything* [*that*] I had done for him.)

Das ist **das Beste, was** ich je gesehen habe.   (That is *the best* [*that*] I've ever seen.)

Gestern bekam ich einen Brief von meinem Freund, **was** mich sehr freute.   (Yesterday I received a letter from my friend, *which* [*a fact that*] made me very happy.)

Note that German, unlike English, never omits the relative pronoun in such constructions and that it sets off every relative clause by commas.

Nichts, **was er sagte**, ist wahr.   (Nothing *he said* is true.)

DEMONSTRATIVE PRONOUNS

1. The demonstrative adjectives **dieser** (this) and **jener** (that) may also be used as pronouns, in all cases.

> Wem gehören diese Häuser? **Dieses** hier gehört uns und **jenes** dort gehört unseren Freunden.
>
> (To whom do these houses belong? *This one* here belongs to us and *that one* over there belongs to our friends.)

Jener is far less common than **dieser** and is primarily a literary form. Its chief use is in making a distinction between two objects; in such cases, **dieser** sometimes means "the latter," **jener** "the former."

> Robert und Paul sind Freunde von mir. **Dieser** geht noch in die Schule, **jener** studiert Medizin.
>
> (Robert and Paul are friends of mine. *The latter* [*Paul*] is still going to school; *the former* [*Robert*] is studying medicine.)

The shortened form **dies** may be used in the nominative for all three genders, singular and plural.

> **Dies ist** mein Freund Tom. (*This is* my friend Tom.)
> **Dies ist** meine Freundin Irma. (*This is* my friend Irma.)
> **Dies sind** meine Freunde. (*These are* my friends.)

2. German frequently uses the forms of the relative pronoun based on the definite article to replace both demonstrative and personal pronouns, especially in everyday language. Articles used in this way usually receive strong vocal stress.

> Welcher ist Ihr Mantel? **Der** [*instead of* jener] dort gehört mir.
> Kennst du Herrn und Frau Müller? Ja, **die** [*instead of* sie] kenne ich gut.
> Der Hut gefällt mir nicht; ich nehme lieber **den** [*instead of* diesen] hier.
> Sie sprach mit **denen**, die eben gekommen waren.
>
> (Which is your coat? *That one* over there belongs to me.)
> (Do you know Mr. and Mrs. Müller? Yes, I know *them* well.)
> (I don't like that hat; I'd rather take *this one* here.)
> (She spoke to *those* [*people*] who had just arrived.)

The neuter pronoun **das** is especially common. It is used for both the singular and the plural.

> **Das** wußte ich nicht. (I didn't know *that*.)
> **Das** ist mein Freund Tom. (*This* is my friend Tom.)
> **Das** waren Zeiten! (*Those* were the days!)

The genitive plural form **derer** is mainly literary; it is used only as the antecedent of a relative clause.

Die Namen **derer**, die hier begraben sind, werden wir nie vergessen.	(We shall never forget the names *of those* who are buried here.)

3. The genitive forms **dessen** (masculine and neuter singular) and **deren** (feminine singular and plural) are used as demonstratives primarily to distinguish possessive relationships. The possessives **sein** and **ihr** always refer to the subject of the sentence. The demonstratives **dessen** and **deren**, on the other hand, refer to the last-mentioned noun, *not* to the subject.

Karl besuchte seinen Bruder und **seinen** Sohn.	(Karl visited his brother and *his* [*Karl's*] son.)
Karl besuchte seinen Bruder und **dessen** Sohn.	(Karl visited his brother and *his* [*his brother's*] son.)
Meine Schwester traf Anna und **ihre** Freundin Marie.	(My sister met Anna and *her* [*my sister's*] friend Marie.)
Meine Schwester traf Anna und **deren** Freundin Marie.	(My sister met Anna and *her* [*Anna's*] friend Marie.)
Sie erzählt uns von ihren Eltern und **ihren** Jugenderlebnissen.	(She tells us about her parents and *her* childhood experiences.)
Sie erzählt uns von ihren Eltern und **deren** Jugenderlebnissen.	(She tells us about her parents and *their* childhood experiences.)

POSSESSIVE PRONOUNS

Like the demonstrative adjectives "this" and "that," the possessive adjectives—my, your, our, and their (the **ein**-words)—may also be used as pronouns: mine, yours, ours, and theirs. The distinction is simple: an adjective *modifies* a noun—This is *my* hat; a pronoun *replaces* places a noun—This is *mine*.

In German, possessive adjectives have no ending in the singular nominative masculine and nominative and accusative neuter: **mein Freund, unser Haus**. When used as pronouns, however, they add the full range of primary endings in all genders and cases.[2]

---

[2] For a table of these endings, see Chapters 10 and 11.

Hier ist **mein** Hut. Wo ist **deiner**? (Here is *my* hat. Where is *yours*?)
Ist das **dein** Buch? Ja, das ist **meines**. (Is that *your* book? Yes, that is *mine*.)

The indefinite article **ein** and its negative form **kein** also add endings when they are used as pronouns.

Ich kaufte **ein** Buch, und er kaufte auch **eines**. (I bought *a* book and he also bought *one*.)
Hast du **einen** Bleistift? Ja, hier ist **einer**. (Do you have *a* pencil? Yes, here's *one*.)
Er sprach mit **keinem**, und **keiner** sah ihn. (He spoke with *no one* and *no one* saw him.)
Haben Sie Geld? Ich habe **keines**. (Do you have money? I have *none* [I haven't any].)

Neuter forms are often contracted to **eins**, **deins**, **keins**, **meins**, and **seins**, especially in everyday conversation.

ANWENDUNG

A. *Supply the English equivalent of the italicized words and expressions.*

1. Wie spricht man eine Frau an, *von der man nicht weiß*, ob sie verheiratet ist? 2. *Wer nicht unhöflich sein will*, muß den Knigge lesen. 3. Es gibt Leute, *deren Manieren* sehr schlecht sind. 4. *Wer keine Fehler in der Etikette machen will, dem kann man nur sagen:* „Studiere den Knigge"! 5. Der Knigge ist eine Hilfe *für alle jenen, die keine Manieren haben.* 6. Der Knigge ist gut, *aber selbst der* gibt nicht immer den Rat, *den man braucht.* 7. Hier ist der deutsche Student, *dessen Manieren* so komisch sind. 8. *Wer* mit Bier, Whiskey oder Schnaps *anstößt*, hat keine guten Manieren.

B. *Supply the correct form of each pronoun for which the English equivalent is given in parentheses.*

1. Ist das der Hund, _____ du gekauft hast? (*which*)
2. Ist das nicht der Anwalt, _____ in der Mönkeberg Straße wohnt? (*who*)
3. Ja, ich weiß, _____ er ist. (*who*)
4. Das ist Herr Frühwirth, _____ Partner ermordet wurde. (*whose*)
5. Die Kunden, _____ Sie sprechen wollen, sind hier. (*who*)
6. Herr Huber gehört zu den kleinen Angestellten, von _____ der Chef und die Kunden keine Notiz nehmen. (*whom*)
7. Siehst du den Affen, _____ dort auf den Baum klettert? (*who*)

8. Das ist die Dame, _____ Herr Huber die Meinung gesagt hat. (*to whom*)
9. Ich zeige dir den Käfig, in _____ der Gorilla ist. (*which*)
10. Wo ist die Schimpansin, _____ Spiel immer so drollig ist? (*whose*)
11. Das ist keine Armee, in _____ ich dienen möchte. (*which*)
12. Wie heißt der Feldwebel, mit _____ ich sprechen soll? (*whom*)
13. Da kommt der Oberstabsarzt, _____ uns untersuchen wird. (*who*)
14. Die Berliner Schnauze, von _____ wir sprechen, ist weltbekannt. (*which*)
15. Die Schülerin, _____ Eltern angerufen haben, ist heute krank. (*whose*)
16. Erinnerst du dich an die freche Bemerkung, _____ du gestern gemacht hast? (*which*)
17. Wie heißt der Junge, _____ Sie beim Angeln erwischt haben? (*whom*)
18. Fräulein Wanke ist eine Lehrerin, _____ Schüler viel lernen. (*whose*)

C. *Combine the two sentences into one by using a relative pronoun. Make the second sentence dependent on the first.*

   MODEL   Ich warte immer noch auf den Brief. Er wollte mir schreiben.
   Ich warte immer noch auf den Brief, **den er mir schreiben wollte.**

1. Das sind die Studenten. Ich bin mit ihnen durch die Schweiz gewandert. **2.** Mir ist ein Land sympathisch. Es bleibt neutral. **3.** Die Schweiz ist ein Land. Es gibt keine Streiks. **4.** Die Hotels waren alle zu teuer. Wir fragten nach den Preisen. **5.** Wie heißt die Schweizer Universität? Die erste Frau wurde immatrikuliert. **6.** Wo ist der See? Sein Wasser soll sehr sauber sein. **7.** Ist das die Bank? Ihre Kunden sind alle internationale Gangster. **8.** Das ist der Avantgarde–Autor. Sein Buch ist weltbekannt.

D. *Supply the most appropriate relative pronoun. If more than one choice is possible, give the alternates as well.*

1. Die Umweltverschmutzung ist ein Problem, _____ zu einer Krise führen kann. **2.** Schwefeldioxyd ist ein Gas, _____ Giftstoff sehr gefährlich ist. **3.** Ist das Auto, _____ er jetzt fährt, kleiner? **4.** Die giftigen Gase, _____ unsere Autos abgeben, zersetzen die Steine. **5.** Wie heißt der Architekt, _____ den Kölner Dom gebaut hat? **6.** Der industrielle Fortschritt, von _____ man so viel hört, ist eigentlich ein „Rückschritt". **7.** Die Umweltskrise, von _____ die Presse schreibt, kann nicht übertrieben werden. **8.** Weißt du nicht, daß die Zigaretten, _____ du rauchst, Gift für deine Gesundheit sind? **9.** Die Kinder, _____ Lungen man untersucht hat, leiden an Asthma. **10.** Die Säuberung der Flüsse, mit _____ man jetzt begonnen hat, wird hoffentlich helfen.

E. *Combine the sentences making the second dependent on the first and using a* **wo-compound** *in the dependent clause.*

1. Es wird vielleicht eine Luftpest geben. Viele Leute haben Angst davor. **2.** Das Ruhrgebiet hat sehr schlechte Luft. Die Industrie ist daran schuld. **3.** Er wußte

nicht, was mit dem Kölner Dom passiert. Wir haben uns darüber gewundert.
4. Die Regierung wird bald ein Anti-Lärmgesetz bekannt geben. Wir freuen uns schon darauf.   **5.** Die Rettung des Kölner Doms von der Steinpest ist eine wichtige Sache. Wir sind sehr interessiert daran.

F. *Supply the correct form of the pronoun for which the English equivalent is given.*

1. Ich weiß nicht, _____ Friedrich Hölderlin war. (*who*)
2. Wissen Sie, _____ Hölderlin geschrieben hat? (*what*)
3. _____ Sie über den Schwarzwald sagen, ist sehr interessant. (*what*)
4. _____ das geschrieben hat, ist ein Dummkopf. (*whoever*)
5. Wir können manches, _____ er über die Berliner Mauer sagt, kaum glauben. (*that*)
6. Goethe und Hölderlin sind deutsche Dichter. _____ stammt aus Lauffen am Neckar und _____ aus Frankfurt am Main. (*the latter, the former*)
7. Bayreuth hat ein Musikfestspiel, und Salzburg hat auch _____. (*one*)
8. Ja, als es noch keine Luftverpestung gab, _____ waren schöne Zeiten! (*those*)

G. *Use the cue in parentheses as a relative clause and supply the appropriate pronoun. Be sure to use the correct word order.*

MODEL   (ich habe gelernt)   Die Sprache, **die ich gelernt habe**, ist Deutsch.

1. (wir haben besucht)   Das Schloß, _____, war Hellbrunn.
2. (wir haben gesehen)   Der Dom, _____, wird langsam durch die Steinpest zerstört.
3. (wir sprechen darüber)   Das Problem, _____, ist die Luftpest.
4. (Mozart hat gelebt)   Die bezaubernde Stadt, in _____, heißt Salzburg.

H. FREE RESPONSE: *Complete each sentence by using a relative clause of your choice.*

1. Das ist ein Professor, _____.
2. Sie sprechen von einer Idee, _____.
3. Wann haben wir die Prüfung, _____?
4. Die Musik, _____, ist modern.
5. Das Buch, _____, ist sehr interessant.
6. Mein Freund, _____, wartet auf mich.
7. Meine Freunde, _____, kommen morgen.
8. Das war eine Übung, _____.

KAPITEL 18

PASSIVE VOICE; INDEFINITE PRONOUNS; SUMMARY OF <u>WERDEN</u>

REDEWENDUNGEN

Wem kann man es übel nehmen?	Whom can you blame?
sich Zeit lassen	to take time
Da war nichts zu machen.	Nothing could be done about it.
O Schreck!	Oh dear!
diese Schweinerei	this mess
Es tut mir leid.	I'm sorry.
ins Röhrchen blasen	to blow into the tube [to take a sobriety test]
es darauf ankommen lassen	to take the chance
der Unglücksrabe	the bad-luck guy

DIE MACHT DER GEWOHNHEIT

„So, der Bericht für die Versicherung ist geschrieben", meinte Otto und schob die Formulare seiner Frau hin. „Ich fürchte nur, er wird dir von niemandem geglaubt werden", antwortete sie skeptisch. „Wem kann man es übel nehmen?" erwiderte Otto. „Mir ist so etwas auch noch nie berichtet worden. Wundere dich nicht, wenn man mich zum Psychiater schicken will." Und mit diesen Worten lehnte er sich kopfschüttelnd zurück. „Wie in einer schlechten Komödie", sagte er vor sich her, „aber die seltsamsten Geschichten werden doch vom Leben selbst geschrieben."

Es war am letzten Freitag passiert. Otto hatte sich beim Frühstück zu viel Zeit gelassen und es war spät geworden. Als er endlich in seinem roten Porsche saß und unvorschriftsmäßig schnell durch die Stadt sauste, dachte er: Hoffentlich ist die Bahnschranke in der Altendorfer Allee nicht geschlossen. Er wurde nicht enttäuscht — sie war noch offen. Doch er wurde mit einem andern Hindernis konfrontiert: Vor ihm trottete ein Elefant, ja ein echter, großer Elefant. Da war nichts zu machen; die ganze Fahrbahn war durch den Dickhäuter blockiert. Es gelang Otto nicht, ihn zu überholen. Noch schlimmer, etwa 30 Meter vor den Schranken blieb der Elefant stehen. „Wenn du nicht weitergehst, wirst du von mir angefahren", murmelte Otto vor sich hin. Der Dickhäuter war von dieser Drohung nicht sehr beeindruckt. In diesem Augenblick ertönte das Signal, mit dem das Schließen der Schranken angekündigt wurde: eine Glocke läutete kurz zweimal.

Der Elefant schien darauf gewartet zu haben; er schwenkte seinen Rüssel, trat zwei Schritte zurück und setzte sich, o Schreck, auf die Motorhaube von Ottos Porsche. Das Geräusch, das damit verbunden war, wird Otto nie vergessen. Er war kreidebleich geworden. Ob vor Schreck oder Wut, war schwer zu sagen. Der Elefant blickte ihn nur teilnahmslos an, schwenkte nochmal seinen Rüssel und blieb auf dem wesentlich niedriger gewordenen Porsche sitzen.

Nachdem der Zug vorbeigebraust war, ertönte ein weiteres Klingelzeichen. Die Schranken hoben sich und der Bahnübergang wurde wieder freigegeben. Ottos ungebetener Gast erhob sich und setzte seinen Spaziergang fort.

Otto blickte hilfesuchend um sich. War hier niemand, der ihm helfen konnte? Er stürzte schließlich in die nächste Telefonzelle und rief die Polizei an. Er hatte das Gefühl, daß ihm seine etwas wirren Angaben über den Vorfall nicht geglaubt wurden. Immerhin kam nach 10 Minuten die Polizeistreife, die ihm am Telefon versprochen worden war.

„Herr Wachtmeister, sehen Sie sich diese Schweinerei an! Mein neuer Porsche ist ganz zerquetscht. Da hat sich dieser Elefant einfach draufgesetzt. Um ein Haar wäre ich auch zerquetscht worden." „Moment mal", meinte der Polizist, „wer hat das gemacht — ein Elefant?" „Ja natürlich, der große Elefant, der hier gestanden hat, gerade als die Schranken geschlossen worden sind." „So, so, ein großer Elefant", erwiderte der Wachtmeister und zwinkerte seinem Kollegen verständnisvoll zu. „Ist das alles, was Sie dazu zu sagen haben?" setzte er noch hinzu. „Ist das nicht genug? Schauen Sie sich doch an, was dieses Biest angerichtet hat", sagte Otto mit etwas weinerlicher Stimme.

„Es tut mir leid, mein Herr, aber das müssen wir uns auf der Wachstube noch näher erklären lassen", erwiderte der Polizist. „Aber vorher blasen Sie noch schnell in unser Röhrchen." Und bei diesen Worten wurde Otto bereits das Gerät vor dem Mund gehalten, mit dem man den Alkoholgehalt im Blut feststellen kann. „Wird hier behauptet, daß ich betrunken bin?" meinte Otto mit grimmigem Gesicht. „Bitte machen Sie keine Schwierigkeiten", antwortete kurz der Polizist. „Sie wissen doch, wer sich Amtspersonen widersetzt, kann verurteilt werden." Darauf wollte es Otto nicht ankommen lassen. Er wurde ohne Schwierigkeiten auf die Wachstube mitgenommen.

Dort gab man Otto nochmals Gelegenheit, sein ungewöhnliches Erlebnis zu erzählen. Es schien ihm nicht zu gelingen, seine Zuhörer zu überzeugen. „Rufen Sie doch den Zirkus an, der derzeit in der Stadt gastiert", forderte der Inspektor einen Beamten auf. „Wird gemacht", antwortete dieser. Otto entging das Grinsen nicht, mit dem der Beamte aus dem Zimmer eilte.

Der Inspektor hatte noch viele Fragen an Otto; dieser hatte jedoch wenig Antworten, die den „Elefantenunfall" geklärt hätten. Einige Minuten später wurde der Inspektor ins Nebenzimmer gerufen. Und kurz darauf stand der Unglücksrabe Otto einem etwas nervös wirkenden Herren gegenüber: es war der Zirkusdirektor. „Ja, ich weiß auch nicht, wie ich Ihnen das alles erklären soll", meinte der Zirkusdirektor verlegen. „Auf einmal war er weg, unser Bruno. Das ist unser Leitelefant", fügte er erklärend hinzu. „Er war am Ladeplatz gewesen und dort muß er sich selbständig gemacht haben. Aber inzwischen ist er gefunden worden." „Leider zu spät für meinen Porsche", setzte Otto bitter hinzu. „Übrigens, setzt sich Ihr Elefant immer auf rote Porsche?" fragte Otto sarkastisch. „Nein, aber auf einen roten Hocker bei seiner Zirkusnummer. Und zwar immer, wenn es zweimal klingelt. Bei einem weiteren Klingelzeichen steht er dann wieder auf. Bruno ist es so gewöhnt. Wissen Sie, unsere Elefanten sind gut dressiert", sagte der Direktor mit einem sauren Lächeln. „Ja, leider zu gut", erwiderte Otto mit einem Seufzer.

FRAGEN

1. Was fürchtet Otto für seinen Bericht? 2. Von wem werden die seltsamsten Geschichten geschrieben? 3. Woran dachte Otto, als er durch die Stadt sauste? 4. Was sah er bei der Bahnschranke? 5. Was tat der Elefant, als die Glocke zweimal läutete? 6. Wie sah Otto aus, nachdem sich der Elefant auf das Auto gesetzt hatte? 7. Wie wurde der Alkoholgehalt im Blut festgestellt? 8. Was kann passieren, wenn man sich einer Amtsperson widersetzt? 9. Wohin wurde Otto mitgenommen? 10. Was erzählte der Zirkusdirektor über Bruno?

GRAMMATIK

ACTIVE VS. PASSIVE

The active voice is used to describe an event (an action or a process) or a state of being (a condition or a situation). If the subject causes the event to occur, it is called an action; if the subject does not cause the event, it is called a process. **Ich koche Wasser** is an action; **Das Wasser kocht** is a process (the water does not originate the boiling). Both are events and both are in the active voice.

EVENT	
ACTION	PROCESS
Ich **schreibe** einen Brief.	Ich **bekomme** einen Brief.
(I write a letter.)	(I receive a letter.)
Der Wind **trieb** die Wolken.	Die Wolken **trieben** im Wind.
(The wind moved the clouds.)	(The clouds moved in the wind.)
STATE OF BEING	
Der Brief **ist** hier.	
(The letter is here.)	
Die Wolken **stehen** still.	
(The clouds stand still.)	

The passive voice is used to express an action (an event caused by the subject) *in terms of* a process (an event not caused by the subject) in which the *subject is acted upon.* **Das Wasser wird [von mir] gekocht** is an event and a process (the subject again does not originate the action). Every passive statement thus describes a process, but every process is not necessarily in the passive voice. A process is *any* event that the subject does not cause, whether active or passive.

ACTIVE (action)	PASSIVE (process)
Ich **schreibe** den Brief.	Der Brief **wird** von mir **geschrieben**.
(I write the letter.)	(The letter is written by me.)
Der Wind **trieb** die Wolken.	Die Wolken **wurden** vom Wind ge-**trieben**.
(The wind moved the clouds.)	(The clouds were moved by the wind.)

A verb describing a state of being can never be used in the passive.

FORMATION OF THE PASSIVE

1. Elements of the Sentence A German passive sentence contains four elements, which are basically the same in English, although they occur in a slightly different order.

      1   2   4   3
Der Brief wird von mir **geschrieben.**

     1   2   3   4
(The letter *is* *written* by me.)

1.1 The subject denotes the recipient of the event; as always, it is in the nominative: **Der Brief.**

1.2 A conjugated form of the auxiliary verb **werden**—not **sein** (to be), as in English—indicates the tense of the event: **wird.**

1.3 The past participle of the main verb shows the nature of the event; it comes at the end of the main clause, in the second-prong position: **geschrieben.**

1.4 The preposition **von** followed by a dative object indicates the "agent" (performer of the event): **von mir.**

2. Construction of the Sentence Note the following similarities and differences in the construction of English and German passive sentences.

2.1 The direct object of the active sentence becomes the subject of the passive sentence.

    ACTIVE   PASSIVE
    Ich schreibe **den Brief.**   **Der Brief** wird geschrieben.
    (I write *the letter*.)   (*The letter* is written.)

2.2 **Werden**, not **sein**, is used to express passive voice in German. **Sein** can only describe conditions, not events, and a passive statement always describes an event.

2.3 The tense of **werden** is always the same as that of the verb in the active sentence. It is also the same tense as that of the verb "to be" in the English counterpart.

2.4 In both German and English, the verb that describes the event in an active sentence becomes a past participle in a passive sentence. In German, it is located in the second-prong position.

2.5 If the agent is indicated (it frequently is not), it corresponds to the subject of the active sentence and is always preceded by a preposition, usually **von** in German, "by" in English.

3. Tenses in the Passive The passive voice exists in all tenses.[1] Only the form of **werden** changes from one tense to another. All other elements of a passive sentence retain their original position.

Present	Der Brief **wird** von mir geschrieben.	(The letter *is* written by me.)
Past	Der Brief **wurde** von mir geschrieben.	(The letter *was* written by me.)
Present Perfect	Der Brief **ist** von mir geschrieben **worden**.	(The letter *has been* written by me.)
Past Perfect	Der Brief **war** von mir geschrieben **worden**.	(The letter *had been* written by me.)
Future	Der Brief **wird** von mir geschrieben **werden**.	(The letter *will be* written by me.)

Note that in the perfect tenses, **worden** (rather than **geworden**) is used together with the past participle of the main verb. **Worden** always follows the past participle. The future passive uses two forms of **werden**: a present tense form and an infinitive.

USE OF DURCH AND MIT

As mentioned above, passive sentences frequently contain no agent: **Der Brief wurde geschrieben** (The letter was written). When an agent is indicated, it is usually expressed by the preposition **von** (plus a dative object): **Er wurde *vom Arzt* geheilt.** (He was cured *by* the doctor). Occasionally, however, the preposition **durch** (plus an accusative object) may be used to show the means by which an event was brought about: **Er wurde *durch die Medizin* geheilt** (He was cured *by* the medicine).

Sometimes **mit** is used to indicate the instrument with which the process is accomplished.

Der Brief wurde **von mir** geschrieben.	(The letter was written by me [*agent*].)
Wurde der Brief **mit der Hand** oder **mit der Schreibmaschine** geschrieben?	(Was the letter written by hand or by typewriter [*instrument*]?)

---

[1] The passive exists in the future perfect tense, but it is used very rarely: **Der Brief *wird* von mir *geschrieben worden sein*** (The letter *will have been written* by me). It is considered an artificial construction.

MODALS IN THE PASSIVE

If an active sentence contains a modal verb in an objective statement, its passive equivalent maintains that modal in the same tense; the past participle of the main verb is followed by the infinitive of **werden**. Such constructions are used mainly in the present and simple past.

ACTIVE
Ich **muß** den Brief **schreiben.**
(I have to write the letter.)

Wir **mußten** den Brief **schreiben.**
(We had to write the letter.)

PASSIVE
Der Brief **muß** von mir **geschrieben werden.**
(The letter must be written by me.)

Der Brief **mußte** von uns **geschrieben werden.**
(The letter had to be written by us.)

Other tenses occur much less frequently in writing and are generally avoided in speaking. The future is usually replaced by the present tense and the present perfect by the simple past.

ACTIVE	ACTUAL PASSIVE	PREFERRED PASSIVE
Er **wird** den Brief morgen **schreiben müssen.** (He *will have to write* the letter tomorrow.)	Der Brief **wird** morgen von ihm **geschrieben werden müssen.** (The letter *will have to be written* by him tomorrow.)	Der Brief **muß** morgen von ihm **geschrieben werden.** (The letter *must be written* by him tomorrow.)
Sie **hat** den Brief gestern **schreiben müssen.** (She *has had to write* the letter yesterday.)	Der Brief **hat** gestern von ihr **geschrieben werden müssen.** (The letter *has had to be written* by her yesterday.)	Der Brief **mußte** gestern von ihr **geschrieben werden.** (The letter *had to be written* by her yesterday.)

In the present, a subjective use of a modal does not differ in form from an objective statement.[2] Subjective statements containing a perfect tense, however, do not use the double infinitive in either the active or the passive voice, but a so-called "past infinitive," i.e. the past participle of the main verb plus **haben** (active) or **worden sein** (passive).

Sie **muß** den Brief gestern **geschrieben haben.**
(She must have written the letter yesterday.)

Der Brief **muß** gestern von ihr **geschrieben worden sein.**
(The letter must have been written by her yesterday.)

Once again, such constructions are rather rare and should be avoided.

---

[2] See Chapter 9 for a discussion of objective and subjective use of modals.

GRAMMATIK

PASSIVE SENTENCES WITH NO SUBJECT

If an active sentence in German contains no accusative object, it will have no grammatical subject when put into the passive (although it does in English). This occurs primarily with verbs that govern the dative case. The dative object remains unchanged in the passive. **Werden** is always in the third-person singular in such sentences.

ACTIVE	PASSIVE
Niemand antwortet *mir*. (Nobody answered me.)	*Mir* **wurde** nicht **geantwortet**. (I wasn't answered.)
Wer hat *Ihnen* gestern geholfen? (Who helped you yesterday?)	**Wurde** *Ihnen* gestern **geholfen**? (Were you helped yesterday?)
Hier darf man nicht rauchen. (One is not allowed to smoke here.)	Hier **wird** nicht **geraucht**. (There is no smoking here.)

The pronoun **es** may occupy the front field in such sentences.

Es wurde mir nicht geantwortet. (I wasn't answered.)
Es wird hier nicht geraucht. (There's no smoking here.)

Es is not the real subject of the sentence, however, and disappears if any other element, such as an expression of time, occupies the front field.

Gestern wurde ihm nicht geholfen. (Yesterday he wasn't helped.)

"APPARENT PASSIVE"

Some sentences appear to be passive but are not; they are called "apparent passive" constructions. Since all passive sentences describe a process, the sentence **Die Tür ist geschlossen** (The door is closed) is not passive because it describes the condition of the door; **geschlossen** functions as an adjective. **Die Tür ist geschlossen** is identical in structure and in meaning with **Die Tür ist zu**: neither sentence describes a process. **Die Tür wird geschlossen** (The door is [being] closed), on the other hand, does describe a process and is passive. In the apparent passive, the auxiliary **sein** and the past participle of the main verb are used to indicate a *state of being that resulted from an action or a process*.

Remember: A sentence with **werden** and a past participle describes a process. A sentence with **sein** and a past participle describes a state of being that resulted from a process.

Process (Passive)   Die Tür **wird geöffnet**.   (The door is [*being*] opened.)
State of Being
(Apparent Passive)   Die Tür **ist geöffnet**.   (The door is open.)

As a rule of thumb, if the word "being" can be used in the English equivalent, the sentence is passive (denotes a process) and uses **werden** in German. If "already" can be used in English, it is an apparent passive (denotes a state of being) and is constructed in German with a form of **sein**.

PASSIVE
Die Straße **wird** gepflastert.
(The street is [being] paved.)

Um 5 Uhr **wurden** die Türen geschlossen.
(At 5 o'clock the doors were [being] closed.)

Der Brief **wird** von mir geschrieben.
(The letter is [being] written by me.)

APPARENT PASSIVE
Die Straße **ist** gepflastert.
(The street is [already] paved.)

Um 5 Uhr **waren** die Türen geschlossen.
(At 5 o'clock the doors were [already] closed.)

Der Brief **ist** von mir geschrieben.
(The letter is [already] written by me.)

SUBSTITUTES FOR THE PASSIVE

The passive is less common in German than in English. Other constructions may be substituted for the passive, especially if the agent is unknown.

1. **Sich lassen** plus an infinitive, or **sein** plus an infinitive with **zu**,[3] both indicating something that can be (is to be) done.

    Diese Frage **läßt sich** leicht **beantworten**.   (This question *can be answered* easily.)
    Sein Wunsch **war** nicht **zu erfüllen**.   (His wish *was* not *to be* [*could not be*] *fulfilled*.)

2. A verb used reflexively with a passive meaning.

    Die Tür **öffnete sich**.   (The door [*was*] opened.)
    Niemand **fand sich**, der helfen wollte.   (No one was found who wanted to help.)

---

[3] See Chapter 14, page 217.

3. **Zu** plus a present participle in an extended attribute construction [*see* Chapter 15], indicating something that is to be done.

 Unsere Reise war ein nie **zu vergessendes** (Our trip was an experience never to
  Erlebnis.   be forgotten.)

4. The indefinite pronoun **man**. This is the most common device for avoiding the passive. **Man** may mean "one," "a person," "someone," "anyone," "everyone," "we," "you," "they," or "people"; it never means "man." It occurs only in the nominative and always as the subject of the sentence.[4]

 Hier spricht **man** English. (Here one speaks English; Someone speaks English here; English is spoken here.)
 Das tut **man** nicht. (One doesn't do that; People don't do that; You don't do that; We don't do that; That isn't done.)
 Man sagt, daß ... (One says that ... ; They say that ... ; Everyone says that ... ; It is said that ....)

INDEFINITE PRONOUNS

1. Two common indefinite pronouns are **jemand** (someone, anyone) and **niemand** (no one, not anyone).[5] Their use is similar to that of their English equivalents. They may be used with or without inflectional endings in the accusative and dative.

 Ist **jemand** dort? (Is someone [anyone] there?)
 Nein, **niemand** ist hier. (No, nobody is here.)
 Ich habe **niemand(en)** gesehen. (I havn't seen anyone.)
 Er spricht mit **jemand(em)**. (He's talking to someone.)

Sometimes **jeder** (everyone) is used in the sense of "anyone."

 Das weiß doch **jeder**! (Everybody [anybody] knows that!)

2. The indefinite pronoun **all-** is used in the neuter singular—**alles** (everything)—and the plural—**alle** (everybody). It is generally used with an inflectional ending.

---

[4] In the dative and accusative, **man** is replaced by **einem** and **einen**, respectively.
[5] Combinations with **irgend** (any-) occur occasionally in German but are not as frequent as in English: **irgend jemand** (someone, anyone); **irgend etwas** (anything at all).

Ist das **alles**?	(Is that all?)
Er ist mit **allem** zufrieden.	(He's satisfied with everything.)
Nicht **alle** konnten kommen.	(Not everyone was able to come.)
Hast du mit **allen** gesprochen?	(Did you talk to *all* of them?)
Sie arbeitet zum Wohl **aller**.	(She works for the welfare of all.)

Alles may sometimes refer to persons.

Alles einsteigen!	(All aboard [Everyone step in]!)

3. The pronoun **jeder** occurs only in the singular masculine and feminine, and always refers to persons.[6] It has accusative and dative forms, but in the genitive exists only in combination with **ein**.

Jeder war zufrieden.	(Everyone was satisfied.)
Er fragte **jeden**.	(He asked everybody.)
Er tanzt mit **jeder**.	(He dances with every girl.)
Sie tanzt mit **jedem**.	(She dances with every man.)
Das ist die Pflicht **eines jeden**.	(That's everyone's duty.)

4. The indefinite adjectives **einige, viele, mehrere, wenige, andere,** and **manche** [see Chapter 12] also exist as pronouns, as does the undeclined **ein paar** (a few, several).[7]

Einige sind nicht gekommen.	(Several [people] did not come.)
Ich habe mit **vielen** gesprochen, aber nur **wenige** haben mich verstanden.	(I spoke with many people, but only a few understood me.)
Das ist etwas **anderes**.	(That's something else.)
Manche lernen das nie.	(Some never learn that.)
Geben Sie mir bitte **ein paar**!	(Please give me a few!)

SUMMARY OF USES OF WERDEN

Werden has three distinct uses. The meaning of **werden** in any given instance can only be determined by examining the word or phrase used to complete the predicate concept (the second-prong position at the end of the sentence field).

---

[6] The form **jedermann** is old-fashioned.
[7] Do not confuse **ein paar** (a few, a couple) in an indefinite sense with **ein Paar** (a pair, a couple) in a precise sense.

1. As part of a compound predicate containing a noun or an adjective, it means "to become," "to get," "to grow," or "to turn"; it may be used in any tense.

Es **wird** spät.	(It's *getting* [*growing*] late.)
Die Blätter **wurden** gelb.	(The leaves *turned* yellow.)
Wir **sind** gute Freunde **geworden**.	(We've *become* good friends.)

2. The present tense of **werden**, combined with the infinitive of another verb, shows future tense.

Er **wird** bald nach Hause **gehen**.	(He *will go* home soon.)

3. In combination with a past participle, **werden** indicates passive voice; it may be used in any tense.

Das Buch **wurde** von uns **gelesen**.	(The book *was read* by us.)

To express the future of "becoming" or a future passive, two forms of **werden** have to be used—the present tense and the infinitive.

Es **wird** bald kalt **werden**.	(It *will* soon *get* [*grow, turn, become*] cold.)
Das Buch **wird** von uns gelesen **werden**.	(The book *will be* read by us.)

ANWENDUNG

A. *Supply the English equivalents of the italicized words and expressions.*

1. Der Bericht *wird von niemand geglaubt werden*. 2. Das *ist* uns *nicht berichtet worden*. 3. Die besten Geschichten *werden* vom Leben selbst *geschrieben*. 4. *Es war leider spät geworden*. 5. *Es ist leider spät geworden*. 6. *Er wurde* von einem neuen Hindernis *konfrontiert*. 7. Mit dem Signal *wurde das Schließen der Schranken angekündigt*. 8. *Dieses Erlebnis wird Otto nie vergessen*. 9. *Dieses Erlebnis wird von Otto nie vergessen werden*. 10. „*Wird hier behauptet, daß ich betrunken bin?"* 11. *Man behauptet hier, daß ein Elefant sich auf einen Porsche gesetzt hat*. 12. *Er wurde ins Nebenzimmer gerufen*. 13. *Unser Leitelefant ist* inzwischen *gefunden worden*. 14. Unsere Elefanten *sind gut dressiert*.

B. *Supply the most appropriate past participle from the infinitives listed to complete the passive construction.*

befolgen	untersuchen	reparieren	bezahlen
rechnen	anstellen	zulassen	finden

1. Bis vor kurzer Zeit wurden auch in den U.S.A. an vielen Universitäten keine Frauen _____. 2. Mein kranker Mann wird heute von Frau Dr. Stein _____. 3. Die „Kinder-Küche-Kirche Tradition" wird in Deutschland immer weniger _____. 4. Von wem werden in der Zukunft die vielen Pensionen _____ werden? 5. Nur 3,5% der Frauen sind in leitenden Stellungen _____ worden. 6. Es wird mit einem Aufstieg an berufstätigen Frauen _____. 7. Mein Porsche wurde von einer Mechanikerin prima _____. 8. Auf diese Frage ist noch keine Antwort _____ worden.

C. *Supply the most appropriate form of* **werden** *as suggested by the English cue to form the passive or future active. Two blanks indicate a compound tense.*

1. Herr Göllinger _____ gestern verhaftet. (*was*)
2. Er _____ durch einen dummen Zufall entdeckt _____. (*has been*)
3. Sonntags _____ keine Fleischkarten eingelöst. (*are*)
4. Wie lange _____ man noch ein gutes Bier bekommen? (*will*)
5. Der amerikanische Agent _____ eines Tages von seinen Kompatrioten befreit _____. (*will be*)
6. Göllinger _____ schon seit langer Zeit von der Gestapo beobachtet _____. (*had been*)
7. _____ hier über Politik diskutiert? (*is*)
8. _____ das Paar Würste schon bestellt _____? (*have been*)

D. *Restate the sentence in the passive voice, using the corresponding passive tense.*

1. Roda Roda belästigt Professor Einstein. 2. Roda Roda hat den Artikel über Einstein geschrieben. 3. Max Planck hatte es gesagt. 4. Einstein erklärte den Studenten die Relativitätstheorie. 5. Einstein hat leider die erste Raumfahrt nicht miterlebt. 6. Man hatte Einsteins Theorie nicht sofort verstanden. 7. Das Max Planck–Institut wird Einsteins gesammelte Werke bald veröffentlichen. 8. Wird man Einsteins Theorie gut beurteilen?

E. *Change the sentence from active to passive voice using the direct object in the active sentence as the subject of the passive.*

MODEL   Man nimmt mich mit.
              Ich werde mitgenommen.

1. Man verurteilt mich. 2. Man schreibt viele Briefe. 3. Man läutet die Glocke. 4. Man glaubt dir nicht. 5. Man stellt den Alkoholgehalt fest. 6. Man diskutiert den Elefantenunfall. 7. Man ruft die Polizei an. 8. Man klärt den Unfall auf.

F. *Change the sentence from passive to active voice using the agent of the passive sentence as the subject of the active.*

MODEL   Der verlorene Schi wird vom Schilehrer gesucht.
  Der Schilehrer sucht den verlorenen Schi.

1. Ich werde heute vom Schilehrer geprüft.   **2.** Die Piste wird durch Maschinen präpariert.   **3.** Die Zeitschrift „Pulverschnee" wird von fast allen Schienthusiasten gelesen.   **4.** Die guten Schifahrer meistern schnell die schwerste Piste.   **5.** Die Schihütte wurde durch Feuer zerstört.

G. *Answer the question by using the cue in parentheses and putting the sentence in the passive voice.*

MODEL   Von wem wurde die Mauer errichtet?   (die DDR)
  Die Mauer wurde von der DDR errichtet.

1. Von wem wird die Presse kontrolliert?   (die Regierung)
2. Von wem ist das Lesematerial beschlagnahmt worden?   (der Zollbeamte)
3. Wodurch wird der Staat von Feinden beschützt?   (der eiserne Vorhang)
4. Wodurch wird jedem DDR Bürger soziale Gerechtigkeit garantiert?   (das Gesetz)
5. Von wem werden verschiedene Wirtschaftssysteme vertreten?   (Amerika und die Sowjetunion)
6. Von wem ist die DDR oft ignoriert worden?   (der Westen)

H. *Restate the sentence using an active construction with the word* **man**.

1. Es wird hier oft Politik diskutiert.   **2.** Das wird manchmal gesagt.   **3.** Eine Antwort wird gefunden werden.   **4.** Es ist schon öfters gegen die Luftverpestung protestiert worden.

I. *Restate the sentence by using* **sich lassen** *in the active voice plus an infinitive.*

1. Diese Fragen können nicht beantwortet werden.   **2.** Dieses Problem kann bald gelöst werden.   **3.** Das kann getan werden.   **4.** Sein Wunsch konnte erfüllt werden.

J. *Select the appropriate words to complete the sentence.*

1. Der Dickhäuter war von dieser _____ nicht _____.

  Drohung   geworden
  Komödie   beeindruckt
  Gelegenheit berichtet

2. „_____ Sie sich an, was dieses Biest _____ hat," sagte er mit weinerlicher

    Schauen   geworden
    Machen   gemacht
    Rufen   gesetzt

_____.
Wut
Stimme
Versicherung

3. Bei dem dritten _____ steht der Elefant immer _____.

        Lächeln   vor
        Klingelzeichen   auf
        Bahnübergang   über

K. FREE RESPONSE: *Using complete sentences, say in German that:*

1. you were told a story about an elephant. **2.** one could not believe this story. **3.** a Porsche had been crushed by the elephant. **4.** the elephant sat down on the car. **5.** the Porsche was repaired by a German. **6.** the elephant was found. **7.** too many pink (**rosarote**) elephants are seen by too many people. **8.** this story will never be forgotten by you.

KAPITEL 19

GENERAL SUBJUNCTIVE

Konrad Adenauer

REDEWENDUNGEN

mit Wogenprall und Sturmgebraus	with a lot of noise and pomp
müßten Kinder werfen	would have to bear children
als Konserven	reserves (*lit.*, canned goods, preserves)
zum Glück	fortunately
Anstoß nehmen	to take offense
Wert legen auf	to care much about
Das betrifft mich nicht.	It's of no concern to me.
um einen Gefallen bitten	to ask for a favor
von wegen	in regard to
Es ist auch ohne Sie gegangen.	It worked without you, too.

ERNSTES UND HEITERES IM KONJUNKTIV

Die andere Möglichkeit
VON ERICH KÄSTNER

Wenn wir den Krieg gewonnen hätten,
mit Wogenprall und Sturmgebraus,
dann wäre Deutschland nicht zu retten
und gliche einem Irrenhaus.

Man würde uns nach Noten zähmen 5
wie einen wilden Völkerstamm.
Wir sprängen, wenn Sergeanten kämen,
vom Trottoir und stünden stramm.

Wenn wir den Krieg gewonnen hätten,
dann wären wir ein stolzer Staat. 10
Und preßten noch in unsern Betten
die Hände an die Hosennaht.

Die Frauen müßten Kinder werfen.
Ein Kind im Jahre. Oder Haft.
Der Staat braucht Kinder als Konserven. 15
Und Blut schmeckt ihm wie Himbeersaft.

Wenn wir den Krieg gewonnen hätten,
dann wär der Himmel national.
Die Pfarrer trügen Epauletten.
Und Gott wär deutscher General. 20

> Die Grenze wär ein Schützengraben.
> Der Mond wär ein Gefreitenknopf.
> Wir würden einen Kaiser haben
> und einen Helm statt einem Kopf.
>
> Wenn wir den Krieg gewonnen hätten,
> dann wäre jedermann Soldat.
> Ein Volk der Laffen und Lafetten!
> Und ringsherum wär Stacheldraht!
>
> Dann würde auf Befehl geboren.
> Weil Menschen ziemlich billig sind.
> Und weil man mit Kanonenrohren
> allein die Kriege nicht gewinnt.
>
> Dann läge die Vernunft in Ketten.
> Und stünde stündlich vor Gericht.
> Und Kriege gäb's wie Operetten.
> Wenn wir den Krieg gewonnen hätten —
> zum Glück gewannen wir ihn nicht!

Erich Kästner hatte dieses Gedicht nach dem Ersten Weltkrieg geschrieben. Er hätte es auch Jahrzehnte später schreiben können — nach dem Zweiten Weltkrieg. Was Kästner damals seinen deutschen Landsleuten zugerufen hatte, wäre auch dann noch gültig gewesen.

Viele Deutsche hatten an diesem Gedicht Anstoß genommen. Es wäre unpatriotisch und undeutsch, solche Worte zu schreiben, meinten Kästners Kritiker. Aber sollte man diesen Kritikern nicht zurufen: Hätten alle Deutschen die bittere Moral in Kästners Gedicht verstanden, so hätte ein Adolf Hitler nie an die Macht kommen dürfen. Doch Hitler blieb kein Konjunktiv, keine Möglichkeit; er wurde für alle Welt harte und blutige Realität.

Und so könnte man nochmals die Kästnersche Frage stellen: Was wäre geschehen, wenn Deutschland den Krieg, den Zweiten Weltkrieg gewonnen hätte? Wo stünde Deutschland und die Welt heute?

* * *

Konrad Adenauer war der bedeutendste Staatsmann der Deutschen Bundesrepublik in den Fünfziger und Sechziger Jahren. Es wäre unfair, ihn als einen modernen Mini-Napoleon zu bezeichnen. Man täte aber auch seinen Gegnern unrecht, wollte man Adenauers starken Drang nach politischer Macht verschweigen. Die folgende Episode könnte ein Licht auf Adenauers Persönlichkeit und politische Ambitionen werfen. Als er einmal gefragt wurde, „Herr Bundeskanzler, was täten Sie, wenn Sie nicht Bundeskanzler, sondern nur Finanzminister wären?", da antwortete Adenauer sofort: „Ich würde mit mir tauschen."

* * *

„Es gäbe in der Welt wenig Korruption, wenn wir überall deutsche Beamte hätten", behauptete einmal stolz — und etwas überheblich — ein Vertreter der deutschen Bürokratie. In der Tat legt der Deutsche besonders in seinem Dienst großen Wert auf Korrektheit. Die folgende Episode wirft ein Licht auf diese Seite des deutschen Charakters.

Der Generaldirektor einer großen deutschen Firma wendet sich aufgeregt an Herrn Möller, den Leiter eines kleineren deutschen Flughafens: „Der Lufthansaflug 247 nach München kommt doch hier ganz in der Nähe vorbei, nicht wahr? In diesem Flugzeug befindet sich Señor Cortez unserer argentinischen Tochtergesellschaft."

„Das mag schon sein", erwidert der Leiter des Flughafens, „aber ich wüßte nicht, inwiefern das mich beträfe."

„Herr Möller", fährt der Generaldirektor fort, „ich möchte Sie um einen großen Gefallen bitten. Es wäre von größter Wichtigkeit für mich, sofort mit Señor Cortez zu sprechen. Könnten Sie nicht dafür sorgen, daß Flug 247 eine kurze Zwischenlandung hier einlegt? Meine Firma und ich wären Ihnen äußerst dankbar."

„Es tut mir leid, mein Herr", erwidert Möller, „selbst wenn Sie der Bundespräsident wären, könnte ich auf solche Vorschläge nicht eingehen. Es dürfte Ihnen doch bekannt sein, daß wir hier an strenge Vorschriften gebunden sind."

„Herr Möller, stünde es nicht in Ihrer Macht, eine Ausnahme zu machen? Unsere Firma könnte sich sehr verbindlich zeigen. Es gäbe viele Möglichkeiten für uns, Sie ..."

„Wollen Sie mich bestechen?" unterbricht ihn Möller. „Mein Herr, Sie scheinen zu vergessen, daß ich ein deutscher Beamter bin. Ich würde Ihnen raten, etwas vorsichtiger zu sein. Von wegen ‚sich verbindlich zeigen', das hätten Sie gar nicht sagen dürfen."

In diesem Augenblick landet ein Flugzeug; es ist der Lufthansaflug 247.

„Da ist ja unser Flug 247", meint der Generaldirektor triumphierend. „Da hätte ich mir meine Bitte ersparen können. Sehen Sie, Herr Möller, es ist auch ohne Sie gegangen."

„Gewiß, Sie hätten sich auch Ihre Aufregung ersparen können", erwidert Möller seelenruhig. „Flug 247 landet nämlich hier fahrplanmäßig."

FRAGEN

1. Wann hätte Kästner das Gedicht „Wenn wir den Krieg gewonnen hätten" schreiben können? **2.** Was sagten viele Deutsche über dieses Gedicht? **3.** Welche Bezeichnung Konrad Adenauers wäre unfair? **4.** Was hätte Adenauer getan, wenn er nur Finanzminister und nicht Bundeskanzler gewesen wäre? **5.** Was behauptete ein überheblicher Vertreter der deutschen Bürokratie? **6.** Worum bittet der Generaldirektor? **7.** Warum soll Flug 247 eine Zwischenlandung einlegen? **8.** Was sagt der Generaldirektor von seiner Firma? **9.** Was erwidert Herr Möller auf die Bitte des Generaldirektors? **10.** Was sagt der Generaldirektor, als Flug 247 landet?

GRAMMATIK

INDICATIVE VS. SUBJUNCTIVE

The indicative mood is used to express factual statements and to describe reality: "I *am* a rich person. I *do not* have to work." The subjunctive verb form is used primarily to express conditions, wishes, conjectures, and hypotheses that are contrary to fact. The sentence "If I *were* a rich person, I *would not* have to work" states that the speaker is *not* rich and indicates what he would do if he should ever have a lot of money.

German has two forms of the subjunctive: the "general subjunctive" (by far the more common form and the subject of this chapter) and the "special subjunctive" (discussed in Chapter 20).[1]

1. General Subjunctive The general subjunctive is most often used in contrary-to-fact conditions to indicate what would happen or what might have happened as the result of a conjecture. Such sentences normally have two clauses: the *hypothesis clause*, which states a conjecture—usually introduced by the subordinating conjunction **wenn** (if)—and the *consequence clause*, which describes the result—usually formed with **würde** (would) in the singular or **würden** in the plural.[2] The order of the clauses is usually reversible.

---

[1] Terms like Present and Past Subjunctive, Primary and Secondary Subjunctive, or Subjunctive I and II have been deliberately avoided since they tend to be misleading.
[2] **Würde** is the subjunctive form of **werden**.

Wenn ich genug Geld **hätte, würde** ich ein neues Auto **kaufen.** (If I had enough money, I'd buy a new car.)
Ich **würde** ein neues Auto kaufen, wenn ich genug Geld **hätte.** (I'd buy a new car if I had enough money.)

Note that if the consequence clause comes second, the subject follows the first prong of the predicate. This is the normal word order for sentences with a dependent clause in the front field. The hypothesis clause is always a dependent clause, the consequence clause a main clause.

2. Tense and Time It is important to make a clear distinction between *time*, a category of experience, and *tense*, a category of grammar [*see* Chapter 14]. Conditions in the subjunctive exist only with reference to two time categories: present or future, and past.

PRESENT or FUTURE
Wenn ich genug Geld **hätte, würde** ich ein neues Auto **kaufen.** (If I *had* enough money, I'*d buy* a new car.)

PAST
Ich **hätte** ein neues Auto **gekauft,** wenn ich genug Geld **gehabt hätte.** (I *would have bought* a new car if I *had had* enough money.)

In both German and English, the form of the verb is misleading. **Wenn ich genug Geld** *hätte* (If I had enough money) looks at first glance like a *past tense*; yet it refers to *present or future time*. In order to express a *past condition* (one with reference to past time), a *perfect tense* of the verb must be used: **Wenn wir den Krieg** *gewonnen* **hätten** ... (If we *had won* the war . . .).

The relationship between time and tense in subjunctive conditions can be illustrated as follows.

	VERB FORM	TIME CATEGORY
Wenn er **fragte** ... (If he *asked* . . . .)	Past	Present or Future
Wenn er **gefragt hätte** ... (If he *had asked* . . . .)	Perfect	Past

GRAMMATIK 289

FORMATION OF THE SUBJUNCTIVE

1. Present Conditions

1.1 Type I Verbs Type I verbs (verbs that add **-te** to the stem to indicate past tense), like their English counterparts (verbs that add *-ed* to the stem), have no special form for the subjunctive. The past tense form is used to express contrary-to-fact conditions.

Wenn Napoleon heute **lebte**, ... (If Napoleon lived today ....)
Wenn sie das Kleid **kaufte**, ... (If she bought the dress ....)
Wenn du **wolltest**, ... (If you wanted to ....)

Despite the fact that the verbs in the examples above appear to be in the past *tense*, they refer to present or future *time*. They express what might happen *presently* if Napoleon were alive *now*, what would be the result if she were to buy a dress *today* or at some point in the *future*, or what you could do *at the moment* or *later*, if you were so inclined.

1.2 Type II Verbs and Mixed Verbs[3] Type II verbs (verbs that form their past tense by an internal change in the stem) and mixed verbs (verbs that change their stem *and* add **-te**) form the subjunctive by adding an **-e** to the first- and third-person singular of the past tense (if it is not already there) and placing an umlaut on the stem if possible. Other personal endings do not change.

INFINITIVE	PAST TENSE	GENERAL SUBJUNCTIVE
sein (to be)	ich **war** (I was)	wenn ich **wäre** (if I were)
haben (to have)	er **hatte** (he had)	wenn er **hätte** (if he had)
kommen (to come)	wir **kamen** (we came)	wenn wir **kämen** (if we came)
gehen (to go)	es **ging** (it went)	wenn es **ginge** (if it went)
schreiben (to write)	sie **schrieb** (she wrote)	wenn sie **schriebe** (if she wrote)
wissen (to know)	du **wußtest** (you knew)	wenn du **wüßtest** (if you knew)
mögen (to like)	sie **mochte** (she liked)	wenn sie **möchte** (if she would like)

---

[3] A very small number of verbs form the subjunctive irregularly. **Brennen** (to burn), **kennen** (to know), **nennen** (to name), **rennen** (to run), **senden** (to send), and **wenden** (to turn), which change the stem vowel to **-a-** in the past—**brannte, kannte, nannte**—, revert to the **-e-** vowel in the subjunctive: **brennte, kennte, nennte**. A few verbs undergo a new vowel change from the past to the subjunctive: **befehlen** (to order)—**befahl, beföhle**; **helfen** (to help)—**half, hülfe**; **stehen** (to stand)—**stand, stünde**; **sterben** (to die)—**starb, stürbe**. These forms occur very infrequently in writing, and are avoided in speaking.

2. *Würde* Plus Infinitive

2.1 Contrary-to-fact conditions generally use the subjunctive of the main verb in the hypothesis clause (introduced by the conjunction **wenn**). In the consequence clause, the subjunctive of the main verb is normally replaced by a form of **würde** plus the infinitive in the P_2 position, similar to English usage. The sequence of clauses has no bearing on the meaning.

Wenn ich Zeit hätte, **würde** ich mit dir ins Kino **gehen**.	(If I had time I *would go* to the movies with you.)
Ich **würde** mit dir ins Kino **gehen**, wenn ich Zeit hätte.	(I *would go* to the movies with you if I had time.)
Würdest du mit ihm **sprechen**, wenn er käme?	(*Would* you *speak* to him if he came?)
Wenn er käme, **würdest** du mit ihm **sprechen**?	(If he came, *would* you *speak* to him?)

2.2 The auxiliary verbs **haben** and **sein** and the modals **dürfen, können, mögen, müssen, sollen,** and **wollen** normally do not use **würde** plus the infinitive in the consequence clause but appear in the subjunctive themselves.

Wenn Sie mir helfen **könnten**, **wäre** ich Ihnen sehr dankbar.	(If you *could* help me, I *would be* very grateful.)
Er **müßte** sehr dumm sein, wenn er das nicht **möchte**.	(He *would have* to be very stupid if he *didn't like* that.)
Du **hättest** mehr Zeit, wenn du nur **wolltest**.	(You *would have* more time if you only *wanted* to.)

Hätte by itself corresponds to English "would have"; **wäre** to "would be"; **müßte** to "would have to," etc.

The concept expressed by English "would" is contained in the German subjunctive itself; it is often indicated simply by the addition of an umlaut to the stem vowel of the past tense.

PAST	SUBJUNCTIVE
wir waren (we were)	wir wären (we would be)
ich konnte (I could [was able]—*past reality*)	ich könnte (I could [would be able]—*conjecture about the future*)

2.3 Other verbs occasionally use the subjunctive for the main verb itself rather than a form of **würde** plus an infinitive in the consequence clause of a contrary-to-fact condition. This occurs mainly in formal language. The use of **würde** would be equally correct, however.

Wenn ich Zeit hätte, **ginge** ich mit dir ins Kino.
Wenn ich Zeit hätte, **würde** ich mit dir ins Kino **gehen**.
(If I had time, I would go to the movies with you.)

Colloquial German sometimes uses a form of **würde** in the hypothesis clause.

Wenn du mir **helfen würdest**, wäre ich dir sehr dankbar.
(If you would help me, I'd be very grateful to you.)

2.4 The basic rule governing the use of the general subjunctive in contrary-to-fact conditions can be summarized as follows: The subjunctive of the main verb is used in the hypothesis clause, **würde** plus an infinitive in the consequence clause, except for auxiliaries and modals, which are used in the subjunctive in either clause.

3. Past Conditions

3.1 A past contrary-to-fact condition makes a hypothetical statement about a past event that did not take place, but that might have under certain circumstances. Conditions of this type usually contain the auxiliary **hätte** (would have) plus the past participle of the main verb, in both clauses.[4]

Ich **hätte** dir das Geld **gegeben**, wenn du mich darum **gebeten hättest**.
Wenn du mich darum **gebeten hättest**, hätte ich dir das Geld gegeben.
(I would have given you the money if you had asked me for it.)

3.2 Verbs that use **sein** in the perfect tenses form past conditions with **wäre** plus the past participle, again corresponding to English

---

[4] Occasionally, but rarely, **würde ... haben** or **würde ... sein** may be used in the consequence clause of a past condition.

Ich **würde** ihn **gesehen haben**, wenn er hier gewesen wäre. [Ich **hätte** ihn **gesehen**, ...]
Wenn du vorsichtiger gewesen wärest, **würde** nichts **geschehen sein**. [... wäre nichts **geschehen**.]
(I would have seen him if he had been here.)
(If you had been more careful, nothing would have happened.)

"would have." This construction may occur in either clause, or in both.

    Wenn es geregnet hätte, **wäre** ich zu Hause **geblieben.**
    Ich **wäre** zu Hause **geblieben,** wenn es geregnet hätte.
    (If it had been raining, I would have stayed at home.)

    Ich **wäre** froh **gewesen,** wenn er **gekommen wäre.**
    Wenn er gekommen **wäre, wäre** ich froh **gewesen.**
    (I would have been glad if he had come.)

3.3 Modals use a double infinitive (as they do in all compound tenses) together with **hätte** in past conditions.

    Er **hätte** mir **helfen können,** wenn er gekommen wäre.
    (He would have been able to help me [could have helped me], if he had come.)

    Das **hätten** Sie nicht **tun sollen.**
    (You shouldn't have done that.)

Remember that a double infinitive is always the last element in a clause, even when it is a dependent clause.

    Er **hätte** mir **helfen können,** wenn er es **hätte tun wollen.**
    (He could have helped me if he had wanted to do it.)

Such constructions, however, are generally avoided if possible.

    Er **hätte** mir **helfen können,** wenn er **gewollt hätte.**

3.4 The basic rule governing past contrary-to-fact conditions is as follows: Both clauses use **hätte** or **wäre** plus the past participle of the main verb; modals substitute a double infinitive for the past participle.

The following diagram shows the preferred use of the general subjunctive in contrary-to-fact conditions.

	HYPOTHESIS CLAUSE	CONSEQUENCE CLAUSE
Present/Future Conditions	**wenn** + subjunctive of main verb	**würde** + infinitive (auxiliaries & modals: subjunctive)
Past Conditions	**hätte** or **wäre** + past participle (modals: **hätte** + double infinitive)	

GRAMMATIK

OMISSION OF WENN

In written (and occasionally spoken) German, the conjunction **wenn** is sometimes omitted. The hypothesis clause then begins with the subjunctive verb, followed by the subject; the consequence clause is usually introduced by **so** or **dann**. This construction is far more common in German than its equivalent in English.

Hätte ich genug Geld, **dann** würde ich ein neues Auto kaufen.	(Had I enough money [If I had enough money], I would buy a new car.)
Wäre er hier, **so** würde ich mit ihm sprechen.	(Were he here [If he were here], I would talk with him.)

HYPOTHESIS OR CONSEQUENCE ALONE

A contrary-to-fact statement may sometimes contain only a hypothesis clause or a consequence clause; the other clause is then merely implied. In either instance, the form of the statement remains unchanged.

1. A hypothesis without a consequence clause is usually a wish that cannot be fulfilled.

Present	Wenn ich nur wieder jung wäre!	(If I were only young again!)
Past	Hätte ich das nur nicht getan!	(If only I had not done that!)

Note that if **wenn** is omitted, the verb moves to the front of the sentence.

2. A consequence without a hypothesis clause always clearly implies the hypothesis.

Present/Future	Ich würde das nicht tun, [wenn ich an Ihrer Stelle wäre].	(I wouldn't do that [if I were in your place].)
Past	Er hätte die Antwort sicher gewußt, [wenn Sie die Frage gestellt hätten].	(He surely would have known the answer [if you had asked the question].)

SUBJUNCTIVE OF POLITENESS

The subjunctive is sometimes used for sake of politeness, although no condition is involved.

Würden Sie mir bitte helfen? (Would you help me, please?)
Ich **möchte** ein Glas Wasser haben. (I would like to have a glass of water.)
Das **könntest** du mir sicher sagen. (You could certainly tell me that.)
Hätten Sie noch eine Frage? (Do you have [Had you] another question?)
Wäre das nicht möglich? (Wouldn't that be possible?)
Das **dürfte** wahr sein. (That might be true.)
Er **müßte** schon zu Hause sein. (He must be home by now.)

ANWENDUNG

A. *Supply the English equivalents of the italicized words and expressions.*

1. *Es gäbe eine Möglichkeit,* das Problem zu lösen.   2. *Er hätte es* auch später *schreiben können.*   3. *Könnten Sie diese Frage* noch einmal *stellen?*   4. *Was wäre geschehen wenn Hitler den Krieg gewonnen hätte?*   5. *Man täte Adenauer unrecht, wenn man seine politischen Ambitionen verschweigen würde.*   6. *Wir wären Ihnen sehr dankbar dafür.*   7. *Ich würde Ihnen raten,* vorsichtiger zu sein.   8. *Das hätten Sie nicht tun dürfen.*

B. *Supply the missing forms.*

Present	Past	Present Perfect	General Subjunctive
1. er geht	_____	_____	_____
2. _____	er hörte	_____	_____
3. _____	_____	sie hat gesehen	_____
4. _____	_____	_____	er riete ihm
5. _____	wir kamen an	_____	_____
6. sie tragen	_____	_____	_____
7. _____	_____	er hat gehalten	_____
8. er bringt mit	_____	_____	_____

C. *Give the general subjunctive first for the present and then for the past condition. Do not use the* **würde** *form.*

MODEL   ich gehe
           wenn ich **ginge**
           wenn ich **gegangen wäre**

1. du kommst   2. sie sind   3. ich weiß   4. wir laufen   5. ich habe   6. du findest   7. wir kennen   8. ihr schreibt   9. ich tue   10. er schläft   11. er wird   12. sie denkt   13. wir sprechen   14. es gefällt   15. sie sagt

D. *Restate the sentence by using first a hypothesis clause and then a consequence clause in a present condition.*

 MODEL Ich habe Geld; ich werde nach Deutschland fahren.
    Wenn ich Geld hätte, würde ich nach Deutschland fahren.

1. Er ist hier; er wird mit dir sprechen. 2. Sie gibt uns eine Antwort; wir werden es wissen. 3. Es tut ihm leid; er wird es nicht tun. 4. Ihr hört zu; ihr werdet es besser verstehen. 5. Er ruft an; wir werden ihm nicht schreiben müssen. 6. Sie sagen immer die Wahrheit; ich werde Ihnen glauben können. 7. Wir kommen pünktlich um sieben Uhr an; wir werden Zeit haben. 8. Er spricht nicht so deutlich; wir werden ihn nicht verstehen.

E. *Restate the sentence by using first a hypothesis clause and then a consequence clause in a past condition.*

 MODEL Ich hatte genug Geld; ich flog nach Deutschland.
    Wenn ich genug Geld gehabt hätte, wäre ich nach Deutschland geflogen.

1. Er war hier; er sprach mit mir. 2. Es tat ihm leid; er tat es nicht. 3. Er rief an; wir mußten ihm nicht schreiben. 4. Sie sagten immer die Wahrheit; ich konnte Ihnen glauben. 5. Wir kamen um sieben Uhr an; wir hatten Zeit. 6. Er sprach nicht deutlich; wir verstanden ihn nicht.

F. *Rewrite the sentence by omitting* **wenn**.

 MODEL Wenn ich müde wäre, könnte ich besser schlafen.
    Wäre ich müde, so könnte ich besser schlafen.

1. Wenn ich jetzt zu Hause wäre, würde ich fernsehen. 2. Wenn ich die Antwort wüßte, würde ich es Ihnen sagen. 3. Wenn er mehr Zeit gehabt hätte, wäre er länger geblieben. 4. Wenn er bald käme, könnten wir nach Hause gehen. 5. Wenn ich Geld gehabt hätte, hätte ich das Buch gekauft.

G. *Rewrite the negative statement as a positive wish by using a hypothesis clause alone.*

 MODEL Er kommt nicht bald.
    Wenn er nur bald käme!

1. Ich habe keine Zeit. 2. Er kann es nicht. 3. Wir wissen es nicht. 4. Ihr seid nicht zu Hause. 5. Karl schreibt mir nicht. 6. Der Zug kommt nicht pünktlich an. 7. Du mußt es nicht tun. 8. Das Wetter ist nicht gut.

H. *Restate each sentence by using the subjunctive to express politeness.*

 MODEL Darf ich Sie sprechen?
    Dürfte ich Sie sprechen?

1. Kann ich um Feuer bitten? 2. Soll er nicht jetzt hier sein? 3. Können Sie mir helfen? 4. Sie müssen die Arbeit selber tun. 5. Haben Sie noch eine Minute Zeit? 6. Wirst du, bitte, bald schreiben? 7. Haben Sie noch eine Frage? 8. Ist es heute möglich, den Arzt zu sprechen? 9. Darf ich etwas dazu sagen? 10. Wann werden Sie Zeit haben?

I. *Complete the sentence by using all the cue words in their appropriate grammatical form.*

1. Wenn ich Zeit hätte, (bleiben/ich/länger).
2. Wenn ich Zeit hätte, (werden/ich/länger/bleiben).
3. Wenn ich ihre Adresse wüßte, (schreiben/ich/ihr).
4. Wenn ich ihre Adresse wüßte, (werden/ich/ihr/schreiben).
5. Wenn es wärmer wäre, (gehen/wir/schwimmen).
6. Wenn es wärmer wäre, (werden/wir/schwimmen/gehen).
7. Wenn Herr Göllinger vorsichtiger gewesen wäre, (haben/ihn/die Gestapo/nicht/verhaften/können).
8. Wenn der Film nicht so langweilig gewesen wäre, (sein/wir/nicht/nach Hause/gehen).
9. Wenn ich es dürfte, (werden/ich/es/tun).
10. Wenn die Glocke nicht geläutet hätte, (haben/der Elefant/sich/nicht/auf den Porsche/setzen).
11. Ich würde nach Deutschland fliegen, (wenn/der Flug/nicht/so/teuer/sein).
12. Wir wären gerne mitgekommen, (wenn/ihr/uns/anrufen/haben).
13. Ich hätte es nicht geglaubt, (wenn/ich/es/nicht/sehen/haben).
14. Sie würde öfters deutsche Filme sehen, (wenn/sie/die Sprache/besser/verstehen/werden).
15. Die Arbeit wäre jetzt fertig, (wenn/ich/sie/selbst/machen/haben).

J. *Answer the question using the cue in parentheses or an answer of your own.*

1. Wären Sie in Nazi-Deutschland geblieben, wenn Sie dort gelebt hätten? (nein, nach Amerika kommen)
2. Wie würden Sie reagieren, wenn jemand Sie bestechen wollte? (es bei der Polizei melden)
3. Was wäre geschehen, wenn Hitler nicht an die Macht gekommen wäre? (keinen Krieg geben)
4. Was würden Sie tun, wenn Sie viel Geld hätten? (um die Welt reisen)
5. Hätte sich der Elefant auf den Porsche gesetzt, wenn der Wagen nicht rot gewesen wäre? (nein, weitergehen)
6. Hätten Sie das Buch mitgebracht, wenn ich Sie nicht daran erinnert hätte? (nein, es vergessen)
7. Wo wären Sie jetzt, wenn Sie heute keine Klassen hätten?
8. Was würden Sie sich wünschen, wenn eine gute Fee (*fairy queen*) Ihnen drei Wünsche erfüllte?
9. Hätten Sie diese Klasse genommen, wenn Sie gewußt hätten, wie schwer sie ist?
10. Würden Sie heiraten, wenn Sie verliebt wären?

K. FREE RESPONSE: „**Wenn das dumme ‚wenn' nicht wär', wär' ich heute Millionär!**"
So goes a German saying expressing wishful thinking. Complete the blanks by your own wishful thinking—in the German subjunctive, of course!

1. Wenn ich mehr Geld hätte, _____.
2. Wenn meine Eltern mich besser verstehen würden, _____.
3. Wenn Karl mich heute noch anriefe, _____.
4. Wenn Erika (*or* Erich) heute ‚ja' sagen würde, _____.
5. _____, so wäre alles besser.
6. _____, würde mein Auto mir besser gefallen.
7. _____, hätte ich eine bessere Zensur (*grade*) bekommen.
8. _____, hätte ich nicht so viele Sorgen und Probleme.
9. Wäre ich nicht so dumm gewesen, so _____.
10. Hätte ich ihm (*or* ihr) nur nicht alles geglaubt, dann _____.
11. Würde ich nur nicht so verliebt sein, so _____.
12. Gäbe es weniger zu essen, _____.
13. Wäre das Benzin nicht so teuer, _____.
14. Wenn ich nur nicht immer so müde wäre, _____.
15. Wenn der Professor nicht so streng wäre, _____.

KAPITEL 20

INDIRECT DISCOURSE; SPECIAL SUBJUNCTIVE; INTENSIFIERS

Einen Menschen namens Meier
Schubst man aus des Hauses Tor,
Und man spricht, betrunken sei er;
Selber kam's ihm nicht so vor.

REDEWENDUNGEN

komme was wolle	come what may
Glauben schenken	to trust
eben nicht	not so
wohl kaum	hardly
Das kommt nicht in Frage.	That's out of the question.

WARUM SO INDIREKT?

Der Konjunktiv der indirekten Rede erscheint sehr oft im deutschen Sprachgebrauch. Es sieht fast so aus, als könne man keinen deutschen Text lesen, ohne daß man — komme was wolle — solche Formen antreffen. Man lese nur die folgenden drei Fragen und beachte vor allem die Formulierung der Antworten.

FRAGE   Wird das Fernsehen in Deutschland die deutsche Filmindustrie völlig ruinieren?

ANTWORT   Wirtschaftswissenschaftler sind der Ansicht, daß dies sehr leicht der Fall sein könne, insbesondere wenn die neuen Filme auf solch niedrigem Niveau blieben, wie dies in den letzten Jahren der Fall gewesen sei.

FRAGE   Wer sind die größten Bierkonsumenten Europas? Es sind doch gewiß die Deutschen, nicht wahr?

ANTWORT   Nicht wenn Sie Statistiken Glauben schenken. Die stellen fest, es seien die Belgier, und nicht die Deutschen.

FRAGE   Wer heute an Österreich denkt, verbindet damit die Vorstellung an ein kleines, friedliches, neutrales und gemütliches Land. War dies schon immer so?

ANTWORT   Eben nicht. Etliche Historiker behaupten, das Österreich vergangener Jahrhunderte sei einer der mächtigsten und machthungrigsten Staaten gewesen, die es je in der europäischen Geschichte gegeben habe.

Drei Fragen, drei Antworten, und jede der Antworten erfolgte in der indirekten Rede. Warum? Um den Ausländern das Erlernen der deutschen Sprache noch schwerer zu machen als dies bereits der Fall sein möge? Wohl kaum.

Nein, die indirekte Rede ist nur der Kompaß, der den Leser oder Zuhörer ins ungewisse Niemandsland zwischen Tatsache und Illusion, Wahrheit und Lüge, Wirklichkeit und Unwirklichkeit führt. Sie zwingt ihn, darüber zu entscheiden, ob er das Gelesene oder Gehörte glauben oder nicht glauben sollte. Bei unseren drei Beispielen müssen Sie sich also nochmals die Frage stellen: Wird das Fernsehen die Filmindustrie wirklich ruinieren oder sind die Wirtschaftsexperten nur Pessimisten? Irren sich die Statistiken und trinken die Deutschen vielleicht doch mehr Bier als die Belgier? War das Österreich der Vergangenheit wirklich so machthungrig oder sind gewisse Historiker einfach voreingenommen?

Ja, mit der indirekten Rede kann es sich der Berichterstatter leichter machen als der Leser. Er muß sich nicht entscheiden, er sagt uns ja nur, „man habe berichtet" oder „es sei geschehen" oder jemand „könne nicht kommen" usw. Soll man dem Bericht glauben? Ist es wirklich geschehen — oder nicht? Kann diese Person nicht kommen oder will sie vielleicht nicht kommen?

* * *

Wie interpretieren Sie die folgenden Mitteilungen, Feststellungen oder Berichte? Man könnte behaupten, die Entscheidung liege bei Ihnen, dem Leser.

1. Eine Kundin meines Geschäftes fragte mich kürzlich, ob sie eine längst überfällige Rechnung später bezahlen könne. Sie müsse zuerst, beteuerte sie, die Krankenhausrechnung für ihre alte Mutter bezahlen, die man letzten Monat ins Krankenhaus gebracht habe. Ich wüßte ja, fügte sie hinzu, wie teuer in den letzten Jahren ein solcher Krankenhausaufenthalt geworden sei. Es wäre also kein Wunder, wenn sie um eine Stundung ihrer Zahlung ersuchen wolle. Wäre ihre Mutter nicht krank geworden, dann hätte sie natürlich ihre Schulden bereits heute bezahlt. Als ich sie fragte, wann ich mit dem Geld rechnen dürfte, antwortete sie optimistisch: Komme, was wolle — bestimmt nächsten Monat. Und dann stieg sie in ihren nagelneuen Mercedes, den sie sich letzte Woche angeschafft hatte.

2. Auf einer Schriftstellertagung, die nach den Olympischen Spielen 1972 stattfand, wurde heftig darüber diskutiert, ob Olympia nur Spiel oder schon Kampf sei. Der deutsche Nobelpreisträger Heinrich Böll meinte, man dürfe nicht so naiv sein, um wirklich anzunehmen, daß Sport und Politik heute noch zu trennen seien.

3. In Österreich entfalle auf 620 Menschen ein Arzt, berichtete eine österreichische Zeitung. Das Gesundheitsamt der österreichischen Bundesregierung stellte dazu fest, daß damit eine ausreichende und rasche ärztliche Betreuung für jeden österreichischen Bürger gewährleistet sei. Als ich diese Mitteilung in der Zeitung las, saß ich bereits drei Stunden lang im Wartezimmer meines Arztes. Die Krankenschwester fragte mich freundlich, ob ich noch weitere Zeitschriften zum Lesen wünschte. Es sollte bestimmt nicht mehr länger als zwei Stunden dauern, bis mich der Herr Doktor untersuchen könnte.

4. Unser Freund Helmut erzählte uns, daß er daran denke, in Heidelberg Medizin zu studieren. Dies sei schon lange sein Wunsch gewesen, aber der an vielen deutschen Hochschulen eingeführte Numerus Clausus zerschlüge vielleicht seinen Plan für das Studium. Die Universität habe ihn verständigt, seine Zulassung zum Medizinstudium käme dieses Jahr aus Platzmangel nicht in Frage, doch stünde ihm eine neuerliche Bewerbung im nächsten Jahr offen. Auf unsere Frage, ob er dies tun werde, antwortete er zögernd, daß man ja nie wüßte, was die Zukunft bringen würde. Heute sperre man ihn vom Studium aus, im nächsten Semester könne dies vielleicht den Professoren passieren. So etwas habe es schließlich an den deutschen Universitäten in den letzten Jahren schon öfters gegeben.

FRAGEN

1. Was sagen die Wirtschaftswissenschaftler über das Fernsehen in Deutschland? 2. Welche Ansicht haben etliche Historiker über das Österreich vergangener Jahrhunderte? 3. Wozu zwingt die indirekte Rede den Leser? 4. Welche Frage stellte die Kundin an den Geschäftsmann? 5. Worüber wurde bei der Schriftstellertagung diskutiert? 6. Was stellte das Gesundheitsamt der österreichischen Bundesregierung fest? 7. Was sagte die Krankenschwester zum Patienten? 8. Was erzählte Helmut? 9. Warum kann Helmut dieses Jahr nicht in Heidelberg Medizin studieren? 10. Wie denkt Helmut über seine Bewerbung fürs nächste Jahr?

GRAMMATIK

INDIRECT DISCOURSE

Something a person has said can either be quoted directly or rephrased and stated indirectly. The first method of reporting is known as direct discourse (or direct quotation), the second as indirect discourse (or indirect quotation).

DIRECT DISCOURSE
Der Student sagte: „Ich habe das Buch gelesen."   (The student said, "I have read the book.")

INDIRECT DISCOURSE
Der Student sagte, daß er das Buch gelesen hätte.   (The student said that he had read the book.)

Direct discourse is used for stating someone's exact words and is set off by quotation marks in both German and English; it uses the indicative. Indirect discourse is used to show that the speaker does not assume responsibility for the accuracy of a statement someone else has made; German uses the subjunctive for this purpose.

In the above example of indirect discourse, for instance, the speaker implies that the student's claim to have read the book is open to question. Although this does not necessarily make the student a liar, it does indicate that the speaker has no way of knowing for sure that the student's claim is accurate.

Use of the subjunctive for indirect discourse is mandatory in formal writing.[1] In modern colloquial German, the trend is toward replacing the subjunctive with the indicative. Correct usage, however, still requires the subjunctive in indirect discourse.

A statement in indirect discourse is usually introduced by the subordinating conjunction **daß** (that); it is, therefore, a dependent clause and the conjugated verb moves to the second-prong position.

Sie sagte, **daß** sie krank **wäre**.   (She said that she was sick.)

---

[1] Its use or nonuse can have important legal implications: a German newspaper that reports a statement in the subjunctive is not subject to a libel suit since the allegation cannot be presumed to be a verified fact.

Daß, like English "that," may be omitted. Regular word order is then observed.

    Sie sagte, **sie wäre krank.**   (She said she was sick.)

TENSE FORMS

When it is used in conditions, the subjunctive exists in only two time categories: present or future, and past [*see* Chapter 19]. In indirect discourse, however, the subjunctive occurs in three time categories: present, past, and future. The form used in indirect discourse depends on the *tense* of the direct statement on which it is based and on the *time* relationship between the introductory phrase and the quoted statement.

Tense and Time in Indirect Discourse

TENSE			TIME
DIRECT STATEMENT	INDIRECT STATEMENT	INTRODUCTORY VERB	
present	main verb in subjunctive	any tense	event *simultaneous* to time of reporting
past, present perfect, past perfect	subjunctive of auxiliary + past participle of main verb	any tense	event reported *prior* to time of direct statement
future	würde + infinitive of main verb	any tense	event reported *not yet occurred* when direct statement made

1. Present If the direct statement is in the present tense, the main verb in indirect discourse will be in the subjunctive. It does not matter whether the introductory verb (**Er sagt**, **Er sagte**) is in the present or past tense. What does matter is that the action described in the direct statement must be occurring *simultaneously* with the making of the statement.

    DIRECT STATEMENT   INDIRECT DISCOURSE

    „Ich **lese** die Zeitung."   Er sagt [sagte], er **läse** die Zeitung.
    ("I'm reading the newspaper.")   (He says [said] he's reading [was reading] the newspaper.)

    „Ich **gehe** jeden Tag spazieren."   Sie sagt [sagte], sie **ginge** jeden Tag spazieren.
    ("I go walking every day.")   (She says [said] she goes [went] walking every day.)

Indirect discourse alleges that he was reading the newspaper at the time he said he was and that she was in the habit of going for walks at the time she said she was.

2. Past If the direct statement is in any past tense (simple past, present perfect, or past perfect), the predicate in indirect discourse consists of an auxiliary verb, in the subjunctive (**hätte** or **wäre**) plus the past participle of the main verb. Again, the tense of the introductory verb makes no difference, but the event reported must have occurred *before* the time of the direct statement.

DIRECT STATEMENT

„Ich **las** die Zeitung schon."
„Ich **habe** die Zeitung schon **gelesen**."
„Ich **hatte** die Zeitung schon **gelesen**."
("I read [have read, had read] the paper already.")

„Ich **ging** gestern spazieren."
„Ich **bin** gestern spazieren **gegangen**."
„Ich **war** gestern spazieren **gegangen**."
("I went [had gone] walking yesterday.")

INDIRECT DISCOURSE

Er sagt [sagte]), er **hätte** die Zeitung schon **gelesen**).
(He says [said] he has [had] already read the paper.)

Sie sagt [sagte] sie **wäre** gestern spazieren **gegangen**.
(She says [said] she went [had gone] walking yesterday.)

Indirect discourse alleges that he had read the paper at some previous time and that she had gone walking the day before she said so. Indirect discourse uses only one form for all three past tense forms of the direct statement.

3. Future If the direct statement is in the future tense, the predicate in indirect discourse consists of **würde** plus the infinitive of the main verb. The statement refers to an event that had *not yet occurred* when the statement was made.

DIRECT STATEMENT

„Ich **werde** die Zeitung später **lesen**."
("I will read the paper later.")

„Ich **werde** morgen spazieren **gehen**."
("I will go for a walk tomorrow.")

INDIRECT DISCOURSE

Er sagt [sagte], er **würde** die Zeitung später **lesen**.
(He says [said] he will [would] read the paper later.)

Sie sagt [sagte] sie **würde** morgen spazieren **gehen**.
(She says [said] she will [would] go for a walk tomorrow.)

Indirect discourse alleges that he planned to read the paper but had not yet done so at the time and that she intended to go walking the day after she said so.

INDIRECT QUESTIONS AND COMMANDS

1. Questions An indirect question in German is usually introduced by an interrogative (sometimes preceded by a preposition); it is a dependent clause, with the verb in the subjunctive.

    Sie fragte, **wer** dieser junge Mann **wäre**. (She asked who this young man was.)
    Er wollte wissen, **wann** ich kommen **könnte**. (He wanted to know when I could come.)
    Ich fragte ihn, **von wo** er **käme**. (I asked him where he came from.)

A yes-no question in indirect discourse is always introduced by the conjunction **ob** (if), never **wenn**.

    Er fragte mich, **ob** ich Zeit **hätte**. (He asked me if [whether] I had time.)

2. Commands An indirect command is expressed in German by using the modal **sollen** plus the infinitive of the main verb.

    Die Mutter sagte den Kindern, { sie **sollten** um 10 Uhr zu Hause sein.
                                { **daß** sie um 10 Uhr zu Hause sein **sollten**.
    (The mother told the children to [that they *should*] be home by 10 o'clock.)

USE OF ALS OB

The phrase **als ob** (as if) also introduces a subjunctive clause.

    Er sieht aus, **als ob** er krank wäre. (He looks as if he were sick.)

In such statements, **ob** may be omitted; the verb then comes immediately after **als**.

    Er sieht aus, **als wäre** er krank. (He looks as if he were sick.)

SPECIAL SUBJUNCTIVE

1. Usage The special subjunctive is sometimes used in indirect discourse in formal, literary German. It is very rare in spoken or informal written German and is often replaced in modern German by the general subjunctive. The meaning is the same.

DIRECT STATEMENT	INDIRECT DISCOURSE
„Ich weiß, was ich zu tun **habe**."	Er sagte, er **wisse** [*or* **wüßte**], was er zu tun **habe** [*or* **hätte**].
("I know what I have to do.")	(He said he knew what he had to do.)

The special subjunctive cannot be used at all when its form is identical with that of the present indicative; the general subjunctive must be used instead.[2]

„Wir wissen, was wir zu tun **haben**."	Er sagte, sie **wüßten** [*not* **wissen**], was sie zu tun **hätten** [*not* **haben**].

The special subjunctive follows the same principles as the general subjunctive with regard to the three tense forms of indirect discourse.

PRESENT

Er sagte, er **lese** die Zeitung.	(He said he's reading the paper.)
Sie sagte, sie **gehe** jeden Tag spazieren.	(She said she goes for a walk every day.)

PAST

Er sagte, er **habe** die Zeitung schon gelesen.	(He said he's already read the paper.)
Sie sagte, sie **sei** gestern **spazierengegangen**.	(She said she went for a walk yesterday.)

FUTURE

Er sagte, er **werde** die Zeitung später lesen.	(He said he'll read the paper later.)
Sie sagte, sie **werde** morgen spazieren gehen.	(She said she'll go for a walk tomorrow.)

2. Forms The special subjunctive form is based on the infinitive stem. For all practical purposes, it is found only in the third-person singular, which adds an **-e** to the stem rather than the regular **-t** ending of the present indicative.

In all other persons, the ending pattern is basically that of the present tense indicative: **Ich —e; du —est; wir —en; ihr —et; sie —en.**

INFINITIVE	PRESENT TENSE	SPECIAL SUBJUNCTIVE
lern en	er lern t	er lern **e**
Er sagte, er **lerne** gern Deutsch.	(He said he liked to learn German.)	

---

[2] This explains why the use of the special subjunctive is limited almost exclusively to the third-person singular and to forms of **sein** (*see* page 308).

Verbs with a vowel change in the present tense indicative undergo no change in the special subjunctive.

INFINITIVE	PRESENT TENSE	SPECIAL SUBJUNCTIVE
können	er kann	er **könne**
haben	er hat	er **habe**
lesen	er liest	er **lese**
wissen	er weiß	er **wisse**

Er sagte, er **könne** nicht kommen. (He said he couldn't come.)
Sie sagte, sie **habe** das Buch gelesen. (She said she had read the book.)

3. Sei Only the verb **sein** forms the special subjunctive irregularly: it adds no ending in the first- and third-person singular. Unlike other verbs, therefore, **sein** clearly distinguishes between present indicative and special subjunctive in all persons.

ich sei	wir seien
du seist	ihr seiet
er sei	sie seien

Er fragte, ob der Zug schon angekommen **sei**. (He asked if the train had already arrived.)

Sei is the only special subjunctive form to occur with some frequency; it occurs in indirect discourse and in clauses introduced by **als ob**. **Sei** and **wäre** both mean the same thing.

Er sagte, daß er krank **sei** [**wäre**]. (He said that he was sick.)
Er sieht aus, {**als ob** er krank **sei** [**wäre**]. (He looks as if he were sick.)
{**als sei** [**wäre**] er krank.

The special subjunctive is never used in contrary-to-fact conditions.

4. Idiomatic Uses Some wishes or commands in the third-person singular always require use of the special subjunctive. They are essentially literary, occur infrequently, and bear a close resemblance to their English equivalents.

Lang **lebe** der König! (Long live the King!)
So **sei** es. (So be it.)
Komme, was **wolle**. (Come what may.)
Er **ruhe** in Frieden. (May he rest in peace.)
Es **werde** Licht! (Let there be light!)
Der Leser **beachte** die folgende Regel. (The reader should note the following rule.)
Man **nehme** zwei Eier und **schlage** sie. (Take two eggs and beat them.)

Note that all the above examples are in the third-person singular. Except for the forms of the verb **sein**, the distinguishing feature of the special subjunctive is the **-e** ending.

INTENSIFIERS

Informal German frequently uses words that have no precise meaning but serve to intensify some emotion, tone, or nuance. These words are often used to express feelings like surprise, annoyance, anger, wonder, doubt, urgency, and certainty.[3] The most common intensifiers are **aber, also, denn, doch, eben, einmal** (or **mal**), **gar, halt, ja, nicht?, nun** (or **na**), **noch, nur, schon, so,** and **wohl**.

These intensifiers have no exact English equivalents. The best one can hope to do is to approximate a similar shade of meaning in English. A "feel" for the correct use of German intensifiers can only be acquired over time.

Das habe ich Ihnen **aber doch** gesagt!	(But that's just what I told you!)
Wo ist er **denn**?	(Well, where is he?)
Das ist **ja gar** nicht wahr.	(That really isn't true at all.)
Nun (**Na**), da müssen wir **halt** warten.	(Well, then we'll just have to wait.)
Das ist es **eben**.	(That's just it!)
Ich werde es **schon** tun!	(I'll do it, all right!)
Sie sind **wohl** ein Fremder hier, **nicht**?	(I guess you're a stranger here, aren't you?)
Komm **nur**!	(Come along!)
Es war **so** um Mitternacht.	(It was right around midnight.)
Er ist **also doch** gekommen.	(So he came after all!)
Das hat uns **noch** gefehlt!	(That's all we needed!)

ANWENDUNG

A. *Supply the English equivalent of the italicized words and expressions.*

1. Es sieht fast so aus, *als könne man keinen deutschen Text lesen*, ohne einen Konjunktiv anzutreffen. **2.** Die Statistiken stellen fest, die größten Biertrinker *seien*

---

[3] A similar phenomenon occurs in English with the use of "well" to show doubt or surprise—"Well, I don't know"—or "all right" as a general intensifier—"He's sick, all right!" As in English, vocal stress varies greatly in German, and the shade of meaning conveyed often depends on voice inflection.

die Belgier. 3. *Er sagte, er könne* die Rechnung *nicht bezahlen.* 4. *Es wäre ein Wunder gewesen, wenn er uns die Rechnung bezahlt hätte.* 5. Sie sagte, *ich wüßte ja,* wie teuer heute alles ist. 6. Ich weiß nicht, ob ich das glauben *sollte.* 7. Er erzählte uns, *die Universität habe seine Zulassung* zum Medizinstudium *bestätigt.* 8. *Er sagte, er habe jetzt keine Zeit, denn er läse gerade die Zeitung.* 9. Man behauptet oft, Österreich *sei die größte Macht, die es früher einmal in Europa gegeben habe.* 10. Sie sagte, *sie wisse* ganz genau, *was sie zu tun hätte.* 11. *Er meinte, eine Reise* nach Deutschland *käme dieses Jahr nicht in Frage.* 12. Sie fragte mich, *ob ich noch mehr zu essen wünschte.*

B. *Restate the sentence in indirect discourse. Use the time indicated in parentheses and the general subjunctive.*

1. „Ich gehe spazieren." Er sagt, er _____. (*present*)
2. „Wir haben keine Zeit." Sie sagten, sie _____. (*present*)
3. „Sie ist mit der Arbeit fertig." Sie schrieb, sie _____. (*present*)
4. „Es gibt keinen Numerus Klausus." Die Zeitung behauptete, es _____ (*present*)
5. „Ich habe die Arbeit schon gemacht." Er sagte, er _____. (*past*)
6. „Wir sind gestern spazieren gegangen." Sie erzählten, sie _____. (*past*)
7. „Sie hat die Rechnung bezahlt." Sie behauptete, _____. (*past*)
8. „Er wird morgen kommen." Er schreibt, er _____. (*future*)
9. „Das Fernsehen wird die Filmindustrie ruinieren." Die Zeitung war der Meinung, das Fernsehen _____. (*future*)
10. „Sie werden die Rechnung bald bezahlen," Sie sagten, sie _____. (*future*)

C. *Restate each sentence as an indirect quotation by using the general subjunctive and maintaining the appropriate tense form. Begin each statement with either* „Er sagte ..." *or* „Sie sagte ...".

MODEL „Ich weiß es noch nicht."
Er sagte, **er wüßte es noch nicht.**

1. „Das kommt nicht in Frage." 2. „Ich habe Medizin studiert." 3. „Ich werde in Heidelberg studieren." 4. „Sie ist oft in Deutschland gewesen." 5. „Ich war den ganzen Tag zu Hause." 6. „Hoffentlich wird sie zugelassen." 7. „Er will alles bezahlen." 8. „Ich werde ihm bald schreiben." 9. „Die Leute haben es erzählt." 10. „Ich bleibe gern hier."

D. *Restate the direct question in indirect discourse by using the general subjunctive and maintaining the appropriate tense form.*

1. „Wie alt sind Sie?" Er fragte, _____.
2. „Hat er ein Auto?" Sie fragte, ob _____.

3. „Haben Sie das verstanden?" Sie wollte wissen, ob _____.
4. „Ist der Bus schon angekommen?" Der Tourist wollte wissen, ob _____.
5. „Aus welchem Land kommen Sie?" Ich fragte sie, _____.
6. „Warum ist Brigitte nicht gekommen?" Fritz wollte wissen, _____.
7. „Weiß Gustav das schon?" Er fragte mich, ob _____.
8. „Können Sie mir helfen?" Sie fragte mich, ob _____.
9. „Waren Sie gestern im Büro?" Der Arzt fragte mich, ob _____.
10. „Wann haben Sie die Rechnung bezahlt?" Das Geschäft wollte wissen, wann _____.
11. „Ist Fritz schon einmal in Berlin gewesen?" Ich fragte, ob _____.
12. „Wo hat deine Schwester so gut Deutsch gelernt?" Ich wollte wissen, wo _____.

E. *Restate the direct command in indirect discourse.*

MODEL „Bezahlen Sie die Rechnung!"
Er sagte mir, **ich sollte die Rechnung bezahlen.**

1. „Seid um zehn Uhr zu Hause!" Der Vater sagte den Kindern, _____.
2. „Kommen Sie mit!" Sie sagte uns, daß wir _____.
3. „Erzähl mir, was geschehen ist!" Er schrieb, ich _____.
4. „Trinken Sie noch ein Glas Bier! Die Kellnerin sagte, ich _____.
5. „Fahren Sie weiter!" Der Polizist befahl, wir _____.

F. *Complete the sentence by using the cue clause in the general subjunctive and maintaining the appropriate tense.*

1. Er sieht aus, als ob (er ist krank).
2. Es sieht aus, als ob (es wird schneien).
3. Sie tat, als ob (sie schläft).
4. Sie sah aus, als ob (sie hat zu wenig geschlafen).
5. Er benahm sich, als ob (er ist krank gewesen).
6. Der Student machte Fehler, als ob (er hat nie Deutsch gelernt).
7. Er tat, als ob (er weiß schon alles).
8. Er tat, als ob (er hat kein Geld).

G. *Supply the appropriate forms of the general subjunctive and the special subjunctive.*

MODEL er ist
er **wäre,** er **sei**

1. sie hat **2.** es wird **3.** er weiß **4.** sie darf **5.** er kommt **6.** sie geht **7.** sie soll
8. er denkt

ANWENDUNG 311

H. *Complete the sentence using the special subjunctive.*

1. Heinrich Böll ist der beste deutsche Schriftsteller.
   Das Nobelpreis-Komite meinte, Heinrich Böll _____.
2. Das Fernsehen ruiniert die Filmindustrie.
   Man behauptet, daß das Fernsehen _____.
3. Die Filmindustrie kann wieder ein hohes Niveau erreichen.
   Man hofft, die Filmindustrie _____.
4. Die Statistik hat sich geirrt.
   Die Zeitung hat bewiesen, daß die Statistik sich _____.
5. Der Belgier trinkt mehr Bier als der Deutsche.
   In dem Bericht war zu lesen, der Belgier _____.
6. In Österreich gibt es nur einen Arzt auf 620 Menschen.
   Man behauptet, daß es in Österreich _____.
7. Ich muß nicht länger als ein paar Minuten warten.
   Die Krankenschwester versicherte mir, ich _____.
8. Es geht ihr sehr gut in Heidelberg.
   Sie schrieb, daß es ihr _____.

I. *Restate the sentence, changing the verb(s) in the dependent clause(s) from the general to the special subjunctive or from the special to the general, whichever is appropriate.*

1. Er sagte, er wäre noch nicht mit der Arbeit fertig. **2.** Sie sagte, sie habe genug zu tun. **3.** Er behauptete, er wüßte, was er zu tun hätte. **4.** Sie sagt, sie werde nicht kommen. **5.** Er wollte wissen, ob sie die Arbeit schon getan habe. **6.** Sie versicherte, sie käme ganz gewiß am Montag. **7.** Er schrieb uns, er dürfe es nicht tun. **8.** Ich wollte wissen, ob er schon in Berlin gewesen wäre. **9.** Sie erzählt uns, sie ginge oft ins Theater. **10.** Der Professor sagte, Fritz sollte die Aufgabe selbst schreiben. **11.** Sie wollten wissen, was er von der Arbeit dächte. **12.** Der Wetterbericht sagte, es müßte jetzt bald regnen.

J. *Put the sentence into indirect discourse, using either the general or the special subjunctive, whichever is appropriate.*

MODEL   Er hat genug Geld.
   Man behauptet, **daß er genug Geld habe.**

1. Das Geschäft geht besser. **2.** Die Geschäfte gehen besser. **3.** Das Leben wird immer teurer. **4.** Die Autos werden immer teurer. **5.** Der Belgier ist ein größerer Biertrinker als der Deutsche. **6.** Die Belgier sind größere Biertrinker als die Deutschen. **7.** Die Frau hat viele Schulden. **8.** Die Leute haben viele Schulden.

K. *Restate the paragraph by using the special subjunctive.*

1. Ein Rechtsanwalt aus München ist in den Alpen abgestürzt. Er hat sich den Rücken gebrochen und wurde mit einem Hubschrauber in ein Krankenhaus

in München gebracht. Es besteht keine Lebensgefahr, jedoch liegt der Verunglückte noch immer im Koma und ist unter ständiger ärztlicher Beobachtung.

Aus München wurde heute berichtet, daß ...

2. In Deutschland sind die jungen Leute heute weniger heiratsfreudig als früher, weil das Leben so teuer ist. Manches junge Paar, das trotz der wirtschaftlichen Schwierigkeiten heiratet, entschließt sich aus materiellen Gründen, keine Kinder zu haben. Diese Entwicklung gefährdet die Familie, auf der die Zukunft der Nation beruht.

Herr Professor Dr. Lobenswert behauptete in seiner Vorlesung, daß ...

L. FREE RESPONSE

We have our Texan Tall Tales, the British have their Sir John Falstaff, the Romans had their *miles gloriosus*, the Germans have their *Lügenmärchen* by Baron von Münchhausen, and you may have a friend who likes to tell boastful, exaggerated stories. Retell one of those stories to your class, but show that you don't quite believe it all by putting the subjunctive between you and the original narrator. You might begin with: „Ich habe einen Freund (oder eine Freundin), der (die) immer fantastische Geschichten erzählt. Er (sie) erzählte neulich, daß ..."

ANHANG

THE GERMAN ALPHABET

German uses two basic printing types: Roman type, which is identical with the customary type used in English, and Gothic type, Fraktur in German, which is rarely used in English, except in some newspaper mastheads, such as The New York Times. Most books, periodicals, and daily papers printed in Germany today use Roman types; Gothic types predominated prior to 1920. The table below shows both capital and small letters in Roman type, Gothic type, and German script, even though this script is rarely used in handwriting today. The last column shows the approximate English equivalent of the German name for each letter.

ROMAN TYPE	GOTHIC TYPE	GERMAN SCRIPT	PRONUNCIATION
A, a	𝔄, a		ah
Ä, ä	𝔄, ä		umlaut ah
B, b	𝔅, b		beh
C, c	ℭ, c		tseh
D, d	𝔇, d		deh
E, e	𝔈, e		eh
F, f	𝔉, f		eff
G, g	𝔊, g		gay
H, h	ℌ, h		hah
I, i	ℑ, i		ee
J, j	𝔍, j		yot
K, k	𝔎, k		kah
L, l	𝔏, l		ell
M, m	𝔐, m		em
N, n	𝔑, n		en
O, o	𝔒, o		oh
Ö, ö	𝔒, ö		umlaut oh
P, p	𝔓, p		peh
Q, q	𝔔, q		coo
R, r	ℜ, r		air
S, s	𝔖, ȿ, ſ		ess

ANHANG   315

ROMAN TYPE	GOTHIC TYPE	GERMAN SCRIPT	PRONUNCIATION
ß (No capital)	ß	ℬ	ess-tset
T, t	T, t	T, t	teh
U, u	U, u	U, u	oo
Ü, ü	Ü, ü	Ü, ü	umlaut oo
V, v	V, v	V, v	fow
W, w	W, w	W, w	veh
X, x	X, x	X, x	iks
Y, y	Y, y	Y, y	ippselon
Z, z	Z, z	Z, z	tset

TYPE II VERBS

The following table contains the one hundred most important Type II, mixed, and irregular verbs. For each verb, the infinitive, the singular of the past tense, and the past participle are listed. The word **ist** before the past participle indicates that the verb forms its perfect tenses with the helping verb **sein**. The fourth column gives the third-person singular present tense for those verbs that undergo a vowel change in that form.

The table does not contain any verb compounds since all compounds have the same principal parts as the basic verb from which they are derived. Although many compounds are formed from **kommen**, for instance (**ankommen, auskommen, bekommen, entkommen, herkommen, mitkommen, nachkommen, umkommen, unterkommen, verkommen, vorkommen, wegkommen**), only **kommen** is included in the list.

INFINITIVE	PAST TENSE	PAST PARTICIPLE	3RD PERSON SINGULAR	ENGLISH EQUIVALENT
befehlen	befahl	befohlen	befiehlt	*command*
beginnen	begann	begonnen		*begin*
beißen	biß	gebissen		*bite*
biegen	bog	gebogen		*bend*
bieten	bot	geboten		*offer*
binden	band	gebunden		*bind*
bitten	bat	gebeten		*ask, request*
blasen	blies	geblasen	bläst	*blow*
bleiben	blieb	ist geblieben		*stay*
braten	briet	gebraten	brät	*roast*
brechen	brach	gebrochen	bricht	*break*

316 ANHANG

INFINITIVE	PAST TENSE	PAST PARTICIPLE	3RD PERSON SINGULAR	ENGLISH EQUIVALENT
brennen	brannte	gebrannt		burn
bringen	brachte	gebracht		bring
denken	dachte	gedacht		think
dürfen	durfte	gedurft	darf	be permitted to
essen	aß	gegessen	ißt	eat
fahren	fuhr	ist gefahren	fährt	drive
fallen	fiel	ist gefallen	fällt	fall
fangen	fing	gefangen	fängt	catch
finden	fand	gefunden		find
fliegen	flog	ist geflogen		fly
fliehen	floh	ist geflohen		flee
fließen	floß	ist geflossen		flow
frieren	fror	gefroren		freeze
geben	gab	gegeben	gibt	give
gehen	ging	ist gegangen		go
gelingen	gelang	ist gelungen		succeed
genießen	genoß	genossen		enjoy
geschehen	geschah	ist geschehen	geschieht	happen
gewinnen	gewann	gewonnen		win
gießen	goß	gegossen		pour
graben	grub	gegraben	gräbt	dig
greifen	griff	gegriffen		grasp
haben	hatte	gehabt	hat	have
halten	hielt	gehalten	hält	hold
heben	hob	gehoben		raise
heißen	hieß	geheißen		be called
helfen	half	geholfen	hilft	help
kennen	kannte	gekannt		know (be acquainted)
klingen	klang	geklungen		sound
kommen	kam	ist gekommen		come
können	konnte	gekonnt	kann	be able to
laden	lud	geladen	lädt	load
lassen	ließ	gelassen	läßt	let
laufen	lief	ist gelaufen	läuft	run
leiden	litt	gelitten		suffer

ANHANG

INFINITIVE	PAST TENSE	PAST PARTICIPLE	3RD PERSON SINGULAR	ENGLISH EQUIVALENT
lesen	las	gelesen	liest	*read*
liegen	lag	gelegen		*lie (lay, lain)*
lügen	log	gelogen		*lie (lied, lied)*
messen	maß	gemessen	mißt	*measure*
mögen	mochte	gemocht	mag	*like, may; like to*
müssen	mußte	gemußt	muß	*have to*
nehmen	nahm	genommen	nimmt	*take*
nennen	nannte	genannt		*name, call*
pfeifen	pfiff	gepfiffen		*whistle*
raten	riet	geraten	rät	*advise, guess*
reiten	ritt	ist geritten		*ride*
rennen	rannte	ist gerannt		*run*
riechen	roch	gerochen		*smell*
rufen	rief	gerufen		*call, shout*
scheinen	schien	geschienen		*shine; seem*
schieben	schob	geschoben		*push, shove*
schießen	schoß	geschossen		*shoot*
schlafen	schlief	geschlafen	schläft	*sleep*
schlagen	schlug	geschlagen	schlägt	*hit*
schließen	schloß	geschlossen		*close*
schneiden	schnitt	geschnitten		*cut*
schreiben	schrieb	geschrieben		*write*
schreien	schrie	geschrien		*shout*
schweigen	schwieg	geschwiegen		*be silent*
schwimmen	schwamm	ist geschwommen		*swim*
sehen	sah	gesehen	sieht	*see*
sein	war	ist gewesen	ist	*be*
senden	sandte	gesandt		*send*
singen	sang	gesungen		*sing*
sinken	sank	ist gesunken		*sink*
sitzen	saß	gesessen		*sit*
sollen	sollte	gesollt	soll	*should; be obliged to*
sprechen	sprach	gesprochen	spricht	*speak*
springen	sprang	ist gesprungen		*jump*
stehen	stand	gestanden		*stand*
stehlen	stahl	gestohlen	stiehlt	*steal*

INFINITIVE	PAST TENSE	PAST PARTICIPLE	3RD PERSON SINGULAR	ENGLISH EQUIVALENT
steigen	stieg	ist gestiegen		*climb*
sterben	starb	ist gestorben	stirbt	*die*
stoßen	stieß	gestoßen	stößt	*shove*
streiten	stritt	gestritten		*fight*
tragen	trug	getragen	trägt	*carry*
treffen	traf	getroffen	trifft	*meet*
treiben	trieb	getrieben		*drive*
treten	trat	(ist) getreten	tritt	*step*
trinken	trank	getrunken		*drink*
tun	tat	getan		*do*
vergessen	vergaß	vergessen	vergißt	*forget*
verlieren	verlor	verloren		*lose*
wachsen	wuchs	ist gewachsen	wächst	*grow*
waschen	wusch	gewaschen	wäscht	*wash*
werden	wurde (ward)	ist geworden	wird	*become*
werfen	warf	geworfen	wirft	*throw*
wiegen	wog	gewogen		*weigh*
wissen	wußte	gewußt	weiß	*know* (facts)
wollen	wollte	gewollt	will	*want to*
ziehen	zog	gezogen		*pull*

GERMAN-ENGLISH RELATIONSHIPS

Since German and English are closely related Germanic languages, which have a common origin, they have a great deal of their vocabulary in common. Words which are derived from the same origin are known as cognates. In many instances, the German and English cognates are identical in form and meaning.

der Ball	the ball
die Butter	the butter
der Finger	the finger
das Gold	the gold
der Ring	the ring

ANHANG

The same is often true of verbs, except for the German infinitive ending **-en.**

fallen	to fall
senden	to send
singen	to sing

In some instances, similarities are deceptive, and identity in form does *not* indicate identity of meaning, usually because in one or the other language, the meaning of the word has shifted from its original concept.

also	therefore [*not* also]
bekommen	to get, receive [*not* to become]
denn	for [*not* then]
vor	before, ago [*not* for]
wer	who [*not* where]

Many other words contain obvious similarities that make the relationship apparent.

kommen	to come
Mutter	mother
und	and
Vater	father

A number of regular relationships exist between English and German consonants. Knowing them can be helpful in figuring out what a German word means or what the corresponding English word might be. These relationships are known as *sound laws*, and the twelve most important sound relationships are listed below. These rules do not apply in every instance, and in some words the meaning has shifted, so that the meaning of the cognates no longer coincides. The German word **Knabe** (boy), for example, corresponds historically to the English word "knave." (Examples of such changes in meaning are enclosed in brackets.) In the majority of cases, however, the sound laws are a useful aid.

1. German **b**   English *f* or *v*

Dieb, Diebe	thief, thieves
Grab	grave
halb	half
leben	to live
lieben	to love

2. German **ch(t)**　　English *k, gh(t)*

    acht　　　　　eight
    Kuchen　　　　cake
    lachen　　　　to laugh
    machen　　　　to make
    Nacht　　　　 night

3. German **d**　　English *th*

    Bad　　　　　bath
    Bruder　　　　brother
    dann　　　　 then
    drei　　　　　three
    du　　　　　 thou

4. German **f, ff**　　English *p*

    Affe　　　　　ape
    auf　　　　　up
    hoffen　　　　to hope
    offen　　　　 open
    tief　　　　　deep

5. German **g**　　English *y*

    Garn　　　　 yarn
    Garten　　　　garden [yard]
    gelb　　　　　yellow
    gern　　　　 to like [yearn]
    sagen　　　　to say

6. German **j**　　English *y*

    ja　　　　　 yes
    Jahr　　　　 year
    jetzt　　　　 now [yet]
    Joch　　　　 yoke
    jung　　　　 young

7. German **k**　　English *c, ch*

    Kinn　　　　 chin
    Kirche　　　　church
    kommen　　　 to come
    können　　　　can
    Kuchen　　　　cake

8. German **pf**　　English *p, pp*

    Apfel　　　　 apple
    Pfanne　　　　pan
    Pfeffer　　　　pepper

Pfeife	pipe
Pfund	pound

9. German **s, ss, ß** — English *t*

das	that
Fuß	foot
lassen	to let
was	what
Wasser	water

10. German **t** — English *d*

rot	red
tanzen	to dance
Tod	death
tot	dead
tun	to do

11. German **v** — English *f*

Vater	father
vergessen	to forget
verloren	lost [forlorn]
vier	four
voll	full

12. German **z** — English *t*

Herz	heart
zehn	ten
zu	to, too
zwei	two
zwölf	twelve

LÖSUNGEN

A. Lösung zum Lesestück „Unfall oder …?"
Dr. Frühwirth buchte für diese Reise einen Hin- und Rückflug für sich, jedoch nur einen Hinflug für seinen Kanzleipartner.

B. Antworten zum Lesestück „Was wissen Sie über Deutschlands Geschichte?"

Geschichte
1. München
2. Martin Luther
3. Otto von Bismarck
4. Maria Theresia
5. Paul von Hindenburg
6. Konrad Adenauer
7. Karl der Große
8. Hanse

Musik
1. Ludwig van Beethoven
2. a) Georg Friedrich Händel
   b) Messias
3. Richard Wagners „Die Meistersinger von Nürnberg"
4. Joseph Haydn
5. Woyzeck
6. Christoph Wilhelm Gluck
7. „Der Freischütz"
8. a) Hugo von Hofmannsthal
   b) Richard Strauß

C. Antworten zum Lesestück „Wie gut sind Sie informiert?"
1. die Donau
2. (der) Blitzkrieg
3. der Dekan
4. Salzburg
5. Baden-Württemberg
6. Heinrich Heine

ANHANG

WÖRTERVERZEICHNIS

Nouns — Masculine and neuter nouns are listed in the nominative and genitive singular and in the nominative plural; feminine nouns are listed in the nominative singular and plural. A plural ending preceded by three dots indicates a vowel change in the plural ending (**das Drama, ...en;** *plural,* **die Dramen**).

Verbs — The three principal parts (plus the third-person singular present in parentheses, if required) are given for Type II and mixed verbs; Type I verbs are listed in the infinitive only. A separable prefix is indicated by a hyphen. **Sich** in parentheses indicates the verb may be used both reflexively and nonreflexively.

Accents — In German, words are normally accented on the first syllable; verbs with inseparable prefixes carry the accent on the root syllable. Where these rules do not apply, the accent is indicated in this vocabulary.

A

(das) **Aachen, -s** (Aix-la-Chapelle) *city in Germany*
ab from; away; off; down
ab-biegen, bog ab, ist abgebogen to turn
der **Abend, -s, -e** evening
aber but
ab-finden, fand ab, abgefunden to satisfy
ab-geben (gibt ab), gab ab, abgegeben to give up; to hand in; to emit
abgemagert starved
der **Abgeordnete, -n, -n** representative
abgesehen von + *dat.* apart from

ab-halten (hält ab), hielt ab, abgehalten to restrain
ab-hängen, hing ab, abgehangen to depend on
abhängig dependent on
der **Abituriént, -en, -en** candidate for the **Abitúr** (*examination qualifying a student for admission to a university*)
das **Abkommen, -s, -** agreement
ab-lehnen to decline
ab-machen to settle
ab-nehmen (nimmt ab), nahm ab, abgenommen to take off

ab-schaffen to do away with, abolish
der **Abschied, -(e)s, -e** departure
ab-schließen, schloß ab, abgeschlossen to conclude, finish
der **Abschluß, -sses, ⁻sse** conclusion
ab-schwächen to lessen
ab-stimmen to vote
die **Abstimmung, -en** vote
der **Absturz, -es, ⁻e** sudden fall
ab-treten (tritt ab), trat ab, ist abgetreten to withdraw; to dismiss
die **Abwanderung, -en** migration
ab-waschen (wäscht ab),

wusch ab, abgewaschen to wash, rinse
ab-weichen, wich ab, ist abgewichen to deviate
ab-wischen to wipe off
ach oh! alas!
der **Administrátor, -s -en,** administrator
der **Affe, -n, -n** monkey
der **Agént, -en, -en** agent
aggressív aggressive
die **Ahnung, -en** notion, idea
akadémisch academic
die **Aktión, -en** action
akzeptíeren to accept
der **Alkohólgehalt, -s, -e** alcoholic content
alle all
allein alone
allerdings however, certainly
alles everything
allgemein generally
die **Allíierten** Allied Powers
die **Alpen** Alps
alpín alpine
als as; when
also so, thus
alt old
das **Alter, -s** age
die **Alternatíve, -n** alternative
die **Altersstufe, -n** stage of life
die **Ambitión, -en** ambition
der **Amerikáner, -s, -** American
amerikánisch American
das **Amt, -(e)s, ⸚er** office, official position
die **Amtsperson, -en** official
an at; on; to; by
die **Anatomíe** anatomy
anbetreffen (anbetrifft), anbetraf, anbetroffen to concern
an-blicken to look at
ander other
ändern to change
anders otherwise
anderswo elsewhere
die **Änderung, -en** change
an-eignen to acquire
an-erkennen, erkannte an, anerkannt to acknowledge
an-fahren (fährt an), fuhr an, angefahren to run into, collide
der **Anfang, -s, ⸚e** beginning
an-fangen (fängt an), fing an, angefangen to begin
der **Anfänger, -s, -** beginner
die **Anfrage, -n** inquiry
die **Angabe, -n** statement
angeblich alleged
an-gehören to belong to
das **Angeln, -s** fishing
angenehm pleasant
der **Angestellte, -n, -n** employee
der **Angriff, -s, -e** attack
die **Angst, ⸚e** fear
an-haken to hook up
an-halten (hält an), hielt an, angehalten to stop
der **Anhang, -(e)s, ⸚e** appendix
der **Anhängerhaken, -s, -** trailer hitch
an-hören to listen to
an-kämpfen to struggle against
an-kommen, kam an, ist angekommen to arrive
an-kündigen to announce
der **Anlaß, -sses, ⸚sse** cause, occasion
an-legen to apply; to invest; to construct
das **Anliegen, -s, -** desire; concern
an-nehmen (nimmt an), nahm an, angenommen to assume
die **Annektión, -en** annexation
die **Anrede, -n** address
an-reden to address
an-regen to stir up
an-richten to cause
an-rufen, rief an, angerufen to call (by telephone)
an-schaffen, schuf an, angeschafft to procure; to purchase
an-schauen to look at
anscheinend apparent
an-schlagen (schlägt an), schlug an, angeschlagen to strike against, bump
an-schließen, schloß an, angeschlossen to join, annex
anschließend afterwards
der **Anschluß, -sses, ⸚sse** annexation
die **Anschlußjahre** years of annexation
an-sehen (sieht an), sah an, angesehen to view, look at
die **Ansicht, -en** view, opinion
an-sprechen (spricht an), sprach an, angesprochen to address
der **Anspruch, -s, ⸚e** claim
der **Anstand, -(e)s** good behavior
anständig proper, decent
ansteigend rising
der **Anstoß, -sses, ⸚sse** offense
an-stoßen (stößt an), stieß an, angestoßen to stumble against

der **Ansturm, -s, ⸚e** assault
an-treffen (trifft an), traf an, angetroffen to meet with; to find
die **Antwort, -en** answer
antworten to answer
an-vertrauen to confide; to entrust to
der **Anwalt, -s, ⸚e** lawyer
die **Anwendung, -en** use
die **Anzeige, -n** complaint
an-zeigen to point out
der **Anzeiger, -s, -** informer
an-zweifeln to doubt
der **Apfelsaft, -(e)s, ⸚e** apple juice
apropós by the way
das **Aquárium, -s, ...ien** aquarium
die **Ära** era
der **Aráber, -s, -** Arab
die **Arbeit, -en** work; test
arbeiten to work
der **Arbeiter, -s, -** worker
der **Arbeitsplatz, -es, ⸚e** place of work; position at work
die **Aréna, ...en** arena
argentínisch Argentine
der **Ärger, -s** annoyance, anger
ärgerlich annoying
ärgern to annoy; **sich ——** to be angry
das **Argumént, -s, -e** argument
arm poor
der **Arm, -(e)s, -e** arm
die **Armée, -n** army
die **Art, -en** kind
der **Artíkel, -s, -** article
der **Arzt, -es, ⸚e** physician
ärztlich medical
das **Asthma, -s** asthma
atmen to breathe
auch also
auf on, upon
aufeinander one after another

auf-fordern to call upon; to order
auf-führen to perform
die **Aufgabe, -n** duty, task
auf-geben (gibt auf,) gab auf, aufgegeben to give up
auf-halten (hält auf,) hielt auf, aufgehalten to stop
auf-machen to open
sich **auf-regen** to be excited
die **Aufregung, -en** excitement
auf-setzen to put on
auf-stehen, stand auf, ist aufgestanden to get up, arise
auf-steigen, stieg auf, ist aufgestiegen to ascend
auf-stellen to make an assertion
der **Auftrag, -(e)s, ⸚e** commission
auf-wachsen (wächst auf), wuchs auf, ist aufgewachsen to grow up
auf-zeigen to point out; to display
das **Aufziehen, -s** upbringing, raising
das **Auge, -s, -n** eye
der **Augenblick, -(e)s, -e** moment
der **Augenzeuge, -n, -n** eyewitness
der **Augustínermönch, -es, -e** Augustinian monk
aus from, out of
aus-atmen to exhale
die **Ausbildung, -en** preparation, training
der **Ausdruck, -(e)s, ⸚e** expression
aus-drücken to express
auseinander apart
der **Ausgang, -(e)s, ⸚e** exit

aus-gehen, ging aus, ist ausgegangen to go out
aus-holen to lift up one's arm
die **Auskunft, ⸚e** information
das **Ausland, -(e)s** foreign country
der **Ausländer, -s, -** foreigner
ausländisch foreign
die **Ausnahme, -n** exception
aus-nutzen to utilize fully
die **Ausrede, -n** excuse
aus-reichen to suffice
aus-rutschen to slip
aus-schalten to eliminate
ausschlaggebend decisive
der **Ausschnitt, -(e)s, -e** section
aus-sehen (sieht aus), sah aus, ausgesehen to appear, look
das **Aussehen, -s** appearance
der **Außenminister, -s -** secretary of state (*literally*, foreign minister)
außer out of, outside of; besides
außerdem besides
außerhalb outside
äußerst utmost
die **Aussöhnung, -en** reconciliation
aus-sperren to keep out, lock out
die **Aussprache** pronunciation
aus-sprechen (spricht aus), sprach aus, ausgesprochen to express
der **Ausspruch, -(e)s, ⸚e** utterance, saying

aus-steigen, stieg aus, ist ausgestiegen   to get out
aus-suchen   to choose; to seek out
aus-treiben, trieb aus, ausgetrieben   to drive out
austrofaschístisch   Austrian-fascist
aus-üben   to exercise; to practice
aus-wechseln   to exchange
das Auto, -s, -s   car
die Autobahn, -en   highway
der Autór, -s, -en   author
die Avantgárde, -s   avant-garde

B

das Babydefizít, -s, -e   baby deficit
der Bach, -es, ⸚e   stream, brook
baden   to bathe, swim
die Badewanne, -n   bathtub (*figuratively*, big holes in the snow)
der Bahnbrecher, -s, -   pioneer
die Bahnschranke, -n   railroad barriers
der Bahnübergang, -(e)s, ⸚e   railroad crossing
bald   soon
das Band, -es, ⸚er   band
die Bank, ⸚e   bench
die Bank, -en   bank
das Bankgesetz, -es, -e   bank law
das Bankkonto, -s, ...en   bank account
bankrótt   bankrupt
(das) Basel, -s   *city in Switzerland*
die Bastión, -en   bastion
das Bauchzwicken, -s   stomach pain
bauen   to build
der Baum, -es, ⸚e   tree
(das) Bayern, -s   Bavaria
bayrisch   Bavarian
beachten   to notice, pay attention to
der Beámte, -n, -n   official
beantworten   to answer
das Becken, -s, -   basin
bedenken, bedacht, bedacht   to consider

das Bedenken, -s, -   scruple; doubt
bedeuten   to mean
bedeutend   important
die Bedeutung, -en   meaning
bedürfen (bedarf), bedurfte, bedurft   to be in need of
beeindrucken   to impress
beeinflussen   to influence
beenden   to finish
befahrbar   navigable
der Befehl, -(e)s, -e   order
befehlen (befiehlt), befahl, befohlen   to command, order
sich befinden, befand, befunden   to find oneself; to be present
befördern   to promote; to carry
befragen   to question
die Befragung, -en   inquiry, poll
befreien   to free
die Befreiung, -en   liberation
die Befriedigung, -en   satisfaction
begabt   gifted, talented
sich begeben (begibt), begab, begeben   to go; to set out
die Begebenheit, -en   event
begeistern   to inspire, excite
der Beginn, -s, -e   start
beginnen, begann, begonnen   to begin

der Begleiter, -s, -   companion
begreifen, begriff, begriffen   to comprehend, grasp
behalten (behält), behielt, behalten   to keep
behaupten   to maintain, claim
die Behauptung, -en   claim
die Beherrschung, -en   rule; control
bei   at; near, with
bei-bringen, brachte bei, beigebracht   to teach
das Bein, -(e)s, -e   leg
der Beinbruch, -(e)s, ⸚e   leg fracture
das Beispiel, -s -e   example
bekannt   known
der Bekannte, -n, -n   acquaintance
bekanntlich   as is well known
die Bekanntschaft, -en   circle of acquaintances
bekommen, bekam, bekommen   to receive, get
belästigen   to bother
belegen   to take; to sign up for
belehren   to teach; to enlighten
der Belgier, -s, -   Belgian
beliebt   popular
bemerken   to observe; to remark

bemerkenswert noteworthy
die **Bemerkung, -en** observation
sich **bemühen** to take the trouble
die **Benachteiligung, -en** prejudice, discrimination
sich **benehmen (benimmt), benahm, benommen** to behave (oneself)
benennen, benannte, benannt to name
benötigen to require
das **Benzin, -s, -e** gasoline
beobachten to observe
beraten (berät), beriet, beraten to advise
berechtigen to justify
der **Bereich, -(e)s, -e** field; realm
bereit ready
bereits already
der **Berg, -(e)s, -e** mountain
die **Bergluft** mountain air
die **Bergtour, -en** mountain climbing trip
der **Bericht, -s, -e** report
berichten to report
der **Berichterstatter, -s, -** reporter
berücksichtigen to take into account
der **Beruf, -(e)s, -e** profession
beruflich professional
die **Berufsausbildung, -en** professional preparation
die **Berufsaussicht, -en** job opportunity
berufstätig employed
die **Berufstätigkeit** employment
berühmt famous
der **Bescheid, -(e)s, -e** information

beschlagnahmen to confiscate
beschließen, beschloß, beschlossen to conclude, decide
beschränken to limit
die **Beschuldigung, -en** accusation
die **Beschwichtigung, -en** appeasement, hushing up
beseitigen to put aside, eliminate
besiegen to conquer
sich **besinnen, besann, besonnen** to recollect
besitzen to possess, own; to hold
der **Besitzer, -s, -** owner
besonder particular
besonders especially
besorgt anxious
besser better
beständig constant
bestätigen to confirm
bestechen (besticht), bestach, bestochen to bribe
das **Besteck, -(e)s, -e** cutlery
bestehen, bestand, bestanden to consist of; to exist
bestellen to order
bestimmt definite
der **Besuch, -(e)s, -e** visit
besuchen to visit
beteiligen to take part
beteuern to assert
betonen to emphasize, stress
betrachten to consider; to look at
betreffen (betrifft), betraf, betroffen to concern
betreten (betritt), betrat, betreten to enter
die **Betreuung, -en** care
betrunken drunk

das **Bett, -es, -en** bed
beurteilen to judge
die **Bevölkerung, -en** population
bevor before
bewaffnen to arm
bewegen to move
bewegen, bewog, bewogen to prompt; to persuade
die **Bewegung, -en** movement
der **Beweis, -es, -e** proof
beweisen, bewies, bewiesen to prove
die **Bewerbung, -en** application
bewußt known; aware
bezahlen to pay
bezaubern to enchant
bezeichnen to denote; to call
bezeichnend significant
bieder upright, honest; commonplace
das **Bier, -(e)s, -e** beer
der **Bierkonsumént, -en, -en** beer consumer
das **Biest, -es, -er** beast
bieten, bot, geboten to offer
das **Bild, -(e)s, -er** picture
die **Bildungssituatión, -en** educational situation
billig cheap, inexpensive
binden, band, gebunden to bind
bis up to, until
bisher up to now
der **Bissen, -s, -** mouthful
bißchen a little bit
die **Bißwunde, -n** wound caused by a bite
bitte please
die **Bitte, -n** request
bitten to ask for
blasen (bläst), blies, geblasen to blow

blättern to turn over pages, leaf through
bleiben, blieb, ist geblieben to remain, stay
der **Blick, -es, -e** look
blicken to look
blind blind
der **Blitzkrieg, -(e)s, -e** lightning warfare
blitzschnell quick as lightning
blockieren to block
die **Blondine, -n** blonde
bloß mere, only
die **Blume, -n** flower
das **Blumenbeet, -(es), -e** flowerbed
das **Blut** blood
blutig bloody
der **Boden, -s, -** (*or* ⸚) ground
der **Bogen, -s,** ⸚ sheet of paper; curve

die **Börse, -n** stock exchange
der **Botschafter, -s, -** ambassador
brauchen to need; to use
braun brown
der **Brief, -(e)s, -e** letter
die **Brieftasche, -n** wallet
der **Briefträger, -s, -** mailman
die **Brille, -n** (eye)glasses
bringen, brachte, gebracht to bring
die **Bronchialerkrankung, -en** bronchial illness
der **Bruder, -s,** ⸚ brother
brummen to growl
die **Brust,** ⸚e chest
brüten to brood
buchen to book (a reservation)
der **Buchstabe, -ns, -en** letter (of the alphabet)

der **Bund, -es,** ⸚e confederation
die **Bundesbahn** federal railway
der **Bundeskanzler, -s, -** federal chancellor
das **Bundesland, -(e)s,** ⸚er federal state
der **Bundespräsident, -en, -en** federal president
die **Bundesregierung, -en** federal government
die **Bundesrepublik** The Federal Republic (West Germany)
der **Bundesstaat, -(e)s, -en** federal state
der **Bundestag, -(e)s** federal diet, parliament
der **Bürger, -s, -** citizen
das **Büro, -s, -s** office
die **Bürokratie, -n** bureaucracy

─────────── C ───────────

Celsius centigrade
der **Charakter, -s, -e** character
charakterisieren to characterize

der **Charakterzug, -(e)s,** ⸚e characteristic
der **Chauvinist, -en, -en** chauvinist
der **Chef, -s, -s** boss

der **Chor, -s, -e** (*or* ö) chorus
die **Christianisierung, -en** Christianization
christlich Christian

─────────── D ───────────

da here; then; since; there
dabei there; with it; nearby; yet
dafür on behalf of it
dagegen against it
daher hence
damalig then
damals at that time; then
die **Dame, -n** lady
damit with it; in order that

die **Dampfwalze, -n** steam roller
dankbar thankful
danke thank you
danken to thank
dann then
daran thereon; of it
darauf afterwards; upon it
daraus from it
darin in it
darüber about it
darum for it
daß that

die **Dauer** length; duration
dauern to last
davon of it
davor in front of
definieren to define
der **Dekan, -s, -e** the dean
die **Demokratie, -n** democracy
demokratisch democratic
denken, dachte, gedacht to think
das **Denkmal, -s,** ⸚er monument
denn because, then

dennoch yet, still
die **Deportierung, -en** deportation
derzeit at present, now
derzeitig present
desto so much
deswegen for that reason
die **Deutlichkeit, -en** distinctness, clarity
deutsch German
die **Deutsche Demokratische Republik** The German Democratic Republic (East Germany)
(das) **Deutschland** Germany
der **Deutschlehrer, -s, -** German teacher
der **Deutschnationale, -n, -n** *member of the German National Party*
der **Deutschösterreicher, -s, -** German-speaking Austrian
das **Deutschsein, -s** state of being German
deutschsprechend German speaking
das **Deutschtum, -s** German custom
der **Dichter, -s, -** poet
dichten to write poetry
dick fat; thick
der **Dickhäuter, -s, -** thick-skinned (animal)
der **Dieb, -(e)s, -e** thief
dienen to serve
der **Dienst, -es, -e** service
dies this
dieselbe the same

das **Diesseits** life on earth
das **Dilemma, -s, -s** dilemma
das **Ding, -(e)s, -e** object, thing
der **Diplomát, -en, -en** diplomat
der **Diréktor, -s, -en** principal
die **Diskussión, -en** discussion
diskutíeren to discuss
die **Distánz, -en** distance
die **Disziplinárstrafe, -n** disciplinary punishment
doch yet; however; after all
der **Doktor, -s, -en** doctor
der **Doktorgrad, -(e)s, -e** doctorate
der **Doktorhut, -(e)s, ̈e** academic headdress
die **Doktormutter, ̈** supervisor (*female*) of doctoral dissertation
der **Doktorvater, -s, ̈** supervisor (*male*) of doctoral dissertation
der **Dom, -(e)s, -e** cathedral
das **Donaugebiet, -(e)s, -e** Danube River region
doppeln to double
doppelt doubly, twice
das **Dorf, -(e)s, ̈er** village
dort there
das **Drama, -s, ...en** play
der **Drang, -es** desire, urge, need

sich **drauf-setzen** to sit on
drehen to shoot (a film)
dreimal three times
dressíeren to train
dritt third
das **Drittel, -s, -** third
drohen to threaten
die **Drohung, -en** threat
drollig droll, amusing
der **Drückeberger, -s, -** shirker
drücken to press
der **Duden, -s -** *German dictionary*
dulden to endure; to tolerate
dumm stupid
der **Dummen Jungen Streich, -(e)s, -e** a boys' prank
die **Dummheit, -en** silly thing
dunkel dark
dunkelbraun dark brown
durch through
durchaus absolutely
durch-führen to carry out
durchschnittlich on the average
dürfen (darf), durfte, gedurft to be permitted to
der **Durst, -es** thirst
(das) **Düsseldorf, -s** *city in Germany*
die **Dynastíe, -n** dynasty

———————————— E ————————————

eben just; even
die **Ebenbürtigkeit, -en** equality (of birth)
die **Ebene, -n** plain, flatness
echt genuine

die **Ecke, -n** corner
ehe before
ehemalig former, past
das **Ehepaar, -s, -e** married couple
die **Eheschließung, -en** marriage

die **Ehre, -n** honor
der **Eidgenosse, -n, -n** *member of the Swiss Confederation*
eigen own

die **Eigenheit,** -en peculiarity
die **Eigenschaft,** -en characteristic, personality trait
die **Eigenständigkeit,** -en self-reliance, independence
eigentlich really, actually
eilen to hurry
ein-atmen to inhale
einfach simple
ein-fallen (fällt ein), fiel ein, ist eingefallen to come to mind; to occur
der **Einfluß,** -sses, -̈sse influence
ein-führen to introduce
die **Einführung,** -en introduction
der **Eingang,** -(e)s, -̈e entrance
die **Eingangstür,** -en entrance door
ein-gehen, ging ein, ist eingegangen to agree to; to enter
die **Einheit** unity
einig united
einige some, a few
das **Einkommen,** -s, - income
ein-legen to put in, insert
ein-lösen to exchange
einmal once
ein-marschieren to march into
ein-nehmen (nimmt ein), nahm ein, eingenommen to take in
eins one o'clock
ein-schalten to insert
ein-schlafen (schläft ein), schlief ein, ist eingeschlafen to fall asleep

ein-schlagen (schlägt ein), schlug ein, eingeschlagen to smash
ein-sehen (sieht ein), sah ein, eingesehen to perceive, see
ein-setzen to insert; to stand up for
ein-stecken to swallow (an insult)
die **Einstellung,** -en attitude
ein-treten (tritt ein), trat ein, ist eingetreten to enter; to advocate
einverstanden agreed
ein-wandern to immigrate
ein-wechseln to cash (a check)
ein-wenden to object
der **Einwohner,** -s, - inhabitant
einzel single
einzig only
der **Eisbär,** -en, -en polar bear
der **Eisenstab,** -(e)s, -̈e iron bar
eisern iron
eisig icy
der **Elefánt,** -en, -en elephant
der **Elefántenunfall,** -(e)s, -̈e elephant mishap
elegánt elegant
empfinden, empfand, empfunden to feel; to perceive
empfindlich sensitive; irritable
empor-springen, sprang empor, ist emporgesprungen to jump up
das **Ende,** -s, -n end
enden to end
endlich at last

die **Energíekrise,** -n energy crisis
enérgisch energetic
englisch English
das **Enkelkind,** -(e)s, -er grandchild
entbehrbar dispensable
entfallen (entfällt), entfiel, ist entfallen to fall to
entgegen toward
entgegen-kommen, kam entgegen, ist entgegengekommen to meet
entgegnen to reply, answer
enthalten (enthält), enthielt, enthalten to hold, contain
entheben, enthob, enthoben to remove
der **Enthusiást,** -en, -en enthusiast
entlang along
entlassen (entläßt), entließ, entlassen to relieve; to dismiss
(sich) **entscheiden, entschied, entschieden** to decide
die **Entscheidung,** -en decision
sich **entschließen, entschloß, entschlossen** to decide
(sich) **entschuldigen** to apologize, excuse oneself
entsetzen to frighten; to be shocked; to send off
das **Entsetzen,** -s horror
entsprechen (entspricht), entsprach, entsprochen to accord with; to be equivalent to
enttäuschen to disappoint
entwaffnen to disarm

entweder either
entwerfen (entwirft), entwarf, entworfen to sketch
entwickeln to develop
die Entwicklung, -en development
das Epaulétt, -(e)s, -s epaulet
die Episóde, -n episode
sich ereignen to happen
erfahren (erfährt), erfuhr, erfahren to learn, experience
die Erfahrung, -en experience
erfinden, erfand, erfunden to invent
der Erfolg, -(e)s, -e success
erfolgen to result; to take place; to be made
erfolglos unsuccessful
erfolgreich successful
erfordern to require
erfrischen to refresh
erfüllen to fulfill
erhalten (erhält), erhielt, erhalten to receive
sich erheben, erhob, erhoben to arise
erinnern to remind; sich —— to remember
erkennen, erkannte, erkannt to recognize
erklären to explain, state
die Erklärung, -en explanation
sich erkundigen to inquire
erlauben to permit
erleben to experience
das Erlebnis, -ses, -se experience
erleiden, erlitt, erlitten to suffer
das Erlernen, -s learning
ermahnen to admonish
ermorden to murder
ermuntern to rouse
ermutigen to encourage
ernst serious
erreichen to attain, achieve, reach (a goal)
errichten to erect
erscheinen, erschien, ist erschienen to appear
erschöpfen to exhaust
erschrecken (erschrickt), erschrak, ist erschrocken to frighten
ersehen (ersieht), ersah, ersehen to see, perceive
ersetzen to replace
ersparen to save
erst first; only
das Erstaunen, -s astonishment
erstaunlich astonishing
erstmals for the first time
ersuchen to request
ertönen to sound
erwählen to choose, elect
erwarten to expect
die Erwartung, -en expectation
erweisen, erwies, erwiesen to prove
erwerben (erwirbt), erwarb, erworben to obtain; to win
erwidern to reply
erwischen to catch
erzählen to tell
die Erziehung upbringing, education
erzielen to attain
erzwingen, erzwang, erzwungen to force
essen (ißt), aß, gegessen to eat
das Essen, -s, - meal
die Etikétte, -n etiquette
etlich some, several
etwas something
die Existénz, -en existence
der Exodus, - exodus
exótisch exotic
der Expérte, -n, -n expert
der Expértenstolz, -(e)s pride of an expert

F

---

die Fabrík, -en factory
das Fach, -es, ¨er subject
das Facit, -s conclusion
die Fahrbahn, -en roadway
fahren (fährt), fuhr, ist gefahren to drive, go
der Fahrer, -s, - driver
die Fahrkarte, -n ticket
fahrplanmäßig according to schedule
der Faktor, -s, -en factor
die Fakultät, -en faculty (*university department*)
der Fall, -es, ¨e accident; event; case
fallen (fällt), fiel, ist gefallen to fall
falls in case
falsch false
die Familiarität, -en familiarity
die Famílie, -n family
das Famílienmitglied, -(e)s, -er family member
die Farbe, -n color
fassen to grasp
fassungslos upset
fast almost
fatalístisch fatalistic
faul lazy
die Feder, -n pen
fehlen to be lacking

der **Fehler,** -s, - mistake, error
der **Feierabend,** -s, -e quitting time (*literally*, evening celebration)
feig cowardly
der **Feind,** -es, -e enemy
der **Feldwebel,** -s, - sergeant
der **Feldzug,** -(e)s, ⸚e military campaign
das **Fell,** -es, -e coat (of an animal)
der **Felsen,** -s, - cliff, rock
das **Fenster,** -s, - window
die **Ferien** vacation
fern-halten (hält fern), hielt fern, ferngehalten to keep away
das **Fernsehen,** -s television
der **Fernsehturm,** -(e)s, ⸚e television tower
fertig ready, finished
fest firm, strong
fest-stehen, stand fest, festgestanden to be certain
fest-stellen to establish; to state
die **Feststellung,** -en statement
feurig fiery
fiktív fictional
der **Film,** -s, -e movie, film
die **Filmindustríe,** -n movie industry
der **Finánzminíster,** -s, - secretary of the treasury (*literally*, minister of finance)
finden, fand, gefunden to find
die **Firma,** ...en firm
das **Fischen,** -s fishing
die **Flasche,** -n bottle
der **Fleck,** -es, -e spot

die **Fleischmarke,** -n meat ration coupon
die **Fleischvergiftung,** -en food poisoning
fleißig diligent
fliegen, flog, ist geflogen to fly
der **Fliegeralarm,** -s, -e air-raid alarm
fließen, floß, ist geflossen to flow
flöten to whistle
das **Fluchen,** -s cursing
flüchten to flee
der **Flug,** -(e)s, ⸚e flight
die **Fluggesellschaft,** -en airline company
der **Flughafen,** -s, ⸚ airport
die **Flugkarte,** -n airplane ticket
das **Flugzeug,** -(e)s, -e airplane
der **Fluß,** -sses, ⸚sse river
die **Folge,** -n result
folgen to follow; to obey
fordern to demand
die **Forderung,** -en demand
die **Form,** -en form, figure
formen to form, build
das **Formulár,** -s, -e form (to fill out)
die **Formulíerung,** -en formulation, wording
das **Forschen,** -s research
fort-fahren (fährt fort), fuhr fort, ist fort- gefahren to continue; to go away
fort-schicken to send away
der **Fortschritt,** -(e)s, -e progress
fort-setzen to continue
die **Frage,** -n question
fragen to ask
der **Franc,** -kens, -ken franc (*Swiss, Belgian, or French coin*)
der **Franke,** -n frank
(das) **Frankreich,** -s France
französisch French
die **Frau,** -en Mrs.; woman; wife
die **Frauenrechtbewegung** women's liberation movement
der **Frauenüberschuß,** -sses surplus of women
das **Frauenwahlrecht,** -(e)s women's right to vote
das **Fräulein,** -s, - Miss; young lady
frech impudent, fresh
die **Frechheit,** -en impudence, insolent behavior
frei free
frei-geben (gibt frei), gab frei, freigegeben to set free
die **Freiheit,** -en freedom
freilich certainly, yes, of course
frei-stellen to exempt; to give a choice
die **Freistellung,** -en exemption
der **Freitag,** -s, -e Friday
fressen (frißt), fraß, gefressen to eat (*said of animals*)
die **Freude,** -n pleasure, joy
(das) **Freudenstadt,** -s *city in Germany*
freudig joyful
sich **freuen** to be glad, to enjoy (oneself); sich —— **auf** + *acc.* to look forward to
der **Freund,** -es, -e friend
freundlich friendly
der **Frieden,** -s, - peace
friedlich peaceful
frisch fresh
frisieren to have one's hair done, style

fröhlich cheerful
der **Frontálangriff,** -s, -e
frontal attack
fruchtbar fertile;
fruitful
früh early
früher former
das **Frühstück,** -s, -e
breakfast

(sich) **fühlen** to feel, perceive
führen to lead
der **Führer,** -s, - leader
füllen to fill
fungíeren to function
für for
furchtbar terrible
(sich) **fürchten** to fear, dread;
sich —— vor + *dat.*
to be afraid of
der **Fuß,** -sses, ⸚e foot
die **Fußgängerzone,** -n
pedestrian area
das **Futter,** -s, - feed (for animals)
füttern to feed (animals)

G

die **Gabel,** -n fork
galánt courteous
ganz whole, entirely;
—— **genau** precisely
gar nicht not at all;
gar nichts nothing at all
der **Garten,** -s, ⸚ garden; yard
das **Gartentor,** -(e)s, -e garden gate
das **Gas,** -es, -e gas
die **Gasmaske,** -n gas mask
der **Gast,** -es, ⸚e guest
der **Gastarbeiter,** -s, - foreign worker
der **Gastgeber,** -s, - host
das **Gasthaus,** -es, ⸚er inn
gastieren to star; to act (away from home)
die **Gaststube,** -n lounge, bar
das **Gastzimmer,** -s, - dining room (restaurant)
gebärfähig able to have children
das **Gebäude,** -s - building
geben (gibt), gab, gegeben to give
das **Gebiet,** -(e)s, -e area, region
gebirgig mountainous
geboren born
gebühren to be due; to belong to
die **Geburt,** -en birth
das **Geburtendefizit,** -s, -e
birth deficit
die **Geburtenrate,** -n birth rate
der **Gedanke,** -ns, -n thought
das **Gedicht,** -(e)s, -e poem
die **Gefahr,** -en danger
gefährlich dangerous
gefallen (gefällt), gefiel, gefallen to like
der **Gefallen,** -s, - favor
der **Gefreitenknopf,** -es, ⸚e
button of a lance corporal
das **Gefühl,** -s, -e feeling
gegen against; toward
das **Gegenteil,** -s, -e opposite
gegenüber across from; as against
gegenüber-stehen, stand gegenüber, gegenübergestanden to face
die **Gegenwart** present
der **Gegner,** -s, - opponent
der **Geheimagent,** -en, -en secret agent
gehen, ging, ist gegangen to go, walk
gehören to belong
der **Geist,** -es, -er spirit, intellect
geistig spiritual, intellectual
gekränkt hurt, insulted
das **Geld,** -es, -er money

der **Geldschein,** -(e)s, -e
money (*bills*)
die **Geldstrafe,** -n fine
das **Geldverdienen,** -s
earning of money
die **Gelegenheit,** -en
opportunity, occasion
gelingen, gelang, ist gelungen to succeed
gellen to sound
gelt? isn't that so?
gelten (gilt), galt, gegolten to be valid; to be considered as
gemäß according to
gemein mean, common
gemeinsam together
der **Gemusterte,** -n, -n draftee
gemütlich homey, cozy
genau accurate, exact
der **Generál,** -s, -e general
der **Generáldirektor,** -s, -en
general director, president
die **Generatión,** -en generation
genießen, genoß, genossen to enjoy
genug enough
geordnet orderly
gerade straight; at this very moment, just;
—— **dabei sein** to be just about to
das **Gerät,** -(e)s, -e
implement, equipment

das Geräusch, -es, -e noise
die Gerechtigkeit, -en justice
gereizt irritated
das Gericht, -(e)s, -e court
germánisch Germanic
gern gladly
das Gerücht, -(e)s, -e rumor
das Geschäft, -(e)s, -e business, shop; work
der Geschäftsmann, -(e)s, Geschäftsleute businessman
geschehen (geschieht), geschah, ist geschehen to happen
das Geschenk, -(e)s, -e present, gift
die Geschichte, -n history; story
das Geschlecht, -(e)s, -er dynasty; sex; kind
die Gesellschaft, -en society
gesenkt sunk, lowered
das Gesetz, -(e)s, -e law
gesetzlich legal
das Gesicht, -(e)s, -er face
das Gespräch, -(e)s, -e conversation, talk
der Gesprächspartner, -s, - partner in a conversation
die Gestápo = Geheime Staatspolizei secret police
gestatten to permit
gestern yesterday
gesund healthy
das Gesundheitsamt, -(e)s, ̈-er health department

das Getränk, -(e)s, -e beverage, drink
Gewähr leisten to guarantee
gewaltig powerful, tremendous
das Gewicht, -(e)s, -e weight
gewinnen, gewann, gewonnen to win
gewiß certain
die Gewissensfrage, -n question of conscience
sich gewöhnen (an + acc.) to get accustomed (to)
gewöhnlich usual
gewohnt in the habit
die Gewohnheit, -en habit
das Gift, -es, -e poison
giftig poisonous
der Giftstoff, -(e)s, -e poisonous substance
das Glas, -es, ̈-er glass
der Glashals, ̈-e neck of a glass
glauben to believe
gläubig devout
die Glaubwürdigkeit credibility
gleich immediately; equal; same
gleichberechtigt equally entitled to
die Gleichberechtigung equality of rights
gleichen to equal; to resemble
die Gleichheit, -en equality
die Glocke, -n bell
das Glück, -es luck

glücklich happy
glühen to glow
der Glühwein, -(e)s, -e mulled wine
der Gott, -es, ̈-er God; Gott sei Dank! thank(s be to) God!; um Gottes willen! for heaven's sake!
der Grabstein, -(e)s, -e tombstone
der Grad, -e(e)s, -e degree
die Grammatik, -en grammar
greifen, griff, gegriffen to grasp, seize; —— nach or zu + dat. to reach for
die Grenze, -n border
das Grenzland, -(e)s, ̈-er border country
der Grieche, -n, -n Greek
grimmig enraged
grinsen to grin
groß great; large
großartig grand, great
die Großstadt, ̈-e large city; metropolis
grün green
gründen to found, establish
die Grundlage, -n basis; principle
der Grundsatz, ̈-e axiom
die Gründung, -en establishment
die Gruppe, -n group
gültig valid
gut good
gutgemeint well intentioned

H

das Haar, -(e)s, -e hair
haben (hat), hatte, gehabt to have, possess

die Haft imprisonment
der Haifisch, -es, -e shark
halb half
halblaut in a low voice

die Hälfte, -n half
der Hals, ̈-e neck
das Halsband, -(e)s, ̈-er collar

halten (hält), hielt, gehalten to hold; **sich an etwas ——** to stick to: **—— für** + *acc.* to consider
die **Haltung, -en** attitude
der **Hammerschlag, -(e)s, ⸚e** hammer blow
handeln to act; **es handelt sich um** + *acc.* it's a question of, it deals with
die **Handlung, -en** action, plot
der **Hang, -es, ⸚e** slope
hängen, hing, gehangen to hang
hart hard
häufig frequent
das **Haupt, -(e)s, ⸚er** head; leader
die **Hauptstadt, ⸚e** capital
der **Hauptzweck, -(e)s, -e** main purpose
das **Haus, -es, ⸚er** house; **nach Hause** home; **zu Hause** at home
häuslich domestic
das **Haustier, -(e)s, -e** house pet
heben, hob, gehoben to lift
das **Heft, -(e)s, -e** folder, notebook
heftig vigorous
der **Heide, -n, -n** heathen, pagan
die **Heide, -n** heath
heilig sacred, holy
das **Heilige Römische Reich** Holy Roman Empire
die **Heimat, -en** homeland
heim-laufen (läuft heim), lief heim, ist heimgelaufen to run home
heimlich secret
der **Heimweg, -s** way home
heiraten to marry

heiratsfreudig keen on marriage
heiß hot
heißen, hieß, geheißen to be called, be named
heiter cheerful
der **Held, -en, -en** hero
helfen (hilft), half, geholfen to help
der **Helfer, -s, -** helper
der **Helm, -es, -e** helmet
das **Hemd, -es, -en** shirt
heraus-finden, fand heraus, herausgefunden to discover, find out
die **Herausforderung, -en** challenge
heraus-kommen, kam heraus, ist herausgekommen to come out
sich **heraus-stellen** to prove
der **Herbst, -es, -e** fall, autumn
das **Hereinbringen, -s** bringing in
herein-schicken to send in
die **Herkunft, ⸚e** origin
her-leiten to derive from, originate in
der **Herr, -en, -en** Mr.; husband, master; gentleman
das **Herrchen, -s, -** master (*of an animal*)
die **Herrin, -nen** mistress
herrlich magnificent
her-stellen, to produce
herunter-hauen to box (ears)
herunter-kommen, kam herunter, ist heruntergekommen to come down
das **Herz, -ens, -en** heart
die **Hetze, -n** agitation
heute today
heutig present
hier here

hierher here
die **Hilfe, -n** help
hilfesuchend looking for help
der **Himbeersaft, ⸚e** raspberry syrup *or* juice
der **Himmel, -s, -** sky; heaven
hinauf-rufen, rief hinauf, hinaufgerufen to call upstairs
hinaus-kommen, kam hinaus, ist hinausgekommen to come out
hinaus-stürzen to run out
das **Hindernis, -ses, -e** obstacle, hindrance
der **Hinflug, -(e), ⸚e** one-way flight
hin-laufen (läuft hin), lief hin, ist hingelaufen to run there
hin-murmeln to mutter
hin-sagen to talk to (oneself)
hin-schieben, schob hin, hingeschoben to shove away or toward
hin-stellen to place, put down
hinter behind
hinterlassen (hinterläßt), hinterließ, hinterlassen to leave behind
der **Hin- und Rückflug, -(e)s, ⸚e** round trip
hin und zurück back and forth
der **Hinweis, -es, -e** hint, indication
hin-weisen, wies hin, hingewiesen to point to
hinzu-fügen to add to
hinzu-setzen to add to
der **Histório̱riker, -s, -** historian

hoch high
hoch-reißen, riß hoch, hochgerissen to pull up
die Hochschule, -n college, university
das Hochschulstudium, -s, ...ien college study
höchstens at the most
(sich) hocken to crouch
der Hocker, -s, - stool
hoffen to hope
hoffentlich hopefully
die Hoffnung, -en hope
die Höhe, -n height

die Höhere Schule, -n secondary school
holen to get, fetch
hören to hear
die Hornbrille, -n horn-rimmed glasses
die Hosennaht, ⸚e pants' seam
das Hotél, -s, -s hotel
der Hotélpreis, -es, -e price of a hotel room
hübsch pretty
die Hüfte, -n hip
der Hügel, -s, - hill

der Humór, -s sense of humor
humórvoll humorous
der Hund, -(e)s, -e dog (*male*)
der Hundebesuch, -(e)s, -e visit by a dog
der Hundekrieg, -(e)s, -e quarrel about a dog
die Hündin, -nen dog (*female*)
hungrig hungry
husten to cough
der Hut, -es, ⸚e hat

I

das Ideál, -s, -e ideal
die Idée, -n idea
die Ideologíe, -n ideology
die Ignoránz ignorance
ignoríeren to ignore
die Illusión, -en illusion
immatrikulíeren to enroll
immer always
immerhin for all that, in spite of everything
imperialístisch imperialistic
in in
indem by
indirékt indirect
die Individualität individuality
der Individualíst, -en, -en individualist
industrialisíert industrialized

die Industríe, -n industry
das Industríegebiet, -(e)s, -e industrial area
der Industríerauch, -(e)s industrial smoke
die Industríestadt, ⸚e industrial city
informíeren to inform
das Inhaltsverzeichnis, -ses, -se table of contents
inne-haben (hat inne), hatte inne, innegehabt to occupy; to possess
innerhalb within
insbesondere especially
die Inspektión, -en inspection
der Inspéktor, -s, -en inspector
die Institutión, -en institution

das Instrumént, -s, -e instrument
interessánt interesting
sich interessíeren für + *acc.* to be interested in
interpretíeren to interpret
die Interpunktión punctuation
inwiefern to what extent?
inzwischen meanwhile
irgend any
(sich) irren to err
das Irrenhaus, -es, ⸚er insane asylum
der Irrtum, -s, ⸚er mistake, misunderstanding
die Isolíerung, -en isolation
der Italiéner, -s, - Italian

J

ja yes
der Jäger, -s, - hunter
das Jahr, -es, -e year
das Jahrbuch, -(e)s, ⸚er yearbook, almanac
das Jahrhúndert, -s, -e century
das Jahrzéhnt, -s, -e decade
jedenfalls in any case
jeder every, each
jedermann everbody
jedesmal every time

jedoch however
jemand somebody
jener that
jenseits beyond
das Jenseits the hereafter
jetzt now

der **Journalíst, -en, -en** journalist
der **Jude, -n, -n** Jew
  jüdisch Jewish
die **Jugend** youth
der **Jugosláve, -n, -n** Yugoslav
jung young
der **Junge, -n, -n** boy, youth

K

der **Kaiser, -s, -** emperor
die **Kaiserin, -nen** empress
das **Kaiserquartett, -s** Emperor Quartet (by Joseph Haydn)
der **Kampf, -es, ⸚e** fight, struggle
  kämpfen to fight
das **Kanónenrohr, -s, -e** canon barrel
der **Kantón, -s, -e** canton, district (Swiss)
der **Kanzléipartner, -s, -** business associate; partner in a law firm
der **Kanzler, -s, -** chancellor
kapitalístisch capitalistic
das **Kapítel, -s, -** chapter
kapitulíeren to capitulate
Karl der Große Charlemagne
die **Karte, -n** ticket; card
die **Kasérne, -n** barracks
die **Kategoríe, -n** category
kategórisch categorical
kauern to squat; to cower
kaufen to buy
kaum hardly
kein no, not a, none;
—— **Wunder** no wonder
die **Kellnerin, -nen** waitress, barmaid
(das) **Kenia, -s** Kenya
kennen, kannte, gekannt to know
kennen-lernen to get to know, become acquainted with
der **Kenner, -s, -** expert, connoisseur
die **Kenntnis, -se** knowledge
der **Kerl, -s, -e** fellow, chap
die **Kette, -n** chain
das **Kind, -es, -er** child
die **Kinderstube, -n** nursery; upbringing
das **Kinderzimmer, -s, -** nursery, playroom (for children)
die **Kindheit** childhood
das **Kino, -s, -s** movie theater
die **Kirche, -n** church
der **Kirchgänger, -s, -** churchgoer
klar clear
klären to clarify
die **Klasse, -n** class, category
das **Klassenzimmer, -s, -** classroom
das **Klavíer, -s, -e** piano
das **Kleidungsstück, -(e)s, -e** piece of clothing
klein small
die **Kleinigkeit, -en** trifle
der **Kleinstaat, -(e)s, -en** minor or small state
klettern to climb
der **Kliént, -en, -en** client
das **Klingelzeichen, -s, -** bell signal
klingen, klang, geklungen to sound
klingeln to ring (a bell)
das **Klischée, -s, -s** cliché
klug intelligent, clever
knapp close, tight; short
der **Knigge, -s** German book of etiquette
die **Koexisténz, -en** coexistence
die **Kohle, -n** coal
das **Kohlenmónoxyd, -s** carbon monoxide
der **Kollége, -n, -n** colleague
die **Kombinatión, -en** combination
das **Komité, -n** committee
kommen, kam, ist gekommen to come
der **Kommentár, -s, -e** commentary
die **Komódie, -n** comedy
der **Kompaß, -sses, -sse** compass
kompetént competent
der **Kompeténzbereich, -(e)s, -e** area of competency
kompliziért complicated
komponíeren to compose
der **Komponíst, -en, -en** composer
der **Konflíkt, -s, -e** conflict
konfrontíeren to confront
der **Konjunktív, -s, -e** subjunctive
können (kann), konnte, gekonnt to be able to
der **Könner, -s, -** one who is capable, efficient
die **Konsérven** preserves (canned goods)
konservatív conservative
der **Kontákt, -s, -e** contact
kontrollíeren to control
das **Konzentratiónslager, -s, -** concentration camp

der **Kopf,** -es, ⸗e head
die **Kopfbedeckung,** -en
   headgear
die **Kopfschmerzen** headache
das **Kopfschütteln,** -s
   shaking of one's head
der **Körper,** -s, - body
die **Korréktheit,** -en
   correctness
die **Korruptión,** -en
   corruption
kosten to cost
die **Kraft,** ⸗e strength
kräftig powerful
krank sick, ill
das **Krankenhaus,** -es, ⸗er
   hospital
der **Krankenhausaufenthalt,**
   -(e)s, -e stay in the
   hospital
die **Krankenhausrechnung,**
   -en hospital bill

die **Krankenschwester,** -n
   nurse
kraulen to scratch
   gently
kreidebleich white as
   chalk
der **Kreis,** -es, -e circle
der **Krieg,** -es, -e war; **(auf)**
   Kriegsfuß (in) open
   hostility
die **Kriegsgeschichte,** -n
   war story
die **Kriminálgeschichte,** -n
   crime story, detective
   story
die **Krise,** -n crisis
kritisch critical
kritisíeren to criticize
die **Kritík,** -en criticism
der **Kritiker,** -s, - critic
die **Krone,** -n crown
krönen to crown

die **Küche,** -n kitchen
das **Küchenklischée,** -s, -s
   kitchen cliché
   (*stereotype of women's
   role in the home*)
die **Kuh,** ⸗e cow
die **Kultúr,** -en culture
sich **kümmern um** + *acc.*
   to concern oneself
   with, take care of
der **Kunde,** -n, -n
   customer (*male*)
die **Kundin,** -nen
   customer (*female*)
künftig future
der **Künstler,** -s, - artist
kurz short, brief
kürzlich lately,
   recently
kurzsichtig nearsighted
die **Kurzsichtigkeit,** -en
   nearsightedness

───────────── L ─────────────

lächeln to smile
das **Lächeln,** -s smile
lachen to laugh
der **Ladeplatz,** -es, ⸗e
   loading platform,
   wharf
die **Lafétte,** -n gun carriage
der **Laffe,** -n, -n dandy,
   fop
der **Laie,** -n, -n layman
das **Land,** -es, ⸗er state;
   country
landen to land
die **Landsleute** countrymen
der **Landtagspräsidént,** -en,
   -en president of
   provincial diet
lang long
langsam slow
längst for a long time
langweilig boring
der **Lärm,** -s noise
lassen (läßt), ließ,

   gelassen to let
laufen (läuft), lief, ist
   gelaufen to run
laut loud; according to
läuten to ring, sound
leben to live
der **Lebensstandard,** -s, -s
   standard of living
die **Lederwaren** leather
   goods
leer empty
die **Leere** emptiness, void
legen, to put, place, lay
das **Lehren,** -s teaching
der **Lehrer,** -s, - teacher
   (*male*)
die **Lehrerin,** -nen teacher
   (*female*)
die **Lehrkraft,** ⸗e member
   of teaching staff
leicht easy, light
leid painful,
   sorrowful

leiden, litt, gelitten to
   suffer
leider unfortunately
das **Leidwesen,** -s, - regret
die **Leine,** -n leash
leisten to accomplish,
   do; **es sich —— können**
   to be able to afford to
die **Leistung,** -en
   accomplishment;
   performance
der **Leitelefant,** -en, -en
   lead elephant
leiten to lead, direct,
   be in charge
der **Leiter,** -s, - director,
   manager, leader
leninístisch Leninist
lenken to turn; to control
die **Lenkung,** -en direction
das **Lesemateriál,** -s, -ien
   reading material
lesen (liest), las,

gelesen   to read
letzt   last
die Leute   people
das Licht, -(e)s, -er   light
lieb   nice, dear
lieben   to love
lieber   rather, preferable
der Liebling, -s, -e   darling
das Lieblingsprojékt, -s, -e   favorite project
die Lieblingsstadt, ¨-e   favorite city
liefern   to deliver
liegen, lag, gelegen   to lie, be situated
links   left
die Lobrede, -n   eulogy
locken   to entice, lure
die Lockung, -en   temptation
der Lohn, -(e)s, ¨-e   reward; salary
sich lohnen   to be worthwhile
das Lokál, -s, -e   restaurant, pub
lösen   to solve; to unravel
los-fahren (fährt los), fuhr los, ist losgefahren   to drive off
die Lösung, -en   solution
der Löwe, -n, -n   lion
(das) Lübeck, -s   city in Germany
die Luft, ¨-e   air
der Lufthansaflug, -s, ¨-e   Lufthansa flight
die Lüge, -n   lie, falsehood
der Lümmel, -s, -   ruffian
die Lunge, -n   lung
lustig   fun, funny

---- M ----

machen   to make, do
die Macht, ¨-e   power
der Machtblock, -(e)s, ¨-e   power block
machthungrig   power hungry
mächtig   powerful
machtpolítisch   striving for political power
das Mädchen, -s, -   girl
die Magenschmerzen   stomach ache
die Magíe   magic
die Mahlzeit, -en   mealtime, meal
die Majestät, -en   majesty
makáber   macabre
das Mal, -(e)s, -e   time; occasion
man   (some)one; you; they; people
manch   many a, some
manchmal   sometimes
der Mangel, -s, ¨-   lack
die Maníer, -en   manner
der Mann, -es, ¨-er   man; husband
männlich   masculine, male
der Mantel, -s, ¨-   coat
die Mark   mark (*German coin*)
(das) Marókko, -s   Morocco
marxístisch   Marxist
der März   March
die Maschíne, -n   machine
die Masse, -n   mass, group
die Maßnahme, -n   measure
materialístisch   materialistic
materiéll   material
die Mauer, -n   wall
die Medizín, -en   medicine
das Medizínstudium, -s, ...en   study of medicine
das Meer, -es, -e   sea
mehr   more
(sich) mehren   to increase
mehrere   several
die Mehrheit, -en   majority
mehrmals   again and again; often
meinen   to be of the opinion
die Meinung, -en   opinion
meist   most
meistern   to master
melden   to report; to answer
die Melodíe, -n   melody
der Mensch, -en, -en   human being, person
menschlich   human
merken   to notice
das Messer, -s, -   knife
die Miene, -n   gesture, countenance
das Militär, -s   military
militärisch   militaristic
die Millión, -en   million
der Mini-Napóleon   small-scale Napoleon
die Minúte, -n   minute
die Mischung, -en   mixture
der Mißbrauch, -(e)s, ¨-e   abuse; misuse
mit   with
mit-nehmen (nimmt mit), nahm mit, mitgenommen   to take along
mit-schleppen   to drag along
der Mittag, -s, -e   noon
die Mitte, -n   middle, center
die Mitteilung, -en   announcement
der Mittelpunkt, -(e)s, -e   focal point
die Mitternacht   midnight
mit-wirken   to cooperate
modebewußt   fashion conscious
mögen (mag), mochte, gemocht   to like;

ich möchte I would like
möglich possible
die **Möglichkeit, -en** possibility, chance
möglichst billig as cheaply as possible
der **Momént, -s, -e** moment
die **Monarchíe, -n** monarchy
der **Monat, -(e)s, -e** month
der **Mönch, -es, -e** monk
der **Mond, -es, -e** moon
das **Monopól, -s, -e** monopoly
die **Morál** moral
der **Mord, -es, -e** murder
morgen tomorrow

das **Motto, -s, -s** motto
die **Motórhaube, -n** hood (of a car)
müde tired
die **Müdigkeit** fatigue
die **Mühe, -n** trouble, pains
(das) **München, -s** Munich, *city in Germany*
der **Mund, -es, ⸚er** mouth
münden to empty (into)
das **Muséum, -s, ...een** museum
der **Músiker, -s, -** musician
das **Musíkfestspiel, -s, -e** music festival

der **Musíkfreund, -(e)s, -e** music lover
das **Musíkleben, -s, -** musical life
müssen (muß), mußte, gemußt to have to
mustern to inspect; to muster
die **Musterung, -en** review, inspection
die **Mutter, ⸚** mother
die **Mutterpflicht, -en** maternal duty
die **Muttersprache, -n** native tongue
der **Mythos, ...en** myth

─────────── N ───────────

na well
nach to; after
der **Nachbar, -s, -n** neighbor
nachdem after
nach-denken, dachte nach, nachgedacht to think about, consider
nachdenklich thoughtful, pensive
nach-fahren (fährt nach), fuhr nach, ist nachgefahren to follow
nachher afterward
nach-holen to make up; to catch up
der **Nachmittag, -(e)s, -e** afternoon
nach-schauen to look for
nach-schlagen (schlägt nach), schlug nach, nachgeschlagen to look up (in a book)
nach-sehen (sieht nach), sah nach, nachgesehen to examine; to check up

nach-sitzen, saß nach, nachgesessen to be kept in (school)
nächst next
die **Nacht, ⸚e** night
die **Nachtschicht, -en** night shift
der **Nachwuchs, -es, ⸚e** new generation; children
nagelneu brand new
nah close
naív naive
der **Name, -ns, -n** name
nämlich namely, to be sure, that is to say
naß wet
die **Nationálhymne, -n** national anthem
der **Nationalitátenstaat, -(e)s, -en** nation composed of several nationalities
der **Nationalísmus, -** nationalism
der **Nationálsozialismus, -** National Socialism (Naziism)
die **Natúr, -en** nature

natúrlich naturally
der **Nazi, -s, -s** Nazi (*member of Hitler's National Socialist German worker's Party*)
neben next to, beside
der **Nebentisch, -es, -e** next (adjoining) table
das **Nebenzimmer, -s, -** next (adjoining) room
nehmen (nimmt), nahm, genommen to take
nein no
nennen, nannte, genannt to call, name
nervös nervous
neu new
neuerlich recent
neugebaut newly built
nicht not; —— **einmal** not even
nichts nothing
nie never
nieder-hocken to squat
niedrig low
niemals never

niemand no one
das **Niemandsland, -(e)s, ⸚er** no-man's-land
nirgend(s) nowhere
das **Niveáu, -s, -s** level, standard
der **Nobélpreisträger, -s, -** Nobel prize winner
noch still, in addition; ——— **einmal** once more; ——— **nicht** not yet
nochmal(s) once again, once more
(das) **Norddeutschland, -s** North Germany
die **Notbremse, -n** emergency brake
die **Note, -n** grade; note
die **Notíz, -en** notice, announcement
notwendig necessary
der **Numerus Clausus** quota system
nur only
(das) **Nürnberg, -s** Nuremberg, *city in Germany*
nützen to make use of; to be of use

———— O ————

ob if, whether
oben above
der **Oberstabsarzt, -es, ⸚e** chief of staff (of doctors)
obgleich although
obwohl although
oder or
offen open
offiziéll official
der **Offizíer, -s, -e** (military) officer
öffnen to open
oft often
oftgehört often heard
ohne without
ohnehin anyway, besides
das **Ohr, -(e)s, -en** ear
die **Ohrfeige, -n** slap on the face
das **Olýmpiadorf, -es, ⸚er** olympic village
olýmpisch olympic
die **Oper, -n** opera
die **Operétte, -n** operetta
optimístisch optimistic
das **Oratórium, -s, ...ien** oratorio
der **Ort, -(e)s, -e** place
der **Osten, -s** East
(das) **Ostarríchi, -s** *old Germanic name for Austria*
(das) **Ostdeutschland, -s** East Germany
(das) **Österreich, -s** Austria
der **Österreicher, -s, -** Austrian
österreichisch Austrian
(das) **Ostpreußen, -s** East Prussia

———— P ————

das **Paar, -e** pair; couple
ein paar a few, some
die **Pädagógische Hochschule, -n** teacher's college
der **Papagéi, -s (*or* -e) -en** parrot
der **Papst, -es, ⸚e** pope
parken to park (a car)
das **Parkétt, -s, -e** parquet (floor)
die **Parklücke, -n** tiny parking space
der **Parkplatz, -es, ⸚e** parking lot
der **Parkwächter, -s, -** park keeper
das **Parlamént, -s, -e** parliament
die **Paróle, -n** password, watchword
der **Passánt, -en, -en** passerby
passen to fit
passíeren to happen
das **Paténtamt** patent office
das **Pathos, -** pathos, emotion
patriarchálisch patriarchal
das **Pech, -s** bad luck
peinlich embarrassing; painful
der **Personálchef, -s, -s** personnel director
persönlich personal
die **Persönlichkeit, -en** personality
der **Pessimíst, -en, -en** pessimist
der **Pfarrer, -s, -** pastor, clergyman
pfeifen, pfiff, gepfiffen to whistle
pflanzen to plant
die **Pflicht, -en** duty
die **Pfote, -n** paw
die **Phantasíe, -n** imagination
das **Phantóm, -s, -e** phantom
philosóphisch philosophic
photographíeren to take a picture
der **Physiker, -s, -** physicist

die **Piste, -n** prepared (ski) slope
plädieren to plead (a case)
plagen to plague
das **Plakát, -s, -e** poster
der **Plan, -(e)s, ⸚e** plan
der **Platz, -es, ⸚e** place, spot; square
der **Platzmangel, -s** lack of space
plötzlich suddenly
die **Poesíe, -n** poetry
der **Pole, -n, -n** Pole
die **Politík** politics
der **Polítiker, -s, -** politician
die **Polizéi** police
die **Polizéistreife, -n** police patrol, squad car
der **Polizíst, -en, -en** policeman

polstern to pad
der **Porsche, -s, -** *German car*
das **Portál, -s, -e** portal
die **Position, -en** position
die **Post** post office; mail
der **Präsidént, -en, -en** president
die **Präzisión** precision
der **Preis, -es, -e** price, cost; prize
preparíeren to prepare
die **Presse** press
die **Pressefreiheit** freedom of the press
pressen to press, squeeze
der **Preußenkönig, -s, -e** Prussian king
das **Prinzíp, -s, -e** (*or* **-ien**) principle

das **Problém, -s, -e** problem
die **Problemátik** difficulty; uncertainty
der **Professor, -s, -en** professor
der **Propagándaminister, -s, -** minister of propaganda
Prost! cheers!
prosten to toast
protestíeren to protest
die **Provínz, -en** province
der **Prozéntsatz, -es, ⸚e** percentage
die **Prüfung, -en** test, exam
der **Psychiáter, -s, -** psychiatrist
der **Pulverschnee, -s** powdery snow
pünktlich prompt, on time

─────────── **Q** ───────────

quadrátisch square, quadratic

der **Quatsch, -es** nonsense, rubbish (talk)

die **Quelle, -n** source

─────────── **R** ───────────

das **Rad, -es, ⸚er** wheel
der **Rand, -es, ⸚er** border; edge
ran-fahren (fährt ran), fuhr ran, ist rangefahren to drive up to
rasch hasty, quick, speedy
der **Rat, -es** advice
raten (rät), riet, geraten to advise
der **Ratschlag, -(e)s, -⸚e** suggestion
das **Raubtierhaus, -es, ⸚er** house for predatory animals (in a zoo)
der **Rauch, -es** smoke
rauchen to smoke

reagíeren to react
die **Reaktión, -en** reaction
die **Realitát, -en** reality
rechnen to reckon; to count on
die **Rechnung, -en** bill
recht right, proper; real
das **Recht, -es, -e** right, privilege
rechtlich legal; just
der **Rechtsanwalt, -s, ⸚e** attorney
die **Rede, -n** speech
reden to speak
die **Redewendung, -en** idiom
die **Reformatión, -en** reformation

die **Regel, -n** rule
(das) **Regensburg, -s** *city in Germany*
die **Regíerung, -en** government
das **Regíerungsgebäude, -s, -e** government building
die **Regíerungkrise, -n** government crisis
das **Regíme, -s, -** regime
reiben, rieb, gerieben to rub
reich rich, wealthy
das **Reich, -(e)s, -e** empire, realm; state
reif mature; old
rein pure, clean
die **Reise, -n** trip
reisen to travel

das **Reisebüro, -s, -s** travel agency
reißen, riß, gerissen to rip
die **Relativitätstheorie, -n** theory of relativity
rennen, rannte, ist gerannt to run
die **Republik, -en** republic
der **Rest, -es, -e** remainder, leftovers
retten to save, rescue
die **Revolution, -en** revolution
revolutionär revolutionary
revolutionieren to revolutionize
der **Rhein, -es** Rhine, *river in Germany*
richtig correct, right
riechen, roch, gerochen to smell
der **Riemen, -s, -en** strap, binding
ringsherum all around
das **Ritual, -s, -e** ritual
die **Rivalin, -nen** rival (*female*)
das **Röhrchen, -s, -** small tube
die **Rolle, -n** role, part
rollen to roll
die **Romantik** romanticism
römisch Roman
rot red
der **Rückflug, -es, ⸚e** return flight
rückgängig retrogressive
rücksichtslos inconsiderate
die **Rücksichtslosigkeit, -en** lack of consideration
der **Rückspiegel, -s, -** rearview mirror
rückständig overdue; behind the times
rückwärts backwards
das **Rückwärtsfahren, -s** driving in reverse, backing up
der **Rückzug, -(e)s, ⸚e** retreat
rufen, rief, gerufen to call
die **Ruhe** quiet
ruhig quiet
(sich) **rühren** to set in motion, move
das **Ruhrgebiet, -(e)s** Ruhr region (*industrial region in West Germany*)
ruinieren to ruin
der **Rundgang, -(e)s, ⸚e** stroll
der **Rüssel, -s, -** trunk (of an elephant)
(das) **Rußland, -s** Russia
rutschen to slip, slide

─────────── S ───────────

der **Saboteur, -s, -e** vandal, saboteur
die **Sache, -n** thing, matter
das **Sachregister, -s, -** index
sagen to say, tell
der **Samstag, -(e)s, -e** Saturday
sarkastisch sarcastic
der **Satz, -es, ⸚e** sentence; movement (in music)
sauber clean
die **Säuberung, -en** cleansing
sauer sour
sausen to blow hard; to drive fast
der **Schaden, -s, ⸚** damage
die **Schadensklage, -n** complaint about damage, claim
schadhaft damaged
schädlich detrimental
die **Schäferhündin, -nen** German Shepherd (*female*)
schaffen, schuf, geschaffen to create; to do; to work
das **Schafott, -s, -e** scaffold
der **Schal, -s, -e** shawl
die **Schale, -n** crust; dish
schallen to sound, ring
scharf sharp
der **Schatten, -s, -** shadow
schätzen to value, cherish
schauen to see; to look (at)
die **Schaukel, -n** swing
das **Schauspiel, -s, -e** play, drama
der **Scheck, -s, -s** check
scheinen, schien, geschienen to seem, appear; to shine
scheitern to fail, break down
schenken to give
der **Schi, -s, -er** ski
schick chic
schicken to send
das **Schicksal, -s, -e** fate
schief-gehen to go wrong
schießen, schoß, geschossen to shoot
das **Schiff, -(e)s, -e** ship
der **Schihang, -(e)s, ⸚e** ski slope
das **Schihaserl, -s, -n** ski bunny
schi-laufen (läuft Schi), lief Schi, ist schigelaufen to ski
schiläuferisch agile at skiing

das **Schild**, -(e)s, -er sign
der **Schilehrer**, -s, - ski instructor
der **Schilift**, -(e)s, -e ski lift
die **Schimpánsin**, -nen chimpanzee (*female*)
schimpfen to curse, grumble
der **Schlaf**, -(e)s sleep
das **Schlafzimmer**, -s, - bedroom
schlagen (schlägt), schlug, geschlagen to hit
die **Schlagfertigkeit**, -en ready wit; acuteness
schlank slender
schlecht bad
schließen, schloß, geschlossen to shut
schließlich finally; after all
schlimm bad
das **Schloß**, -sses, ⸚er castle
die **Schloßkirche**, -n castle church
schlüpfrig slippery
der **Schlüssel**, -s, - key
schmecken to taste
schmelzen (schmilzt), schmolz, (ist) geschmolzen to melt
der **Schmerz**, -es, -en pain
schmiegen to bend; to press close to
der **Schmutz**, -es dirt
schmutzig dirty
die **Schnauze**, -n lip; *slang*, cheek
der **Schnee**, -s snow
schneebedeckt snow-capped
die **Schneemassen** piles of snow
der **Schneematsch**, -es slush
der **Schneepflug**, -(e)s, ⸚e snowplow
schneiden, schnitt, geschnitten to cut

schnell quick, fast
schnippisch impertinent, snippy
schon already
schön beautiful
die **Schönheit**, -en beauty
der **Schöpfer**, -s, - creator
der **Schrank**, -(e)s, ⸚e chest, closet
die **Schranke**, -n railroad crossing barrier
der **Schreck**, -(s) terror, scare
schrecklich terrible, frightful
der **Schreibblock**, -(e)s, ⸚e writing pad
die **Schrift**, -en writing, publication
der **Schriftsteller**, -s, - writer
die **Schriftstellertagung**, -en writers' convention
der **Schritt**, -(e)s, -e step
der **Schuh**, -(e)s, -e shoe
die **Schularbeit**, -en schoolwork
die **Schulaufgabe**, -n school assignment
die **Schulden** debt; guilt; fault
schuldig guilty
der **Schüler**, -s, - schoolboy
das **Schulleben**, -s school life
die **Schulordnung**, -en school regulation
der **Schulschluß**, -sses end of the school term
der **Schuß**, -sses, ⸚sse shot
der **Schuster**, -s, - shoemaker
schützen to protect
der **Schützengraben**, -s, ⸚ trench
die **Schwäche**, -n weakness
der **Schwanz**, -es, ⸚e tail
schwänzen to play hooky, cut class

schwarz black
das **Schwarze Meer**, -es Black Sea
der **Schwarzwald**, -es Black Forest
das **Schwefeldíoxyd**, -s sulfur dioxide
die **Schweinerei** mess, filthiness
die **Schweiz** Switzerland
schwenken to swing; to turn
schwer heavy; difficult; serious
die **Schwiegermutter**, ⸚ mother-in-law
schwierig difficult
die **Schwierigkeit**, -en difficulty
schwimmen, schwamm, geschwommen to swim
das **Schwingen**, -s swinging
der **Sechsjährige**, -n, -n six-year-old
der **See**, -s, -n lake
der **Seehund**, -(e)s, -e seal, sea lion
seelenruhig calm, peaceful
sehen (sieht), sah, gesehen to see
sehr very; very much
die **Seilbahn**, -en cable car
sein (ist), war, ist gewesen to be
seit since
die **Seite**, -n side; page
die **Seitenstraße**, -n side street
die **Sekúnde**, -n second
selb same
selbst self; even
selbständig independent
die **Selbständigkeit** independence
selten seldom

seltsam strange, different
das **Seméster, -s, -** semester
der **Sergéant, -en, -en** sergeant
die **Serviétte, -n** (table) napkin
setzen to set, place, put down; **sich ——** to sit down
seufzen to sigh
der **Seufzer, -s, -** sigh
sicher safe
die **Sicherheit, -en** safety, security
sichtbar visible
die **Siebzigerin, -nen** seventy-year-old (*female*)
die **Siebzigerjahre** the seventies
der **Sieg, -(e)s, -e** victory
der **Sieger, -s, -** victor
die **Siegermächte** victorious powers
das **Signál, -s, -e** signal
die **Sinfonie, -n** symphony
singen, sang, gesungen to sing
der **Sinn, -(e)s, -e** sense, meaning
die **Sitte, -n** custom
das **Sittenzeugnis, -ses, -se** character reference
sitzen, saß, gesessen to sit
skeptisch skeptical
so thus
sobald as soon as
sofórt at once, immediately
sogár even
sogenannt so-called
der **Sohn, -(e)s, ⸚e** son
solánge so long as
solch such
der **Soldát, -en, -en** soldier
der **Solíst, -en, -en** soloist
sollen (soll), sollte, gesollt to be supposed to

das **Sommerspiel, -(e)s, -e** summer game
sondern but, on the contrary
die **Sonne, -n** sun
das **Sonnenlicht, -(e)s** sunlight
die **Sorge, -n** worry
sorgen für + *acc.* to see to, worry about
soweít as far, so far
sowóhl as well as
soziálistisch socialistic
die **Spannung, -en** tension
sparen to save
der **Sparexpérte, -n, -n** savings expert
das **Sparkonto, -s, ...en** savings account
sparsam thrifty
spät late
der **Spaziérgang, -(e)s, ⸚e** walk
die **Speise, -n** meal
die **Speisekarte, -n** menu
speziéll special
spezífisch specific
das **Spiel, -(e)s, -e** play
die **Spielgefährtin, -nen** playmate (*female*)
die **Spielsaisón, -s** theater season
der **Spión, -(e)s, -e** spy
spitz pointed
der **Sport, -(e)s, -e** athletics, sport
sportlich athletic
die **Sprache, -n** language
der **Sprachgebrauch, -(e)s, ⸚e** linguistic usage
sprechen (spricht), sprach, gesprochen to speak
die **Spree** river in Germany
das **Sprichwort, -(e)s, ⸚er** saying, proverb
springen, sprang, ist gesprungen to jump
spritzen to sprinkle

spüren to perceive, feel
der **Staatsbürger, -s, -** citizen of a state
staatsbürgerlich civic
staatsfeindlich hostile to the state
der **Staatsmann, -(e)s, ⸚er** statesman
die **Staatspolizei** state police
der **Staatsvertrag, -(e)s** international treaty
der **Stacheldraht, -(e)s, ⸚e** barbed wire
die **Stadt, ⸚e** city
der **Städtebund, -es** league of cities
städtisch municipal, urban
das **Stadttheater, -s, -** municipal theater
der **Stahl, -es, ⸚e** steel
die **Stahlbetonbauten** reinforced concrete buildings
stählern made of steel
das **Stahlwerk, -(e)s, -e** steelworks
der **Stamm, -es, ⸚e** origin; tribe
stammen to originate
stand-halten (hält stand), hielt stand, standgehalten to withstand
der **Standpunkt, -(e)s, -e** point of view, position
stark strong
stärken to strengthen
starten to start
die **Statístik, -en** statistics
statt-finden, fand statt, stattgefunden to take place
der **Status, -** status, state
stecken to put; to be involved in

stehen, stand, gestanden to stand
stehen-bleiben, blieb stehen, ist stehen-geblieben to stop
stehlen (stiehlt), stahl, gestohlen to steal
steigen, stieg, ist gestiegen to step
der **Stein, -(e)s, -e** stone
die **Steinpest, -** atmospheric corrosion (*literally*, stone plague)
die **Stelle, -n** place, spot, position; post
stellen to place, put; to stand
die **Stellung, -en** position
sterben (stirbt), starb, ist gestorben to die
das **Steuer, -s, -** steering wheel
die **Steuer, -n** tax
das **Steuergeld, -(e)s, -er** tax money
still silent
stillen to quiet; to quench
die **Stimme, -n** voice
stimmen to vote; to be correct; **es stimmt**
that's right
der **Stoff, -(e)s, -e** material
stolz proud
der **Störenfried, -(e)s, -e** mischief maker
die **Störung, -en** obstruction, disturbance
die **Strafe, -n** punishment, penalty
stramm-stehen, stand stramm, stramm-gestanden to stand at attention
die **Straße, -n** street
die **Strategíe, -n** strategy
der **Streich, -es, -e** prank
streicheln to stroke, pet
der **Streik, -s, -s** strike
der **Streit, -(e)s, -e** dispute
die **Streitfrage, -n** issue of contention
streng strict
der **Strumpf, -(e)s, ⸚e** stocking, sock
die **Stube, -n** room
das **Stück, -(e)s, -e** piece; play
der **Studént, -en, -en** student (*male*)
die **Studéntin, -nen** student (*female*)
studíeren to study
das **Studium, -s, ...ien** study
die **Stufe, -n** step; level
die **Stunde, -n** hour; class
stündlich every hour
die **Stundung, -en** delay of payment
das **Sturmgebraus, -es, -e** roaring
der **Sturz, -es, ⸚e** fall
stürzen to fall; to run fast
die **Stütze, -n** support; prop
die **Suche, -n** search
suchen to seek, look for
der **Südeingang, -(e)s, ⸚e** southern entrance
die **Südseite, -n** south side
superliberál extreme liberal
superösterreichisch super Austrian
die **Suppe, -n** soup
süß sweet
das **Symból, -s, -e** symbol
sympáthisch congenial, likeable
das **Systém, -s, -e** system

T

der **Tabák, -s, -e** tobacco
der **Tag, -(e)s, -e** day
täglich daily
die **Taktik, -en** tactic
das **Talént, -s, -e** talent
tanzen to dance
die **Tätigkeit, -en** activity
die **Tatsache, -n** fact
tatsächlich in fact; factual
die **Tatze, -n** paw
tauglich fit
tauschen to exchange
täuschen to deceive
die **Technik, -en** technique
der **Tee, -s, -s** tea
der **Teil, -(e)s, -e** part
teilen to divide; to share
teilnahmslos apathetic
teil-nehmen (nimmt teil), nahm teil, teilgenommen to participate
teilweise partial
das **Telefón, -s, -e** telephone
der **Telefónanruf, -(e)s, -e** telephone call
die **Telefónzelle, -n** telephone booth
der **Teller, -s, -** plate
der **Tellerrand, -(e)s, ⸚er** edge of a plate
die **Temperatúr, -en** temperature
der **Termín, -s, -e** due date
die **Terminologíe, -n** terminology
teuer expensive
der **Text, -es, -e** text
die **Theke, -n** counter, bar
das **Thema, -s, ...en** topic
die **Theoríe, -n** theory
die **These, -n** thesis
tief deep, low

das **Tier, -es, -e** animal
der **Tierarzt, ⸚e** veterinarian
der **Tiergarten, -s, ⸚** zoo
der **Tisch, -es, -e** table
das **Tischtuch, -(e)s, ⸚er** tablecloth
der **Titel, -s, -** title
die **Tochter, ⸚** daughter
die **Tochtergesellschaft, -en** subsidiary
der **Tod, -es** death
der **Todesstreifen, -s, -** death strip (*strip of land specially secured and, usually, mined*)
tödlich fatal
der **Ton, -(e)s, ⸚e** tone; manner

die **Tonne, -n** ton
totalitär totalitarian
die **Tradition, -en** tradition
tragen (trägt), trug, getragen to carry; to wear
trampeln to trample
die **Träne, -n** tear(drop)
traurig sad
trennen to separate
treten (tritt), trat, ist getreten to take one's place; to step in
trinken, trank, getrunken to drink
triumphieren to triumph

trocken dry
trotten to jog along
das **Trottoir, -s, -e** sidewalk
trotz in spite of
trotzdem nevertheless, all the same
die **Truppe, -n** troop, unit (military)
der **Tscheche, -n, -n** Czech
tüchtig capable
das **Tulpenbeet, -(e)s, -e** tulip bed
tun (tut), tat, getan to do
(das) **Tunésien, -s** Tunisia
die **Tür, -en** door
typisch typical

─────────── U ───────────

übel bad, evil
übel-nehmen (nimmt übel), nahm übel, übelgenommen to hold against
über about, over
überall everywhere
überfällig overdue
überfüllt overcrowded
die **Übergabe, -n** delivery, transfer
das **Übergangsstadium, s, ...ien** transition stage
überhaupt generally; at all
überheblich presumptuous
überholen to pass
überhören to avoid hearing, not to hear
überlassen (überläßt), überließ, überlassen to give up; to leave up to
überleben to outlive
überlegen to reflect on, think over
überqueren to cross
übersehen (übersieht),

übersah, übersehen to overlook
übersetzen to translate
übertreiben, übertrieb, übertrieben to exaggerate
die **Übertreibung, -en** exaggeration
überwinden, überwand, überwunden to overcome
überzeugen to convince; to go and see
die **Überzeugung, -en** conviction
üblich customary
übrig remaining
übrigens by the way
das **Ufer, -s, -** bank, shore
die **Uhr, -en** clock, watch; o'clock
das **Uhrwerk, -es, -e** clockwork
(das) **Ulm, -s** *city in Germany*
um in order to; around, about; at
umarmen to hug, embrace
um-bringen, brachte um,

umgebracht to kill, murder
um-drehen to turn around
die **Umgebung, -en** surroundings
umsonst for nothing, to no avail
der **Umweltschutz, -es** environmental protection
die **Umweltverschmutzung, -en** environmental pollution
unabgeschlossen unlocked
unabhängig independent
die **Unabhängigkeit** independence
das **Unbehagen, -s** uneasiness
undeutsch un-German
unendlich infinite, unending
unentwegt constantly
unerheblich insignificant
unerhört unheard of
unerwartet unexpected

der **Unfall**, (-e)s, ⸚e accident
(das) **Ungarn**, -s Hungary
ungebeten uninvited
ungeduldig impatient
ungefähr approximate
ungeplant unplanned
ungerecht unjust
ungestört undisturbed
ungewiß uncertain
ungewöhnlich unusual
ungezogen naughty
das **Unglück**, -(e), -e
  misfortune, disaster
der **Unglücksrabe**, -n, -n
  bad-luck guy
unhöflich impolite
die **Universität**, -en
  university
die **Universitätslaufbahn**, -en
  university career
das **Universitätsstudium**, -s,
  ...**ien** course of study
  at a university
die **Unkenntnis**, -se
  ignorance
das **Unkraut**, -(e)s, ⸚er
  weed

unmißverständlich
  clear, impossible to
  misunderstand
unmittelbar immediate,
  direct
unpatriótisch
  unpatriotic
unrecht false, unjust
unruhig restless,
  unsettled
unschuldig innocent
unsicher unsafe; not
  sure, uncertain
unten down, below
unterbrechen (unter-
  bricht), unterbrach,
  unterbrochen to
  interrupt
unternehmen (unter-
  nimmt), unternahm,
  unternommen to
  undertake
die **Unterrichtssprache**, -n
  language of
  instruction
unterscheiden, unter-
  schied, unterschieden

  to distinguish.
der **Unterschied**, -es, -e
  difference
unterstützen to support,
  prop up
untersuchen to examine
die **Untersuchung**, -en
  examination
unverheiratet unmarried
unvorschriftsmäßig
  contrary to
  regulations
die **Unwirklichkeit**, -en
  nonexistence
das **Unwissen**, -s ignorance
unwissend ignorant
die **Unzufriedenheit**, -en
  dissatisfaction
unzureichend
  insufficient
ursprünglich initial,
  original
das **Urteil**, -s, -e judgment
usw. = **und so weiter**
  and so forth

V

der **Vater**, -s, ⸚ father
das **Vaterland**, -es
  fatherland, native
  country
verändern to change
verantwortlich
  responsible
verbieten, verbot,
  verboten to prohibit,
  forbid
verbinden, verband,
  verbunden to connect
verbindlich obliging
verblüffen to startle
verbringen, verbrachte,
  verbracht to spend
  (time)
sich **verbünden** to form an
  alliance
verdächtig suspicious

die **Verdeutschung**
  Germanization
verdienen to earn
der **Verdienst**, -(e)s, -e gain,
  reward; income
sich **vereinigen** to unite
die **Vereinigung**, -en union
die **Vereinten Natiónen**
  United Nations
verfallen (verfällt),
  verfiel, ist verfallen
  to expire
verfolgen to follow,
  pursue
vergangen past
die **Vergangenheit** past
vergebens in vain
vergeblich wasted, in
  vain
vergehen, verging, ist

  vergangen to pass
das **Vergehen**, -s, -
  violation
vergessen (vergißt),
  vergaß, vergessen to
  forget
der **Vergleich**, -e comparison
vergleichen, verglich,
  verglichen to com-
  pare
das **Vergnügen**, -s, - fun
verhaften to arrest
der **Verhaltensforscher**, -s, -
  behavioral scientist
das **Verhältnis**, -ses, -se
  relation, relationship;
  condition
sich **verheiraten** to get married
verhindern to prevent,
  hinder

verkaufen to sell
der **Verkäufer, -s, -** salesman
verkünden to make known, proclaim
verlagern to shift
verlangen to demand
verlangsamen to slow down
verlassen (verläßt), verließ, verlassen to leave
verläßlich reliable
verlaufen (verläuft), verlief, ist verlaufen to take its course
verlegen embarrassed
die **Verlegenheit, -en** embarrassment
verletzen to hurt
verlieren, verlor, verloren to lose
die **Verlockung, -en** enticement
der **Verlust, -es, -e** loss
vermeiden, vermied, vermieden to avoid
vermissen to miss
vernichten to destroy
die **Vernunft** reason
vernünftig reasonable
veröffentlichen to make public, publish
die **Veröffentlichung, -en** publication, public announcement
die **Verordnung, -en** decree
verpesten to pollute
verraten (verrät), verriet, verraten to betray
verrückt crazy
verschieden different
verschweigen, verschwieg, verschwiegen to conceal
verschwinden, verschwand, ist verschwunden to vanish, disappear

versichern to assure
die **Versicherung, -en** insurance
versperren to bar, obstruct
versprechen (verspricht), versprach, versprochen to promise
verspüren to feel
verständigen to inform
verständlich understandable
verständnisvoll understanding
verstärken to strengthen; to increase
(sich) **verstecken** to hide (oneself)
verstehen, verstand, verstanden to understand
verstellen to disguise
verstorben late, deceased
der **Versuch, -(e)s, -e** attempt
versuchen to attempt, try
die **Verteidigung, -en** defense
vertieft absorbed
der **Vertrag, -(e)s, ⸚e** treaty, contract
vertrauen to trust
vertraulich intimate, personal
vertraut familiar, trusted
vertreiben, vertrieb, vertrieben to drive away
vertreten (vertritt), vertrat, vertreten to represent
der **Vertreter, -s, -** representative
verunglücken to have an accident
verursachen to cause

verurteilen to condemn
die **Verwendung, -en** use
verwirklichen to realize; to accomplish
verwunderlich astonishing
verzeihen, verzieh, verziehen to excuse
viel much, many
vielgepriesen much glorified
vielgespielt often played
vielgesungen often sung
vielleicht perhaps
vierbeinig four-legged
vierfarbig four-colored
das **Viertel, -s, -** fourth part, quarter
das **Vogelhaus, -es, ⸚er** aviary (in a zoo)
das **Vokabulár, -s, -e** vocabulary
das **Volk, -(e)s, ⸚er** people; race
der **Völkerstamm, -(e)s, ⸚e** tribe
der **Volksmund, -(e)s** vernacular
der **Volkswagen, -s, -** *German car*
voll full
völlig complete
von of; from; about
vor allem above all
vorán-gehen, ging voran, ist vorangegangen to precede
voráus-gehen, ging voraus, ist vorausgegangen to lead the way
voráus-sehen (sieht voraus), sah voraus, vorausgesehen to foresee
vorbeí-brausen to storm past

vorbei-gehen, ging vorbei, ist vorbeigegangen to pass by, go past
vorbei-kommen, kam vorbei, ist vorbeigekommen to pass by, come by
vor-enthalten (enthält vor), enthielt vor, vorenthalten to withhold
vor-fahren (fährt vor), fuhr vor, ist vorgefahren to drive up to; to pass
der **Vorfall, -(e)s, ⸚e** occurrence, incident
der **Vorhang, -(e)s, ⸚e** curtain
vorher before
vorhin before
vorig last, former
vor-kommen, kam vor, ist vorgekommen to happen; to seem
vorläufig for the present
der **Vorrang, -(e)s, ⸚e** superiority, preeminence
das **Vorrecht, -(e)s, -e** special right, privilege
der **Vorschein, -(e)s** appearance
der **Vorschlag, -(e)s, ⸚e** suggestion
vor-schlagen (schlägt vor), schlug vor, vorgeschlagen to suggest
die **Vorschrift, -en** rule, instruction
vorsich-gehen, ging vorsich, ist vorsichgegangen to take place, happen
vorsichtig careful, cautious
die **Vorsteherin, -nen** director (*female*)
sich **vor-stellen** to imagine
die **Vorstellung, -en** conception
der **Vortrag, -(e)s, ⸚e** speech, lecture
vor-treten (tritt vor), trat vor, ist vorgetreten to step forward
das **Vorurteil, -(e)s, -e** prejudice
vorwärts forward
vor-werfen (wirft vor), warf vor, vorgeworfen to reproach, find fault
das **Vorwort, -es, -e** preface
der **Vorwurf, -(e)s, ⸚e** reproach
die **Vorzugstellung, -en** position of superiority

W

die **Waage, -n** scale
wach awake
wachsen (wächst), wuchs, ist gewachsen to grow
die **Wachstube, -n** police station
das **Wachstum, -s** growth
der **Wächter, -s, -** guard
der **Wachtmeister, -s, -** sergeant major
die **Waffe, -n** weapon
wagen to attempt; to dare
der **Wagen, -s, -** car
das **Wagenfenster, -s, -** car window
waghalsig daring
die **Wahl, -en** choice; election
wahlberechtigt eligible to vote
wählen to choose; to elect
der **Wähler, -s, -** voter
wählerisch particular, choosy
wahr true
wahren to preserve
währen to endure
während during
wahrhaft true, actual
die **Wahrheit, -en** truth
wahrscheinlich probable
der **Wald, -(e)s, ⸚er** woods, forest
der **Walzer, -s, -** waltz
die **Wand, ⸚e** wall
die **Wärme** warmth
warten to wait
der **Wärter, -s, -** keeper
das **Wartezimmer, -s, -** waiting room
warum why
was what
der **Waschbär, -en, -en** racoon
die **Wäscheleine, -n** clothesline
das **Wasser, -s, -** water
das **Wasserbecken, -s, -** pool
wechseln to change
wedeln to wedel (skiing); to wag
weder neither
weg away
der **Weg, -(e)s, -e** way, road
weg-blasen (bläst weg), blies weg, weggeblasen to blow away
wegen because of, on account of

das **Weggehen, -s** departure
weg-laufen (läuft weg), lief weg, ist weggelaufen to run away
wehen to blow away
der **Wehrdienst, -es** military service
(sich) **wehren** to defend (oneself)
weiblich feminine
der **Weihnachtsabend, -s, -e** Christmas Eve
der **Wein, -(e)s, -e** wine
weinerlich tearful
die **Weise, -n** manner, way; **auf welche ——** in what way
weit far
weiter further
weiter-gehen, ging weiter, ist weitergegangen to go on, walk on
weiterhin in future
weiter-laufen (läuft weiter), lief weiter, ist weitergelaufen to keep on running
weitgehend far-reaching; to a large extent
weitgereist widely traveled
welch which, what
die **Welt, -en** world
weltanschaulich ideological
die **Weltanschauung** philosophy of life
der **Weltbürger, -s, -** citizen of the world
die **Weltgeschichte** world history
der **Weltkrieg, -(e)s, -e** world war
wem whom
(sich) **wenden** to turn (oneself)

wenig little
wenn when; if
wer who
werden (wird), wurde, ist geworden to become, grow, get
werfen (wirft), warf, geworfen to cast, throw
das **Werk, -(e)s, -e** work
der **Werkmeister, -s, -** foreman
werten to value
das **Werturteil** value judgment
wesentlich essential; considerable
wessen whose
westdeutsch West German
(das) **Westdeutschland, -s** West Germany
der **Westen, -s** the West
westlich western
die **Westmächte** Western powers
das **Wetter, -s** weather
wichtig important
die **Wichtigkeit, -en** importance
wider against
widersetzen to oppose, resist
widersprechen (widerspricht), widersprach, widersprochen to contradict; to disagree
der **Widerspruch, -(e)s, ⸚e** contradiction
der **Widerstand, -es, ⸚e** opposition
wie how; as
wieder again
wieder-finden, fand wieder, wiedergefunden to find again
wiederhér-stellen to restore

wiederholen to repeat
die **Wiedervereinigung, -en** reunification
wielange how long
wieviel how much, how many
willkommen welcome
der **Winterabend, -s, -e** winter evening
der **Wintersport, -s, -e** winter sport
der **Wintersportler, -s, -** winter sports athlete
wirken to effect
wirkend acting
wirklich really
die **Wirklichkeit, -en** reality
wirkungsvoll effective
wirr confused
der **Wirt, -(e)s, -e** host, landlord; innkeeper (*male*)
die **Wirtin, -nen** hostess, landlady; innkeeper (*female*)
wirtschaftlich economical
der **Wirtschaftsexpérte, -n, -n** economics expert
das **Wirtschaftssystém, -s, -e** economic system
der **Wirtschaftswissenschaftler, -s, -** economist
wissen (weiß), wußte, gewußt to know
der **Wissenschaftler, -s, -** scholar, scientist
wissenschaftlich scholarly, scientific
der **Witz, -es, -e** joke
wo where
die **Woche, -n** week
das **Wochenende, -s, -n** weekend
wofür for what
der **Wogenprall, -s, -e** reverberating noise
wohér where from

wohín where to
wohl probably
das Wohl, -(e)s good health
wohlerzogen well behaved
das Wohlsein, -s good health
das Wohnzimmer, -s, - living room
wollen (will), wollte, gewollt to want to, intend to, wish
womít with what
das Wort, -(es), -e (or ⸚er) word, saying
das Wörterbuch, -(e)s, ⸚er dictionary
das Wörterverzeichnis, -ses, -se vocabulary list
worúber about which
wund sore, wounded
das Wunder, -s, - miracle
sich wundern to wonder, be surprised or amazed
wunderschön lovely
der Wunsch, -es, ⸚e wish
wünschen to wish
die Würde, -n dignity, honor
der Wurm, -(e)s, ⸚er worm
die Wurst, ⸚e sausage
die Wut anger
wütend enraged, angry

Z

die Zahl, -en number
zahlen to pay
zählen to count
die Zahlung, -en payment
zähmen to tame, domesticate
der Zahnarzt, -es, ⸚e dentist
das Zeichen, -s, - sign, symbol
zeigen to show; to point
zeihen, zieh, geziehen to accuse
die Zeit, -en time
die Zeitepoche, -n era
der Zeitgenosse, -n, -n contemporary
zeitraubend time consuming
die Zeitschrift, -en magazine
die Zeitung, -en newspaper
zensíeren to censor
der Zentralísmus, - centralism
der Zeppelin, -s, -e airship
zerbrechen (zerbricht), zerbrach, zerbrochen to break into pieces
zerbröckeln to crumble away
zernagen to eat away; to corrode
zerquetschen to squash; to crash
zerschlagen (zerschlägt), zerschlug, zerschlagen to batter; to smash
zerschneiden, zerschnitt, zerschnitten to cut to pieces
zersetzen to break up; to disintegrate
zerstören to destroy
zertrampeln to trample down
ziehen, zog, gezogen to pull, draw
das Ziel, -(e)s, -e goal
ziemlich moderate, fairly, rather
die Zigarétte cigarette
die Zigárre, -n cigar
das Zimmer, -s, - room
die Zinsen interest (financial)
der Zirkus, -, -se circus
der Zirkusdirektor, -s, -en circus director
die Zirkusnummer, -n circus act
zögern to hesitate
der Zoo, -s, -s zoo
das Zoogelände, -s, - zoo grounds
die Zoologíe zoology
zu to, at, too
zücken to pull out quickly
zuérst at first
der Zufall, -(e)s, ⸚e chance, coincidence
zufriéden satisfied
der Zug, -es, ⸚e train; move (in chess); gulp
zu-geben (gibt zu), gab zu, zugegeben to admit
zugrúnde gehen, ging zugrunde, ist zugrunde gegangen to perish
der Zuhörer, -s, - listener
zu-jubeln to cheer
die Zukunft future
zu lang too long
zu-lassen (läßt zu), ließ zu, zugelassen to admit
die Zulassung, -en admission
zumíndest at least
zunächst to begin with
zünftig skilled
zurück back
zurück-blicken to look back
zurück-denken, dachte zurück, zurückgedacht to think back on

zurück-geben (gibt zurück), gab zurück, zurückgegeben to give back
zurück-gehen, ging zurück, ist zurückgegangen to go back
zurück-halten (hält zurück), hielt zurück, zurückgehalten to hold back
zurück-kommen, kam zurück, ist zurückgekommen to come back
zurück-lehnen to lean back
zurück-treten (tritt zurück), trat zurück, ist zurückgetreten to step back
zu-rufen, rief zu, zugerufen to call to
zusámmen together
der Zusammenbruch, -(e)s ⸚e collapse
zusammenfallen (fällt zusammen), fiel zusammen, ist zusammengefallen to collapse
das Zusammenleben, -s, - life together
zusätzlich additional
zu-schauen to look on
zuschúlden guilty; sich etwas —— kommen lassen to be guilty of something
zu-steuern to steer toward
zu-treffen (trifft zu), traf zu, ist zugetroffen to suit; to hold true
zuvíel too much
zuvór before
zu-zwinkern to wink
zwangsweise forcible
zwar indeed, to be sure
der Zweifel, -s, - doubt
zweifeln to doubt
zweimalig twice
zweisilbig two syllabled
zweitlängst second longest
zwicken to nip
die Zwiespältigkeit, -en ambiguity
zwischen between
die Zwischenlandung, -en intermediate stop (of an aircraft)
zynisch cynical

SACHREGISTER

Absolute comparative, 195–196
Absolute superlative, 196
Accusative case, 42–48, 55, 231
   definite time with, 47
   double, 45–46
   forms of, 43–45, 43 (table), 155 (table)
   prepositions with, 46–47, 62–63, 64
   reflexive verbs with, 45, 108–111
   transitive verbs with, 45
   usage of
      as direct object, 42–48, 55, 108–111
      idioms with, 47–48
      to indicate measurement, 47
Accusative/dative prepositions, 46–47, 62–63
Active voice, 272
Adjectives, 165–170, 177–184, 193–199, 201. *See also* Attributive, Comparison of, Demonstrative, Descriptive, Indefinite, Limiting, Possessive
   endings, 165 *fn*. *See* Primary, Secondary
   forms of, 166 (table), 180 (table)
   in series, 180
   numerical. *See* Ordinal numbers
   participles used as, 182–183
   predicate, 166–167, 169, 196
   unpreceded, 167–169
   used as adverbs, 169–170
   used as nouns, 184–185, 262
   with dative, 63
   with genitive, 153
   without endings, 166–167
Adverbial modifiers, sequence of, 232–233
Adverbs
   adjectives used as, 169–170
   comparison of, 193–199

   irregular, 198
   of negation. *See* **nicht**
   sequence of, 232
Agent, 273–274
als ob, 252, 306
Anticipatory **es**, 59–61, 218
Anticipatory **da**-construction, 218
"Apparent" passive, 276–277
Article. *See* Definite article, Indefinite article
Attributive adjectives, 167–170, 195–196. *See also* Adjectives, Comparison, Primary endings, Secondary endings
Auxiliary verbs. *See* **haben, sein, werden**, Modals
Cardinal numbers, 199–200
Cases, definition of, 42–43. *See* Accusative, Dative, Genitive, Nominative
Change of condition, verbs showing, 135–136
Classes of nouns, 74–79
Clauses
   consequence, 13, 288–289, 291–295
   dependent (subordinate), 226, 244–252
   hypothesis, 13, 288–289, 291–295
   infinitive, 217 *fn*, 218
   main (independent), 12–16, 30, 226, 227–234, 250–251
   relative, 235, 259–262
Commands, 30–31
   in indirect discourse, 306
   in special subjunctive, 308–309
   word order in, 13, 31
Comparative, 193–195, 197–199
   absolute, 195–196
   double, 194
   endings of, 197
   irregular, 198–199
Comparison, of adjectives and

   adverbs, 193–199. *See also* Comparative, Positive, Superlative
   inflectional endings in, 197
   irregular, 198–199
Compound nouns, 80
Compound verbs, 25, 103–108, 125–127, 136, 213
Conditions. *See also* General subjunctive
   contrary-to-fact, 288–289, 290–294
   implied, 13, 251–252, 294
Conjugated verbs, definition of, 12, 24, 33
Conjunctions
   coordinating, 16, 226–229
   interrogatives as, 248–249
   subordinating, 226, 244, 245–248
   two-part, 228
Consequence clauses, 13, 288–289, 291–295. *See also* General subjunctive
Contractions, 64
Contrary-to-fact, 288–289, 290–294. *See also* General subjunctive
Coordinating conjunctions, 16, 226–229
da-compounds, 65, 261
da-construction, anticipatory, 218
daß, omission of, 251, 304
Dative/accusative prepositions, 46–47, 62–63
Dative case, 55–65, 231
   adjectives governing, 63
   forms of, 55–65, 56 (table), 155 (table)
   impersonal verbs with, 59–61
   in noun plural, 57, 82
   prepositions with, 46–47, 61–63, 64
   reflexive verbs with, 61, 108–111

357

usage of
    as indirect object, 55–65, 108–111
    idioms with, 64
    to indicate possession, 64
    verbs with, 58–61
Decimals, 200
Definite article. *See also* **der**-words, Limiting adjectives
    as limiting adjectives, 165
    contraction of, with prepositions, 64
    forms of, 155 (table), 166 (table)
    gender of, 6, 8
    usage of, 6–7
    used as pronoun, 263
Definite (accusative) time, 47
Demonstrative adjectives, 165, 263–264. *See also* Adjectives, Comparison, Primary endings, Secondary endings
Demonstrative pronouns, 263–264
Dependent (subordinate) clauses, 226, 244–252. *See also* Subordinating conjunctions
    infinitive, 218
    relative, 235, 259–262
    separable prefixes in, 250
    special problems in, 251–252
    word order in, 249–251
der-words. *See also* Definite article
    as limiting adjectives, 11, 165–166
    forms of, 9, 44–45, 56–57, 151, 155 (table), 166 (table)
    used as pronouns, 156
    without endings, 156
Descriptive adjectives, 165, 166–169, 177–180. *See also* Adjectives, Comparison, Primary endings, Secondary endings
    distinguished from limiting

adjectives, 165, 180
    endings of, 167–169, 178–185
    in extended noun attributes, 234–236
    usage of, 169–170, 182–183
    without endings, 166–167
Direct discourse, 303
Directional indicators. *See* **her** and **hin**
Direct objects. *See* Accusative case, Objects
Double accusative, 45–46
Double infinitive, 138
    in dependent clauses, 252
    in past conditions, 293
    position of, 252
    with modals, 137, 293
Double prefixes, 126
Dual forms
    of noun plurals, 80
    of verbs, 124
ein-words. *See also* Indefinite article
    as limiting adjectives, 11, 165–166
    forms of, 10–11, 44–45, 56–57, 151, 155 (table), 158, 166 (table)
    used as pronouns, 156, 264–265
End field, 32–34, 231. *See also* Word order
Endings. *See* Primary, Secondary
es, anticipatory, 218
Extended noun attributes, 234–236, 278
Forms of address, 8, 24
Fractions, 201
Front field, 12–16, 32, 230, 276. *See also* Word order
Future perfect tense, 33, 214
Future tense, 33, 213–214, 305
Gender, 5–6, 8
General subjunctive, 288–295, 303–306
    formation of, 290–293
        past conditions, 292–293
        present conditions, 290–292
    tense and time in, 289
    usage of

in consequence clauses, 288–289, 291–295
    in contrary-to-fact conditions, 288–289, 290–294, 293 (table)
    in hypothesis clauses, 288–289, 291–295
    in indirect discourse, 303–306
    to indicate politeness, 294–295
    with wishes, 288
    use of **würde**-construction in, 288–289, 291–292
Genitive case, 149–154
    adjectives with, 153
    forms of, 151, 155 (table)
    idioms with, 153
    indefinite time with, 153
    in special masculine nouns, 153–154
    of demonstrative pronouns, 264
    prepositions with, 152
    usage of, 149–150
    verbs with, 152
    with nouns, 150–153
haben
    idioms with, 218
    in perfect tenses, 120–121
    past tense of, 94
    present tense of, 28–29, 94
    subjunctive of, 290, 308
her and **hin**, 126–127
Hypothesis clauses, 13, 288–289, 291–295. *See also* General subjunctive
Imperatives, 30–31, 107
Impersonal verbs, 59–61
Indefinite adjectives, 181–182, 279
Indefinite article. *See also* **ein**-words, Limiting adjectives
    as limiting adjectives, 165
    forms of, 155 (table), 166 (table)
    in negation, 9–10
    usage of, 9–10

358 SACHREGISTER

used as pronoun, 265
Indefinite pronouns, 262, 278–279
Indefinite (genitive) time, 153
Indicative mood, 288
Indirect discourse, 303–309
  general subjunctive in, 303–306
  special subjunctive in, 306–309
Indirect objects. *See* Dative case, Objects
Infinitives, 25, 33, 107, 216–219
  clauses, 217 *fn*, 218
  double, 138, 252, 293
  in future tense, 213–214
  in principal parts of verbs, 121
  usage of, 25, 121, 216–219
  used as nouns, 219
  with **haben** and **sein**, 218
  with modals, 137, 141, 293
  with or without **zu**, 216–219
Inseparable prefixes, 103–106, 125–127
Intensifiers, 309
Intransitive verbs, 45, 58–59, 135–136
Interrogatives, 165, 244, 248–249, 262
"Inverted" word order, 12 *fn*
Irregular comparisons, 198–199
Irregular verbs, 123. *See also* **haben, sein, werden**, Mixed verbs, Modals
kein, 9–10
  as limiting adjective, 165
  used as pronoun, 156, 264–265
lassen, sich lassen
  as substitute for passive, 277
  with double infinitive, 138, 217
Limiting adjectives, 11, 165–166, 168–169, 177–178, 179–181. *See also* Adjectives, Comparison, Primary endings
  distinguished from descriptive adjectives, 165, 180
  in extended noun attributes, 235
  primary endings of, 154–156,
165–166, 180–185
  without endings, 168–169
Main (independent) clauses, 226, 227–229. *See also* Coordinating conjunctions
  diagram of, 230, 233
  word order in, 12–16, 30, 230–234, 250–251
man, 278
Measurement, accusative of, 47
Mixed verbs, 90
  past tense of, 90, 94–95
  past participles of, 121
  perfect tenses of, 121
  present tense of, 27–28
  principal parts in, 123
  subjunctive of, 290
Modals, 136–142
  passive of, 275
  past conditions of, 291
  past participles of, 138
  past tense of, 95
  present tense of, 29–30
  principal parts of, 137
  subjunctive of, 290, 291, 308
  usage of, 96, 136–137, 139–142
    objective use of, 139–141
    subjective use of, 139, 141–142
  verb sequence of, 138
  with double infinitive, 137, 293
Modifiers. *See* Adverbial modifiers, **der**-words, **ein**-words
Moods. *See* General subjunctive, Indicative, Special subjunctive
Motion, verbs of, 135
Negation. *See* **kein, nicht**
nicht, 31–32, 233
Nominative case, 11–12, 155 (table)
"Normal" word order, 12 *fn*
Noun modifiers. *See* **der**-words, **ein**-words
Nouns
  adjectives used as, 184–185, 262
  classes of, 74–79
compound, 80
dative endings of, 57, 82
dual forms of, 80
extended attribute constructions of, 234–236, 278
gender of, 5–6
genitive of, 150–153
infinitives used as, 219
number of, 24–25
participles used as, 184–185
plurals of, 74–82, 153–154
special masculine, 153–154
with singular or plural only, 81–82
Number, 24–25
Numbers, 199–203
  cardinal, 199–200
  in decimals, 200
  in fractions, 201
  ordinal, 201
  used as limiting adjectives, 165, 166
  use of in telling time, 202–203
ob, omission of, 252
Objects
  accusative (direct), 43–48, 55, 108–111
  dative (indirect), 55–65, 108–111
  genitive, 152
  position of, 31–32, 57–58, 231
Ordinal numbers, 201
Participles
  in extended noun attribute constructions, 234–236
  in principal parts of verbs, 121
  in passive voice, 274
  past, formation of
    irregular verbs, 123
    mixed verbs, 121
    modals, 137–138
    prefixed verbs, 125–127
    type I verbs, 120
    type II verbs, 120–121, 121–123
  present, formation of, 183, 278
  used as adjectives, 182–183
  used as nouns, 184–185
  word order of, 33–34

Passive voice, 33, 272–278, 280
   "apparent" passive, 276–277
   formation of, 273–274
   modals in, 275
   prepositions with, 273–274
   substitutes for, 110–111, 217, 277–278
   use of **werden** in, 33, 273–274, 280
   without subject, 276
Past participles. *See* Participles
Past perfect tense, 33, 119–120. *See also* Participles
   formation of, 120, 124
   usage of, 119, 216
   with **sein**, 134–136
Past tense, 90–96
   formation of
     auxiliary verbs, 94
     irregular verbs, 123
     mixed verbs, 94–95
     modals, 95
     type I verbs, 90–92, 124
     type II verbs, 92, 93–94, 121–123, 124
   in principal parts of verbs, 121
   of problem verbs, 95–96
   of verbs with separable prefixes, 34, 107–108, 250
   usage of, 119, 215–216
   vowel variation in, 93–94, 121–123
Perfect tenses. *See* Future perfect, Past perfect, Present perfect
Person, 8, 24
Personal pronouns
   der-words and **ein**-words as, 156
   forms of, 7–9, 24–25, 26, 43–44, 56, 150 *fn*, 155 (table), 166 (table)
Plurals of nouns, 74–82, 153–154. *See also* Nouns
Positive, 193
"Possessive." *See* Genitive case
Possessive adjectives, 10–11, 109. *See also* **ein**-words, Limiting adjectives,

Primary endings, Secondary endings
   as limiting adjectives, 105
   endings of, 155 (table), 166 (table)
   used as pronouns, 156, 264–265
Possessive pronouns, 264–265
"Postpositions"
   with accusative, 47
   with dative, 62
   with genitive, 152
Predicate. *See* Verbs
Predicate adjectives, 166–167, 169, 196
Predicate nominative, 11–12, 34
Predicate prongs, 32–34, 230–231. *See also* Word order
Prefixes, 103–108
   double, 126
   her and **hin** as, 126–127
   inseparable, 103–106, 125–127
   separable, 34, 103, 107–108, 125–127, 250
   two-way, 125–126
Prepositions
   contractions of, with articles, 64
   in passive voice, 274
   with accusative, 46–47
   with accusative/dative, 46–47, 62–63
   with **da-** and **wo-**compounds, 65, 261–262
   with dative, 61–62, 245
   with genitive, 152
Present participles. *See* Participles
Present perfect tense, 33, 119–120. *See also* Participles
   formation of, 120, 124
   usage of, 119, 215–216
   with prefixed verbs, 125–126
   with **sein**, 134–136
Present tense, 25–30
   endings, 25–27
   of auxiliary verbs, 28–29
   of mixed verbs, 27–28
   of modals, 29–30

   of verbs with separable prefixes, 34, 107–108, 250
   usage of, 213, 215–216
   used as future time, 213
   vowel variation in, 27–28
Primary endings, 165–170, 179–180
   forms of, 155 (table), 166 (table)
   of descriptive adjectives, 167–169, 177–178
   of limiting adjectives, 154–156, 165–166, 180–185
Principal parts
   of modals, 137
   of other verbs, 121–124
Probability, 214
Problem verbs, 95–96
Prongs. *See* Predicate prongs
Pronouns
   demonstrative adjectives as, 263–264
   der- or **ein-**words as, 156
   forms of, 155 (table)
   indefinite, 262, 278–279
   personal. *See* Personal pronouns
   possessive, 264–265
   primary endings of, 154–155
   reflexive, 108–109, 108 (table)
   relative, 244, 259–262, 260 (table)
Questions
   in indirect discourse, 306
   word order in, 13, 15
Reflexive pronouns, 108–109, 108 (table)
Reflexive verbs, 45, 61, 108–111
   as substitute for passive, 110, 277
Relative clauses, 235, 259–262
Relative pronouns, 244, 259–262, 260 (table)
Secondary endings, 177–184
   forms of, 180 (table)
sein
   idioms with, 218
   in "apparent" passive, 276–277

in perfect tenses, 120, 134–136
past tense of, 94
plus infinitive, 218, 276
predicate adjectives with, 166–167
predicate nominatives with, 11–12, 34
present tense of, 29, 31
subjunctive of, 290, 291, 308
selber, selbst, 111
Sentence field, 12–16, 32–34, 231. *See also* Word order
Separable prefixes, 34, 103, 107–108, 125–127, 250
sich, 111. *See also* Reflexive pronouns, Reflexive verbs
Simple past. *See* Past tense
Special masculine nouns, 153–154
Special subjunctive, 288, 306–309
  formation of, 307–308
  of **sein,** 308
  tense and time of, 304–305
  usage of, 288, 306–307, 308–309
    idiomatic, 308–309
    in indirect discourse, 306–307
    in indirect questions and commands, 308–309
    with wishes, 308–309
Split predicate. *See* Predicate prongs
"Strong" adjective endings, 165 *fn*
"Strong" verbs, 90 *fn*
Subject, position of, 12–17, 234. *See also* Nominative case
Subjunctive. *See* General subjunctive, Special subjunctive
Subordinating conjunctions, 226, 244, 245–248
  interrogatives as, 248–249
  omission of
    daß, 251, 304
    ob, 252
    wenn, 251–252, 294

word order with, 249–251
Substitutes for passive, 110–111, 217, 277–278
Superlative, 193, 195–199
  absolute, 196
  adverbial, 196–197
  inflectional endings in, 197
  irregular, 198–199
Tenses, 25. *See also* Future, Future perfect, Past, Past perfect, Present, Present perfect
  and time, 213–214, 215–216, 273, 289, 304–305
  in conditions, 289
  in indirect discourse, 304–305
  in passive voice, 274
  in subjunctive, 289, 304
  use of, 25, 215–216
Time
  and tense, 213–214, 215–216, 273, 289, 304–305
  definite (accusative), 47
  indefinite (genitive), 153
  telling, 202–203
Transitive verbs, 45
Transposed word order, 249. *See* Dependent clauses, Word order
Two-part conjunctions, 228–229
Two-prong predicate. *See* Predicate prongs
Two-way prefixes, 125–126
Type I/Type II verbs
  definition of, 90
  past participles of, 120–123. *See also* Participles
  past tense of, 90–92, 93–94, 121–123, 124
  perfect tenses of, 119–120, 124
  principal parts of, 121
  subjunctive of, 290
  vowel variation in Type II, 93–94, 121–123
Verbs
  active voice of, 272
  auxiliary. *See* **haben, sein, werden,** Modals

  compound, 25, 103–108, 125–127, 136
  conjugated forms of, definition, 12, 24, 33
  dual forms of, 124
  impersonal, 59–61
  indicative mood of, 288
  infinitives of. *See* Double infinitive, Infinitives
  intransitive, 45, 58–59, 135–136
  moods of. *See* General subjunctive, Indicative, Special subjunctive
  number, 24–25
  of motion, 135
  participles of. *See* Participles
  passive voice of. *See* Passive voice
  person, 24
  position of, 12, 13, 138. *See also* Word order
  predicate adjective unit, 166–167, 169, 196
  predicate nominative unit, 11–12, 34
  principal parts of, 121–124, 137
  problem, 95–96
  reflexive, 45, 61, 108–111, 277
  showing change of condition, 135–136
  subjunctive mood of. *See* General subjunctive, Special subjunctive
  tenses of. *See* Future, Future perfect, Past, Past perfect, Present, Present perfect
  transitive, 45
  types of. *See* Irregular, Mixed, Modals, Type I/Type II
  uses of
    as imperatives, 30–31
    in commands, 30–31
    in direct discourse, 303
    in indirect discourse, 303–309

using double infinitives. *See* Double infinitives
vowel variation in, 93–94, 121–123
with accusative case, 45–46, 108–111
with dative case, 58–61
with genitive case, 152
with prefixes (separable and inseparable). *See* Prefixes
Voice. *See* Active, Passive
Vowel variations
  in adjective comparisons, 193–196
  in noun plurals, 74–77
  in verbs, 27–28, 93–94, 121–123, 290
was, as a relative pronoun, 262
"Weak" adjective endings, 165 *fn*
"Weak" verbs, 90 *fn*
welcher, as a relative pronoun, 261 (table)
wenn, omission of, 251–252, 294
wer, as a relative pronoun, 262
werden
  past tense of, 94
  predicate adjectives with, 166–167
  predicate nominatives with, 11–12, 34
  present tense of, 29, 280
  principal parts in, 123
  subjunctive of, 290
  usage of, 33, 96, 279–280
    in future, 213–214
    in passive, 272–277, 279–280
    in subjunctive, 288–289, 291–292
Wishes. *See* Contrary-to-fact, General subjunctive, Special subjunctive
wo-compounds, 65, 261–262
Word order
  and occupation of
    end field, 32–34, 231
    front field, 12–16, 32, 230, 276
    sentence field, 12–16, 32–34, 231
  and position of
    clauses, 250–251
    nicht, 31–32, 233
    objects, 31–32, 57–58, 231
    separable prefixes, 34, 107–108
    subject, 12–17, 234
    verb, 12, 13, 138
  in clauses
    consequence, 13, 288–289, 291–295
    dependent, 249–251
    hypothesis, 13, 288–289, 291–295
    infinitive, 218
    main, 12–16, 30, 227–229, 230–234
    relative, 235, 259–262
  in commands, 13, 31
  in direct discourse, 303
  in indirect discourse, 303–305
  in predicate prongs, 32–34, 230–231
  in questions, 13, 15
  "inverted," 12 *fn*
  "normal," 12 *fn*
  of adverbial modifiers, 31–32, 232–233
  of direct and indirect objects, 31–32, 57–58, 231
  of double infinitives, 252
  of past participles, 33–34
  transposed, 49
  with conjunctions
    coordinating, 16, 230–234
    omission of **daß**, **ob**, **wenn**, 251–252, 294, 304
    subordinating, 249–251
würde, 288–289, 291–292
zu, 60, 217–218, 278